현대 미국의 기원 1

발명과 기술적 열정의 한 세기, 1870~1970

나남
nanam

한국연구재단 학술명저번역총서
서양편 383

현대 미국의 기원 1

발명과 기술적 열정의 한 세기, 1870~1970

2017년 2월 5일 발행
2017년 2월 5일 1쇄

지은이_ 토머스 휴즈
옮긴이_ 김명진
발행자_ 趙相浩
발행처_ (주) 나남
주소_ 10881 경기도 파주시 회동길 193
전화_ (031) 955-4601 (代)
FAX_ (031) 955-4555
등록_ 제 1-71호 (1979.5.12)
홈페이지_ http://www.nanam.net
전자우편_ post@nanam.net
인쇄인_ 유성근 (삼화인쇄주식회사)

ISBN 978-89-300-8902-9
ISBN 978-89-300-8215-0 (세트)

책값은 뒤표지에 있습니다.

'한국연구재단 학술명저번역총서'는 우리 시대 기초학문의 부흥을 위해
(재)한국연구재단과 (주)나남이 공동으로 펼치는 서양명저 번역간행사업입니다.

현대 미국의 기원 1

발명과 기술적 열정의 한 세기, 1870~1970

토머스 휴즈 지음 · 김명진 옮김

나남
nanam

American Genesis
by Thomas P. Hughes

옮긴이 머리말

이 책은 2014년 타계한 미국의 저명한 기술사가 토머스 P. 휴즈의 역저 *American Genesis: A Century of Invention and Technological Enthusiasm, 1870~1970*(1989)을 우리말로 옮긴 것이다. 이 책에서 휴즈는 흔히 '제 2차 산업혁명'으로 일컫는 19세기 말 독일과 미국에서의 기술혁신을 출발점으로 삼아 지난 100여 년간의 미국 기술사의 흐름을 서술하였으며, 미국에서 시작된 그러한 변화들이 당대 유럽 사회(특히 소련과 독일)에 미친 영향까지도 함께 다루었다. 대학 출판부가 아니라 대중 출판사인 바이킹 펭귄(Viking Penguin)에서 처음 출간된 이 책은 이후 제목을 조금 바꿔 펭귄북스에서 재출간된 이후 관련 전공자뿐만 아니라 일반 독자들에게도 널리 읽혔고, 아쉽게 수상은 놓쳤지만 퓰리처상 역사부문 최종후보에 오르기도 했다.

이 책은 미국 기술사에서 대단히 중요한 시기를 길게 다루었지만, 해당 시기의 다양한 기술 발전을 분야별로 나눠 다루는 교과서적 체제는 아니다. 휴즈는 몇몇 역사적 사건과 계기들(독립발명가, 산업연구소, 세계대전, 테일러주의와 포드주의, 테네시 강 유역 개발공사, 맨해튼 프로젝트, 대항문화)을 골라 깊이 있게 다루는 서술 방식을 택했다. 이러한 사례들은 휴즈가 평생에 걸쳐 구축한 핵심 개념인 '기술시스템'의 진화과정을 드러내기 위해 용의주도하게 선별, 배치되어 있다. 이를 통해 휴즈는 현대 미국 사회를 형성한 주된 힘이 어떻게 발생하고 성장하였으며 어떤 과정을 거쳐 사회에 뿌리내렸는지(혹은 그렇지 못했는지)를 보여 주고자 하였으며, 이 책의 원제인 《미국의 창세기》가 의미하는 바도 바로 그것이다. 그런 점에서 이 책은 기술사라는 전문분야를 공부하는 소수의 학생들뿐 아니라 미국사나 서양사 일반에 관심을 가진 학자들, 더 나아가 우리 사회의 근간을 형성하는 현대 기술의 힘이 어디서 나왔는지, 그것을 바꾸기 위해서는 어떻게 해야 하는지를 알고자 하는 일반 독자들 모두에게 도움을 줄 수 있을 것이다. 이는 책의 서론에서 저자 자신이 강조한 바이기도 하다.

나는 이 책의 저자인 토머스 휴즈와 제법 오랜 인연을 가졌다. 석사논문 주제로 토머스 에디슨을 선택해 휴즈의 여러 논문과 책들을 접하면서 이 책을 처음 알게 된 것이 20여 년 전의 일이고, 이 책의 일부 장들을 번역해 학생들에게 읽히기 시작한 것도 10년이 훌쩍 넘었다. 그러나 이 책의 번역은 이런저런 사정과 게으름으로 오랜 시간이 걸렸다. 책 전체의 초역 원고는 2009년 초에 이미 완성되었지만, 이후 원고를 전체적으로 다시 보면서 꼼꼼하게 고치려는 생각은 번번이 생각으로만 그쳤고, 여러 번에 걸쳐 원고 앞부분만 손보다가 작업이 흐지부지되어 원고가 사실상 방치된 채 여러 해가 흘렀다.

그 사이 국내에서는 이 책이나 기술사 분야와 관련해 여러 가지 긍정적인 변화들이 있었다. 이 책을 번역하기 시작한 시점에 국내 서점가는 기술사라는 분야에 관한 한 강의에 쓸 만한 참고도서 하나 건지기도 어려운 불모지나 다름없었다(이 책을 번역하기로 마음먹은 이유 중 하나도 그런 상황을 조금이나마 타개해 보고자 하는 것이었다). 하지만 지금은 루스 코완, 토머스 미사, 다니엘 헤드릭 등이 쓴 기술사 개설서뿐 아니라 루이스 멈퍼드, 윌리엄 맥닐, 마이클 에이더스, 데이비드 에저턴 등이 쓴 고전 저작까지 제법 많은 책들이 소개되었고, 휴즈의 대중강연 원고를 엮은 그의 마지막 저서 *Human-Built World: How to Think about Technology and Culture* (2004) 도 《테크놀로지, 창조와 욕망의 역사》라는 제목으로 국내에 번역, 소개되었다(아쉽게도 지금은 절판되었다). 비록 지각 출판되긴 했지만 휴즈의 본격적인 저작으로는 국내에 처음 소개되는 이 책이 기술시스템 개념뿐 아니라 미국 기술의 역사와 기술-사회 관계 전반을 논의하는 데 조금이나마 보탬이 되었으면 한다.

이 책의 번역에는 많은 분들이 도움을 주셨다. 먼저 이 책의 가치를 인정하고 학술명저번역 과제로 선정해 국내에 번역 소개될 수 있도록 지원해 준 한국연구재단과 심사위원 선생님들께 감사를 드린다. 아울러 번역 과정에서 여러 중요한 지적을 통해 도움을 준 검토위원 선생님들과 뒤늦게 시작된 출간 과정에서 꼼꼼한 교열로 본문에 남아 있던 여러 오류들을 잡아내는 데 도움을 준 나남출판 관계자 분들께도 감사의 말씀을 전한다. 그리고 이 책의 번역 출간에 관심을 보이고 역자를 격려하며 출간을 오랫동안 기다려 준 한국과학기술학회와 시민과학센터의 여러 선생님들께도 감사드리고 싶다.

이 책의 번역 판본으로는 2004년 시카고대학 출판부에서 새로 출간된 개정판을 사용했다. 이 개정판에는 휴즈가 새로 쓴 서문(fore-word)이 추가되었는데, 이 역서에서는 서문에 주로 담긴 내용(정보혁명)이 초판 발행 이후 시기에 관한 것이라는 점을 감안해 이를 '후기'로 돌려 맨 뒤에 실었음을 밝혀 둔다.

2016년 10월

김명진

감사의 글

강의와 행정 업무로부터 자유로운 연구와 집필의 시간을 제공하고 격려와 지원을 해 준 많은 사람과 단체에 감사를 표한다. 존 F. 구겐하임 기념재단과 조엘 F. 코나로, SEL 재단과 게르하르트 자이들러, 스웨덴은행 300주년 재단과 닐스-에릭 스벤손, 펜실베이니아대학과 마이클 에이켄, 다름슈타트 공과대학과 헬무트 뵘, 베를린 고등연구원과 볼프 레페니스, 페터 와프네우스키, 베를린 사회과학원과 마이놀프 디에르케스, 볼프강 자프, 그리고 앤드류 W. 멜론 재단 등이 그들이다.

특히 베를린에서 연구와 집필을 하던 기간에 친구이자 동료인 요아힘 네텔벡과 게오르그 투른이 보낸 무조건적 지지와 지속적인 격려에 크게 빚을 졌다. 아내인 애거서와 나는 집필 부담이 유난히 무거웠을 때 스톡홀름에서 우리를 지원한 스반테 린드크비스트에게 고마움을 전한다. 뮌헨에서는 오토 메이어가, 슈타른베르크에서는 샬

로테와 요하네스 오토가, 베를린에서는 게지네와 한스-베르너 슈트가 그곳에서의 연구와 집필 기간에 수없이 많은 사려 깊은 방식으로 우리를 도와주었다. 1983년에서 1984년 사이에 나와 함께 베를린 고등연구원의 특별연구원으로 있으면서 내 연구에 관심을 가진 사람들에는 예후다 엘크하나, 티모시 르노아르, 마틴 완키가 있었다. 다름슈타트 공과대학의 재단 연구교수로 있는 동안에는 에벨리스 메이어가 도움을 준 친구이자 동료였고, 한스 자이들러도 그러했다. 매사추세츠 주 케임브리지와 버몬트 주 그래프턴에서는 메리 앤더슨과 에버릿 멘델존이 이 책을 준비하는 동안 늘 격려와 현명한 조언을 했다. 그들에게 특별한 감사를 표하고 싶다.

펜실베이니아대학에서는 내가 속한 학과의 교수들, 특히 학과장인 로즈마리 스티븐스가 이 책의 맹아가 싹튼 10년 동안 도전적이고 자극을 주는 지적 환경을 제공했다. 나는 이 책이 학과 내의 지적 정신을 반영한다고 믿는다. 펜실베이니아대학의 대학원생과 학부생들은 이 책의 초고를 보고 예리한 안목으로 도움이 되는 논평을 했다. 학과 행정직원인 실비아 드레이퍼스, 패트리샤 존슨, 마테니아 페린, 조이스 로젤은 수많은 방식으로 유쾌하게 도움을 주었다. 펜실베이니아대학의 낸시 바우어 역시 항상 격려와 도움을 주었다. 나는 여러 해 동안 멜런 기술과 사회 세미나 참석자들과 했던 토론에서 많은 것을 배웠고, 특히 이 세미나를 조직하고 주관한 앨프리드 리버의 공로에 감사를 표한다. 펜실베이니아대학에서는 제인 몰리와 칼-에릭 마이켈슨이 상상력 넘치고 성실한 연구조수로 수고했다. 줄리 존슨은 연구자로서의 조력뿐 아니라 책에 실린 도판을 선택하고 찾는 데도 일조했다. 다름슈타트 공과대학에서는 빌트루드

앙켄브란트가 매우 수완이 좋은 연구조수였다. 스미스소니언재단
의 국립미국역사박물관에서 일하는 수석 큐레이터 엘리엇 시보위치
와 테네시 강 유역 개발공사의 수석 사진가 로버트 E. 콜라는 도판
의 선택을 도와주면서 놀라운 수완을 발휘했다.

베를린 고등연구원에서는 필립 피셔, 애거서 휴즈, 티모시 르노
아르, 일레인 스캐리, 파니 발드만, 일레인과 노턴 와이즈로 구성된
비공식 독서그룹이 이 책의 여러 장들에 대해 예리한 논평을 했다.
스톡홀름의 왕립공과대학 학생들은 내가 이 책을 쓰던 중에 책의 일
부를 같이 읽었을 때 특히 힘을 북돋워 주었다. 스웨덴에 있을 때는
웁살라의 토레 프랑스뮈르가 이끄는 과학사 세미나, 륀쾨핑의 기술
과 사회 세미나, 웁살라의 SCARSS 세미나가 주의 깊고 비판적인
청중이 되어 주었다. 나는 이 책의 일부를 스웨덴 왕립공학원과 왕
립과학원에서 열린 토론 강의에서 발표할 기회를 가졌다. 스타니슬
라우스 폰 무스는 취리히대학의 미술건축사 세미나에서 내 아이디
어를 발표할 수 있게 했고, 이 책이 진행되는 과정에서 여러 차례 정
보와 조언을 제공했다. 미국에서는 여러 대학의 교수 세미나에서 이
책의 일부 장을 발표해 달라는 요청을 받았다. 이들 모두에게 감사
를 표하고 싶다.

내 연구를 진행시켜 준 문서고와 도서관으로 베를린 미술아카데
미, 미국물리학회, AT&T 문서고, 베를린 바우하우스 문서고, 번
디 도서관, 뮌헨의 독일박물관, 에디슨 국가 사적지, 포드박물관과
문서고, 해글리박물관과 도서관, 미 국립항공우주국 역사실, 미 에
너지부 역사실, 전기전자엔지니어협회, 의회도서관, 시카고의 로
욜라대학, 스미스소니언 재단의 항공우주박물관, 미국미술박물관,

미국사박물관, 스톡홀름의 왕립공과대학, 노스캐롤라이나 주 역사학회, 테네시 강 유역 개발공사, 펜실베이니아대학의 대학박물관, 펜실베이니아대학의 반 펠트 도서관과 희귀도서 및 수고 소장본, 베를린 고등연구원, 베를린 사회과학원 등이 도움을 주었다.

이들 도서관과 문서고에서는 조이스 베디, 잉게 뵘, 마르가레타 본드-팔베르크, 게시네 바텀리, 메리 볼링, 힐데가르트 브레머, 앨리스 벅, 헤럴드 던, 막달레나 드로스테, 모니카 펜콜, 실비아 프라이스, 마이클 그레이스, 사비네 하트만, 제인 G. 하티, 셸든 호흐하이저, 애거서 헤리티지 휴즈, 로버트 존슨, 로버트 콜라, 앤 코트너, 마르가레테 레만-하슬스타이너, 도로테아 넬히벨, 게르트 파울, 신시아 리드-밀러, 어슐러 라이히, 구드룬 라인, 리 D. 새게서, 볼프강 새턴, 하르머 F. 쇼흐, 마샤 지페르트, 조지 스티븐슨, 레기네 쉬링, 페트라 톰스, 아킴 벤두슈, 사비네 비크조렉, 존 윌리엄스가 문서, 도서, 사진 선별에 조언했다.

이 책의 아이디어 중 많은 것들은 스코틀랜드의 에든버러대학, 네덜란드의 트웬터 공과대학, 베를린 사회과학원, 쾰른의 막스플랑크 연구회, 이탈리아 티어니의 ASSI, 베를린 고등연구원, 파리 과학박물관에서 열린 기술의 사회적 구성, 시스템의 역사, 탈현대 건축과 기술, 기술교육의 역사 등에 관한 국제 세미나 참가자들과 장시간에 걸친 토론을 통해 얻은 것이다.

위비 바이커, 톰 번스, 미셸 칼롱, 에드워드 콘스탄트 2세, 드니스 스콧 브라운, 데이비드 에지, 브라이언 엘리엇, 에릭 포브스, 로버트 폭스, 루이스 갤럼보스, 안나 과그니니, 베른워드 호르헤스, 토드 R. 라 포트, 브뤼노 라투르, 존 로, 모리스 레비-르보이어, 해리 린젠, 도널드 매켄지, 르네이트 메인츠, 찰스 페로, 트레버 핀치, 줄리어스 포스너, 애리 립, 로버트 벤투리 같은 참가자들은 막 생겨나던 내 주제들을 유익하게 비평해 주었다.

이 책의 가능성을 일찍부터 알아봐 준 〈아메리칸 헤리티지〉(*American Heritage*)의 바이런 도벨과 프레드 앨런, 그리고 〈아메리칸 헤리티지〉에 나에 대한 인터뷰 기사를 실어 내 작업이 지금 바이킹 펭귄의 책임 편집자인 대니얼 프랭크의 주목을 받게 한 햄 보우저에게도 신세를 졌다. 내가 동료들에게 대니얼 프랭크가 출판과정 전반에 걸쳐 보여 준 진심어린 관심과 지혜, 확고한 지지에 관해 얘기할 때면 항상 부러움이 뒤섞인 반응을 얻곤 한다. 그런 편집자들은 드물다는 것이 내 생각이다. 아울러 마이클 밀먼을 포함해 바이킹 펭귄의 다른 사람들에게도 깊은 감사를 표하고 싶다.

마크 애덤스, 데이비드 브라운리, 버나드 칼슨, 리처드 흄릿, 데이비드 하운셸, 루시언 파크 휴즈, 스타니슬라우스 폰 무스, 앨리스 킴볼, 시릴 스탠리 스미스, 존 스타우덴마이어, 프랭크 트로믈러, 알렉산더 부시니치 등은 이 책의 다양한 장들을 읽고 논평을 해주었다.

내가 이 책을 구상하고, 계획하고, 연구하고, 집필하고, 편집하는 동안 애거서 치플리 휴즈는 항상 내 곁에 있었다. 그녀와의 친밀한 개인적, 직업적 유대는 이 책을 만드는 과정에서 가장 보람 있는 경험을 제공했다. 이 책은 나의 것인 만큼 그녀의 것이기도 하며, 이는 우리의 모든 친구와 친지들이 이미 아는 바이다.

1988년 9월 베를린과 필라델피아에서

T. P. H.

현대 미국의 기원 1

발명과 기술적 열정의 한 세기, 1870~1970

차 례

2권 차례

기술의 격랑

이 책은 미국에서 기술적 열정이 지배했던 한 시기, 이제는 역사의
기억 속으로 묻혀 가는 한 시기를 다룬다. 문학비평가이자 역사가인
페리 밀러는 급격한 기술변화를 목도하고 전율을 느끼며 기뻐하던
미국인들의 이미지를 훌륭하게 그렸다.

(미국인들은) 기술의 격랑(激浪) 속에 자신을 내던졌다. 그들이 폭포의
한가운데에서 기쁨에 넘쳐 얼마나 소리를 질러댔던지. 그들은 폭포 아래
로 저돌적으로 떨어져 내려가면서 서로에게 "이것이야말로 우리의 운명"
이라고 외쳤다. … 1)

---

1) Perry Miller, "The responsibility of mind in a civilization of machines",
   The American Scholar, XXXI(Winter 1961~1962), 51~69.

1900년을 전후해 그들은 기술세계, 즉 인공물로서의 세계라는 약속의 땅에 도달했다. 그리고 이 과정에서 그들은 미국에 대해 가장 잘 말해 주는 것으로 자리 잡은 특성들을 얻었다. 기계 제작자와 시스템 건설자(system builder)들의 나라가 그것이다. 그들은 질서, 시스템, 통제를 향한 추진력으로 가득 차 있었다.

그러나 대다수 미국인들은 여전히 자신들이 자유경제(free enterprise)라는 신조에 헌신하는 민주적 국민이라고 생각한다. 그들은 건국 선조들을 예찬하고, 미국이 해야 할 일은 기업활동이라고 주장한다. 그들은 기술적 성취들도 칭송하지만, 이는 자유경제와 민주정치가 맺은 열매라고 생각한다. 그들은 미국인들이 주로 돈벌이와 사업거래에 몰두하는 국민이라는 믿음을 공유한다. 미국인들이 자신의 가장 중요한 정체성은 건설자라고 생각하는 경우는 좀처럼 없다. 거의 3세기에 걸친 기간에 그들이 거둔 가장 두드러지면서도 특징적인 성취가 바로 황무지를 건설부지(building site)로 바꿔 놓은 것임에도 말이다. 건설자의 나라가 자기 자신을 제대로 알지 못하게 된 주된 이유는 그동안 사람들이 읽고 들어 온 대부분의 역사가 그렇게 가르치지 않았기 때문이다.

지각 있는 외국인들은 미국의 건국 선조나 서부 개척자들, 재계 거물들을 감상어린 눈으로 보지 않는다. 다른 나라 사람들은 미국을 토머스 에디슨, 헨리 포드, 테네시 강 유역 개발공사(Tennessee Valley Authority, TVA), 그리고 맨해튼 프로젝트(Manhattan Project)의 나라로 보았다. 외국인들은 미국을 자연의 나라가 아닌 기술의 나라로서 재발견해 왔다. 외국인들은 독립기념관을 보기 위해 필라델피아를 찾기도 했지만, 미국이 지닌 국력의 토대를 이해하고자 하는 사람들은 피츠버그(이곳이 세계 철강 생산의 중심지였을 때), 디트로이트(세계 자동차의 대부분이 이곳에서 생산되었을 때), 테네시 강 유역 개발공사(엔지니어링의 힘으로 빈곤에 찌들었던 테네시 강 유역을 번창하는 장소로 탈바꿈시켰을 때), 뉴욕 시(이곳의 마천루들이 미국의 기술력을 상징했기 때문에)를 보여 달라고 청했다. 원자폭탄을 만들어 낸 맨해튼 프로젝트는 미국이 기술 대국이라는 믿음을 전 세계적으로 강화했다. 우주왕복선 사고와 당혹감을 안겨 준 일련의 발사 실패가 있기 전까지는 국립항공우주국(National Aeronautics and Space Administration, NASA)이 미국의 기술적 창조성의 상징이었다.

미국인들이 건국 선조들에 존경을 표하는 데는 마땅한 이유가 있다. 그들은 독립선언문을 구상하고 미국 헌법의 틀을 만드는 과정에서 특출한 창의성을 발휘한 인물들이기 때문이다. 그러나 미국인들은 물질적 토대(material constitution)•인 국가의 기술시스템들을 만들어 내는 데에서도 최소한 그에 비견할 만한 창의성을 보였다. 미국인들이 그 본성상 정치와 기업에 전념하는 국민이라는 신화는 그들이 보여 온 기술적 열정과 기술활동을 좀더 고려한다면 아마도 수정되어야 할지 모른다. 미국인들의 기술적 열정과 기술활동은 미국 역사 내내 지속되었지만, 특히 1870~1970년에 이르는 한 세기 동안 가장 두드러졌다. 이러한 열정은 이 시기 중반쯤 정점에 이르렀다가 이후에는 점차 가라앉았다. 특히 제 2차 세계대전 이후 더욱 그랬다.

이 책은 비록 발명, 개발, 기술시스템의 건설에 주안점을 두지만,

• 〔옮긴이주〕직역하면 '물질적 헌법'이 되는데, 이는 기술시스템이 물질 영역에서는 헌법과 같이 다른 모든 것의 근거가 된다는 점을 강조하는 표현이다. 여기서는 '물질적 토대'로 번역했다.

주류 미국사 바깥에 있는 전문분야인 기술사(技術史)에 해당하는 저술은 아니다. 그와는 반대로 이 책은 주류 미국사이며, 미국을 가장 분명하게 특징짓는 활동에 몰두하는 미국 국민들에 대한 탐구이다. 현재 시점에서 미국 역사의 흐름에 비추어 지난 한 세기를 돌아본 역사가들은 기술적 열정으로 점철된 지난 세기가 미국 역사에서 가장 특징적이고 인상적인 성취를 거둔 세기였다고 결론지을 것이다. 이 시기는 이탈리아 르네상스기, 프랑스 루이 14세 치정기, 영국 빅토리아기에 비견할 만하다. 1870년 이후 한 세기 동안 미국인들은 현대적 기술국가를 창조했다. 이것이 바로 현대 미국의 기원이었다.[2]

대중적 기술사 책들에서는 19세기 말에 이루어진 여러 발명들, 예컨대 백열등, 라디오, 비행기, 가솔린 자동차 같은 것들이 무대 중심을 점하지만, 실상 이런 발명들은 기술시스템의 일부를 구성하는 것들이었다. 그러한 기술시스템들은 이른바 하드웨어, 장치, 기계, 공정이나 이들을 서로 연결해 주는 운송·통신·정보 네트워크 이상의 것을 포함한다. 그러한 시스템들을 구성하는 요소들에는 사람이나 조직도 들어간다. 예를 들어 전등 및 전력 시스템(electric light-and-power system)에는 발전기, 모터, 송전선, 전력회사, 제조업체들이 포함될 수 있다. 심지어 규제기구까지도 시스템 속에 편입될 수 있다. 기술적 열정의 시기를 특징지은 활동은 대규모 기술

---

2) 펜실베이니아대학의 일레인 스캐리는 국가의 '물질적 토대'의 발명이라는 개념을 고안하는 데 도움을 주었고, 예일대학의 야로슬라프 펠리칸은 '창건 신화'(Urmythus)로서의 창세기 이야기를 내게 상기시켜 주었다. 즉, 신이 처음으로 기술을 행했고(《창세기》, 3장 21절), 카인은 노동과 창조의 저주를 받게 되었다는 것이다(《창세기》, 3장 23절).

시스템들 — 생산 시스템, 통신 시스템, 군사 시스템 등 — 을 발명하고 개발하고 조직하는 일이었다.

자동차를 생산해 사용하거나 전력을 발전시켜 사용하기 위한 거대 시스템의 개발, 전화와 무선전신 네트워크의 형성, 그리고 전쟁수행을 위한 복잡한 시스템의 조직 — 이 모든 것들은 시스템 건설자로서의 본능과 사고방식을 갖춘 발명가, 엔지니어, 산업체 과학자, 관리자, 기업가들의 창조적 추진력을 보여 준다. 에디슨과 같이 놀라울 정도로 정력적으로 활동했던 19세기 후반의 발명가들 덕분에 사람들은 자신이 제2의 천지창조의 시대를 살아간다고 믿게 되었다. 포드와 같은 시스템 건설자들은 우리의 목적을 달성하기 위해 제2의 창조를 합리적으로 조직할 수 있다는 믿음을 안겨 주었다. 오늘날 우리가 대항문화(counterculture)와 연관 짓는 몇몇 철학자와 대중저술가들이 등장해 거대 군사·생산·통신 시스템으로 조직된 국가의 합리성과 통제가능성에 의문을 제기하기 시작한 것은 제2차 세계대전 후의 일이다. 그들의 의문은 미국의 기술적 우위가 쇠퇴함에 따라 더욱 커졌다.

만약 미국이 본질적으로 기술국가이고 기계, 거대기계, 시스템으로 구성된 인공세계의 건설에서 창조적 정신을 발휘하는 것을 특징으로 하는 나라라면, 미국인들은 통상적인 정치나 경제보다 더 깊숙이 흐르는 저류(底流)를 파악하기 위해 기술사회의 깊이를 헤아려 보아야 한다. 미국인들이 자신의 운명을 (가능한 한도 내에서) 만들어 가기 위해 이해하고 통제할 필요가 있는 힘 중 많은 것들이 이제 주로 자연적이거나 정치적인 것이 아니라 기술적인 것이 되었다.

우리는 찰스 다윈을 자연세계가 움직이는 규칙을 찾아낸 인물로 칭송한다. 그러나 우리는 아직 인공세계 또는 기술세계가 움직이는 규칙에 대해 알아내야 하는 중요성을 충분히 이해하지 못한다. 3) 이를 이해하려는 이유는 그토록 훌륭하게 질서가 부여되고, 시스템화되고, 통제되는 실체(기술시스템)를 이해하기 위해서일 뿐 아니라, 우리의 삶을 그토록 내밀하게, 깊숙이, 그리고 지속적으로 형성하는 그러한 힘들을 거꾸로 형성하고자 하는 시민으로서의 책임을 다하기 위해서이기도 하다.

기술적 열정의 시기를 다루면서 기술에 주안점을 두는 역사는 도금 시대(gilded age)•를 다루면서 정치와 기업을 강조하는 역사(가 정치나 기업을 예찬해서는 안 되는 것)와 마찬가지로 (기술을) 예찬하는 태도를 보여서는 안 된다. 대중적 기술사 책들이나 박물관의 기술 전시회는 문제로부터 자유로운 성취의 연대기를 무비판적으로 늘어놓는 경향이 있다. 이는 독자나 관람객들이 기술변화의 성격에 관해 지나치게 단순한 생각을 갖게 되는 불행한 결과를 초래할 수 있다. 훌륭한 정치사 책들이 보여 준 것처럼 비판적 관점의 기술사 책들이 앞으로 더 많이 쓰일 때, 미국인들은 자신들의 놀라운 성취뿐 아니라 그들이 안고 있는 심각하고 지속적인 문제들 중 많은 것들이 질서, 시스템, 통제라는 명목하에 생명을 기계화·시스템화하고 유

---

3) Thomas P. Hughes, "The order of the technological world", *History of Technology*, V(1980), 1~16.
• 〔옮긴이주〕 미국사에서 남북전쟁이 끝난 1865년부터 1900년경까지를 대략 지칭하는 말로, 미국 사회가 급속한 산업화와 도시화를 이루면서 엄청난 경제적 발전과 번영을 누렸지만 그 이면에는 극심한 빈곤과 부패, 계급 간의 갈등, 가치관의 타락이 있었음을 나타내기 위해 쓰는 표현이다.

기체적인 것과 자발적인 것을 희생한 데서 유래했다는 사실을 깨닫게 될 것이다.

이 책은 발명가, 산업체 과학자, 엔지니어, 시스템 건설자들이 오늘날의 미국을 만들어 낸 사람들이라고 주장한다. 그들이 기계, 장치, 공정, 시스템 속에 불어넣은 질서, 시스템, 통제라는 가치들은 바로 현대 기술문화의 가치가 되었다. 이러한 가치들은 인공물 혹은 하드웨어 속에 그 일부분으로 녹아 있다. 기술적 열정의 세기에 전성기를 맞은 현대의 발명가, 산업체 과학자, 엔지니어, 시스템 건설자들은 상품과 서비스 생산에 종사했고, 전쟁 준비와 수행에도 관여했다. 그러나 그들이 미친 영향은 이러한 행위에서 끝나지 않았다. 그들에 대한 다수의 열정적 지지자들이 사회 각층에서 생겨났는데, 이 지지자들은 그들의 방법론과 가치를 정치, 기업, 건축, 예술과 같은 사회활동의 다른 영역들에 적용할 수 있으며, 이를 통해 좋은 결과를 얻을 수 있을 것이라고 믿었다.

그러나 이 책에서 기술결정론을 주장하는 것은 아니다. 현대 기술을 창조하고 현대 세계를 형성한 사람들은 (이를 통해) 오랜 인간적 가치나 열망을 표현한 것이기 때문이다. 발명가, 산업체 과학자, 엔지니어, 시스템 건설자들이 질서, 통제, 시스템을 만들어 낸 것은 사실이다. 이 과정에서 그들은 바로 그런 특성(질서, 통제, 시스템)이 지배적인 세상을 희구하는 근본적으로 인간적인 열망에 답하고 있었다. 그들은 겉보기에 혼란스럽고 목표가 없는 듯한 세상에 불편함을 느끼면서 이를 보완할 수 있는 질서를 찾던 모든 사람 — 그들 자신을 포함해서 — 에게 수단이 되었다. 이런 의미에서 기술은 사회적으로 구성되었다고 볼 수 있으며, 이는 지금도 그러하다. 역사가이자 사회비평가였던 루이스 멈퍼드가 수십 년 전에 웅변적으로 주장했듯이, 기술은 가치를 형성하면서 또 그에 의해 형성되는 실체이다. 4) 기술은 가치의존적인 것이다.

기술의 실천가들(발명가, 산업체 과학자, 엔지니어, 시스템 건설자 등)이나 기술에 열광했던 사람들 사이에 질서, 통제, 시스템을 지향하는 경향이 만연했음에도 불구하고, 기술사는 (단선적으로 전개되지 않았으며) 정치사와 마찬가지로 복잡하고 모순적이었다. 헌법의 틀을 만들어 낸 사람들 역시, 시대를 초월해 모든 것을 포괄하는 견제와 균형의 시스템을 만들려고 했다. 그러나 모든 이들을 만족시키며 변화에 견디는 유일한 최선의 해결책을 발견하지 못했고, 이는 기계, 장치, 공정을 설계한 사람들의 경우에도 마찬가지였다. 널리 퍼진 신화와는 달리, 기술은 특정한 문제에 대해 '유일한 최선의 해결책'을 찾는 일련의 과정을 거쳐 발전한 것이 아니다. 심지어 엔지니어들은 오늘날까지도 이렇게 사고하도록 교육받는데, 이 책에서는 기술을 그런 식으로 — 즉, 문제에 대한 절대적이고 유일하고 가장 좋은 해결방식으로 — 그리지 않는다. 그 대신, 이 책에서는 기술의 실천가들을 해결 불가능한 문제들에 직면하기도 하고, 실수를 저지르기도 하며, 논쟁과 실패를 야기하기도 하는 사람들로 그린다. 이 책은 실천가들이 과거로부터 물려받은 문제를 해결하면서 이와 동시에 (해결을 요하는) 새로운 문제를 유발하는 모습을 보여 준다. 이 책의 의도는 현대 기술과 사회의 역사를 생기 넘치고 골치 아플

---

4) Casey Blake, "Lewis Mumford: Values over technique", *Democracy* (Spring 1983), 125~137.

정도로 복잡한 원래의 모습 그대로 그려 내는 것이다.

지금도 그렇지만, 기술적 열정의 시기에도 기술은 서로 다른 사람들에게 서로 다른 것을 의미했다. (문제를 단순화하려는) 교과서 저자들의 노력에도 불구하고, 기술은 쉽게 정의할 수 있는 실체가 아니다. 이는 정치의 경우와 마찬가지이다. 우리가 정치의 의미에 대해 명확한 정의를 요구하는 일은 거의 없듯이, 기술에 대한 **유일한** 정의를 요구하는 것 역시 복잡한 현실에 대한 무지의 소치다. 많은 사람에게 기술은 부유층에서 소비하는 — 그리고 (이로부터 박탈된) 빈곤층에서는 소비했으면 하고 간절히 바라는 — 상품과 서비스를 의미한다.

다른 사람들, 예컨대 발명가와 엔지니어들은 그러한 상품과 서비스를 생산하는 수단을 만들어 내는 것이 기술이라고 생각한다. 권력과 통제의 위계를 더 거슬러 올라가면 나타나는 위대한 시스템 건설자들, 예컨대 포드 같은 인물은 물질세계를 조직해 거대한 생산 시스템을 만드는 일에 무척이나 흥미를 느낀다. 현대 기술을 분석하는 작업을 하는 또 다른 사람들은 합리적 방법, 효율, 질서, 통제, 시스템이 바로 기술의 핵심이라고 생각한다. 기술에는 무한한 측면들이 있음을 감안할 때, 여기서 내가 할 수 있는 최선은 이 책에서 다루어지는 활동 중 많은 부분을 담을 수 있는 일반적 정의를 제시하는데 만족하는 것일 듯싶다. 즉, 기술은 문제해결을 위해 세상을 조직하여 상품과 서비스가 발명되고, 개발되고, 생산되며, 사용될 수 있도록 하는 **노력**이다. 5) 그러나 이 책의 독자는 정의를 먼저 내리기보

---

5) Martin Heidegger, *The Question Concerning Technology and Other Essays*,

다는, 우선 연구 주제를 정하고 자신이 선택한 사례를 통해 그것을 정의하는 역사가들의 전통적 접근방식을 취할 수 있다.

이 책은 사상보다는 사람에 중점을 두고, 특히 미국의 발명가, 엔지니어, 시스템 건설자, 건축가, 예술가, 사회비평가들에게 주목한다. 그러나 현대 문화의 조직과 운동들, 즉 발명가와 시스템 건설자 등이 그 속에서 활동한 제도적 틀과 상징 구조들을 무시하겠다는 것은 아니다. 이 책에서는 발명가가 활동한 작업장(workshop), 산업 연구소, 기업, 정부 기구, 군산복합체(military-industrial complex) 등과 같은 조직들을 다룰 것이다. 또한 건축에서의 국제적 스타일들, 예술에서의 미래주의 · 구성주의 · 다다이즘 · 정밀주의, 생산과 정치에서의 과학적 관리(scientific management)와 혁신주의(progressivism),• 그리고 사회비평가들 사이에 퍼졌던 보존주의(conservationism)와 대항문화 등과 같은 운동들도 포함할 것이다. 이 책에서 다루는 시기 전반에 걸쳐, 현대 문화에 대한 논의들은 현대 기술의 질서, 시스템, 통제를 표현하는 장치, 기계, 공정, 가치, 조직, 상징, 형태들을 언급하며, 이것들과 그 표현에 의해 매개된 사

---

trans. W. Lovitt(New York: Harper & Row, 1977), p. 19. 이 책에서 나는 생산의 수단, 그중에서도 특히 기계적 · 전기적 생산수단에 초점을 맞추었는데, 기술적 열정의 시기에는 토목공학의 산물인 거대 건조물도 매우 중요했다. 예를 들어 David McCullough, *The Great Bridge*(New York: Simon & Schuster, 1972)와 David McCullough, *The Path between the Seas: The Creation of the Panama Canal, 1870~1914*(New York: Simon & Schuster, 1977)를 보라.

• 〔옮긴이주〕 도금 시대를 특징지은 힘의 집중과 부패에 맞서 20세기 초의 10여 년 동안 미국에서 대대적으로 일어난 개혁 움직임으로, 사회정의운동과 정치개혁운동을 공통분모로 하였다.

고와 행위도 다른다. 6)

이 책은 여기서 다루는 대규모 기술시스템이 성장하는 방식과 유사한 순서로 구성되었다. 초반부 장(章)들에서는 시스템의 발명을 다루고, 중반부에는 대규모 시스템의 확산, 마지막 장들에서는 기술문화의 출현, 거대 정부 시스템의 등장, 시스템에 대한 대항문화의 반발에 대해 서술한다.

기술적 열정의 시기를 열어젖히고 그 기틀을 형성한 것은 독립발명가(independent inventor)들과 산업연구의 놀라운 성취들이다. 철학자 앨프리드 화이트헤드는 '발명하는 방법'의 발명이 이 시기의 가장 위대한 발명이라고 믿었다. 7) 이 시기에 들어 사람들은 이전과 달리, 자신들이 스스로 설계한 세계를 만들어 낼 수 있는 힘을 가졌다고 생각하게 되었다. 독립발명가들은 미국이 남북전쟁에서 벗어난 이후의 도금 시대 동안 전성기를 맞이해 엄청나게 큰 규모의 생산 기획을 빚어냈고, 이는 나중에 거대 회사들에 의해 장악되었다. 역사가 찰스 비어드와 메리 비어드는 이 시기에 일어난 중대한 기술적·경제적·정치적·사회적 변화를 가리켜 '제2의 미국혁명'이라고 불렀다. 8) 멈퍼드는 기술과 사회의 역사에서 이 시기가 현대 혹은 신기술(neotechnic) 시대의 출발점이라고 보았다. 9)

---

6) Sidney W. Mintz, "Culture: An anthropological view", *The Yale Review*, 71(1982), 499~512.

7) Alfred North Whitehead, *Science and the Modern World*(London: Free Association Books, 1985/1926), p. 120[A. N. 화이트헤드 저, 오영환 역, 《과학과 근대세계》(서광사, 2008)].

8) Charles A. Beard and Mary R. Beard, *The Rise of American Civilization*(New York: Macmillan, 1930), pp. 52~121.

독립발명가들이 이룩한 발명들은 거대 산업체의 등장에 토대를 제공했다. 특히 새로 등장한 전기산업에서 그러했다. '멘로 파크의 마술사'라는 별칭을 얻은 에디슨은 이 시기의 영웅적 인물이 되었다. 그러나 에디슨 외의 다른 독립발명가들도 있었다. 예를 들어 엘머 스페리 같은 발명가는 창의성이 탁월했으며 에디슨에 비해 좀더 전문직업적이었다. 발명가들은 미국이 산업적 우위를 놓고 유럽의 열강들과 성공적으로 경쟁하는 동안 계속 활발하게 활동했다. 제1차 세계대전이 점차 다가옴에 따라 발명가들은 군사적 목적의 발명활동에 종사했다. 군대는 그들의 발명활동을 지원했고, 그들의 창조성을 이용해 새로운 무기, 전략, 전술을 개발했다.

제1차 세계대전 발발 직전쯤, 미국 발명가들의 성취에 힘입어 미국은 세계 어느 나라보다도 발명에 뛰어난 국가의 자리에 오르게 되었다. 당시 통일을 이룬 지 얼마 안 된 독일만이 경쟁자로 이름을 올렸다. 제너럴 일렉트릭(General Electric), 듀폰(Dupont), 제너럴 모터스(General Motors), 벨 전화회사(Bell Telephone Company) 등 미국의 주요 기업들은 독일 기업의 성공사례를 보고 자극받아 자체적인 산업연구소를 설립했다. 산업체 과학자들은 독립발명가들의

---

9) Lewis Mumford, *Technics and Civilization* (New York: Harcourt, Brace, 1934), pp. 215~221〔루이스 멈퍼드 저, 문종만 역, 《기술과 문명》(책세상, 2013)〕. 최근에 루이스 갤럼보스는 "미국 현대사 분야에서 새로 나타나고 있는 조직적 종합"("The emerging organizational synthesis in modern American history", *Business History Review*, XLIV(1970), 279~290〕에 대해 설명하면서, 현대 미국의 3가지 주요 특징을 "기술, 정치경제, 전문직업화"로 파악했다("Technology, political economy, and professionalization: Central themes of the organizational synthesis", *Business History Review*, LVII(1983), 471~493).

체계적이지 못한 (연구개발) 방법을 폭넓게 비판했고, 이제 자신들이 창조성의 담지자가 되었다고 선언했다. 그러나 산업연구소에서 배출된 것은 극적인 혁신이 아니라 점진적 향상에 가까운 보수적 색채의 발명들이었다.

제1차 세계대전 기간 미국에서는 과학자들, 그중에서도 대학원에서 훈련받은 물리 전공 과학자들이 독립발명가의 역할에 효과적으로 도전하면서 군사 시스템 개량에 크게 기여하며 주역이 되었다. 교전국들은 자국의 발명가와 과학자들에 의존해 잠수함, 비행기, 탱크, 독가스 등에서 기술혁신과 이에 대항하는 기술혁신을 연이어 이루었다. 이는 마치 평화 시에 대기업들이 기술혁신을 통해 시장 우위를 점하기 위한 경쟁과 흡사했다. 기술은 생명을 지탱하는 새로운 세계뿐 아니라 죽음을 야기하는 환경도 창조할 수 있는 그런 존재였다.

발명가들과 산업체 과학자들이 이룩한 발명과 발견들은 양차 세계대전 사이 기간에 놀라울 정도로 팽창한 대규모 생산 시스템의 일부가 되었다. 이러한 시스템들은 시스템 건설자들의 작품으로, 그들의 창조적 추진력은 전망이나 규모 면에서 발명가들의 그것을 능가했다. 발명가였던 에디슨은 질서정연하고 통제가능하며 예측할 수 있는 방식으로 작동하는 기계나 전등 시스템을 설계하는 데서 기쁨을 느낀 반면, 시스템 건설자로서의 포드는 기계, 화학 및 금속 공정, 광산, 제조공장, 철도, 판매조직 등으로 구성되어 합리적이고 효율적으로 작동하는 기술시스템을 설계하는 일에 열정적으로 매달렸다. 그들과 동시대 사람들은 자신들이 새로운 세상을 창조할 수 있을 뿐 아니라 여기에 질서를 부여하고 통제하는 방법도 알고 있다고 믿었는데, 우리는 시스템 건설자들이 성취한 결과를 통해 그들이 왜 그런 믿음을 가졌는지를 부분적으로나마 이해할 수 있다. 과학적 관리의 아버지로 불리는 프레드릭 테일러는 자신이 고안한 질서와 통제의 기법으로 산업세계 전역에 그 명성(혹은 악명)을 떨쳤다.

미국의 기술, 특히 생산 시스템은 유럽의 산업관리자, 관료, 사회과학자, 사회비평가들을 매혹했다. 그들에게 테일러주의(Taylorism)와 포드주의(Fordism)는 현대 미국이 이룬 성취의 정수(精髓)를 상징하는 것이었다. 포드주의와 테일러주의는 유럽 전역으로 퍼졌고, 그 모습은 마치 일본의 관리기법들이 제2차 세계대전 이후에 미국으로 퍼져 나간 것과 흡사했다.

레닌을 비롯한 소련의 지도자들은 포드주의와 테일러주의에 대해 심지어 미국인들보다 더 큰 열정을 보였다. 소련은 1차 5개년 계획 (1928~1932)을 시작하면서 수력발전과 시베리아의 막대한 천연자원에 기반해 엄청나게 거대한 지역적 기술시스템을 만들기로 결정했고, 여기에 필요한 조언과 장비를 구하기 위해 미국의 컨설팅 엔지니어와 기업들에 눈을 돌렸다. 소련은 인디애나 주 게리에 있는 철강 공장과 미시시피 강 유역의 수력 프로젝트를 모델로 하여 산업 시스템 전체를 건설했다.

제1차 세계대전 후 독일 바이마르공화국에는 테일러와 포드가 생산에서의 문제뿐 아니라 노동과 사회적 소요에 대한 해결책도 제시해 줄 것이라고 믿는 사람이 많았다. 그들은 포드의 아이디어를 백색 사회주의(white socialism)라고 불렀고, 이것이 마르크스주의에 대한 대안이라고 믿었다. 많은 유럽인들, 그중에서도 특히 바이마르 시기의 독일 사람들은 민주주의, 미국의 기술, 그리고 유럽적이고 현대적인 새로운 문화가 함께 작용해 전쟁으로 피폐해진 유럽을 되살리고 훌륭한 사회를 만들어 낼 수 있을 것이라고 생각했다.

소련에서는 레닌이 소비에트의 정치, 프로이센의 철도 관리, 미국의 기술, 기업 합병을 이뤄 내는 기업가들의 조직형태가 합쳐져 새로운 사회주의 사회가 도래할 것이라고 예언했다.[10]

현대 기술은 미국에서 만들어졌다. 이를 그토록 많이 발전시킨 독일인들조차 미국이 주요한 원천임을 인정할 정도였다. 양차 세계대전 사이에 산업세계는 가장 두드러진 기술국가로 미국을 꼽게 되었고 기술적 열정의 시기는 정점에 달했다. 그러나 현대 기술문화의 시발점은 유럽이었다. 유럽인들은 현대성(modernity)의 원재료를 빚어 현대 문화를 형성하고자 했고, 미국인들은 그러한 거울 속에서 현대성의 원재료가 된 자신의 모습을 볼 수 있었다. 유럽의 엔지니어, 기업가, 예술가, 건축가들은 미국의 '배관과 교량'(plumbing and bridges)[11]에 찬사를 보내기 위해 미국을 방문했고, 우리가 이미 본 바와 같이 미국을 거대한 생산 시스템의 나라로서 재발견했다.

20세기에 접어든 이래 유럽의 아방가르드 건축가와 산업 디자이

---

10) "Soviet power + Prussian railroad administration + American technology and monopolistic industrial organization … = Socialism", *Leninskij Sbornik*, XXXVI: 37; Eckhart Gillen, "Die Sachlichkeit der Revolutionäre", in *Wem Gehört die Welt: Kunst und Gesellschaft in der Weimarer Republik* (Berlin: Neue Gesellschaft für Bildende Kunst, 1977), p. 214에서 재인용.

11) 마르셀 뒤샹의 표현을 Stanislaus von Moos, "Die zweite entdeckung Amerikas", afterword to Sigfried Giedion, *Die Herrschaft der Mechanisierung*(Frankfurt am Main: Europäische Verlagsanstalt, 1982), p. 807 에서 인용.

너들은 미국의 대량생산 방식과 우수한 디자인이라는 원칙을 결합하는 방법에 대해 탐색했다. 그 과정에서 그들은 현대 기술문화의 형태와 상징을 창안했다. 1920년대에 데사우의 바우하우스(Bauhaus)에서 발터 그로피우스와 그의 조각가·예술가 동료들은 현대적 또는 국제적 건축 및 디자인 스타일을 확립하는 데 크게 기여함으로써 이 운동을 정점에까지 끌어올렸다. 이러한 스타일은 건축 방식과 외관 디자인에서 현대 미국 기술의 원칙들을 표현했다. 제1차 세계대전 직후의 심각한 주택난에 직면해 그로피우스와 다른 아방가르드 건축가들은 포드의 대량생산방식과 테일러의 과학적 관리기법을 적용했다. 데사우와 베를린에서의 대단위 주택단지 건설을 보면 이 점은 분명해진다.

프랑스에서는 르 코르뷔지에가 열렬하고 웅변적인 언어로 기술 시대의 도래를 선언했다. 1920년대에 자신이 창간한 잡지인 〈새로운 정신〉(L'Esprit nouveau)을 통해 그는 예술, 건축, 실내 및 산업 디자인에서 현대적인 것을 언어적·시각적으로 정의하기 위해 노력했다. 그는 미국 엔지니어들이 교량, 해양 증기선, 곡물 저장고, 자동차 등을 설계하면서 수학적 정확성과 합리적 생산방식 및 설계를 서로 결합함으로써 현대적 디자인의 핵심을 발견했다고 믿었다. 엔지니어들의 기법을 받아들여 이를 예술가의 미학 속에 녹여 넣은 건축가들이야말로 현대적 스타일의 창조자라는 것이 그의 확신이었다. 르 코르뷔지에는 엔지니어들보다 질서와 시스템에 더욱 매혹된 인물이었다.

화가들 역시 의식적으로 현대성을 추구했다. 세기 전환 무렵의 이탈리아 미래주의자들은 현대 기술이 이탈리아의 전통 문화를 파괴할 수 있는 하나의 수단이라고 보았다. 사회적 급진파이자 예술적 급진파였던 그들은 이탈리아가 후진적이고 억압적인 사회라고 생각했다. 그들은 이탈리아인들의 미래를 좌우할 실마리를 르네상스 박물관이 아닌 현대적 자동차에서 찾을 수 있다고 믿었다. 미래주의자들은 현대 기술의 극적이고 역동적인 인공물들, 예컨대 "수평선 위에서 연기를 내뿜는, 모험에 가득 찬 증기선 … 바퀴로 철로를 움켜쥐듯 달리는 육중한 기관차 … 비행기의 미끄러지는 듯한 비행 … "12) 과 같은 것들을 예찬했다.

1917년의 러시아혁명 이후 소련의 구성주의 운동 예술가들 — 이들 중 몇몇은 대학원 교육을 마친 엔지니어였다 — 역시 문화를 근본적으로 변혁하고 새로운 소비에트 사회를 출현시킬 수단으로 예술을 사고했다. 블라디미르 타틀린은 '기계 예술'을 창안했고, 엘 리시츠키는 현대 예술과 건축을 창조할 수 있는 새로운 스타일의 요소들을 고안했다. 이러한 현대 예술과 건축은 현대 사회 시스템 속의 새로운 인간형에 영향을 줄 수 있을 것으로 믿었다.

제 1차 세계대전 후 독일에서는 기술세계의 인공물과 질서가 '신객관주의'(Neue Sachlichkeit) 유파의 예술가들을 매혹시켰다. 그들의 시각적 용어에는 '질서', '명료성', '조화' 등이 포함되었다. 그들은 이것이 바로 기술적 합리성의 원칙이자 인공세계를 지배하는 원칙이라고 생각했다.

1915년 (프랑스 화가인) 마르셀 뒤샹과 프란시스 피카비아가 뉴욕

---

12) F. T. Marinetti, "The founding and manifesto of futurism 1909", in
   Futurist Manifestos, ed. and intro. by Umbro Apollonio(London:
   Thames and Husdon, 1973), p. 22.

을 방문해, 현대의 주제, 형태, 상징을 유럽에서 찾지 말고 기술국가인 미국에서 찾도록 미국의 몇몇 예술가들을 고무했다. 이에 미국의 정밀주의자들인 찰스 실러와 찰스 데무스, 그리고 러시아에서 건너온 미국인 루이 로조빅은 현대 생산 시스템의 발전으로 생겨난 기술적 경관과 대상물을 회화로 표현했다. 실러가 포드의 리버 루지 공장을 그리거나 찍은 일련의 회화와 사진 작품들은 그들의 경향을 잘 보여 준다.

지도적인 미국의 건축가들은 초기에 기술미학 또는 기계미학의 특징적 공식 용어들을 받아들이지 않았지만, 1930년대 들어 나치 독일을 피해 미국으로 이민 온 그로피우스, 미스 반 데어 로에 등을 비롯한 아방가르드 건축가들이 국제적 스타일을 가지고 들어왔다. 현대 기술이 미국에서 발원했음에도 불구하고 이에 영감을 얻은 현대 회화와 건축은 유럽에서 싹터 먼저 뿌리를 내렸다는 사실은 흥미로운 역설로 남아 있다.

대공황, 그리고 제2차 세계대전 시기에 현대 기술로 인해 가능해진 폭력과 파괴를 목도하면서 기술적 열정은 다소 시들해졌지만, 미국의 기술시스템은 정부가 이를 지원하려는 노력을 기울이면서 새로운 국면으로 접어들게 되었다. (대공황 기간에) 프랭클린 루스벨트는 테네시 강 유역 개발공사를 출범시켰다. 이 기구는 광범한 테네시 강 유역 자원을 체계적으로 개발하기 위해 정부가 자금지원, 설계, 건설, 운영까지 전 측면을 담당한 프로젝트였다. 이로써 미국은 다시 한 번 전 세계에 현대 기술의 모델을 제공했다.

제2차 세계대전에 미국은 막대한 자원을 전례가 없는 규모의 기술시스템인 맨해튼 프로젝트에 쏟아 부었다. 나중에 드와이트 아이젠하워 대통령이 군산복합체의 모멘텀이 점차 증가하고 있음을 미국 국민들에게 경고했을 때, 그가 경계대상으로 지목한 것은 맨해튼 프로젝트를 모델로 한 거대 군비생산 시스템의 부상이었다. 전략방위계획(Strategic Defense Initiative, SDI),• 일명 스타워즈 계획은 가장 최근의 군산(학) 복합체의 사례를 보여 준다.

히로시마와 나가사키에 원자폭탄이 떨어진 사건은 통제되지 않은 파괴적·기술적 창조성이 내포하는 위협과 정부가 관여한 기술 프로젝트 및 시스템의 거대한 규모를 많은 사람에게 극명하게 드러내 보이는 계기가 되었다. 뒤이은 핵무기 억제를 위한 노력들이 실패로 돌아가면서 그와 같은 우려는 더욱 높아졌다. 《침묵의 봄》(*Silent Spring*, 1962)을 쓴 레이첼 카슨과 그녀의 뒤를 따른 많은 사람은 대규모 생산기술이 야기하는 환경적 비용을 우려했다. 그리고 베트남을 황폐화하는 데 동원된 군사기술은 그간 증폭된 반발을 정점에 올려놓는 기폭제가 되었다. 대항문화가 분출한 것이다.

미국과 다른 여러 나라에서 등장한 1960년대의 반성적 급진파들은 현대 기술을 공격했고, 그와 연관된 질서, 시스템, 통제의 가치들에 비난의 화살을 퍼부었다. 대항문화는 기계적인 것 대신 유기체적인 것, 중앙집중화된 시스템 대신 작고 아름다운 기술, 질서 대신 자발성, 효율성 대신 공감을 요구했다. 폴 굿맨과 헤르베르트 마르

• 〔옮긴이주〕 1983년 미국의 레이건 대통령이 제안한 방위구상으로, 지상과 우주에 설치된 요격 시스템을 이용해 미국 본토를 적국의 핵 탄도미사일 공격으로부터 방어한다는 아이디어에 기반해 개발을 추진했다. 그러나 계획의 실현가능성이 극히 낮을 뿐 아니라 이러한 시스템의 개발이 도리어 군비경쟁을 부추긴다는 광범한 비판 끝에 1993년 계획이 공식 취소되었다.

쿠제를 비롯한 대항문화의 지적 영도자들은 자신들의 공격대상으로 기술적 합리성과 시스템을 정조준했다. 대항문화의 시대가 도래하기 전 이미 기술과 사회에 대한 비판적 우려를 표명했던 멈퍼드 역시 (1960년대에) 거대기계(megamachine)에 관한 책을 썼다. 자크 엘륄도 기술시스템을 비판했는데, 그와 멈퍼드는 이러한 기술시스템이 역사의 진로를 결정하고 있다는 우려를 공유했다.

시간이 지나면서 대항문화의 신랄함과 전망은 점차 잦아들었다. 오늘날 기술적 열정은 1920년대에 비해 훨씬 약화되긴 했지만, 엔지니어, 관리자, 시스템 건설자, 그리고 그 외 기술시스템에 이해관계를 가진 사람들 사이에는 여전히 남아 있다. 그러나 그런 열정이 낳은 시스템들은 이제 그 나름의 모멘텀 — 거의 자체적 생명력에 가까운 — 을 얻었다. 시스템에는 기술에 열광하는 사람들이 아직 남아 있고, 시스템으로부터 수입을 얻는 사람, 대기업, 정부 기구, 그리고 시스템과 이해관계가 있는 사람들에 연루된 정치인 등이 포함되어 있다. 그리고 군비와 그 제조업체들이 국가 안보와 생존에 결정적으로 중요하다고 믿는 다수의 사람들이 군산복합체의 모멘텀에 힘을 보태고 있다. 기술적 열정의 시대는 이미 지나갔지만, 그것은 역사의 짐을 그 뒤에 남겨 놓았다. 지나간 역사와 그것이 남긴 짐이 어떤 것인지를 이해하는 사람이라면 이러한 역사의 짐을 제거하거나 여기에 종지부를 찍을 수 있을지 모른다. 13)

---

13) C. Vann Woodward, *The Burden of Southern History* (Baton Rouge: Louisiana State University Press, 1968), pp. 187~211.

제1장

인간이 지닌 창의성의 거대한 해일

1870년 전후부터 대략 반세기 동안 미국은 그 어떤 나라도 쫓아올
수 없을 정도로 놀라운 발명의 능력을 보여 주었고 찬란하리만큼 독
창적인 발명가들을 배출했다. (고대 그리스의) 페리클레스 시대의
극작가들, 르네상스 시기의 예술가들, 산업혁명 시기의 영국 엔지
니어들, 19세기 말 베를린의 물리학자들, 1920년대 바이마르 시기
의 건축가들은 모두 이와 비슷하게 놀랍도록 창조적이었던 시대의
기억을 떠올리게 하는 존재이다. 그 시기에 소포클레스와 에우리피
데스는 《오이디푸스 왕》(*Oedipus Rex*)과 《메데아》(*Medea*)를 썼고,
프란체스코 디 조르조 마르티니, 레오나르도 다 빈치, 미켈란젤로
등의 건축 엔지니어들은 (구상이나 설계를 담은) 노트와 함께 다리,
운하, 성곽, 그리고 빼어난 창의성과 아름다움을 보여 준 세속적·
종교적 건축물을 남겼으며, 조지 스티븐슨과 이점바드 킹덤 브루넬
은 철도를 깔고 교량을 건설해 영국의 외양을 바꿔 놓았고, 헤르만

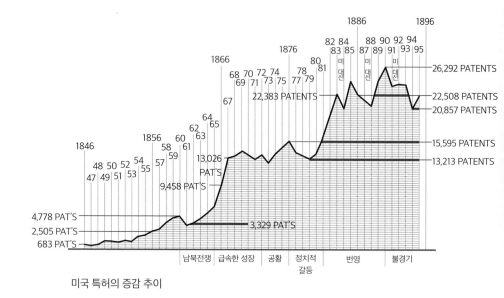

미국 특허의 증감 추이

폰 헬름홀츠와 막스 플랑크는 현대 물리학의 개념이 지닌 힘과 우아
함을 드러내 보였으며, 발터 그로피우스, 르 코르뷔지에, 루트비히
미스 반 데 로에를 포함한 몇몇 아방가르드 건축가들은 국제적인 현
대 건축의 유파를 확립했다. 그러나 아직까지 우리는 미국사에서 그
에 비견할 만한 시기의 놀라운 특성을 인식하지 못하고 있다. 이 시
기 동안 토머스 앨바 에디슨, 오빌 라이트와 윌버 라이트 등의 독립
발명가들은 전등, 비행기, 무선송수신, 그 외 현대 세계를 형성한
수많은 발명들을 새롭게 해냈다.

　　1896년에 〈사이언티픽 아메리칸〉(*Scientific American*)에 글을 쓴
한 필자는 남북전쟁 이후 미국에서 놀라울 정도로 특허가 쏟아지고
있음을 지적하면서, 자신이 살고 있는 시대가 '세계 역사상 유례가
없는 발명과 진보의 시대'라고 열을 올렸다.

인간이 지닌 창의성과 자원의 거대한 해일이 휩쓸고 지나갔다. 그 해일은 규모가 너무 엄청나고, 다양성이 너무 복잡하며, 사고가 너무 심오하고, 부의 측면에서 너무 풍요롭고, 결과는 너무 유익해서, 인간의 정신이 그것을 완전히 이해하기 위해 확장하려 애쓸 때면 긴장과 당혹감에 직면하게 된다.[1]

1866~1896년 사이에 매년 출원되는 특허의 수는 2배로 늘었고, 개인당 출원 개수도 1. 75배 이상 증가했다. 역사가 대니얼 부어스틴은 "한때 대륙을 횡단하는 철로를 깔고 여러 다른 형태의 미국적 생산 시스템을 개발하는 데 쓰였던 모든 자원들이 이제 미국적 발명 시스템에 투입되었다"라고 썼다.[2] 일반 국민들 중에서도 수만 명의 미국인들이 발명활동을 하였을 뿐 아니라, 1870~1920년에 걸친 기간에는 독특한 일군의 독립발명가들이 활발하게 활동했다.

1900년을 전후해 산업연구소들이 부상하기 전까지, 그리고 제 2차 세계대전 시기에 핵에너지의 군사화와 함께 대규모 정부 지원 국립연구소들이 등장하기 훨씬 전까지 미국의 기술적 창의성은 독립발명가에게 집중되었다. 대규모 연구소들에 대해서는 선전이 잘 이뤄졌고 이런 연구소들은 지금까지도 우리 곁에 있기 때문에, 이들

1) Edward W. Byrn, "The progress of invention during the past fifty years", *Scientific American*, 75 (25 July 1896), 82~83. 예전에 나는 "The era of independent inventors", *Science in Reflection: The Israel Colloquium: Studies in History, Philosophy, and Sociology of Science* III, ed. Edna Ullmann-Margalit (Dordrecht: Kluwer Academic Publishers, 1988), pp. 151~168에서 발명과 독립발명가들에 관해 쓴 바 있다.
2) Daniel Boorstin, *The Democratic Experience* (New York: Vintage Books, 1974), p. 525.

연구소가 했던 역할과 그것의 특성은 오늘날 상당히 잘 이해되고 있다. 반면 발명가들의 역할은 감상적 태도로 그려지고 사소한 것으로 치부되며 때로는 아예 잊혔다. 그러나 미국이 산업적·기술적으로 두각을 나타내며 급부상한 과정을 이해하려면, 독립발명가들의 복합적 특성과 다방면의 활동을 이해하지 않으면 안 된다. 발명가들을 영웅으로 그리는 전기적 서술을 더 많이 축적하는 대신, 우리는 그러한 발명가들이 공유한 특성들을 찾아내 이해해야 한다.

독립발명가들의 시대는 알렉산더 그레이엄 벨이 전화를 발명하고 에디슨이 멘로 파크 연구소의 문을 연 1876년경에 시작되었다. 제1차 세계대전 중에 에디슨이 의장을 맡았던 미 해군 산하의 '발명가 위원회'가 기대를 충족하는 데 실패하고, 전시 문제들을 해결하기 위해 소집된 일군의 물리학자들이 성공을 거둔 것은 독립발명가들의 황금기가 종말을 고했음을 알린 사건이었다. 제1차 세계대전이 끝난 후 산업체 과학자들은 '연구개발 활동' — 발명의 새로운 이름 — 의 일차적 중심으로서 독립발명가들을 대체했다.

독립발명가들이 번성했던 그 사이의 수십 년 동안 미국은 가장 창의성이 돋보이는 국가를 넘어 세계의 산업 지도자가 되었고, 급기야는 영국을 추월했다〔영국의 지도자들은 이전 식민지(미국)의 산업과 기술을 오랫동안 얕봤다〕. 1895~1900년 사이에 미국의 석탄 생산은 영국을 앞질렀고, 1915년이 되자 신생 국가 미국의 석탄 생산은 라이벌인 영국의 2배로 뛰어올랐다. 1885~1890년 사이에 미국은 선철과 강철 생산에서도 영국을 앞섰다. 중화학공업에서의 우위는 1900~1913년 사이에 영국에서 미국으로 넘어갔다. 미국은 잘 확립된 중공업 분야에서 앞서 나갔고, 기술의 최첨단에 놓인 신생 산업인 전등 및 전력에서 명백하게 큰 폭의 우위를 잡았다. 3) 이 기간은 하나의 신기원을 이룬 시기였으며, 독립발명가들이 기술적·산업적 성취에 중대한 기여를 한 시기이기도 했다.

미국의 독립발명가들이 두각을 나타낸 기간에 그들로 인해 빛을 본 탁월한 발명은 대단히 많다. 그중에는 벨의 전화기, 에디슨의 백열등, 축음기, 영화, 그리고 전등 및 전력전송의 발전에 대한 윌리엄 스탠리, 니콜라 테슬라, 엘리후 톰슨의 기여 등이 포함된다. 라이트 형제는 내연기관 비행기를 선보였고,

레지널드 페센든, 리 디포리스트, 에드윈 암스트롱은 무선전신과 무선전화(즉, 라디오)를 개척했다. 엘머 스페리와 하이럼 스티븐스 맥심은 전기조명을 비롯해 여러 분야에 걸친 발명활동을 했지만, 스페리는 해군을 위한 자이로컴퍼스(gyrocompass)와 자동제어장치의 고안으로, 맥심은 기관총의 발명으로 기억된다.

이러한 목록은 미국 독립발명가들이 전기산업의 부상과 제1차 세계대전 이전의 군비경쟁 동안 발명의 군사적 응용에 두드러진 역할을 했음을 보여 준다. 그들은 종종 '제2차 산업혁명'(second industrial revolution)이라 불리곤 했던 급격한 산업화의 시기에 중대한 기여를 한 인물들이다.

---

3) W. S. Woytinsky and E. S. Woytinsky, *World Population and Production: Trends and Outlook* (New York: Twentieth-Century Fund, 1953), pp. 868~869, 1067~1068, 1117~1119, 1188; Thomas P. Hughes, *Networks of Power: Electrification in Western Society, 1880~1930* (Baltimore: Johns Hopkins University Press, 1983), pp. 227~261. 세기 전환기에 이런 경향에서 두드러진 예외는 영국이 직물생산에서 우위를 유지했다는 것이다.

발명의 본질과 독립발명가들의 스타일을 탐구하기 위해 우리는 1870년 이후 반세기 동안 번성한 몇몇 독립발명가들의 활동을 다룰 것이다. 연대순으로 나열하면, 하이럼 스티븐스 맥심(1840~1916), 알렉산더 그레이엄 벨(1847~1922), 토머스 앨바 에디슨(1847~1931), 엘리후 톰슨(1853~1937), 니콜라 테슬라(1857~1943), 윌리엄 스탠리(1858~1932), 엘머 스페리(1860~1930), 레지널드 페센든(1866~1932), 윌버 라이트(1867~1912)와 오빌 라이트(1871~1948), 리 디포리스트(1873~1961), 에드윈 암스트롱(1890~1954) 등이다.

  그들은 몇 가지 유사한 경험과 특징을 공유했다. 맥심, 에디슨, 테슬라, 스페리, 디포리스트는 농촌 지역에서 성장했다. 맥심, 에디슨, 톰슨, 스탠리, 스페리, 페센든, 라이트 형제 중 칼리지나 대학에서 학위를 받은 사람은 아무도 없었다. 독립발명가들은 모두 젊은 나이에 일찌감치 기계와 전기장치에 흥미를 보였다. 맥심의 초기 직장에는 보스턴에 있는 과학기구 제작소가 끼어 있었고, 에디슨은 전신기사로 경력을 시작했다. 톰슨은 필라델피아의 센트럴고등학교에서 화학을 가르치다가 몇 년 후 전업 발명가가 되었다. 스탠리는 젊었을 때 발명가인 맥심과 에드워드 웨스턴의 조수로 일했다. 테슬라는 대학을 나온 후 전신과 전기조명 분야의 엔지니어로 일자리를 찾았고, 스페리는 전기조명 분야의 발명가로 시작했다. 페센든은 에디슨과 조지 웨스팅하우스 양쪽 밑에서 엔지니어이자 발명가로 일했고, 후에 펜실베이니아 주 웨스턴대학(피츠버그)의 전기공학과 교수가 되었다. 라이트 형제는 오하이오 주 데이턴에서 자전거 점포를 운영했다. 디포리스트는 예일대학에서 박사학위를 받은 후 시카고의 전화 제조회사인 웨스턴 일렉트릭(Western Electric)의 기술 보좌역이 되었다. 암스트롱은 컬럼비아대학의 전기공학과 조수로 경력을 시작했다. 벨은 보스턴대학의 발성법 교수일 때 전화를 발명, 개발했다. 독립발명가들은 모두 서른이 되기 전, 주요 발명에 관한 작업을 시작했다.

이들 각각이 지닌 몇 가지 특징은 기억해 둘 만하다. 에디슨은 독립발명가들의 지도자 격인 인물이며 역사상 가장 유명한 발명가이다. 에디슨만큼 인상적인 발명 정신을 보여 준 사람은 레오나르도 다 빈치가 유일하다. 에디슨과 달리 레오나르도는 자신의 재기 넘치는 착상 중 실제로 제작까지 이른 것은 몇 개 되지 않았다. 에디슨은 천 개가 넘는 특허를 취득했고 수많은 발명들을 실용화했다. 이 과정을 흔히 혁신(innovation)이라 부르며, 그 이전의 구상 단계인 발명과 구분된다. 에디슨과 동시대를 산 다른 독립발명가들은 자신에 관한 일화들을 얘기할 때, 에디슨의 생애에 있었던 에피소드와 비슷한 것을 자주 언급했다. 엄청난 유명세를 누린 에디슨을 그들이 종종 의식적으로 모델로 삼았음을 엿볼 수 있는 대목이다.

에디슨보다는 덜 알려졌지만, 스페리는 오늘날 목표지향적인 발명가의 모델로 에디슨보다 더 나은 본보기가 된다. 스페리는 첨단기술 또는 복잡기술 분야에 에디슨보다 훨씬 더 깊이 관여했다. 스페리는 사이버네틱 공학 혹은 되먹임 제어(feedback-control)• 공학의 아버지로 기억되어야 한다. 만년에 에디슨은 발명에서 산업적 공정

• 〔옮긴이주〕 어떤 시스템의 출력부에서 나오는 신호를 입력부로 되돌려 그에 따라 수정동작을 하게 함으로써 원하는 출력신호를 얻는 제어 방식을 말한다.

과 연구의 조직 및 관리로 방향을 튼 반면, 스페리는 발명활동에서 거의 벗어나지 않았다. 미국과학원(National Academy of Sciences)은 이를 알아채고 스페리를 에디슨보다 먼저 회원으로 선출했다.

벨은 천재 아마추어 발명가의 원형 격이다. 전기를 통한 음성전송이라는 아이디어에 집착한 그는 직장에서의 업무를 마치고 남은 시간을 쏟아 부어 자신의 전망을 열정적으로 밀고 나갔다. 자신의 발명을 성공적으로 (사회에) 도입하고 그로부터 상당한 수입을 거둔 후, 그는 직업발명가로서 발명을 계속하지 않고 과학기술 분야에서 관심 가는 대로 활동했다. 그는 기억에 남을 만한 다른 중요한 상업적 발명을 하지는 못했다.

테슬라는 '발명가 = 천재'라는 대중적 이미지에 가장 잘 들어맞는 인물이다. 그의 행동거지는 이러한 인상을 불식하는 쪽과는 거리가 멀었다. 그는 음울하게 잘생긴 얼굴에 옷은 우아하게 입었고 상류층이 이용하는 뉴욕의 고급 호텔에서 혼자 살았다. 그는 뉴욕의 사회경제 엘리트와 교제했고 웅장한 외양을 가진 실험실을 지었으며 자연적으로 나타나는 번개와 맞먹는 고전압 현상을 시연하기도 했다. 오늘날 그는 현대적인 송전방식을 도입한 인물로 기억된다. 열광적 숭배자들은 테슬라가 그렸던 발명의 가능성이 당시에 제대로 이해되지 못했으며, 만약 충분한 자금만 있었다면 그러한 가능성은 실현될 수 있었을 것이라고 주장한다.

라이트 형제의 명성은 항공학과 우주항행학이 우리 시대의 자원을 더 많이 흡수함에 따라 점점 높아졌다. 과학기술사 학자들이 라이트 형제의 이야기를 연구하고 보존하는 작업을 대중 작가들로부터 넘겨받은 것은 최근의 일이다. 그 결과 라이트 형제는 이제 끈덕

지게 기계를 만지작거리는 아마추어로서가 아니라, 동시대를 산 다른 많은 독립발명가들과 마찬가지로 기술 문제 해결에서 체계적 방법을 이용한 ― 더 나아가 과학적인 ― 인물로 그려지게 되었다.

디포리스트와 페센든은 미국의 일류 발명가이자 무선송수신의 초기 개발자였다. 디포리스트는 현대 전자공학을 출발시킨 삼극진공관의 발명으로 두각을 나타냈다. 자신의 발명이 지닌 과학적 성격을 지나치리만치 자랑스럽게 여긴 페센든은 무선송수신을 전신(모스부호의 전송)에서 전화(음성의 전송)로 변모시키는 길을 개척했다. 디포리스트의 경력은 시사하는 바가 많다. 독립발명가-기업가는 종종 창의적인 선전가이자 수완이 좋은 자금조달자여야 한다는 사실을 상기시키기 때문이다. 그는 또한 독립발명가들이 서로 어떻게 아이디어를 자극하는 역할을 했는지 보여 준다.

페센든을 포함해 그를 비판했던 사람들은 디포리스트가 (다른 사람의 아이디어에) 너무 크게 의지했기 때문에 그의 발명은 파생물에 불과하다고 주장했다. 이 때문에 디포리스트는 작업장과 실험실뿐 아니라 특허 변호사와 법원에 대해서도 정통하게 되었다. 우선권을 둘러싼 암스트롱과 디포리스트의 분쟁은 거의 전설이 되었다. 암스트롱의 과학기술계 동료들은 전파의 송수신에 쓰이는 진공관을 누가 발명했는가 하는 분쟁에서 암스트롱의 편에 섰지만, 법원은 디포리스트에게 유리한 뉘앙스의 판결을 내렸다. 암스트롱의 재기 넘치는 정신이 망가진 것은 디포리스트를 포함한 다른 사람들과의 끝없는 우선권 소송 때문인 것 같다. 그는 유독 괴롭고 길었던 소송에 관여한 직후 자살로 생을 마감했다.

톰슨은 독립발명가들 중에서 높은 지위를 차지하고 있다. 그는 스페리처럼 작업장과 실험실에서는 발명가로서, 사업 세계에서는 기업가로서의 방법론적 특징들을 보여 주었고, 이 때문에 그때나 지금이나 본받을 만한 인물로 떠받들어진다. 또한 그는 해결해야 할 문제로서 빠른 속도로 확장하던 전등 및 전력 분야의 문제를 푸는 길을 선택했고, 물결의 정점에 잘 올라타 제너럴 일렉트릭(GE)사의 창립자가 될 수 있었다.

스탠리는 많은 결실을 거둔 독립발명가의 필수적 본능을 가진 인물로 주목받을 만하다. 그는 기회가 될 때마다 승진과 자금 조달의 혼란스러운 세계에서 발을 빼고, 작업장과 실험실의 고립되고 지속적인 공간으로 물러나는 현명한 결정을 내렸다.

맥심은 우리가 독립발명가의 전형적 특징을 보여 줄 때 써먹을 법한 삶을 산 인물에 속한다. 그는 기술변화의 주류 속에 계속 머무를 수 있도록 풀어야 할 문제를 선택하는 중요한 자질을 갖추고 있었다. 설사 그 길이 아무리 괴롭더라도 말이다.

독립발명가들은 미국의 역사에서 중대한 역할을 했음에도 여전히 제대로 이해되지 못하고 있다. 한 무더기의 오래된 대중적 전기와 아동용 도서들은 대중의 상상력 속에서 독립발명가들을 일차원적 영웅으로 축소하고, 그럼으로써 그들이 지녔던 창조성을 신화화했다. 대중의 뇌리 속에 못 박힌 것은 나폴레옹과 같은 포즈로 백열등에 대해 골똘히 생각하는 에디슨의 이미지이며, 우리는 그 백열등이 시행착오(hunt-and-try) 기법과 천재적 솜씨가 결합해 발명된 것이라는 얘기를 들어 왔다. 발명에 관해 전해 내려오는 얘기에 따르면, 백열등은 아무런 전례 없이 에디슨의 큼직한 이마에서 돌연 튀어나왔다. 발명에 관해 흔히 오가는 얘기들 중에는 라이트 형제가 데이턴의 자전거 점포와 노스캐롤라이나 주 키티호크 사이를 오가며 자전거와 조악한 비행기를 번갈아 만지작거렸다는 얘기도 있다. 이런 개척자들이 앞선 사람들의 경험과 다른 이들이 발표한 문헌에 크게 의지했고 부단한 노력을 기울여 실험을 했다는 사실은 영웅적 창조성에 대한 대중적 얘기에서 빠져 있다. 에디슨, 라이트 형제, 테슬라, 그 밖의 다른 어떤 독립발명가들에 대한 책을 보더라도 마찬가지다.

영웅적 발명가의 신화를 만들어 낸 초기 전기작가들은 다음과 같은 질문들을 던진 적이 거의 없다. 발명가들은 발명의 방법을 가지고 있었는가? 그들은 조수들과 실험실에 의지했는가? 그들이 성공을 거둔 데는 문제선택이 문제해결만큼이나 결정적 역할을 하지 않았는가? 자금 조달을 위해 지나치리만큼 많은 시간을 쓰지는 않았는가? 군대의 지원이 그들에게 자극이 되었는가? 신비스러운 창조 과정은 사실 일상적인 문제풀이 과정과 훨씬 유사한 것으로 — 드물게 영감이 떠오르는 순간(eureka moments)이 끼어들긴 하지만 — 판명되지 않았는가?

황금기에 활동한 독립발명가들 중 아마도 가장 전문직에 가까운 인물일 듯한 스페리의 말을 들어 보면 이들을 어떻게 해석해야 하는지 감을 잡을 수 있을 것이다. '실용 사이버네틱스'라는 분야를 창시했고, 다양한 분야에서 350개 이상의 특허를 얻었으며, 미 해군의 현대화에 그 누구보다도 큰 기여를 한 발명가이자, 독립발명가 중 미국과학원 회원으로 가장 먼저 선출된 인물인 스페리는 만년에 이렇게 말했다.

지난날을 돌이켜 보면, 내가 일을 하는 도중에 단 한순간도, 흔히 발명가의 특징을 잘 보여 준다고들 하는 그런 행동을 하고 있다고 느낀 적이 없다. 내가 기억하는 한, 나는 내 도움이 필요한 것처럼 보이는 상황들에 부딪혀 왔다. 대개 내가 어떤 식으로든 상황을 더 낫게 만드는 데 도움을 줄 수 있을 것이라는 확신은 없었지만, 나는 그런 도전에 매혹되었다. 그래서 그 문제를 철저하게 연구했고, 조수들을 시켜 그동안 그것에 대해 발표된 모든 것들을 가져오게 했다. 상황을 개선하려는 시도들을 담은 특허문헌을 포함해서 말이다. 사실들을 모두 수집하고 나면 나는 당연해 보이는 일을 했다. 가장 취약한 지점을 찾아내 그것을 강하게 만들려고 한 것이다. 이 과정에서 종종 (기존의 장치나 공정의) 변경이 수반되었고, 이것이 미친 수많은 파급효과들은 즉각적으로 전체 프로젝트의 범위를 드러냈다. 내가 올바른 해법을 단번에 떠올린 적은 거의 없다. 나는 상상 속에서 해법들을 하나씩 떠올려 보는 식으로 작업했는데, 간단하고 실용적이며 빈틈없는 해법을 미처 알아보지 못한 채 그것들을 몽땅 거부해 버린 적이 많았음을 고백해야 할 것 같다. 때로는 내가 찾고 있던 간단한 해결책을 제시해 주는 뭔가와 마주치기까지 여러 날, 심지어 여러 달이 지나가 버리기도 했다. 4)

---

4) Thomas Parke Hughes, *Elmer Sperry: Inventor and Engineer* (Baltimore: Johns Hopkins University Press, 1971), pp. 293~294.

독립발명가들

독립발명가들을 이해하는 열쇠는 그들이 조직적 구속으로부터 자유로웠기 때문에 자신이 풀 문제를 자유롭게 선택할 수 있었다는 점을 인식하는 데 있다. 그러나 대중적 신화와는 정반대로, 그들은 낡아빠진 다락방에서 시행착오 접근법만을 써서 작업하는 영웅적이고 가난에 찌든 고독한 인물이 아니었다. 성공한 독립발명가들은 대부분 숙련기술자인 몇 명의 조수들과 함께 작업하는 것이 보통이었고, 자신이 설계하고 소유한 소규모 실험실이나 작업장에서 일했다. 그들은 과학과 과학적 방법이 실패할 때는 경험적 접근법을 썼지만, 실험과학자들이 쓰는 것과 같은 조직화된 정보와 실험기법에 의존하기도 했다. 에디슨은 자신이 전기 분야에서 실험할 때는 과학법칙을 응용하고 논리적 방법을 따를 수 있다고 말했지만, 그의 관심 영역에서 화학의 수준은 상대적으로 낮았기 때문에 시행착오에 의지해야만 했다.

발명가-기업가들이 훌륭한 시설의 뒷받침을 받으며 복잡한 창조 작업에 관여하면서 하나의 전통이 수립되었다. 오늘날 보스턴 인근 128번 도로(Route 128)•나 캘리포니아 실리콘밸리의 발명가-기업가들, 그리고 임무지향적 연구비 지원이 지배적인 대학 환경 내에서 일정한 독립성을 여전히 추구하는 발명과학자들에게서 그러한 전통

• 〔옮긴이주〕 실리콘밸리와 쌍벽을 이루는 보스턴 외곽의 매사추세츠 주 128번 도로 인근의 벤처산업단지를 가리킨다. 전자, 컴퓨터 등 첨단산업의 주요 기업들이 다수 위치해 있다.

에 부합하는 모습을 찾아볼 수 있다.

　19세기 말과 20세기 초의 독립발명가들 중에는 에디슨 같은 직업발명가(professional)도 있고, 라이트 형제 같은 비직업발명가(non-professional)도 있었다. 비직업발명가와 직업발명가는 창조작업의 질이나 복잡성에서는 서로 구분되지 않았다. 그 둘 간의 차이점은 생계유지의 수단에 있었다. 직업발명가들은 다양한 장치들을 발명하는 데 대부분의 시간을 보냈고, 그로부터 나온 수입을 생계수단으로 삼았다. 비직업발명가들은 한 가지 발명에 집중했고, 중요한 발명에서 나온 수입으로 부자가 되기 전까지는 종종 발명에서의 관심사와는 무관한 정규 일자리에 의지하는 특징이 있었다.

　앞서 언급했듯이, 벨은 전화에 열정적으로 몰두했고 여기서 유일하게 성공을 거두었다는 점에서 비직업발명가의 전형을 보여 준다.[5] 반면 직업발명가인 에디슨은 놀라울 정도로 다양한 기술 분야에 걸쳐 천 개 이상의 특허를 얻었다. 라이트 형제 역시 오로지 비행기에만 전념한 비직업발명가였다. 벨과 라이트 형제는 발명활동을 추구하는 동안 다른 일로 얻은 수입에 의존했다. 전화와 비행기가 상업적 성공을 거둔 후에야 비로소 자신들이 따낸 여러 개의 특허나 그에 기반해 세워진 회사들로부터 수입을 얻을 수 있었다. 반면 시내 전차에서 비행기 자동조종장치에 이르는 350개의 특허를 취득한 스페리는 직업발명가였다. 그는 특허를 통해 자신과 가족을 부양하

---

5) Robert V. Bruce, *Bell: Alexander Graham Bell and the Conquest of Solitude* (Boston: Little, Brown, 1973), pp. 120~150; David A. Hounshell, "Bell and Gray: Contrasts in style, politics, and etiquette", *Proceedings of the IEEE*, 64 (September 1976), 1305~1314.

고 발명활동을 뒷받침할 만큼 충분한 수입을 거둘 수 있었다.

직업·비직업발명가를 막론하고 독립발명가들의 중요성을 제대로 파악하려면, 그들이 단순한 발명가가 아니었음을 이해할 필요가 있다. 그들은 발명가-기업가로서 자신들의 발명이 실제 사용단계까지 이르는 도입 과정을 관장했다. 분명 그들의 열정은 창조 과정에 쏠려 있었지만, 그들은 적절히 키워 주지 않으면 자신의 발명품이 살아남지 못하리라는 것을 알고 있었다. 종종 이들 발명가-기업가들은 자본가들과 제휴하되 그들에게 고용되는 것은 피하면서, 특허받은 자신의 발명품을 제조하고 판매할 수 있는 회사를 설립했다. 그러나 이와 동시에 그들은 회사의 일상적 관리책임으로부터는 거리를 두려 애썼다.

에디슨의 첫사랑은 발명이었지만, 자신의 조명 시스템을 실제로 구현하기 위해서는 종종 자금 조달과 회사 설립이 필요했다. 1880년경에 그는 조명 시스템의 전 부문을 포괄하는 상호 연관된 계열 제조회사들을 설립했고, 이후 이 회사들은 합쳐져 에디슨 제너럴 일렉트릭(Edison General Electric)이 되었다.

같은 시기에 역시 전등 시스템의 발명가인 톰슨은 자신의 발명품을 제조, 판매하기 위해 톰슨-휴스턴 전기회사(Thomson-Houston Electric Company)를 설립하는 데 일익을 담당했다. 그러나 몇 년 지나지 않아 그 역시 관리와 재정은 다른 사람들에게 맡겨 두는 편이 낫다는 사실을 깨달았다. 1893년에 두 회사의 관리자와 금융가들은 금융가-기업가(financier-entrepreneur)의 전형인 존 피어폰트 모건의 지휘하에 회사를 합병해 제너럴 일렉트릭 사를 만들었다. 월등하게 커진 물적·인적 자원을 보유하게 된 이들 회사의 엔지니어링 부서 — 나중에 산업연구소로 변모한 — 는 전등 및 전력 시스템의 추가적인 확장을 가능하게 한 발명활동의 책임을 넘겨받았다. 스페리 같은 다른 발명가들 또한 자기가 가진 특별한 기술혁신의 능력이 더 이상 요구되지 않음을 알게 되었을 때, 자신이 설립한 회사로부터 물러(나거나 쫓겨) 났다.

무선전신과 무선전화의 발명가인 페센든이 1906년과 1907년에 벌인 활동은 발명과 기업 운영이 얼마나 철저하게 뒤섞일 수 있는지를 잘 보여 준다. 페센든은 푸에르토리코에서 미 해군의 무선장비 시험을 감독하며, 의회를 통해 자신과 자신의 회사가 정부에 소송을 제기할 수 있도록 허용하는 법안을 통과시키기 위해 애쓰고 있었다. 당시 미 해군은 아무런 이용료도 지급하지 않고 그가 특허를 가진 무선수신기를 만들어 사용했기 때문이다. 그는 무선전화의 실험과 개발을 진행 중이었고, 이를 통한 성공으로 이내 폭넓은 인정을 받게 되었다. 1906년 5월, 그는 시어도어 루스벨트 대통령과 짧은 면담 기회를 가졌고, 해군이 자신에게 이용료를 지급하지 않고 페센든 수신기를 사용하는 데 대한 반대 의사를 전달했다. 대통령을 만난 때와 거의 같은 시기에 그는 과거에 발명해 개발 중이던 장비를 써서 무선신호를 대서양 너머로 전송하는 작업을 감독하고 있었다.

1906년 1월, 그는 굴리엘모 마르코니가 뉴욕 시에 와서 강연을 한다는 얘기를 들었다. 마르코니는 자기 회사가 양 방향의 대서양 횡단 메시지를 정기적으로 전송하고 있다고 발언할 가능성이 있었으므로 페센든은 이를 반박하기 위해 강연장에 대리인을 보내 마르코니의 강연에 답하게 하는 계획을 세웠다. 대리인은 페센든의 미국전기신호회사(National Electric Signaling Company)가 이미 미국 본토

레지널드 페센든과 그의 밑에서 일한 무선전신사 및 실험가들

(매사추세츠 주 브랜트록) 와 영국 사이에서 정기적으로 전송을 해왔으며, 강연회 진행자가 보내고 싶은 어떤 메시지라도 전송할 준비가 되어 있다고 말했다. 6)

독립발명가들이 변화와 혁신을 관장하는 기업가이긴 했지만, 그들은 성공의 상징으로 돈 못지않게 — 아마 그보다 더 — 특허를 중요하게 생각했다. 그들이 쓴 회고록이나 자서전 초고를 보면 알 수 있듯, 취득한 특허 수는 곧 동료 발명가들 사이에서의 지위를 의미

---

6) Fessenden to Hay Walker, Jr., 21 January 1907; Hay Walker, Jr. to Fessenden, 2 January 1907; Fessenden to Hay Walker, Jr., 17 August 1906; Fessenden to Hay Walker, Jr., 8 May and 19 May 1906; and Fessenden to Hay Walker, Jr., 12 January 1906. Box P. C. 1140. 6, Reginald Fessenden Papers, North Carolina State Archives, Raleigh, N. C.

했다. 독립발명가들이 제대로 이해되지 못했고 현재까지도 그러한 중요한 이유 중 하나는 우리가 그들이 가진 동기와 목표를 금융이나 사업에 종사하는 기업가의 그것과 혼동하기 때문이다. 독립발명가들은 자신의 열정과 창조적 추진력을 일차적으로 발명 행위에 쏟았다. 그들이 회사를 설립하는 등의 기업가적 역할을 수행한 것은 자신의 발명이 실생활에 쓰이기를 바랐기 때문이다. 그들이 회사를 설립한 이유는, 이미 잘 확립된 기술을 통제하기에 바쁜 회사들이 급진적으로 새로운 기술을 키우는 데 대체로 관심이 없었기 때문이다. 기존 회사들은 고용인들이 새로운 기술에 경험이 없고 이미 있던 기계와 공정도 그런 기술을 만드는 데 적합하지 않았기 때문에 변화를 선호하지 않았다. 또한 독립발명가들은 자신들의 발명을 다른 사람에게 맡기면, 자신이 직접 할 때처럼 섬세한 배려와 집중적인 주의를 기울여 키워 주지 않는다는 사실을 알게 되었다.

기계공작소와 실험실

독립발명가들은 자신이 직접 고르거나 설계한 공간으로 물러나 그곳에 파묻히는 특징이 있었다. 이런 점에 있어 발명가들은 아틀리에에 드나들거나 역사적으로 유명한 몽마르트르, 슈바빙, 그리니치빌리지•의 대안적 생활방식에 파묻히는 아방가르드 예술가를 닮았다. 자신들의 생각이 가진 비정통성을 알고 있던 발명가와 예술가들은 물리적 공간의 측면에서도 분리됨으로써 아웃사이더로서 갖는 느낌을 더 강하게 만들었다. 지적으로, 또 물리적으로 분리된 은둔처에서 작업하면서 그들은 기존의 것을 대체할 새로운 방식을 창조했고, 더 나아가 새로운 세상을 만들었다. 발명가들은 그 사이에 있을 때 자신이 편안하게 느끼는 기계와 공정을 만들어 냈고, 예술가들은 음악, 회화, 조각으로 채워진 순수하고 질서정연한 공간을 발명해 냈다. 많은 발명가와 예술가들은 유년기와 청년기에 세상에 대해 실망한 적이 있었다. 따라서 그들이 스스로 만들어 낸 공간 — 자신이 상상한 장치들로 가득 채워진 — 으로 피하는 것은 일종의 대응이자 세상을 변화시키거나 새롭게 만들려는 시도인 셈이었다.

스스로 선택하고 설계한 고립된 공간으로 물러남으로써, 발명가와 예술가들은 기성 체제의 갑갑한 영향으로부터 자유로워질 수 있

• 〔옮긴이주〕 몽마르트르는 프랑스의 파리 북부, 슈바빙은 독일의 뮌헨 북부, 그리니치빌리지는 미국의 뉴욕 맨해튼 남부에 각각 위치한 지역으로, 모두 저명한 예술가들이 거주하며 활동했고, 자유분방한 생활방식으로 널리 알려진 곳이다.

었을 뿐 아니라, 발명가의 새로운 아이디어가 침식하게 될 관점이나 제도를 세웠던 사람들의 적대감이나 조롱도 피할 수 있었다. 스페리의 부인 줄라는 스페리가 회사에서 열정적인 조수들과 함께 작업할 때 가장 행복해 했다고 말했다. 테슬라는 자신의 맨해튼 실험실에서 신비스런 전자기 역장(力場)에 대한 통찰을 추구하던 시간을 매우 소중하게 여겼다.[7] 마르고 180센티미터가 넘는 큰 키에, 옷 모양새나 태도, 정신에서 창조적인 천재가 어떤 인물인지를 극적으로 보여주었던 테슬라는 이렇게 말한 적이 있다.

젊거나 창조적 정신을 가진 사람이 백만장자로 태어나거나 하는 '축복'을 받지 못한 것은 운이 좋은 일이다. 격려되고 방해받지 않는 고독한 상태에서 정신은 더욱 날카로워지고 예리해진다. 독창성은 외부로부터의 영향에서 자유로운 격리상태에서 왕성하게 성장한다. 외부의 영향은 우리를 두들겨 창조적 정신을 불구로 만든다. 혼자가 되어라 — 그것이 바로 발명의 비밀이다. 혼자가 되어라, 바로 그때 아이디어가 탄생한다.[8]

에디슨은 독립발명가의 특징을 더욱 잘 대변해 준다. 그 역시 주의를 산만하게 하는 일들로부터 벗어나 충직한 조수들과 함께 자신의 아이디어를 실행에 옮길 수 있는 공작소나 실험실에서 작업하기를 원했다. 1876년에 그는 뉴저지 주 멘로 파크에 목가적 전원 공간

---

7) Margaret Cheney, *Tesla: Man Out of Time*(Englewood Cliffs, N. J.: Prentice-Hall, 1981), p. 51〔마가렛 체니 저, 이경복 역, 《니콜라 테슬라》(양문, 1999)〕.

8) 1942년 테슬라가 〈뉴욕타임스〉 기자에게 한 말을 Gordon D. Friedlander, "Tesla: Eccentric genius", *IEEE Spectrum*, IX(June 1972), 29에서 재인용.

화가가 그린 에디슨의 멘로 파크 연구소 정경은 은둔과 창조성의 분위기를 전해 준다.

과 수도원을 합쳐 놓은 것 같은 발명 공장을 세웠다. 당시 발명가가
은둔하는 장소는 기계공작소(machine shop)나 화학실험실이었다.
에디슨은 자신의 창조력을 확장할 수 있는 조수, 공구, 장비를 갖춘
아틀리에 공간으로 물러난 발명가들 중에서 기억해 둘 만한 사례이
다. 그가 웨스턴 유니온(Western Union) •의 전신기사 자리를 그만
두고 발명과 다양한 전신 사업에 전념하기로 한 1869년부터 그 유명
한 멘로 파크 발명 공장으로 이사한 1876년까지, 에디슨은 발명활
동의 중심을 일련의 기계공작소들에 두고 많은 모형제작자들의 재
능을 활용했다. 그는 몇 년 후에 벨이 그랬던 것처럼 찰스 윌리엄스

• 〔옮긴이주〕 미국에서 남북전쟁 이후부터 20세기 초까지 도시 간 전신시장을
사실상 독점한 거대 전신회사로, 1850년대 초 생겨난 뉴욕앤드미시시피밸리
인쇄전신회사의 하이럼 시블리(Hiram Sibley)가 주도해 다른 수십 개의 전
신선로와 회사들을 사들이고 합병하는 과정을 거쳐 1866년에 설립되었다.

의 모형제작소에 자주 들렀다. 1868년에 그는 그곳에서 윌리엄스의 조수 중 한 사람인 조지 앤더스의 도움을 받아 특허 받은 최초의 발명품인 투표기록기를 만들어 냈다. 9) 1869년 1월에 윌리엄스 공작소 한편에 공간을 마련해 정착한 에디슨은 자신이 전업 발명가로 활동하기로 했다는 광고를 전신 잡지에 실었다. 10) 그는 1869년에 뉴욕으로 이사한 후 전기 엔지니어인 프랭크 포프와 힘을 합쳐 컨설팅 회사를 만들었다. 이 회사는 장치설계, 대강의 스케치로부터 실험적 장비제작, 실험수행 등을 주로 한다고 광고했다. 11) 에디슨은 자신이 개량한 전신장치에서 이익을 얻으려는 많은 투자자들의 후원을 받게 되었고, 자신이 발명한 몇몇 전신장치의 제조업을 시작하면서 뉴저지 주 뉴어크에 있는 여러 개의 기계공작소와 공장 건물을 임대하거나 사들였다. 1870년에 그는 커다란 건물을 임대하고 가장 정교한 기계와 가장 좋은 공구들을 구입했다. 그 건물에 필요한 설비를 갖추는 데 첫 주에만 3만 달러 이상이 들어갔다. 그러나 에디슨은 생산을 감독하는 데는 관심이 없었고, 가장 우수한 기계제조공과 기계들을 쉴 새 없이 계속되는 자신의 발명과 모형제작 작업에 투입했다. 12) 그는 뉴어크에 있던 또 다른 공장 겸 기계공작소 꼭대기에

---

9) Frank Lewis Dyer and Thomas Commerford Martin, *Edison: His Life and Inventions* (New York: Harper & Brothers, 1910), I: 102.

10) Matthew Josephson, *Edison* (New York: McGraw-Hill, 1959), p. 64.

11) Thomas A. Edison Papers (Frederick, Md. : University Publications of America Microfilm), Part I, reel 12, item 30. 이하 Edison Microfilm으로 약칭한다.

12) Robert Conot, *A Streak of Luck* (New York: Seaview Books, 1979), p. 41.

발명과 개발의 장소로 방 하나를 마련했고, 1871년에는 매일 실험한 내용과 그것에 대한 생각들을 노트에 기록하기 시작했다.

이것은 이전에 형성된 아이디어를 담는 일별 기록이 될 것이다. 그것 중 몇몇은 이미 시험해 보았고, 다른 몇몇은 스케치와 설명만 있다. … 13)

여기서 시험 또는 실험이란 모형제작을 의미했다. 이 공장을 비롯해 여러 기계공작소를 운영했던 뉴어크에서의 5년 동안 그는 '손재주가 뛰어난' 숙련기술자를 구하기 위해 애썼고 대부분 시계공이나 기계제조공으로 훈련받은 사람들을 끌어들였다. 14) 이곳에서 그는 영국 출신의 기계제조공 찰스 베첼러와 스위스 출신의 시계공이자 기계제조공인 존 크루지를 고용했다. 그들은 에디슨의 아이디어를 정밀한 도면과 모형으로 바꿔 놓았고, 이는 뉴어크에서뿐 아니라 놀라울 정도로 발명의 재능이 넘쳤던 멘로 파크 시기에도 계속되었다.

에디슨은 웨스턴 유니온 전신회사와 뉴욕의 금융가들과 긴밀한 관계를 유지하며 작업했다. 그들은 에디슨의 발명활동을 지원하면서 그가 제작한 특허 받은 장치들을 팔았다. 그러나 에디슨은 그들이 설정해 놓은 목표와 생산업무에서 생기는 관리상의 잡일에 의해 제약을 받고 있다고 느꼈다. 충분히 많은 돈을 모은 후 그는 1876년에 '발명 공장'을 세우기 위해 멘로 파크로 물러났다. 멘로 파크는 뉴욕 시와 필라델피아 중간쯤에 위치한 시골 기차역이 있는 곳으로,

---

13) Josephson, *Edison*, p. 90.
14) Ibid. , p. 87.

토머스 에디슨, 멘로 파크의 마술사

한적하긴 했지만 아주 멀리 떨어진 곳은 아니었다. 멘로 파크에서
그는 뉴욕과 필라델피아의 제조업과 금융 자원을 요청할 수 있었고,
그러면서도 그들의 숨 막히는 영향력으로부터 벗어날 수 있었다. 에
디슨이 썼던 노트 중 한 권을 보면 맨 앞에 자신은 '망할 놈의 자본가
들'을 위해 발명을 하는 게 아니라고 적어 놓은 것을 볼 수 있다. 매
튜 조지프슨이 쓴 에디슨 전기에 따르면, 제조업과 발명의 책임이
겹치게 되자 "초인적 에너지의 소유자인 에디슨조차도 부담을 느꼈
다". 15)

에디슨은 몇몇의 충직한 동반자들과 함께 미지의 지적 영역을 탐
험하고, 발견의 영감이 떠오르는 순간을 경험하며, 스스로 선택한
문제를 풀고, 최고로 뛰어난 숙련기술자, 공구, 기계들의 도움을 받

---

15) Ibid. , p. 132.

아 아이디어를 장치로 바꿔 놓는 기쁨을 만끽하기를 갈망했다. 뉴어크나 뉴욕의 산업적·도시적 환경에서는 기성 세계의 혼잡과 소란이 에디슨을 붙들고 놔주지 않았고, 그와 함께 일하는 숙련기술자들의 에너지를 분산시켰다.

에디슨과 억센 기술자 무리가 도착하기 전까지 멘로 파크에는 대여섯 채 되는 농가들이 있을 뿐이었다. 에디슨의 아버지인 샘은 먼저 헛간처럼 생긴 2층의 직사각형 건물을 짓는 것을 감독했다. 처음에 이 건물에는 에디슨이 쓸 작은 사무실, 소규모 도서실, 제도실, 그리고 1층에 기계공작소와 2층에 화학실험실이 있었다. 에디슨은 돈을 아끼지 않고 멘로 파크에 설비를 갖추었는데, 말이 끄는 큰 트럭에 실어 각종 장치, 화학약품, 책, 증기기관, 공작기계 등을 들여왔다. 당시 미국에 있던 그 어떤 특수 기계공작소와 화학실험실을 합쳐도 멘로 파크에는 못 미쳤을 터였고, 심지어 대학에도 그런 설비는 없었다.

그로부터 수십 년 후에 기업가이자 에디슨의 절친한 친구이며 열렬한 찬미자였던 헨리 포드가 미시간 주 디어본에 있는 포드박물관 부지에 멘로 파크 연구소 전체를 복원했다. 이로써 포드는 19세기의 가장 위대한 발명 ─ 발명하는 법의 발명 ─ 에 대한 적절한 기념물을 세웠다.

시간이 흐르면서 에디슨은 프로젝트에 필요할 때마다 부속 건물을 추가했다. 아늑한 발명마을에 있는 농장 건물에서 그는 부인과 두 아이 마리온 에스텔('도트'), 토머스 2세('대시')와 함께 살았다. • 나중에 두 번째 아들인 윌리엄이 태어났다. 에디슨의 가장 절친한 동료 두 사람인 배첼러와 크루지는 마을에 있는 다른 6곳의 농가 중

멘로 파크에서 토머스 A. 에디슨(왼쪽에서 여섯 번째)과 휘하의 기계공, 화학자,
모형제작자들이 함께 찍은 사진. 뒤에 보이는 파이프 오르간은 밤낮없이 실험이 계속되는
와중에 여흥거리를 제공했다.

2곳에서 가족과 함께 살았다. 다른 사람들에게는 조던 부인의 하숙
집이 다소 엄격하긴 했지만 편안한 환경을 제공했다. 1876년 봄에
는 이 마을에 대략 20명의 에디슨 기술자가 있었다. 기술자와 설비
의 뒷받침을 받아 새로운 자유를 누리며 자신의 전망을 추구할 행복
한 꿈에 부풀어 오른 에디슨은 알고 지내던 특허 변호사에게 새로운
주소와 함께 초대장을 보냈다.

- 〔옮긴이주〕 에디슨은 발명 경력 초기에 다양한 전신장치 발명에 몰두했는
  데, 첫 번째 부인인 메리 스틸웰과의 사이에서 처음 두 아이가 태어난 것이
  바로 그때쯤이었다. 전신에 완전히 빠져 있던 그는 아이들에게 모스부호의
  점과 선에 해당하는 '도트'와 '대시'라는 애칭을 붙였다.

멘로 파크에 있는 신품 연구소 … 지구 서반구에 위치, 미들섹스 군, 로웨이 북쪽 64킬로미터, 뉴저지 주에서 가장 아름다운 곳, 펜실베이니아 철도 변의 높은 언덕, 나중에 주변을 구경시켜 주지요, 딸기나 따러 갑시다. 16)

뉴어크를 떠나기 전, 그는 멘로 파크에서 "작은 발명은 열흘에 하나, 큰 발명은 6개월에 하나씩" 내놓겠다고 "아주 진지하게" 선언했다. 17) 당시 그가 특허를 취득하는 속도는 대략 1년에 40건 정도였으므로, 그의 포부가 결코 터무니없는 것은 아니었다. 신문 보도를 통해 (멘로 파크의) 발명 단지가 대중적 시선을 끌고 그곳에서 크고 작은 발명들이 속속 등장해 그중 많은 수가 일상생활에 곧장 영향을 미치면서, 멘로 파크는 대중의 마음속에 매혹의 대상으로 자리 잡았다. 에디슨은 멘로 파크의 마술사로 알려지게 되었다. 석양빛이 연구소를 신비스런 빛깔로 감싸 안을 때면, 에디슨을 이상한 물질을 끓이고 강력한 힘을 조종하는 파우스트적인 인물로 상상하는 사람들도 있었다. 눈 덮인 멘로 파크의 정경을 담은 유명한 그림의 화가는 북극의 성(聖) 니콜라스(Saint Nicholas)•가 간절히 기다리는 세상을 위해 요정들과 함께 새로운 장치들을 만드는 모습을 떠올렸다. 오늘날 우리는 기술적 풍요에 대해 덜 맹목적이며 기술은 솜씨나 손

---

16) Ibid., p. 134.
17) Ibid., pp. 133~134.
• 〔옮긴이주〕 산타클로스를 가리키는 다른 이름 중 하나이다. 성 니콜라스는 4세기경 오늘날 터키 남부에 해당하는 리키아의 주교였던 실존 인물로서 빈민들에게 후하게 선물을 준 것으로 잘 알려져 있으며, 이러한 측면이 이후 산타클로스의 원형을 제공한 것으로 추정된다.

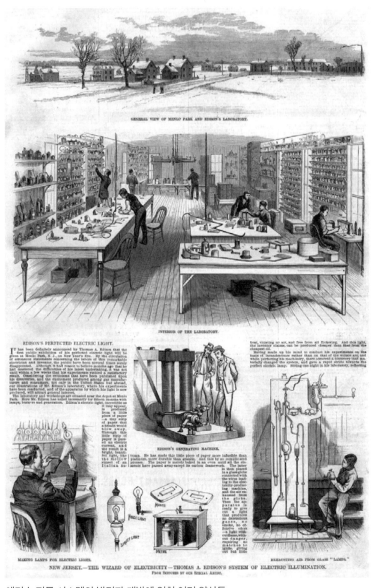

에디슨 전등 시스템의 발명과 개발에 얽힌 여러 양상들.

[옮긴이주] 맨 위 그림은 멘로 파크 연구소를 전체적으로 조망하고, 가운데 그림은 실험실 내부를 보여 준다. 아래쪽의 작은 그림들은 에디슨 시스템에 필요한 여러 구성요소를 보여 주는데, 왼쪽 그림은 전구를 만드는 모습과 미터기의 생김새를, 가운데 그림은 에디슨이 개량한 발전기의 모습을, 오른쪽 그림은 전구 내부의 공기를 뽑아내는 진공 펌프를 각각 보여 준다.

재주보다는 과학과 더 결합되어 있다고 믿고 있다.

그래서 이제 우리는 고립된 멘로 파크 단지에 있던 에디슨과 턱수염을 길게 기른 그의 동료들을 뉴멕시코 주 로스앨러모스의 산악 요새에서 원자의 무시무시한 파괴력을 풀어 놓았던 로버트 오펜하이머와 동료 핵 과학자들의 선조로 이해할 수 있다. 오펜하이머는 이전 시대의 에디슨과 마찬가지로 창조의 전당 — 그가 젊었을 때, 뉴멕시코 주의 사립학교를 방문한 이후부터 알던 곳이다 — 으로 은둔하는 것을 기뻐해 마지않았다.

에디슨은 나중에 뉴저지 주 웨스트오렌지에 훨씬 더 큰 발명 공장을 계획하고 건설함으로써 창조를 위한 은둔이라는 자신의 욕망을 다시금 실현했다. 이곳에 발명 공간을 계획하면서 그는 독립을 향한 욕구를 다시 한 번 보여 주었다. 그는 이 새로운 시설에 그가 오랫동안 꿈꿨지만 멘로 파크에서는 갖지 못했던 개인작업실을 마련했다. 그는 이것이 "내가 비밀로 하고 싶은 특별한 것들"을 위한 "특별하거나 비밀스런" 장소라고 말했다.[18] 개인작업실에서 그는 자신만의 실험과 시험을 했다. 작업실에는 몇 개의 의자와 작업대, 그리고 작업 중인 프로젝트와 관련된 원재료만 있으면 되었다. 그러나 바로 인접한 같은 건물 내에서 숙련기술자들과 공구들이 항시 대기하고 있었다.[19]

---

18) W. Bernard Carlson, "Thomas Edison's laboratory at West Orange, New Jersey: A case study in using craft knowledge for technological innovation, 1886~1888", revision of paper presented at the Edison National Historic Site, West Orange, N. J., 25 April 1987, p. 7.

19) Ibid., p. 13.

1917년 뉴저지 주 웨스트오렌지 연구소에서 에디슨의 '불면 사단'이 함께 찍은 사진
(가장 오른쪽이 에디슨이다)

　　1881년에 에디슨은 멘로 파크의 발명 공장을 떠나 처음에는 뉴욕
으로 갔다. 펄 스트리트에 위치할 선구적 중앙 조명발전소의 건설을
바로 옆에서 감독하면서, 확장하는 전등의 생산과 판매를 관장하기
위해서였다. 그는 17번가와 B 애비뉴에 있는 동업자의 공장 꼭대기
층에서 자신의 첫사랑인 실험을 계속했다. 발명과 사업으로 충분한
돈을 모은 에디슨은 1886년에 새로운 발명 단지를 짓는 데 최소 10
만 달러 투자를 결심하고 웨스트오렌지에 부지를 마련했다. 그는 사
교적으로 유명한 두 번째 부인 미나 밀러와 1884년에 죽은 첫 번째
부인의 가족을 위해 글렌마운트(Glenmount) 라는 저택을 사들였는
데, 연구소 부지는 저택이 있는 언덕 자락에 위치했다. 이처럼 시골
에 자리를 잡으면서 그는 정신을 산만하게 하는 뉴욕의 소란에서 다
시 한 번 벗어나, 뉴욕의 금융과 제조업, 그리고 새롭게 분출하는 엔

지니어링 아이디어와 활동들을 여전히 이용할 수 있었다.

에디슨이 처음 그린 스케치를 보면 그가 굴뚝이 교묘하게 감춰진 프랑스식 이중 경사 지붕을 가진 웅장하고 위엄 있는 건물을 생각하고 있었음을 알 수 있다. 내부의 정원을 둘러싼 건물 단지는 위엄과 은둔, 더 나아가 비밀의 분위기를 풍겼다. 그러나 에디슨은 이 계획을 포기하고 여러 명의 건축가들에게 의뢰해 외관에 덜 신경을 쓴 공장식 건물 단지를 설계하도록 했다. 전기조명 이외의 프로젝트를 추진할 수 있도록 유연한 확장이 가능한 설계였다.

미국의 영웅 에디슨은 수수하고 실용적인 인물이며 과학이나 조직화된 지식에 방해받지 않고 시행착오법에 의지했던 발명가라고 알던 사람들은, 그가 도서실을 얼마나 강조했는지를 알면 아마도 깜짝 놀랄 것이다. 짙은 색으로 칠한 소나무 판목으로 솜씨 좋게 벽을 대고, 직원 중 한 사람이 선물한 커다란 시계가 걸린 도서실에는 기술과 과학 분야의 저널, 다양한 분야의 도서, 수많은 특허 문서들이 들어찬 벽감과 발코니가 있었다. 그는 또한 화학자가 관리를 담당하는 광물과 광석 수집품도 전시하였다. 에디슨은 도서실에 접뚜껑이 달린 책상과 회의 테이블을 두었고, 방 한가운데에는 커다란 화분이 새로운 발명과 제품 전시물을 장식했다.

전해지는 말에 따르면, 미나 에디슨이 벽감 중 하나에 에디슨을 위한 간이침대를 두어 남편이 마루 위에서 선잠을 자지 않도록 했다고 한다.[20] 간이침대의 존재 역시 평범한 사람들이 필요로 하는 정기적 수면에 무관심한 채 자신의 목표를 쉼 없이 추구하는 발명가의

---

20) Ibid., pp. 10~11.

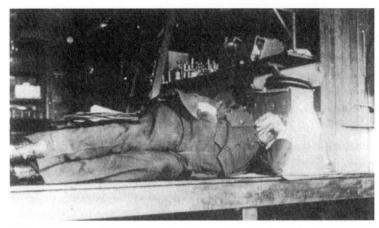

장시간 동안 발명에 몰두한 후 선잠을 자는 에디슨의 모습은 그를 둘러싼 신화에 일조했다.

신화를 강화했다.

앞서 언급했듯이, 에디슨은 기계적·전기적 문제에 대한 해법을 찾을 때는 과학에 더 많이 의존할 수 있었지만, 화학 관련 문제에서는 시행착오법으로 후퇴해야 했다. 웨스트오렌지에서 그는 이 점을 증명했다. 그는 "트럭 8대분의 실험재료"를 들여왔는데, 그 이유는 그가 "실험자는 자신이 5분 후에 뭘 원하게 될지 미리 알 수 없다"고 믿었기 때문이었다. 그는 "코끼리 가죽에서 미국 상원의원의 눈알에 이르는 모든 것"을 보유하고 있다고 자랑했다.[21] 한때 에디슨 밑에서 일했던 무선통신의 선구자 페센든은 자신이 필요로 하는 모든 것 — 급할 때 먹을 수 있는 스낵류를 포함하여 — 을 늘 저장실에서 찾을 수 있었다. 건물 전체가 화학 문제를 전담하는 곳에는 독일에서 박사학위를 받은 여러 명의 화학자들이 있었다. 여기서 그들은 자신

21) Ibid. , p. 9.

의 작업대에서 일하면서 에디슨이 사용할 또 다른 작업대를 비워 두었다.

에디슨은 여느 때와 같이 숙련된 기계공과 기술자들에게 크게 의지했다. 그들은 에디슨의 아이디어와 스케치를 기계적·전기적 모형으로 바꾸었고, 에디슨은 그것을 가지고 실험과 시험을 했다. 이들은 직원들 사이에서 '좌충우돌'(mucker)로 통했는데, 그들 중 한 명에 따르면 "유식한 사람, 괴짜, 열성분자, 단순 '좌충우돌', 그리고 완전히 미친 사람" 등이 주요 멤버였다. 22) 멘로 파크 시절부터 같이 한 사람들 중에는 에디슨을 도와 새로운 시설을 계획하고 준비한 배첼러와 영화의 개발에 도움을 준 윌리엄 K. L. 딕슨이 있었다. 화학자들 외에는 물리학자 아서 E. 케넬리가 웨스트오렌지에서 에디슨의 곁에 있었다. 그는 나중에 매사추세츠 공과대학(MIT)과 하버드대학의 교수가 되었다.

그러나 에디슨이 웨스트오렌지에서 젊고 총명한 과학자들에게 매혹적인 환경을 만들어 주었다고 볼 수는 없다. 나중에 그들은 20세기 초에 제너럴 일렉트릭 같은 주요 산업연구소의 유혹을 받게 된다. 제너럴 일렉트릭 연구소장이자 독일에서 과학 분야의 박사학위를 받은 윌리스 R. 휘트니는 MIT 교수로 있다가 산업체로 옮긴 인물로, 제너럴 일렉트릭 연구소에서 학문적 분위기를 확립하려 노력했다. 에디슨은 그런 역할을 할 수 없었다. 무선통신의 선구자인 디포리스트는 1912년에 에디슨 연구소를 방문한 후, 에디슨이 발명활동에 집중할 때면 잠을 거의 자지 않고 사흘에 한 번씩 "세수"를 하면서 조수

---

22) Ibid., p. 16.

들에게도 "불면 사단"(insomnia squad)에 합류하도록 강요했다고 전한다. 겉옷도 허리띠도 없고, 때 묻은 흰색 풀 먹인 셔츠에 나비넥타이는 비뚤어져 왼쪽 어깨 위로 넘어가 있고, "바지는 거의 흘러내리다시피 한" 에디슨의 모습은 그를 우러러보던 디포리스트에게 "오만가지 감정을 불러일으키는, 거의 애처롭기까지 한 광경"이었다.[23]

에디슨의 연구소는 다른 발명가들의 연구소를 위한 하나의 전범(典範)을 확립했다. 또 다른 독립발명가인 에드워드 웨스턴은 멘로파크와 놀라울 정도로 유사한 연구소를 세웠다. 웨스턴은 왕성한 활동을 펼친 발명가로, 1890년대에 취득한 특허 수에 있어 에디슨, 톰슨, 프랜시스 H. 리처즈 단 3명에게만 뒤질 정도였고, 특히 발전기, 백열등, 측정장치 등과 같은 전기 관련 발명에 이름을 남겼다.

그는 1886년에는 뉴저지 주 뉴어크의 자기 집 뒤쪽에 훌륭한 설비를 갖춘 연구소를 만들었다. 에디슨과 마찬가지로 그의 연구소 단지는 넓은 범위에 걸친 실험과 놀랍도록 다양한 발명들에 대한 특허 취득을 용이하게 만들어 주었다. 웨스턴 단지에는 증기기관으로 구동되는 공작기계, 화학실험실, 각종 전기시험장치를 갖춘 물리실험실, 1만 권의 장서(희귀한 과학사 판본들이 포함된)를 보유한 도서실도 있었다. 그는 5명의 조수들을 정규적으로 고용했고 종종 그 수는 더 늘어났다. 이를 찬양한 〈사이언티픽 아메리칸〉의 기사는 연구소의 "중요한 방들과 사무실, 그 외 작은 방에는 발명가의 아이디어를 구체적인 형태로 변형하고, 그것의 가치를 판단하는 작업에서 발명

23) Lee de Forest, *Father of Radio: The Autobiography of Lee de Forest* (Chicago: Wilcox & Follett, 1950), p. 299.

뉴저지 주 뉴어크에 있었던 에드워드 웨스턴의 화학실험실

가를 도와 줄 수 있는 모든 것들이 갖춰져 있다"고 보도했다. 웨스턴
의 비서는 그가 하루에 실험실에서 15~20시간을 일했고, 종종 밤
을 새웠다고 회고했다. 24)

　1895년 3월, 뉴욕 시 남5번가 33~35번지에 있는 테슬라의 실험
실이 화재로 완전히 불타 버리는 사건이 발생했다. 〈뉴욕 선〉(New
York Sun)지의 찰스 대너는 이 사건은 단지 한 개인의 불행 이상이
며, 전 세계에 대해서도 불운한 일이라고 썼다. 대너는 테슬라의 연
구와 발명이 당시 생존했던 몇 안 되는 사람들을 뺀 다른 모든 사람

---

24) "The research laboratory of Mr. Edward Weston", *Scientific American*,
　　LVII(5 November 1887), 287; David O. Woodbury, *A Measure of
　　Greatness: A Short Biography of Edward Weston* (New York: McGraw-
　　Hill, 1949), pp. 150~153.

의 활동보다 인류를 위해 더욱 중요하다고 믿었다. [25]

에디슨은 자신의 연구소에 있던 물품들을 화재로 소실된 테슬라의 설비를 복구하는 데 제공했다. 1899년 봄에 테슬라는 콜로라도 스프링스에 그가 만든 것 중 가장 놀라운 연구소를 설립했다. 드넓은 초원에 자리를 잡고 높이 솟은 파이크스 봉(峰)을 배경으로 윤곽을 드러낸 거대한 연구소 건물에는 높이 43미터의 기둥이 세워졌고, 여기에 지름 76센티미터의 금속구가 달렸다. 값비싼 설비들로 가득 찬 이 연구소에서 테슬라는 대기와 땅을 통해 메시지와 많은 양의 에너지를 무선으로 전송하는 가능성을 탐구했다. 그는 나이아가라 폭포 수력발전소에서 전 세계로 에너지를 전송할 수 있을 것으로 예상했다. 이 말을 듣고 흥분한 한 기자는 테슬라가 지구 전체에 전기를 공급할 것이라는 기사를 썼다. 당시의 여러 과학자나 발명가들과 마찬가지로, 테슬라는 공간을 통한 전자기파의 전파를 예측한 제임스 클럭 맥스웰의 1873년 논문에 대해 알고 있었고, 1886~1888년 사이에 하인리히 루돌프 헤르츠가 이를 실험적으로 입증했다는 사실도 알고 있었다. 어떤 과학자들은 에너지가 전자기 유도를 통해 전달될 수 있음을 보여 주기도 했다.

그러나 테슬라는 실험을 수행하면서 보여 준 규모와 극적 효과의 측면에서 이전과 달랐다. 그는 자신의 연구소에 파리까지 메시지를 보낼 수 있는 설비가 갖추어져 있다고 선언했다. 이는 마르코니가 대서양을 가로질러 무선메시지를 보낸 것보다 1년 전의 일이었다. 테슬라는 이런 주장을 입증하지는 못했지만, 결코 잊을 수 없는 시

---

25) Cheney, *Tesla*, p. 96.

니콜라 테슬라

테슬라가 인공 번개를 시연하는 모습

청각적 효과를 보여 주었다. 그는 연구소에 대형 고주파 변압기와 함께 자신의 최고 발명으로 여겼던 '증폭 전송기'를 갖추고 있었다. 그는 이들 장치와 지역 전력회사에서 받은 전기로 엄청난 양의 전하를 충전해 강력한 파동으로 에너지를 방출했다. 전송기가 작동할 때면 16킬로미터 반경 내에 있는 피뢰침에 격렬한 방전이 생겼다. 인근의 말들은 말굽에 전기충격을 느끼고 날뛰었다. 때때로 테슬라와 몇몇 조수들은 연구소 내에서 놀라운 번개를 시연해 보이기도 했다. 목격자들은 전기 시연이 밤하늘을 소리와 빛깔로 가득 채웠다고 말했다.

언젠가 에디슨은 테슬라가 항상 뭔가를 발견할 준비가 된 인물이라고 평한 적이 있다. 테슬라는 콜로라도 실험을 통해 지구를 전기적 공진(共振) 상태로 설정했고, 대략 1,200만 볼트의 전압 — 어떤 다른 실험자도 도달하지 못했던 — 을 만들어 냈으며, 200개의 백열전등을 켜기에 충분한 전류를 지구 전체에 전달해 에너지 무선전송의 실현가능성을 소규모로 입증했다고 믿었다. 그는 또 자신이 우주로부터 온 메시지를 수신했는데, 가장 가능성이 높은 곳은 금성 아니면 화성이라고 말하기도 했다. 이 외에도 그는 그곳의 고립상태와 희박한 대기, 웅장한 산맥이 정신을 맑게 해준다고 느꼈다. 멘로 파크와는 비교도 할 수 없었다. [26]

정교한 연구소와 실험을 위해 테슬라는 쉬지 않고 자금을 구하러 나섰다. 다른 독립발명가와 마찬가지로 그는 자금지원에 따르는 제약의 굴레를 본능적으로 두려워했다. 그의 전기작가 중 한 명인 마

---

26) Ibid., pp. 133~151.

가렛 체니는 테슬라가 혼자 있는 걸 좋아하고 어떤 형태의 통제도 분개했으며 기업체와 연루되는 것을 혐오했다고 썼다. 생각하는 것이 느리고 단조롭게 일하는 엔지니어들과 같이 작업할 때면 테슬라는 조바심으로 거의 미칠 지경이 되었다. 그래서 그는 기업체를 상대해야 하는 경우라면 관료적 체계를 뛰어넘어 회장이나 이사장과 직접 일 대 일로 만나는 편을 선호했다. 존 제이컵 애스터, 모건, 새뮤얼 인설과 같은 금융계의 거물이나 시스템 건설자들에게 접근하는 길을 택하면서도 그는 자신이 '애스터화(化)', '멜런화',• '인설화'되는 것은 아닌지 노심초사했다. 27)

화려함에 있어 훨씬 덜한 스페리 역시 사업과 생산에 연루되어 시달리지 않도록 최대한 거리를 두었다. 스페리는 발명가로서 경력을 시작한 초창기에, 특허 받은 자신의 아크등(arc light)••과 발전기 생산을 위해 1883년에 설립된 회사의 일상적 관리책임을 맡았다. 경영자가 될 야심을 품은 사람이었다면 이것을 도전이자 학습기회로 여겼을 테지만, 회사가 급료를 제때 지급하지 못하게 되자 29세

- 〔옮긴이주〕 19세기 말에서 20세기 초에 걸쳐 활동한 미국의 금융가이자 기업가 앤드류 멜런(1855~1937)을 가리키는 표현이다.
27) Ibid., p. 77.
- • 〔옮긴이주〕 전기아크 현상을 이용해 빛을 내는 전등을 가리키며, 1802년 영국의 험프리 데이비가 최초로 발견했다. 아크등은 서로 떨어져 있는 2개의 전극과 그 사이에 채워진 기체로 이뤄져 있으며, 전극에 높은 전압을 가할 때 기체가 이온화되어 보통은 전기를 통하지 않는 기체를 통해 방전이 일어나면서 생기는 빛을 이용한다. 이후 발전기가 개발되면서 가로등처럼 밝은 빛을 필요로 하는 곳에 널리 쓰였으나, 빛이 너무 밝고 소음이 심해 가정용 조명으로는 적합하지 않았고, 에디슨에 의해 실용화된 백열등이 그 자리를 대체했다.

인 스페리는 자신이 "일과 근심 사이에서 … 주저앉는" 것은 아닌지 걱정했다. 28) 두세 명의 동업자로부터 도움을 받는 것이 고작이었던 스페리는 때때로 너무나 지치고 의기소침해져 "사람들이 남아 있든지 말든지 내 알 바 아닙니다 …"라고 쓰기도 했다. 29) 그의 연간 특허 출원 건수는 급격히 떨어졌다. 다소 낙담했지만 여전히 아이디어가 넘쳤던 그는 이렇게 썼다.

한순간이라도 내가 이 거대한 시카고 땅에서 실패할 것으로 생각하신 적이 있습니까? 마음만 먹으면 수없이 많은 방식으로 방향을 틀 수 있는 이 곳에서요? 천만에요.

1888년 그는 난국으로부터 벗어날 길을 찾았다. 그해에 그는 자신과 다른 이들의 특허를 실현하기 위해 오늘날로 친다면 연구개발회사 겸 연구소라고 부를 만한 것을 설립했다. 일상 업무에서 벗어났을 때 그가 느낀 흥분과 창조적 동력은 약혼녀인 줄라 굿맨에게 보낸 편지에 잘 드러나 있다.

어젯밤을 거의 꼬박 새워 발명에 매달렸고 오늘 아침에도 그 작업을 했어요. 내게 시간이 충분히 있고 그것에 쏟아 부을 열정만 있다면 결과는 올바르게 나올 것이라고 믿습니다. … 이건 내가 지금껏 신의 인도하에 세

---

28) Hughes, *Sperry*, p. 37.
29) Sperry to Helen Willett, 11 February 1919. Elmer A. Sperry Papers, Hagley Museum and Library, Wilmington, Del. 이후로는 Sperry Papers 로 약칭한다.

상에 내놓았던 가장 소중한 발명품 중 하나가 될 거예요. … 하지만 바로
당신과 내가 발명품을 만들어 낸다면 어떨까요?[30)

스페리는 여생 동안 행정책임에 거의 얽매이지 않는 삶을 살았다.
변압기를 통한 전력전송을 개발한 미국의 발명가 스탠리 역시 피
곤한 세부업무를 멀리했다. 웨스팅하우스 전기회사(Westinghouse
Electric Company)•의 한 간부의 회상에 따르면, 이 회사에서 여러
해 동안 컨설턴트로 일한 스탠리는 "주 사무실이든, 작업장이든, 피
츠버그에 있던 작업용 실험실이든 간에, 끝없는 일상적 정신노동과
규율, 산업체와의 접촉으로부터 멀어졌을 때" 최고의 성과를 냈
다.[31) 변압기 관련 작업을 웨스팅하우스로부터 의뢰받은 스탠리와
그의 부인은 얼마 안 되는 짐을 챙겨서 "끔찍한 피츠버그의 먼지를
몸에서 떨어낸 후, 연구소를 지어 그곳에서 성공과 실패를 판가름할
(매사추세츠 주) 버크셔의 푸른 언덕으로 걸음을 재촉했다".[32)
    다른 독립발명가와 마찬가지로, 그에게 있어 실험실은 은둔과 실

---

30) Hughes, *Sperry*, p. 41.
• 〔옮긴이주〕철도의 공기브레이크를 발명한 미국의 엔지니어이자 기업가 조
    지 웨스팅하우스가 1886년에 설립한 전기회사로, 당시 직류 시스템을 채용
    한 에디슨에 맞서 교류 시스템을 채용해 이른바 '시스템 전쟁'을 일으켰다.
    이후 에디슨 제너럴 일렉트릭과 톰슨-휴스턴이 합병해 생긴 제너럴 일렉트
    릭과 함께 미국의 거대 전기회사로 자리매김했다.
31) Thomas C. Martin, "William Stanley", chap. VII, p. 6, unpublished
    book manuscript in Stanley Library of the General Electric Company,
    Pittsfield, Mass. 이 자료를 소개해 준 제너럴 일렉트릭 사서 새뮤얼 새스
    에게 고마움을 표한다.
32) Ibid. , chap. VII, p. 8.

험, 숙고를 위한 장소였다. 수년 후 그가 자신의 특허에 기반해 전기 제조회사를 설립했을 때, 그는 자신이 지휘하는 독립된 연구용 실험실을 짓는 데 신경을 썼고, 이곳에서 제조회사를 위해 자신의 발명을 더욱 발전시켰다.

톰슨은 아크등에 관한 발명품을 생산하는 회사를 1880년에 설립하고 이사 겸 책임 전기기사가 되었다. 이후 그는 기계공작소를 설치하고 '실험실' 대신 '모형실'(model room)이라는 이름을 붙인 개인 작업실을 만들었다. 그는 이곳에 사람들을 두고 물리적 모형을 만들 수 있는 설비를 마련했다. 발명품이 다양한 개발단계를 거칠 때 이것을 가지고 실험하기 위해 필요한 조치였다. 그는 바로 옆에 특허 도서실도 두었는데, 그 역시 다른 발명가들과 마찬가지로 자신이 작업 중인 문제를 풀기 위해 다른 사람들이 어떤 노력을 했는지 알 필요가 있었기 때문이다. 모형실은 그의 개인적 영역이자 발명의 장소가 되었다.

1883년에 회사의 소유주가 바뀌고 확장되어 톰슨-휴스턴 전기회사가 되었을 때, 그는 다른 발명가와 기계공들을 추가로 고용해 모형실을 확장하라는 제안을 거부했다. 그는 개인적으로 감독할 수 있는 5~6명 정도의 기계공과 서신(특히 특허와 관련된)을 처리할 한두 명의 사무원만 있는 곳을 원했다. 1888년에 회사의 합병으로 여러 명의 발명가들이 영입되자 그는 당황했다.[33] 톰슨은 스페리와 마찬

33) W. Bernard Carlson, "Invention, science, and business: The profes-
sional career of Elihu Thomson, 1870~1900", doctoral dissertation,
University of Pennsylvania, 1984(Ann Arbor, Mich.: University Micro-
film, 1984), p. 410.

젊은 시절의 엘리후 톰슨이 자기 집에 만든 실험실에서 실험하는 모습

가지로 관리업무를 피했고 신제품의 발명 및 개발 담당자로 회사 내에서 입지를 굳혔다. 모형실은 공장 직원들과 방문객에게는 출입금지 구역이었는데, 이는 단순히 산업 스파이를 막기 위해서만은 아니었다. 그곳에서 일하면서 톰슨은 "문제를 분석하고, 해법을 시각화해 스케치하며, 모형을 만드는 자신의 기술을 한데 합친 발명의 방법을 완성했다". 34)

1880~1885년까지 톰슨은 매년 평균 21건의 특허를 신청했고, 1885~1890년 사이에 이 숫자는 2배로 늘었다. 그는 발명 외의 활동

---

34) Ibid. , pp. 369~370.

에서 물리적으로 거리를 두었고, 나아가 1890년에는 마케팅 부서와 생산 부서가 제시한 발명상의 문제에 한정하지 않고 자기 스스로 문제를 선택할 수도 있다는 내용의 계약을 회사와 맺었다. 그의 회사가 1892년에 에디슨 제너럴 일렉트릭과 합병되어 제너럴 일렉트릭사가 되자 톰슨은 사업과 생산에서 더욱 물러나는 쪽을 택했고, 제너럴 일렉트릭 본부로부터 멀리 떨어진 보스턴 인근에 자신이 개인적으로 감독하는 새로운 연구소를 세웠다. 35) 그는 제너럴 일렉트릭의 이사가 되어 달라는 요청을 거절하면서 자신이 지닌 가치는 아이디어의 영역에 있지 관리의 영역에 있지 않다고 선언했다. 36)

35) Ibid. , pp. 370, 407~410, 425~428, 459.
36) David O. Woodbury, *Elihu Thomson: Beloved Scientist*(Boston: Museum of Science, 1960), p. 205.

모형제작자와 숙련기술자

공장 생산이 부상하고 인간의 숙련이 기계에 의해 대체되면서 수많은 사회비평가들은 숙련기술자의 시대가 저물어 가는 것을 한탄했다. 영국에서 윌리엄 모리스는 일의 즐거움을 찬양하고 중세 시대의 숙련을 되살릴 것을 호소했다. 미국에서는 이단적 경제학자이자 공공적 지식인인 소스타인 베블런이 1914년에 제작 본능(instinct of workmanship)에 관한 글을 쓰면서 이렇게 주장했다.

> 종족 전체의 물질적 안녕 — 그리고 결국에는 그것의 생물학적 성공 — 에 직접적으로 이바지하는 그러한 본능적 경향 중 중요한 것은 여기서 제작의 감각이라고 부른 본능적 편향이다. 37)

그러나 산업화 시대에 접어들어 도구사용자는 기계 돌보는 사람에게 자리를 내주었다. 하지만 독립발명가가 사용하는 모형실, 실험실, 기계공작소에서는 탁월한 숙련기술자들이 여전히 번성하고 있었다. 에디슨의 3차원적 개념을 직관적으로 이해하는 능력을 가졌던 크루지는 멘로 파크의 기계공작소를 담당했다. 그는 에디슨이

---

37) Thorstein Veblen, *The Instinct of Workmanship and the State of the Industrial Arts*(New York: W. W. Norton, 1964), p. 25. 모형제작자에 관한 이 절과 실험을 다룬 다음 절의 일부는 Thomas P. Hughes, "Model builders and instrument makers", *Science in Context*, II(1988), 59~75에 나온 적이 있다.

재빨리 그린 스케치를 가지고 최초의 축음기를 만들었다. 언제나 에디슨의 오른팔 구실을 했던 배첼러는 놀라운 손재주의 소유자였다.[38] 톰슨은 필라델피아 센트럴고등학교 시절의 제자였던 에드윈 월버 라이스 2세를 데려다 모형실과 공장 현장에서 조수로 일하게 했다. 라이스는 새로운 발명의 스케치를 직접 했으며, 이를 기계로 가공하는 과정을 감독했다. 제너럴 일렉트릭이 설립되자 라이스는 기술 감독이 되었고, 크루지는 스키넥터디 공장의 관리자가 되었다.

스페리는 자기 회사가 정밀 자이로스코프 장치들을 생산하는 데 성공을 거둔 이유를 자기 밑에 있는 기계공들 ― 이들 중 많은 수가 스위스 출신이었다 ― 의 솜씨에 돌렸다. 뜻밖의 발견을 얻어 내는 정신을 항상 북돋우려 한 에디슨은 이러한 모형제작자들의 본분이 '좌충우돌'이라고 생각했다.

독립발명가들은 모형실이나 기계공작소를 스스로 설립할 수 없을 경우에는 수많은 발명가들을 고객으로 하는 모형제작소에 의지했다. 1868년에 〈하퍼스 위클리〉(Harper's Weekly) 잡지 표지에는 '모형제작자'라는 제목이 붙은 목판 그림이 실렸다.[39] 에디슨과 벨은 발명과 개발 활동을 하면서 찰스 윌리엄스와 보스턴의 코트 가 109번지에 있는 그의 기계공작소가 제공하는 숙달된 서비스에 의지했

---

38) Dyer and Martin, *Edison*, I: 276.

39) *Harper's Weekly*, XII(4 April 1868), 209~210. 그리고 William and Marlys Ray, *The Art of Invention: Patent Models and Their Makers*(Princeton: Pyne Press, 1974); Eugene Ferguson and Christopher Baer, *Little Machines: Patent Models in the Nineteenth Century*(Greenville, Del.: The Hagley Museum, 1979)도 보라.

멘로 파크: 에디슨 전등 시스템의 창조자들(에디슨은 셋째 줄 가운데에 있다)

다. [40] 윌리엄스는 전신기구와 직류전지 제작, 그리고 온갖 종류의
전신부품 판매를 광고에 내걸었다. [41] 당시에는 전신이 첨단기술이
었기 때문에, 전기장치에 관심을 가진 다른 발명가들도 윌리엄스 기
계공작소에 모였다. 그는 20년 동안 영업을 하면서 호텔 호출표시기
나 화재경보 시스템과 같은 전신 및 전기 신호장치들을 주문받아 소
규모로 제작하는 일을 했지만, 여러 발명가들의 수요에 맞춰 서비스

40) Robert V. Bruce, *Bell: Alexander Graham Bell and the Conquest of Solitude* (Boston: Little, Brown, 1973)는 찰스 윌리엄스의 역할을 정당하게 언급하고 있다는 점에서 이례적이다.
41) Edison Microfilm, Part I, reel 12, items 34 and 225.

멘로 파크의 기계제조공과 모형제작자

를 제공하기도 했다. 윌리엄스 공작소는 "미국 내에서 규모가 가장
크고 가장 잘 갖춰진" 곳이었으며, "개인들의 주도권이 당연시되는
장소"였다. "머릿속에 거창한 아이디어가 있지만 주머니에 든 돈은
거의 없는 날카로운 눈매의 발명가들"은 그곳에서 비슷한 동료들과
자극을 발견할 수 있었다. 42)

　벨이 윌리엄스 공작소를 썼을 당시 코트 가 건물의 3층과 다락에
는 대략 25명의 직공들이 일했다. 43) 수동선반 10여 대, 증기기관 1

42) 알렉산더 벨의 기술 조수였던 토머스 왓슨의 말을 Lillian Hoddeson, "The
　　emergence of basic research in the Bell Telephone System, 1875~
　　1915", *Technology and Culture*, 22(July 1981), 517에서 재인용.
43) Bruce, *Bell*, p. 134.

대, 증기기관으로 작동하는 선반 여러 대와 금속을 가공하는 노(爐)가 기름, 그을음, 금속 부스러기, 먼지, 소음으로 가득 찬 공간을 만들어 냈다. 한마디로 연구개발을 하는 실험실의 통상적 이미지와는 너무나 다른 곳이었다. 벨에게 윌리엄스 공작소는 하버드대학, MIT, 보스턴대학만큼이나, 아니 그것보다 훨씬 더 보스턴을 대표하는 공간이었다. 나중에 유명해진 다음 워싱턴에 살 때 그는 이렇게 썼다.

> 워싱턴은 발명을 할 만한 장소가 못 된다. 대도시 인근에 살기만 한다면, 보스턴의 윌리엄스 공작소처럼 커다란 작업장에서 만들어진 장비를 구할 수 있을 텐데. … 44)

그곳에서 벨이 처한 곤경을 이해하려면 발명이 한순간에 끝나는 경우는 거의 없으며 대부분의 경우 발명은 다양한 활동을 포괄하는 하나의 과정이라는 점을 되새겨야 한다. 이 과정에는 하나의 목표를 달성하기 위한 다양한 수단이나 하나의 문제를 해결하기 위한 여러 해법들을 개념화(아마도 시각화) 하고, 이러한 개념을 모형으로 구현하며, 이어 이 모형을 가지고 수단들을 통해 마음에 둔 목표를 얼마나 잘 달성할 수 있는지 알아보기 위해 실험하는 것 등이 포함된다.

스페리는 선박용 자이로안정기(gyrostabilizer)와 자이로컴퍼스를 개발하는 과정에서 뉴욕에 있는 최소 2명의 모형제작자로부터 도움을 받았다. 프랑스 사람인 장 베르나르 레옹 푸코를 포함해 몇 사람

---

44) Ibid. , p. 356.

의 과학자들이 자이로스코프(gyroscope)의 원리를 설명해 주었는데, 스페리는 이들의 설명을 통해 짐벌(gimbal)• 속에 세워진 회전 바퀴의 놀라운 성질을 배웠다. 즉, 회전바퀴(자이로)가 세워져 있는 땅이나 배 같은 물체가 흔들리더라도 바퀴의 회전축이 자유롭게 움직여 방향을 계속 유지할 수 있다는 것이었다. 그는 만약 자이로의 회전축을 지구의 회전축과 나란히 정렬시켜 놓으면 자이로의 축은 지구의 축과 마찬가지로 '북쪽'과 '남쪽'을 가리킬 것이라는 사실을 알게 되었다. 때때로 스페리는 일반 청중에게 자이로의 성질을 보여 줄 때 자이로를 들고 제자리에서 빙글빙글 도는 시범을 보이곤 했다. 이때 자이로의 축은 그의 회전축과 방향이 같았다.

또한 자이로의 '세차운동' 성질도 알려져 있었다. 자이로의 회전축을 바꾸려고 힘을 가하면, 놀랍게도 자이로에는 크기가 같고 방향만 반대인 힘이 발생해 균형을 이뤘다. 스페리는 빠르게 회전하는 커다란 자이로 바퀴가 갖는 이러한 세차반작용을 이용해 파도의 힘을 흡수하고 배를 안정시키려 했다. 자이로의 축은 그것에 가해진 외부로부터의 힘에 대해 직각을 이루는 방향으로 반응했기 때문에, 그는 이러한 세차운동을 가리켜 '모퉁이를 도는' 힘의 움직임이라고 불렀다.

그러나 스페리는 배에 실었을 때 자이로의 움직임에 관한 실용적

• 〔옮긴이주〕 어떤 물체가 그 속에서 단일한 회전축을 따라 자유롭게 움직일 수 있도록 만들어진 회전 지지대를 말한다. 서로 직교하는 여러 개의 짐벌 속에 세워진 물체는 지지대가 움직여도 원래의 방향을 계속 유지하며, 이러한 원리를 이용해 흔들리는 배 위에서 일정한 방향을 가리키는 나침반인 자이로컴퍼스나 전후좌우로 흔들리는 배의 요동을 줄여 주는 자이로안정기를 만들 수 있다.

인 정보를 과학 논문이나 엔지니어링 문헌들에서 찾을 수는 없었다. 과학은 일반 정보만을 제공했고, 이를 응용하는 분야에 뛰어든 발명가와 엔지니어들은 극소수였으며, 그들이 얻어 낸 결과는 잠정적 수준이었기 때문이다. 그는 배를 갖고 있지도 못했고 선원들을 고용할 형편도 못 되었기에 장비를 실물 크기로 설치해 놓고 결과를 얻어 낼 수는 없었다. 그래서 스페리는 소규모의 간단한 방식으로 아이디어에 대한 예비시험을 할 수 있는 모형제작자들에게 의지했다. 모든 배는 좌우로 일정한 주기를 가지고 흔들린다 — 당시의 전함은 주기가 16초 내외였다 — 는 사실을 알고 있던 스페리는 같은 주기를 가진 추를 써서 이것이 배를 대신한다고 가정하고 전기로 작동하는 작은 자이로는 자이로안정기 대신으로 간주했다.

그는 뉴욕 시 동23번가 143~145번지에 있던 찰스 E. 드레슬러 앤드 브러더(Charles E. Dressler & Brother)라는 모형제작회사에 의뢰해 모형을 만들게 했다. 완성된 모형은 2개의 삼각대 다리 위에 수평으로 굴대를 끼워 자유롭게 회전할 수 있는 부재를 얹어 놓았고, 거기에 긴 가스 파이프를 늘어뜨려 작업대에서 쓰는 바이스를 추처럼 매달았다. 드레슬러가 제작한 자이로는 추의 회전 가로대 위에 장치되었다. 스페리는 줄과 도르래를 이용해 자이로에 세차운동을 줄 수 있었고(즉, 자이로를 작동시킬 수 있었고) 이에 대한 반작용을 유발했다. 그는 주의 깊게 추의 주기를 재고 세차운동을 하는 자이로가 반작용으로 발생시키는 안정화 힘을 측정했다. 이 장치를 가지고 스페리는 능동적 자이로스코프 세차운동의 원리를 처음으로 입증했다. 15~20초 만에 무거운 추의 진동을 잠재우는 데 성공을 거둔 것이다.[45]

드레슬러 앤드 브러더는 "의사, 화학자, 내과의사, 치과의사"를 위한 장치 및 장비들과 "학교와 기술교육기관에서 쓰는 특수한 과학 장비들"을 제작한다고 광고했다. 이 작업장은 또한 "발명품을 개발 단계로 끌어올리는" 데도 관여했다. 드레슬러는 전기로 작동하는 작은 자이로를 125달러에 판매한다는 특별 전단을 발행했다(스페리는 이 자이로를 쓰지 않았다). 이 전단은 "자이로스코프의 회전에 적용되는 공식을 발견한 사람은 … 우주를 지배하는 하나의 근본 물리법칙 이라는 오래도록 추구된 목표를 밝혀 낼 것이고, 4만 달러의 상금을 주는 노벨상을 받게 될 것이다"라고 주장했다. 자이로는 "움직이는 물리화학적 원자모형, 약칭 키넷(kinet)"이자 "감정을 보이는 심리학 기계"로 불렸다.[46] 1909년, 자이로안정기와 자이로컴퍼스를 개발하는 과정에서 스페리는 브루클린 다리 아래의 로즈 가 18~20번지에 있는 또 다른 모형공작소인 프레드 K. 피어스 사(Fred K. Pearce Co.)의 공간을 임대했다. 가로세로가 3미터, 4.5미터인 방에서 스페리와 2명의 조수는 피어스의 기계공들이 모형제작에 쓸 수 있도록 넘겨 줄 도면을 준비했다.

스페리는 발명가로서의 경력 내내, 자신의 특허에 기반한 회사를 설립하는 것을 도와 준 후 회사의 운영을 다른 사람들에게 맡기고 자신은 물러나는 일을 되풀이했다. 그러나 54세 되던 1914년에 그는 스스로 정한 규칙을 어기고 발명, 개발, 제조회사인 스페리 자이로

45) "Gyroscope experiments of Elmer Sperry"(1908년 11월 18일의 실험에 대해 타자기로 인쇄하고 스페리와 증인들이 서명한 보고서), Sperry Papers.
46) Chas. E. Dressler & Brother Co. brochure. Sperry Papers.

모형에서 실물 규모까지:
자이로와 추를 이용해
좌우로 흔들리는 배를 나타낸
스페리의 모의 실험장치

모형에서 실물 규모까지:
거룻배 위에서 모형 자이로
안정장치로 실험하는 모습

모형에서 실물 규모까지:
시험을 위해 해군 함정
U.S.S. 워든호에 탑재된
스페리 자이로안정기

인간이 지닌 창의성의 거대한 해일 91

스코프 사(Sperry Gyroscope Company)를 설립했다. 예상할 수 있는 바와 같이, 그는 회사의 중요한 일부로 모형제작을 겸하는 기계공작소를 만들었다. 스페리 사는 자이로컴퍼스와 해군의 화기제어 시스템, 그리고 다른 복잡한 기계와 장치들을 만들었다. 그는 정밀 엔지니어링을 위해 최고로 정교한 공작기계를 들여놓았고, 가장 솜씨가 좋은 우두머리 기계공들 — 이들 중 일부는 피어스 사에 있던 사람들이다 — 을 고용했다.

앞서 말했듯 스페리는 숙련기술자들 중에서 특히 스위스 출신의 이민자들을 높이 평가했다. 그는 자이로 기술 분야에서 자신의 회사가 미국 경쟁사들을 누르고 성공한 이유를 이들의 놀라운 숙련도에 돌렸다. 스페리의 경우와 마찬가지로 에디슨 밑에 있던 숙련기술자들 중 상당수 역시 구대륙(유럽)에서 기술을 배운 사람들이었다. 19세기 말 뉴욕에는 이민의 물결을 타고 미국으로 들어온 외국 출신 숙련기술자들이 예외적으로 많았다.

이론과 실험

전기와 기계 분야의 독립발명가들은 숙련기계공과 모형제작자들에 크게 의지하는 동시에, 과학과 화학 분야에서 훈련받은 사람들도 필요로 했다. 발명가들은 조직화된 정보의 형태로, 또 이론의 형태로 과학을 이용했다. 그러나 이는 이용가능한 정보나 이론이 있을 때만 가능했는데, 많은 경우 그런 정보나 이론은 존재하지 않았다.

과학기술에 문외한인 기자들을 상대로 준비 없이 지나친 — 때때로 짓궂기까지 한 — 발언을 많이 한 탓에 에디슨은 자신이 과학과 과학자들을 전혀 쓰지 않는다는 인상을 남겼다. 그가 실제적이지 못한 과학자들을 반쯤 장난으로 무시한 것은 사실이지만, 그의 친구들 중에는 과학자가 많았고 부하 직원들 중에도 과학자들이 제법 있었다. 프린스턴대학에서 과학 전공으로 대학원을 졸업하고 베를린대학에서 박사후 교육을 받은 젊은 프랜시스 업턴은 1878년 가을에 에디슨의 연구소에 합류했고, 에디슨식 접근법의 복잡성과 유효성에 기여했다. 에디슨은 드러내 놓고 그에게 의지했다.

멘로 파크에서 에디슨의 조수 중 한 명이었던 프랜시스 젤의 회고에 따르면, 업턴은 과학적 문제에서 에디슨을 가르쳤고 전기회로와 시스템에 대한 이론적 통찰을 제공했다고 한다. [47] 그러나 업턴은 "나는 일단 질문이 제기되면 그에 대한 답을 매우 쉽게 찾을 수 있었

---

47) Memorandum, Francis Jehl to Francis Upton, 22 April 1913, p. 4. Hammer Collection, Smithsonian Institution.

지만, 답할 질문의 틀을 짜는 데서는 큰 어려움을 겪었다"고 말했
다. 48) 문제를 선택한 것은 놀라운 집중력과 전력을 다해 목표를 추
구하는 능력을 가진 연구소장 에디슨이었다고 그는 덧붙였다.

스페리는 일류 공과대학에서 과학기술 교육을 받은 젊은 엔지니
어들을 신중하게 조수로 선택했다. 자이로안정기의 개발과정에서
스페리는 세계적으로 유명한 취리히 연방공과대학에서 고등 공학-
과학 프로그램을 이수한 칼 노든에게 크게 의지했다. 톰슨은 발명가
로 자리를 잡기 전에 전기학 강의를 한 적이 있다. 테슬라는 오스트
리아의 그라츠공과대학에서 엔지니어링을 공부했고 프라하대학에
서 학업을 마쳤다. 무선통신 분야의 페센든은 퍼듀대학과 펜실베이
니아 주 웨스턴대학(피츠버그)의 전기공학 교수였다. 디포리스트는
예일대학에서 물리학 박사학위를 받았고, 암스트롱은 컬럼비아대
학에서 공학 학위를 받은 후 그곳 교수가 되었다. 그러나 우리는 독
립발명가들이 단순히 과학을 응용한 사람이라고 보지 않도록 주의
해야 한다. 종종 그들의 실험은 이론에 앞서 형성되었기 때문이다.

또한 발명, 연구 및 개발에서 탁월한 능력을 가진 사람은 수학에
확고한 기반을 갖추었을 것이라는 가정이 있다. 그러나 대다수의 독
립발명가들은 정교한 수학 실력이 부족했다. 에디슨은 수학 문제에
있어 업턴에게 의지했다. 언젠가 그는 자신이 필요로 하는 수학자들
을 모두 고용할 수 있기 때문에, 자신에게는 수학이 필요하지 않다
고 말한 적이 있다. 스페리는 재능 있는 해군 장교인 D. W. 테일러

---

48) Folder labeled "Biographical-Upton, Francis", item E-6285-11, Edison
Archives, Edison National Historic Site, West Orange, N. J.

에게 자이로스코프의 움직임에 대한 수학적 분석을 맡겼다. 디포리스트는 자신이 발명한 삼극진공관의 이론을 분명하게 이해한 적이 한 번도 없었던 것 같다. 테슬라는 회전자기장을 훌륭하게 개념화했지만 그의 개념은 시각적인 것이었지 추상적인 것은 아니었다. 라이트 형제는 상상력이 넘치는 실험들을 수행했지만, 그들이 가진 공기역학적 이론은 수학적으로 간단하고 수준이 낮은 추상화였다.

주파수 변조(FM)의 발명가인 암스트롱의 전기작가는 그가 재생회로(regenerative circuit)와 슈퍼헤테로다인 라디오회로(superheterodyne radio circuit)에 대한 근본적 이해 — 물리적인 용어를 통한 이해 — 는 하였지만, 수학적 추상화에 대해서는 강한 거부감을 가지고 있었고 평생 동안 수학자들과 불화를 빚었다고 주장했다.[49] 미국전신전화회사(American Telephone and Telegraph Company, AT&T)•의 존 카슨이 1922년 신중한 추론과 수학에 기반한 논문을 발표해 암스트롱의 새로운 라디오 주파수 변조 시스템을 기각하자 순수 수학적 논증과 그 저자들에 대한 암스트롱의 불신은 더욱 깊어졌다. 그는 FM의 유효성을 입증한 후, 이를 실험과 물리적 추론에 의지해야 함을 보여 주는 또 하나의 증거로 삼았다. 암스트롱은 "카슨이 … (자신의) 실수를 잊어버리도록 허락하지 않았"고, AT&T가

---

49) Lawrence Lessing, *Man of High Fidelity: Edwin Howard Armstrong* (New York: Bantam Books, 1969), p. 162.

• 〔옮긴이주〕벨의 특허에 기반을 두고 설립된 미국 벨 전화회사에서 장거리 전화 부문을 담당하는 자회사로 1885년에 설립되었으며, 1899년에 모회사의 자산을 모두 사들여 미국의 전화 시스템을 관장하는 독점 회사로 발돋움했다.

주파수 변조를 개발할 기회를 날려 버렸음을 기회가 될 때마다 "되풀이해 상기"시켰다.[50] 암스트롱은 자신의 생각을 "수학적 이론 대 물리적 개념"이라는 제목의 논쟁적 논문으로 발표하기도 했다.[51]

독립발명가들은 미래에 대한 길잡이로 과학이나 추상적 이론에 의지할 수 없었다. 그들은 기술과 지식의 최첨단을 넘어선 지대를 탐구하고 있었기 때문이다. 그들은 기존에 확립된 과학을 구성하는 이론과 조직화된 정보의 영역 너머를 탐색했다. 독립발명가들이 얻을 수 있었던 이론은 대개 최신의 지식을 설명했을 뿐 그 너머를 말해 주지는 못했다. 그들 나름의 첨단 분야를 연구하는 대학의 과학자들이 독립발명가가 작업하는 영역과 관련된 정보를 제공하거나 이론을 고안하는 식으로 발명가들에게 도움을 주는 경우는 거의 없었다. 앞으로 보게 되겠지만, 과학자들을 고용한 산업연구소들이 기술에 대한 근본적(혹은 이론적) 이해를 추구하면서 이러한 경향은 점차 바뀌었다. 산업연구소들은 해당 기업이 개발 혹은 생산 중인 장치, 공정, 기계들에 대한 설명과 이론을 얻기 위한 목적으로 기초연구를 수행했다. 그러나 많은 경우 그들이 얻어 낸 이론은 기술의 복잡성을 포괄하기에 충분히 복잡하지 않았다.

암스트롱이 주장했듯이 수학자들은 종종 발명과 엔지니어링의 어지러운 세상을 지나치게 질서정연하고 환원론적인 틀 속으로 밀어넣었고, 이로써 물리적 사물들이 어떻게 작동하는지에 대한 완전하

---

50) Ibid. , p. 163.

51) Edwin Howard Armstrong, "Mathematical theory vs. physical concept",
   FM and Television (August 1944) .

면서도 유용한 설명을 처음부터 배제했다. 과학자들 역시 마찬가지였다.

과학자들은 독립발명가들이 도입하는 새로운 기술의 세부사항에 대해 잘 알지 못했고, 발명가들이 보기에 한물간 이론을 응용해야 한다고 종종 주장하여 발명가들의 화를 돋우었다. 일부 과학자들은 이른바 에디슨식 시행착오법과 같은 경험적 접근을 오만한 태도로 조롱하기도 했다. 자신들은 시대착오적 이론에 근거한 추론을 하면서 말이다. 에디슨은 아크등을 위해 개발된 전기회로 이론을 새로 나온 백열등에도 적용할 수 있다고 주장하는 고집 센 과학자들을 못 견뎌했다. 마찬가지로 교량건설 분야에서 강화콘크리트 공법의 선구자인 로베르 마야르는 돌과 철을 쓰는 예전 공법에 쓰이던 우아한 이론을 여기에도 적용할 수 있다고 믿는 이론가들이 불필요하고 잘못된 제안을 해오는 통에 고생해야 했다.[52]

마땅한 이론이 없을 때 발명가들은 경험적이지만 종종 통찰력이 빛나는 실험에 의지했다. 1870년에 에디슨의 사업 동료 중 한 사람은 발명가는 실험을 너무 많이 하며 그중 일부는 아무짝에도 쓸모가 없다고 불평을 늘어놓았다. 에디슨은 "쓸모없는 실험이란 없다"고 맞받았다. 그는 무경험자의 경우 너무 조급하고 근시안적이어서 실험의 본질을 이해하지 못한다고 믿었다. 에디슨은 이렇게 덧붙였다.

---

52) David P. Billington, "The rational and the beautiful: Maillart and the origins of reinforced concrete", paper presented at the New Materials and the Modern World Seminar at the Hagley Museum and Library, Wilmington, Del., 4 March 1988.

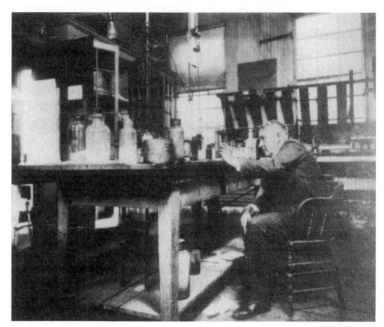

실험가의 모습으로 포즈를 취한 에디슨

갈릴레오는 피사에서 램프가 흔들리는 것을 보고 정확한 … (시계학의?) 원리를 발견했다. 이걸 보면서 '왜 그런 짓을 했지? 램프가 뭐 시계인가?' 라고 한다면 이는 썩 현명한 견해라고는 할 수 없을 것이다. 53)

에디슨이 수행한 여러 실험들을 보면 그가 발명과 개발 과정을 통해 어떤 식으로 실험을 활용했는지 감을 잡을 수 있다. 그의 주변에는 없어서는 안 될 존재인 배첼러와 크루지가 늘 있었고, 종종 실험적 관찰과 기록은 그들의 몫이었다. 젤은 전신을 이용한 주식시세

---

53) Edison Microfilm, reel 12, item 120.

표시기의 사례를 회고하면서 일련의 모형에서 점진적인 변화와 개량이 나타나는 과정을 기록했다.

그는 전자석의 힘을 상쇄하거나 이를 강화시키는 방식에서, 또 전류의 세기를 정하고 분극(polarized) 자석을 사용하는 데서 솜씨를 발휘했다. 또한 일을 하면서 적극적인 확신을 가지고 마이너스 혹은 플러스 방향의 전류를 흘려 넣었다. 그는 전자석의 저항을 도선의 저항과 일정한 비율로 맞추어 넣는 데 천부적인 재능을 지니고 있었다. 54)

여기서 에디슨은 통찰력 있는 개념들의 유효성을 시험하고 그것에 기반한 개량을 모색했다. 과학자가 실험할 때와 마찬가지로 그는 정량적 모형과 물리적 모형을 모두 사용했다. 그는 추론을 통해 자신의 개념을 정량적 모형으로 시험해 볼 수 있었다. 그리고 적어도 그에게 있어 물리적 모형은 좀더 복잡한 시험을 가능하게 하는 수단이었다. 계속된 개념화, 실험, 개량을 통해 그는 주식시세 표시기에서 46개의 특허를 취득했다.

에디슨이 벨의 송화기와 경쟁하기 위해 고안한 탄소송화기의 발명과 개발 과정은 실험과 모형제작의 또 다른 사례를 제공한다. 1873년을 전후해 그는 전기회로의 저항을 변화시킬 수 있는 가변저항을 구상했고, 이 개념에 근거한 측정장치를 만들었다. 가변저항은 50장 이상의 명주 디스크 사이에 미세한 흑연 분말을 채워 넣어

---

54) Francis Jehl, *Menro Park Reminiscences*(Dearborn, Mich.： Edison Institute, 1937), I： 51.

만들었다. 그는 쌓여 있는 명주 디스크에 가하는 압력을 증가 혹은 감소시켜 400~6,000옴 사이의 원하는 저항값을 얻을 수 있었다. 이때 압력은 반도체 장치의 전도율을 변화시키는 구실을 했다. 1877년에 그는 가변저항을 전화송화기로 변형시켰다. 목소리의 음파가 주는 압력이 저항의 크기를 변화시켜 수화기와 연결된 전기회로의 전류흐름을 조절하는 식이었다. 그는 전화송화기에 쓰려면 흑연으로 채워진 명주 디스크보다 저항이 더 낮은 반도체가 필요함을 알게 되었다.

1877년에 그는 2장의 백금 디스크 사이에 반도체로 흑연 버튼을 사용한 모형송화기를 가지고 실험했다. 음파의 압력이 진동판의 떨림을 통해 기계적으로 버튼에 전달되고 이렇게 변화하는 압력은 흑연 버튼의 전도율을 변화시켰다. 버튼이 전화회로 속에 들어 있기 때문에 회로에 흐르는 전류의 세기는 음파의 패턴을 그대로 따르게 되었다. 에디슨은 이 모형을 1877년 12월에 특허로 출원했다. 그러나 음량이 충분히 크지 못한 것을 알게 된 그는 가변저항에서 송화기로 탈바꿈한 이 장치에 집어넣을 다른 반도체들 — 산화물과 황화물을 포함해 — 을 실험했고, 결국 램프 그을음으로 만든 버튼이 훌륭한 결과를 낸다는 사실을 발견했다. 1878년 2월에 그는 램프 그을음을 송화기에 이용하는 내용을 담은 특허를 출원했다.

탄소송화기 실험에서 이 시점까지 그는 송화기 진동판의 떨림을 탄소 버튼에 전달하기 위해 고무 부품을 사용했다. 더 많은 실험과 모형 변화를 통해 진동 그 자체는 전달할 필요가 없으며 진동판의 압력 변화만 전달하면 된다는 사실을 알게 되자, 고무처럼 닳지 않는 금속 스프링을 대신 사용하게 되었고 진동판도 좀더 무거운 소재로 교체되었다. 추가 시험을 통해 스프링도 필요하지 않으며 단단한 물체만 있으면 된다는 사실도 밝혀졌다. 실험이 진행되는 과정에서는 전달되는 발음이 점차 명료해지는지, 또 음량은 커지는지 여부가 개선 가능성을 판단하는 기준이 되었다.[55]

발명과 개발 과정을 잘 알지 못하는 과학자들은 시행착오법이 이론 부재 상황에서 가설을 세우고 실험하는 방법임을 알아차리지 못하고 이러한 경험적 접근법을 종종 평가절하하곤 했다. 가솔린에 넣는 테트라에틸납 첨가제를 개발한 화학자이자 발명가인 토머스 미즐리는 뜬구름 잡는 식의 막연한 탐색(wild-goose chase)을 구체적인 대상몰이(fox hunt)로 바꿔 놓는 것이 바로 비법이라고 말했다. 톰슨, 스페리, 에디슨은 다른 독립발명가들과 마찬가지로 모형제작자, 화학자, 과학자, 실험실을 소중하게 여겼다. 그들이 발명의 생명줄인 실험을 용이하게 해주기 때문이었다.

발명가는 새로운 아이디어와 그것을 구현한 발명의 초기 모형을 시험할 환경을 필요로 했다. 그런 환경은 발명이 실제 쓰이게 될 세상보다는 덜 복잡하고 더 질서가 잡힌 통제된 공간이어야 했다. 발명가들이 어떤 장치, 공정, 기계를 개념화할 때 개발된 발명품이 살아남는 데 필요한 모든 복잡성을 처음부터 포괄할 수 있는 경우는 거의 없었다. 실험실에서 실험을 통해 발명품이 개발될 때는 보통 발명의 복잡성이 점차 증가하고 그것이 시험되는 환경이 점점 규모가 커지는 과정을 수반했다. 실험실에서의 실험은 실제로 쓰이게 될 세상과 거의 비슷한 정도로 복잡한 실험실 환경에서 발명품이 제대로

---

55) Ibid., I: 115~123.

작동할 때까지 계속되었다. 그러고 나서 발명품은 시장으로 출시되었다. 이러한 혁신이 이루어지면 발명가는 더 이상 자신의 발명품에 질서를 부여하거나 체계화하거나 통제하지 못하게 되었다. 발명가들이 실험실과 모형공작소라는 지원 공간에서 주로 활동하면서 사업과 경영의 세계는 피하려는 경향을 보였던 것은 아마도 그 때문이리라.

제 2 장

문제의 선택과 해결

발명이란 새로운 문제를 해결하는 과정으로 볼 수 있다. 성공한 발명가들에 대한 설명은 종종 그들이 어떤 기법을 써서 문제를 해결했는가에 초점을 둔다. 그러나 그들이 어떻게 문제를 해결했는가에 못지않게 — 어찌 보면 오히려 그보다 더 — 중요한 것은 그들이 어떤 문제를 선택했는가이며, 이를 보면 독립발명가들이 어떤 인물이고 어떻게 성공(혹은 실패) 했는지를 더 잘 이해할 수 있다. 그들이 지닌 독립성 또는 조직적 제약으로부터의 자유 덕분에 그들은 일단 해결하기만 하면 새로운 기술시스템의 중핵을 형성하게 될 문제들을 선택할 수 있었다.

　나중에 산업연구소에서의 발명 과정을 살펴볼 때 나오겠지만, 산업체 과학자들은 종종 해결할 문제를 선택할 때 제약을 받았다. 기업들이 이미 막대한 투자를 해놓은 기존 시스템을 향상시키고 성장에 박차를 가할 수 있는 문제를 선택하도록 압박을 받은 것이다. 여기서 새로운 시스템이 그로부터 유래한 발명은 **급진적**(radical) 발명, 기존 시스템을 향상시키는 발명은 **보수적**(conservative) 발명이라고 각각 이름 붙일 수 있다.

두드러진 특징들

독립발명가들은 이 중 급진적 발명에서 압도적 비율을 차지한다. 1)
이는 아마도 그들을 산업연구소나 정부연구소에서 일하는 발명가나
과학자들과 가장 분명하게 구분짓는 특징인 동시에, 황금기에 그들
이 거둔 주목할 만한 성공을 가장 잘 설명하는 특징일 것이다. 그들
의 급진적 성공사례들은 오늘날 조직이 창조성에 가하는 제약 — 그
조직이 대학이든, 정부든, 아니면 민간기업이든 간에 — 을 한탄하
는 사람들에게 논거를 제공하기도 한다. 독립발명가들은 잘 확립된
기술시스템에서 점진적 향상을 이루는 것보다는 이제 막 생겨난 시
스템에서 극적 돌파구를 열거나 이를 향상시키는 쪽을 선호했다. 엘
머 스페리의 말을 들어 보자.

> 만약에 내가 평생 동안 발전기에만 매달린다면 아마 그 기계의 효율을
> 6~7% 올리는 정도의 작은 기여는 할 수 있을 겁니다. 하지만 전기를 필
> 요로 하는 기구 중에는 400~500% 정도의 효율향상이 가능한 분야들이
> 많습니다. 나는 차라리 그런 일을 하고 싶습니다. 2)

---

1) John Jewkes, David Sawers, and Richard Stillerman, *The Sources of Invention* (New York: W. W. Norton, 1969), pp. 79~103.
2) 1922년 브룩클린 YMCA에서 열린 스페리의 강연을 Thomas Parke Hughes, *Elmer Sperry: Inventor and Engineer* (Baltimore: Johns Hopkins University Press, 1971), p. 63에서 재인용.

조직들은 그로부터 거리를 두는 독립발명가들의 급진적 발명을 지원하지 않았다. 급진적 아이디어가 대개 그렇듯, 그들의 발명은 낡은 현 상태를 전복하거나 새로운 현 상태를 도입하기 때문이다. 급진적 발명은 기존 조직들의 필요를 충족하거나 이들이 직면한 문제점을 해결해 주지 않는다. 급진적 발명은 그것을 키워 줄 새로운 기관을 필요로 한다. 그러한 발명들은 종종 노동자, 엔지니어, 관리자들을 탈숙련화하고, 재정적 투자를 무위로 돌려 버리며, 대체로 대규모 조직 내에서 불안감을 증대시킨다.

민간이든 정부든 간에 대규모 조직들은 때때로 급진적인 발명 제안이 기술적으로 조악하고 경제적으로 위험하다며 이를 거부한다. 그러나 이렇게 함으로써 그들은 그러한 제안이 지닌 새로움과 급진성을 인정할 뿐이다. 19세기 말에 전등, 자동차, 무선통신의 발명과 개발을 관장한 것은 기존의 가스등, 철도, 전신 회사들이 아니었다. 이를 세상에 내놓은 것은 독립발명가들이었고, 그러한 발명을 키우기 위해 필요한 새로운 회사나 공익설비회사를 설립한 것도 그들이었다. 그러한 발명을 **급진적**이라고 부르는 것은 이것을 기성 정치체제에 도전하는 정치사상의 전통적 정의와 연결한다. 급진적 색채를 지닌 많은 정치사상들이 연결되면 파괴적 정치혁명을 일으킬 수 있는 것과 마찬가지로, 상호 연결된 급진적 발명들은 종종 기술혁명을 일으킨다.

전형적인 독립발명가는 다른 사람의 시스템을 향상시키는 것보다 시스템을 새롭게 창조하는 것을 선호했다. 독립발명가들은 대기업이나 정부 기구들이 보유한 시설이나 인력을 이용할 수 없다는 것을 깨달았다. 그런 조직들은 자신들이 관장하는 잘 확립된 시스템의 향상에 그러한 시설과 인력을 투입할 것이기 때문이다. 때론 독립발명가들이 발명한 시스템이 당시 부각되었던 문제(예컨대 라이트 형제가 해결한 항공기 제어 문제)를 해결한 주목할 만한 돌파구가 되기도 했다. 독립발명가들은 기존의 시스템에 대한 대안을 제시하는 시스템을 발명하기도 했다. 그러나 그들은 기존의 시스템이 새롭고 세련되지 못하며 엄청난 자원을 보유한 대기업에 의해 아직 지배되지 않았을 때에만 이런 모험에 뛰어들었다.

가령 리 디포리스트와 레지널드 페센든은 굴리엘모 마르코니가 만든 이전의 무선전신 시스템과 경쟁할 수 있는 시스템을 발명했는데, 당시 마르코니의 회사는 규모가 특히 큰 것도 아니었고 영국 회사였기 때문에 미국 시장에서 경쟁하는 데 불리한 점을 안고 있었다. 에디슨, 톰슨, 스페리는 해당 산업의 초창기에 아크등 혹은 백열등 시스템 전체를 발명했다.

자국에서 백열전구의 발명가로 찬양받던 영국의 발명가 조지프 스완은 자신이 만든 백열전구를 다른 사람들이 다른 목적으로 설계한 시스템과 발전기에 통합시키려 애쓰는 실수를 범했다. 그 결과 시스템의 구성요소들은 조화롭게, 또 최적의 방식으로 상호작용하지 못했다. 에디슨과는 달리 스완은 시스템 전체의 발명과 개발을 가능하게 할 만한 충분한 자금지원을 받지 못했다. 스완의 전구를 판매했던 회사의 대표는 에디슨 사의 대표에게 에디슨의 가장 큰 장점은 일관된 시스템을 갖춘 것이라고 말하기도 했다.

벨과 라이트 형제

여러 독립발명가들은 문제선택 방식의 세부사항에서 서로 다른 면모를 보였다. 대다수의 독립발명가들은 살아남기 위해 특허를 받아 상업적으로 성공적인 발명으로 이어질 수 있는 문제들을 선택해야 했다. 그러나 알렉산더 그레이엄 벨이나 오빌과 윌버 라이트처럼 이러한 제약으로부터도 자유로운 발명가도 있었다. 그들은 생계를 유지할 수 있는 다른 직업을 갖고 있었고, 따라서 발명가로서 좀더 자유로운 탐구를 할 수 있었다. 벨과 엘리샤 그레이의 사례는 완전히 독립적인 발명가와 명목상 독립적이지만 상업적 결과의 요구에 제약을 느끼고 제조업체의 기존 시스템을 향상시키는 일을 기꺼이 하는 발명가 사이에 문제선택의 차이가 있음을 보여 준다.

보스턴대학의 발성법과 음성생리학 교수였던 벨은 직업발명가였던 톰슨, 에디슨, 스페리가 단기적으로 금전적 이익을 거둘 가능성이 큰 문제를 선택하면서 가졌던 가책을 느끼지 않았다. 벨이 전화 발명에 몰두하기 전이었던 1872년부터 몇 년 동안, 그는 별로 서두르는 기색도 없이 다중전신기(multiple telegraph)●에 관한 연구를 했다. 이 장치는 당시 전신회사들이 즉각적이고 긴급한 필요를 느끼던 것으로, 주어진 수의 메시지를 전달할 때 필요한 전선의 수를 줄

● 〔옮긴이주〕 하나의 전선 가닥으로 여러 개의 메시지를 동시에 송수신할 수 있는 장치를 말한다. 이중전신기(duplex telegraph)는 한 가닥으로 2개, 나중에 에디슨이 개발한 사중전신기(quadruplex telegraph)는 한 가닥으로 4개의 메시지를 동시에 송수신할 수 있었다.

여 줄 수 있었다. 당시에는 전선에 들어가는 구릿값이 전신회사가 부담해야 할 주요 비용 가운데 하나였다. 이에 대한 수요가 너무나 명백했으므로 1870년대 초반부터 여러 명의 발명가들이 다양한 버전의 다중전신기에 대한 특허를 출원했고, 수많은 전신 관련 발명으로 기억되는 독립발명가 그레이는 이들 중에서 두각을 나타냈다.

1874년에 벨과 그레이는 각각 다중전신기 연구를 하는 과정에서 전선을 통해 음악과 음성을 전송할 가능성이 있음을 알게 되었다. 그러나 발명을 통해 수입을 얻어야 했던 그레이는 실용적인 다중전신기 개발이라는 목표를 맹렬하게 추구하는 과정에서 이 가능성을 제쳐 두었다. 반면 벨은 실용적인 다중전신기 연구를 제쳐 두고 많은 사람이 허황된 목표라고 보았던 음성전송, 즉 전화의 발명에 매달렸다(벨의 다중전신기 연구가 분명 실용성이 있다고 보고 연구에 돈을 댔던 벨의 장인은 이를 보고 기겁을 했다).[3] 벨이 발성법 교사로서 갖게 된 발성 또는 음성에 관한 지식과 부인의 청각장애에 대한 관심이 이러한 결정을 내리는 데 영향을 주었는지도 모른다. 수개월에 걸친 실험을 통해 벨은 놀랍고도 혁신적인 발명을 했지만, 이후 수년 동안 이 발명의 필요성을 인식한 사람은 아무도 없었다. 비직업발명가인 벨은 자신의 열정이 끌리는 대로 움직인 반면, 좀더 직업적이고 실용적이었던 그레이는 나중에 역사상 가장 수익성이 높은 발명으로 판명된 것을 개발할 기회를 포기한 셈이 되었다.

파트타임 발명가였던 라이트 형제의 문제선택도 놀랍고도 혁신적

---

3) David Hounshell, "Bell and Gray: Contrasts in style, politics, and etiquette", *Proceedings of the IEEE*, 64(September 1976), 1305~1314.

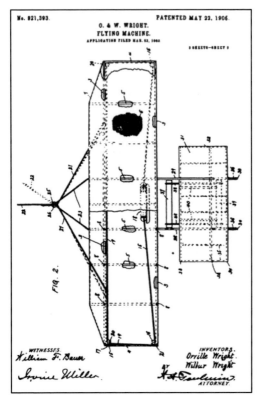

비행 기계에 대한
오빌과 윌버 라이트의 특허

인 발명으로 정점에 도달했다. 그들이 비행기 발명을 선택한 이유는 합리적인 경제적 고려보다는 그들이 지녔던 열정, 그리고 명성과 부에 대한 막연한 동경으로 더욱 잘 설명될 수 있다. 1920년에 오빌 라이트는 자신들이 비행기에 몰두한 이유에 대해 한 가지 설명을 제공했다.[4] 그는 자신들이 해낸 위대한 발명의 기원은 어린 시절에 시

---

4) Orville Wright, *How We Invented the Airplane*, ed. Fred C. Kelly (New York: David McKay, 1953), pp. 18~57〔오빌 라이트 저, 정병선 역, 《우리는 어떻게 비행기를 만들었나》(지호, 2003)〕.

작되었다고 말했다. 오빌은 그들의 아버지가 고무줄로 움직이는 장난감 헬리콥터를 사주었을 때 비행에 대한 관심이 시작되었다고 회상했다. 시간이 흘러 1896년 글라이더의 선구자인 오토 릴리엔솔이 비행 중 비극적인 사고로 사망한 일이 널리 보도되면서 비행에 대한 그들의 관심에 다시 불이 붙었다.

그들은 젊은 시절에 자전거 점포를 차린 후부터 비행이라는 주제에 관한 책들을 찾아보기 시작했다. 1899년 봄, 그들은 조류학에 관한 책을 보고 새들이 인간의 비행에 대한 모델이 될 수 있을 것이라 생각하게 되었다. 이는 수 세기 전부터 레오나르도 다 빈치를 비롯해 수없이 많은 발명가들이 상상한 바와 같았다. 새와 활공하는 사람 사이의 유추(analogy)를 통해 활공비행에 대한 열정이 싹트자 그들은 스미스소니언협회(Smithsonian Institution)*에 편지를 보내 이 문제를 다룬 책과 기사들을 보내 줄 것을 요청했다. 공공 봉사정신과 폭넓은 소식통을 보유한 스미스소니언 측은 릴리엔솔과 새뮤얼 랭글리의 저작, 그리고 이 주제에 대한 상세한 역사와 분석을 담은 옥타브 샤누트의 책 《비행기계의 진보》(*Progress in Flying Machines*, 1894) 등의 사본과 목록을 보내 주었다. 그 후 라이트 형제는 샤누트와 장기간에 걸친 유익한 서신교환을 시작했다. 샤누트는 명성이 높은 토목 엔지니어이자 철도-교량건설가이며, 열정적인 비행 연구가이기도 했다.

라이트 형제의 자전거 점포

참고문헌들에 대해 라이트 형제가 보인 반응은 그들이 단순한 경험적 실험자들이 아니었다는 수많은 증거 중 하나를 제공한다. 그들은 대중적 문헌이나 청소년용 책에서 그런 식으로 종종 묘사되었고 불행히도 이것이 라이트 형제에 대한 대중적 이미지로 형성되었다. 그들은 이 분야에 관련된 다양한 책과 기사들을 읽은 후, 경험이 많은 발명가들에게서 흔히 볼 수 있는 절차에 의지했다. 그들은 공통된 문제 — 활공비행이든 동력비행이든 — 를 해결하려 했던 다른 사람들이 밟아 온 길을 신중하게 분석해 그들이 실패한 이유를 알아내려 했다. 이런 접근법은 스페리가 특허 문헌을 면밀하게 독해한 것이나 디포리스트와 페센든이 마르코니 무선 시스템의 약한 고리를 찾으려 한 것과 비슷하다. 그들은 중대한 통찰력을 발휘해, 비행에서 평형을 유지하는 것이 이전의 발명가와 실험자들을 가로막았던 결정적인 미해결 문제라고 판단했다. "즉시 우리는 평형을 유지하는 좀더 효과적인 수단을 고안하는 작업에 착수했다"고 오빌 라이트는 확신에 찬 어조로 기록했다.[5] 그들은 비행 문제를 연구했던 저명한 발명가들의 잇따른 실패 ─ 실패한 사람들 중에는 앞서 언급한 릴리엔솔을 비롯해, 내연기관의 발명가인 조지 케일리 경, 독립발명가인 하이럼 스티븐스 맥심, 터빈 발명가인 찰스 파슨스, 벨, 그리고 과학자이자 스미스소니언협회 회장이었던 랭글리 등이 포함되어 있었다 ─ 를 알면서도 기꺼이 도전했는데, 이는 젊은 자전거 제조업자들이 지녔던 시원시원한 자기확신(혹은 순진함)을 잘 보여 준다.

벨 역시 마찬가지였다. 그는 독일의 전화 발명가인 요한 필리프 라이스가 부딪쳤던 문제들을 보고 낙담하는 대신, 자신은 문제해결에 필요한 일보전진 ─ 거대한 도약은 아닐지라도 ─ 을 해낼 수 있을 것이라고 믿으며 실용적인 전화 개발을 향해 확신에 찬 태도로 전진했다. 에디슨은 다른 사람이 실패한 바로 그 지점에서 자신은 성공할 수 있을 것이라고 확신을 가졌던 것으로 유명하다.

라이트 형제의 친구이자 조언자였던 샤누트는 나중에 그들이 비행기를 발명한 것이 아니라 이를 개량한 인물이라고 말한 바 있다. 그러나 그들의 개량은 실용적 시스템과 그렇지 못한 시스템을 가르는 극적 돌파구가 된 발명이었다. 그는 라이트 형제의 기여로 날개

---

5) Ibid., reprint, p. 5.

비틀림 장치(wing warping),• 승강타를 기수 쪽에 설치한 것, 조종
사가 엎드린 자세를 취한 것, 풍동(wind tunnel) 실험, 프로펠러와
전동장치의 이용, 신뢰할 수 있는 엔진의 사용 등을 꼽았다. 이 중
앞의 3가지는 라이트 형제가 자신들의 기여를 설명할 때 강조한 문
제인 비행기의 평형 유지에 도움을 주었다. 그러나 샤누트는 라이트
형제가 뒤의 3가지 향상에 대해서만 독자적 기여를 했다고 평가했
다. 그는 프랑스의 글라이더 제작자인 폴 르나르가 승강타를 기수
쪽에 달았고, 자기 자신이 조종사의 엎드린 자세를 제안했으며, 조
류학 전문가이자 글라이더 설계자인 루이-피에르 무이야르는 일종
의 날개비틀림에 대한 특허를 출원했다고 말했다. 결국 샤누트는 라
이트 형제를 영감을 받은 공기역학자라기보다는 부지런한 기계공에
더 가까워 보이도록 했다.

　1910년 샤누트가 죽기 전의 마지막 5~6년 동안 라이트 형제와 사
부 격인 샤누트의 관계는 상당히 싸늘했는데, 샤누트가 라이트 형제
의 연구에 어떤 기여를 했는가를 놓고 이들 간에 생긴 의견 차이를
언론에서 크게 보도했기 때문이다. 6)

　목표에 가까이 다가감에 따라 라이트 형제는 해답을 찾아 쉬지 않
고 노력했는데, 그때까지도 금전적 보상은 그리 중요한 동기가 아니
었다. 1901년, 윌버 라이트는 항공실험에 쓰이는 시간이 "금전적 측

• 〔옮긴이주〕 라이트 형제의 초기 비행기에는 방향타가 없었고, 엎드린 자세
　의 조종사가 날개 끝에 매달린 줄을 잡아당겨 양쪽 날개 끝을 서로 반대 방
　향으로 휘게 함으로써 방향을 조종했다.

6) Fred Howard, *Wilbur and Orville: A Biography of the Wright Brothers*(New
　York: Alfred A. Knopf, 1987), pp. 337~338.

1897년 오하이오 주 데이턴의 자전거 점포에서 일하는 오빌 라이트(왼쪽)과 윌버 라이트

노스캐롤라이나 주 키티호크에서의 실험

면에서 보면 엄청난 손실"로 느껴진다고 샤누트에게 털어놓았다. 7)
심지어 1903년 12월 동력비행에 성공한 후에도, 라이트 형제는 자
신들의 발명에서 약소한 돈이라도 벌어들이려면 항공경연대회 ―
1904년 세인트루이스 국제박람회 때 계획되었던 것 같은 ― 에 출전
해야 할 것이라고 생각한 듯하다. 8) 샤누트가 1902년에 발명에 대한
특허를 출원하라고 조언했을 때, 그는 이것이 돈을 벌 수 있기 때문
이 아니라 단지 우선권을 둘러싼 불쾌한 논쟁을 피하기 위한 것이라
고 덧붙였다. 9)

---

7) Marvin W. McFarland, *The Papers of Wilbur and Orville Wright* (New
   York: Arno Press, 1972), I: 142.
8) Ibid. , pp. 420~421, 431.

디포리스트와 페센든

무선통신의 선구자인 디포리스트와 페센든은 문제선택에 있어, 기존의 시스템을 개량한 새로운 시스템의 중핵이 될 발명을 낳을 수 있는 문제를 골랐다. 디포리스트가 1899년 발명활동을 시작했을 때 그는 무선검파기(즉, 수신기)를 개량하는 데 집중했다. 그는 나중에 이렇게 회고했다.

나는 〈과학 초록〉(*Science Abstracts*)이나 〈비더만 연보〉(*Wiedemann's Annalen*), 〈학술 보고〉(*Comptes Rendus*)와 같은 물리학 저널들을 진지하게 체계적으로 검색하기 시작했다. 무선신호 수신용 검파기에 쓸 수 있는 새로운 장치 개발에 단서가 될 모종의 힌트나 제안을 찾으려는 생각에서였다. 10)

그는 〈일렉트리컬 월드 앤드 엔지니어〉(*Electrical World & Engineer*) 같은 기술 잡지들도 훑었던 것 같은데, 이 잡지에는 1900년부터 검파기에 관한 기사가 급격하게 증가했다. 11) 몇몇 다른 발명가

---

9) Ibid., p. 235. 라이트 형제가 출원한 기초 특허는 Orville and Wilbur Wright, "Flying machine", application, 23 march 1903; patent no. 821,393, 22 May 1906이다.

10) Lee de Forest, *Father of Radio: The Autobiography of Lee de Forest* (Chicago: Wilcox & Follett, 1950), p. 105.

11) 초기 무선검파기(1900~1909)에 관한 기사의 수는 남부감리교대학의 토니 마운트가 1969년에 계산한 미발표 원고에 근거했다.

초기(소형)과 후기(대형)의 삼극진공관을 들고 있는 리 디포리스트

들과는 달리, 디포리스트는 자신이 다른 사람의 발명을 개량하는 방법을 찾고 있었다고 솔직히 시인했다. 나중에 그는 주저 없이 자신의 개량에 대한 특허를 출원했고, 발명이 자신만의 독창적인 것이라고 주장했다. 페센든과 디포리스트는 마르코니가 무선전신 시스템을 도입한 이후에 별도의 시스템을 가지고 시장에 뛰어들었다. 이들은 제각기 마르코니의 시스템을 분석하고 약한 고리 또는 구성요소를 찾았다. 그들은 점점 발전하던 무선전신기술에서 무선전파의 검

파기 또는 수신기가 약한 구성요소라고 판단하고, 각기 다른 종류의 검파기를 특허낸 후 이를 안테나, 송신기 및 다른 구성요소를 포함하는 전체 무선전신 시스템 속에 구현했다.

이 가운데 페센든의 시스템이 좀더 독창적인 것이었다. 그는 마르코니가 썼던 불연속파 대신 연속파의 원리에 근거해 검파기를 만들었다. [12] 1906년에 페센든의 변형은 음성과 음악 전송의 성공으로 정점에 달했다. 이는 모스부호에 기반한 점과 선의 전신 신호를 전송하는 마르코니 기술에서는 불가능한 성취였다. 반면 디포리스트는 "할 수 있는 것은 직접 발명하고 할 수 없는 것은 남의 것을 '빌려오는'(중립적으로 말해 그렇다는 얘기다) 식으로 이 장치, 저 장치를 시험하면서 급변하는 기술 분야에서 안정된 발판을 마련하기 위해 분투했던 인물이라는 인상"을 주었다. [13]

1903년에 페센든은 디포리스트를 집으로 초대해 버지니아 주 포트 먼로에 있는 자신의 실험실을 보여 주었다. 디포리스트는 페센든이 설계가 향상된 울러스턴선(wollaston-wire) • 검파기, 다른 말로 액체수신기를 사용한다는 사실을 알게 되었다. 페센든의 조수였던 프레드릭 브리랜드는 자신이 그 장치를 발명했다고 몰래 디포리스트에게 말했다. 나중에 브리랜드는 페센든의 사업 파트너인 토머스

---

12) Hugh G. J. Aitken, *The Continuous Wave: Technology and American Radio, 1900~1932* (Princeton: Princeton University Press. 1985), pp. 40, 50, 52.

13) Ibid., p. 180.

• [옮긴이주] 지름이 0.01밀리미터 이하의 아주 가는 백금선에 은을 입힌 선으로 19세기 초 영국의 발명가 윌리엄 하이드 울러스턴이 발명했으며 무선 검파기를 비롯한 전기장치에 주로 쓰였다.

레지널드 페센든

H. 기븐과 헤이 워커에게 편지를 보내, 페센든 시스템의 중요 구성
요소인 검파기가 자신의 발명이라고 하면서 '자신의 권리'를 고려해
줄 것을 요구했다. 14) 워커는 브리랜드가 "협박에 나선 것이 분명하
다"고 판단했다. 그는 페센든에게 "중요한 것은 이 사건을 둘러싼 사
실이 아니라 그가 꾸미는 증명이라는 점을 명심하십시오"라며 주의
를 주었다. 15)

---

14) Frdk. K. Vreeland to T. H. Given and Hay Walker, 4 February 1904.
Box P. C. 1140. 5, Reginald A. Fessenden Papers, North Carolina
State Archives, Raleigh, N. C.

15) Hay Walker, Jr. to R. A. Fessenden, 8 February 1904. Box P. C.

액체수신기를 본 후 디포리스트는 "(앞으로) 울러스턴선 정류검파기나 그와 동등한 것을 사용하기로 결심했다"고 회고했다. 16) 아마도 브리랜드의 주장을 이용해 페센든이 제기할 특허권 침해소송을 막을 수 있을 것이라고 기대했는지도 모른다. 디포리스트는 물리학자이자 전기 엔지니어인 마이클 푸핀이 페센든의 특허 출원 전에 해당 발명의 핵심 내용을 공개한 사실을 알게 되었다는 얘기도 했다. 하지만 결국 법원은 디포리스트가 특허권을 침해했다는 판결을 내렸다. 그가 내세운 '미국식 무선 시스템'은 기본적인 구성요소에 있어 페센든뿐 아니라 마르코니와 올리버 로지•가 공개한 내용이나 특허보다 한발 늦었던 것 같다. 17) 그러나 디포리스트는 다른 사람이 먼저 개발한 시스템을 개량하거나 그것의 주변기기를 발명한 수많은 독립발명가 중 한 명에 불과하다. 이는 그 시대에 넘쳐 났던 특허권 분쟁과 특허권 침해소송이 생생하게 증언한다.

1140. 5, Reginald A. Fessenden Papers, North Carolina State Archives, Raleigh, N. C.

16) De Forest, *Father of Radio*, p. 161.

• 〔옮긴이주〕Oliver Lodge, 1851~1940, 영국의 물리학자로 1894년 전자기파를 이용하여 무선신호를 송수신하는 실험에 성공했다. 이는 이탈리아의 마르코니가 같은 실험에 성공한 것보다 1년 이른 것으로, 이후 마르코니가 영국으로 건너와 무선전신 전체를 포괄하는 특허를 출원하자 그와 특허권을 둘러싼 갈등을 빚기도 했다.

17) Aitken, *Continuous Wave*, pp. 187~191.

테슬라의 선택

니콜라 테슬라의 문제선택은 다른 발명가들의 경우보다 설명하기가 좀더 어렵다. 경력 내내 그의 선택은 '순수' 발명의 성질을 지니고 있었는데, 이는 순수과학과 유사한 개념이다. 순수과학자가 상업적 이득에는 무관심한 것처럼, 테슬라는 대체로 자신의 관심사와 발랄한 상상력이 주는 허황된 목표를 좇는 것을 선택했다. 이는 부분적으로 그가 다상송전(polyphase power transmission)● 시스템의 발명으로 30대에 이미 유명해졌다는 사실로 설명할 수 있다. 이 시스템에 대한 특허를 웨스팅하우스 사에 넘긴 데서 나오는 상당한 수입이 한동안 그의 발명활동을 지탱해 주었다. 그 후에는 그의 명성과 고전압 전기 분야에서의 발견과 발명에 대한 극적인 실험적 시연을 통해 존 피어폰트 모건과 같은 사람들의 후원을 끌어들였다. 그의 우아한 복장이나 생활방식은 대중과 모건에 대한 호소력을 더욱 강화했을 뿐이다. 그의 숭배자들에게 있어 테슬라는 우주적 창조력과 교섭함으로써 나오는 듯 보이는 신비스런 분위기를 풍겼다.

다상송전으로 결실을 맺은 애초의 아이디어가 떠오른 것은 1877

● 〔옮긴이주〕 교류송전방식의 하나로 3개 이상의 도선을 사용해 서로 일정하게 위상을 달리하는 여러 개의 교류를 송전하는 방식이다. 가장 많이 쓰이는 3상(three-phase) 시스템은 서로 위상이 120도씩 차이가 나는 3개의 교류를 송전한다. 반면 2개의 도선을 이용하는 단상(single-phase) 송전방식은 모든 전압에서 하나로 동조된 교류를 송전한다. 3상 시스템은 단상방식과 비교해 송전의 효율성이 높아 장거리 송전이나 산업용 전원 공급에서 널리 쓰이며, 대부분의 가정용 전원 공급에는 단상방식이 쓰인다.

년의 일이었는데, 이때의 상황은 순수발명을 암시하면서 그가 경력 후반에 문제를 선택한 방식을 예견케 한다. 오스트리아의 그라츠공과대학에 있던 테슬라의 지도교수는 다상송전 시스템으로 결실을 맺은 연구 방향을 생각해 보도록 그에게 영향을 주었다. 대학교수들이 발명가들에게 자극을 준 사례는 테슬라 말고도 더 있었다. 코넬대학 교수였던 윌리엄 앤서니는 스페리에게 해법이 필요한 문제들을 지적해 주었고, 카를 폰 린데 교수는 루돌프 디젤이 뮌헨대학 학생일 때 효율적인 열기관을 찾아보라는 힌트를 주었다. 오하이오 주 오벌린칼리지의 화학 교수였던 프랭크 패닝 주잇은 알루미늄의 상업적 제련 과정을 개발한 미국의 발명가 찰스 홀에게 연구를 시작하도록 독려했다. 주잇이 알루미늄을 제련하는 상업적 과정을 발명하는 사람은 "엄청난 부를 쌓아 올릴 수 있을" 것이라고 학생들에게 얘기하자, 홀은 친구를 돌아보며 "내가 바로 그 사람이 될 거야"라고 속삭였다. 18) 기술과 과학 분야의 정기간행물을 많이 읽고 기술 공동체와의 접촉을 유지하는 교수들은 발전하는 기술시스템에서 결정적 문제가 무엇인지를 알고 있었다. 테슬라의 지도교수는 전기모터의 브러시에서 스파크가 일어나 부품이 쉽게 망가지는 문제를 테슬라와 동료 학생들에게 알려 주었다. ● 자신이 브러시 없는 모터를 설

---

18) Junius Edwards, *The Immortal Woodshed: The Story of the Inventor Who Brought Aluminium to America* (New York: Dodd, Mead, 1955), p. 38.

● 〔옮긴이주〕 테슬라 이전에 쓰이던 직류모터는 회전자(rotor)가 일정한 방향으로 계속 회전할 수 있도록 직류전원에서 전류방향을 계속 바꾸어 공급하는 정류자(commutator)가 있어야 했다. 이때 정류자는 구리선 같은 금속으로 만들어진 브러시(brush)를 통해 전원과 접촉하게 되는데, 모터가 회전할 때 금속 브러시가 정류자 표면을 긁으면서 스파크를 발생시키거나 정류

계해야겠다고 처음 생각한 것이 바로 그때였다고 테슬라는 나중에 회고했다. 그러나 눈 깜짝할 사이에 해답이 떠오른 영감의 순간을 경험한 것은 그로부터 5년이 지난 후였다. 그리고 그 발명에 대한 특허를 실제로 출원한 것은 다시 그로부터 4년이 지난 후였는데, 이때는 이탈리아의 대학교수인 갈릴레오 페라리스가 이미 우선권을 주장한 다음이었다. 수년 전에 페라리스는 회전자기장의 원리를 설명했지만 이에 대한 특허는 내지 않았는데, 테슬라가 브러시 없는 모터와 다상송전 시스템에 구현한 원리가 바로 그것이었다. 19)

테슬라는 이 분야에 정통한 발명 공동체가 그 필요성을 잘 알고 있던 1880년대 중반쯤에 다상송전 시스템의 지속적인 개발을 시작했다. 다상모터와 발전기는 테슬라와 독일의 프리드리히 아우구스트 하셀반더, 미국의 C. S. 브래들리, 스웨덴의 요나스 벤스트룀, 독일의 미카엘 돌리보-도브로볼스키가 거의 동시에 특허를 출원했는데, 이는 발명활동이 밀집 또는 집중되는 것을 보여 주는 증거이다. 20) 발명의 역사에서 밀집현상(clustering)은 종종 일어나는 일이다. 우리가 이미 본 것처럼, 발명가들이 서로의 활동을 알고 그에 뒤떨어지지 않으려 애쓰기 때문이다. 테슬라는 특허를 이용해 시스템을 생산하는 자신의 회사를 설립하지 않았다. 대신 그는 웨스팅하우

자를 망가뜨리는 일이 자주 발생했다. 1888년에 테슬라가 발명한 다상교류 모터는 회전자기장을 이용해 브러시와 정류자의 필요성을 없앴다.

19) Thomas P. Hughes, *Networks of Power: Electrification in Western Society, 1880~1930*(Baltimore: Johns Hopkins University Press, 1983), pp. 109~117.

20) Ibid., pp. 117~118.

스 사에 특허를 팔았고, 이 회사는 특히 재능 있는 설계 및 개발 엔지니어들로 팀을 꾸려 테슬라와 함께 작업하면서 그의 아이디어를 실용적 시스템으로 전환했다. 테슬라는 1년 동안 컨설턴트로 활동했지만, 시스템이 시장에 나갈 준비가 된 건 그로부터 여러 해가 지난 후였다. 21)

웨스팅하우스의 특허 사용료에서 나오는 수입을 가지고 그는 계속 독립발명가로 남았다. 그의 발명 구상은 점점 원대하게 — 관점에 따라서는 비현실적 방향으로 — 변했지만 에디슨이나 다른 직업 발명가들과는 달리 그는 기업가 활동, 즉 회사의 설립에는 관여하지 않았다. 테슬라는 계속 발명가의 스타일을 유지했고, 추상적인 에너지 개념과 그것의 응용에 몰두했다. 그는 회전자기장에 관해서도 이를 소용돌이치는 에너지로 이해했다.

이미 본 바와 같이, 그는 나중에 에너지의 무선 원거리 전송을 구상했고, 무선통신 및 제어를 위한 장치도 발명했다. 그는 보편적 에너지라는 개념을 종종 끄집어내곤 했는데, 에너지가 우주 공간에 충만해 있어 인간이 원하는 곳이면 어디에서나 이를 이용할 수 있다는 것이 그의 믿음이었다. 그는 언젠가 인간이 기계를 "자연의 거대한 수레바퀴 그 자체에" 물려 쓸 수 있을 것이라고 했고, "나는 기계를 방 한가운데 놓고 우리 주위를 떠다니는 매질의 에너지만 가지고 이를 움직이게 할 수 있을 때까지 살았으면 한다"고 말하곤 했다. 22) 여

21) Harold C. Passer, *The Electrical Manufacturers*, *1875~1900* (Cambridge, Mass. : Harvard University Press, 1953), pp. 277~282.

22) Margaret Cheney, *Tesla: Man Out of Time* (Englewood Cliffs, N. J. : Prentice-Hall, 1981), pp. 55, 95.

러 권으로 된 대작 《역사 연구》(*A Study of History*, 1951~1961)를 집필한 역사가 아놀드 토인비는 역사 속에서 기술의 진보를 '비물질화'(etherealization)라는 말로 묘사했는데, 이 용어는 테슬라의 발명 스타일과 잘 들어맞는다.

테슬라는 많은 면에서 특이한 인물이었지만, 관료 조직과 거리를 둔 점에서는 다른 독립발명가들과 비슷하게 행동했다. 그는 다양한 분야에 걸친 문제들을 선택했다는 점에서 직업발명가인 에디슨과 스페리를 닮았다. 그는 파리에 있을 때 잠시 에디슨 회사에서 일했고, 뉴욕에서는 에디슨 바로 밑에서 일했으며, 웨스팅하우스 사의 컨설턴트 노릇도 했고, 자신의 이름을 딴 작은 전기제조업체의 컨설턴트로 여러 해 동안 이름을 걸어 놓기도 했다. 그러나 1890년을 전후해 어느 정도 재정적 독립을 이룬 후 결국 그가 전력을 다한 것은 작은 연구소를 가진 직업발명가의 삶이었다. 이는 그에게 폭넓은 문제선택의 여지를 주었다. 그가 발명가로서 뛰어든 분야에는 전등, 전력, 무선통신, 자동제어, 무선에너지 전송, 터빈, 에어컨, 수직 이착륙 비행기 등이 포함되어 있었다. 그는 100개가 넘는 미국 특허를 취득했다.

에디슨과 스페리: 직업발명가들

벨과 라이트 형제의 스타일은 아마추어 또는 파트타임 발명가로 설명할 수 있다. 하지만 '아마추어'라고 해서 그들의 발명이 전업적인 직업발명가들보다 덜 창의적이거나 덜 섬세했다는 뜻은 아니다. 페센든과 디포리스트는 무선통신에 외골수로 집중했다는 점에서 주목할 만한 전업 발명가이다. 테슬라는 분류하기가 다소 어렵다.

반면 에디슨, 스페리, 맥심은 대표적인 직업발명가-기업가의 특징을 가진 인물로 볼 수 있다. 그들은 경력 내내 발명과 이를 활용하기 위한 회사설립에 모든 시간을 쏟았다. 그들의 문제선택 스타일은 광범위성이라는 특징을 가진다. 맥심은 기관총, 백열전구, 무연화약, 증기기관으로 작동하는 비행기를 포함한 많은 것을 발명했다.[23] 350개가 넘는 스페리의 특허 중에는 전등 및 전력 기술, 광산기계, 전철, 전기자동차, 전지(電池), 전기화학, 그리고 자이로스코프를 이용한 유도, 제어, 안정화, 포격제어, 비행장치 등에 대한 중요한 기여가 있었다. 에디슨의 발명활동의 범위도 매우 인상적이다. 그의 이름으로 취득된 1천여 개의 특허들에는 전신, 축음기, 전화, 전등 및 전력, 자기력 광석분리, 축전지, 콘크리트 건축, 영화 등이 포함된다. 그처럼 넓은 범위는 제품 라인과 결부된 산업연구소에서는 찾아보기 어렵다. 전기 분야에서 에디슨의 경쟁자 중 한 사

---

23) Joseph W. Slade, "The man behind the killing machine", *American Heritage of Invention and Technology*, II (Fall 1986), 18~25.

람이었던 톰슨은 696개의 특허를 취득했는데, 여기에는 아크등, 백열등, 발전기 제어, 교류변압기, 전기모터, 전기용접, 전기계량기, 엑스레이 장치 등이 포함되었다.

이전의 경험에 신중하게 의지하는 것 역시 에디슨과 스페리의 문제선택 스타일을 특징짓는 요소였다. 신참 발명가들과는 달리 그들은 자신이 무슨 일이든 해낼 수 있다는 환상을 갖지는 않았다. 그들은 자신이 발전시켜 온 발명활동의 고유한 특성에 의해 해결될 가능성이 가장 높은 문제를 선택했다. 에디슨은 전신기사 시절에 실험을 통해 전류의 성질에 대해 많은 것을 배웠다. 이 경험으로 그는 일련의 상호 연관된 문제선택의 길로 나아갔다. 그는 이 경험을 통해 에너지 보존에 대한 암묵적 이해를 얻었다. 그는 전기가 자기로, 자기가 운동으로 변환되는 것뿐 아니라 자기장이 존재할 때의 운동이 전기를 일으킨다는 사실도 직접 목격했기 때문이다.

에디슨은 자신이 전자기 유도현상을 발견한 영국의 과학자 마이클 패러데이의 책들을 처음부터 끝까지 읽고 소화했다고 말했는데, 이는 그럴 법해 보인다. 그는 19세기 초의 과학자와 발명가들의 저작을 통해 전기가 열과 빛을 낼 수 있다는 점도 알고 있었다. 금속의 저항과 전기에너지의 흐름 사이의 관계도 그의 관심을 사로잡았던 것이 분명하다. 전신기사이자 실험자로서 전지를 접하면서 그는 전기화학에 관한 많은 것을 배웠다. 그는 전화를 가지고 실험하면서 음파가 기계적 운동과 전기적 파동으로 전환가능하다는 사실에 주목했다. 이렇게 보면 그가 해낸 일련의 발명들, 즉 이중전신기, 전화송화기, 축음기, 백열등 시스템, 전철 등의 발명을 이해할 수 있다. 이 모두는 에너지를 교묘하게 변형하는 과정을 포함한다는 점에서 말이다. 심지어 그가 뛰어든 철광석 분리사업도 전자기와 관련이 있었고, 축전지에 관한 연구는 전신 시스템의 전기화학을 떠올리게 했다.

이런 의미에서 그는 전기과학의 응용자였다고 할 수 있지만, 전기 장치의 동작에 대해 박식하고 축적된 암묵적 지식을 응용하는 데 능했다는 점에서 대다수의 과학자들 — 행동보다는 말이 앞서고 좀더 이론적 경향을 띠었던 — 과 구분되었다. 그러나 에디슨이 영화에 관심을 가진 것이나 식물성 물질에서 고무를 얻기 위해 애쓴 것은 에너지 변형의 대가로서의 면모와는 잘 맞지 않는 듯한 모습이다.

스페리의 특징은 되먹임 문제에 대한 해답을 추구했다는 데서 찾을 수 있다. 300개가 넘는 그의 특허 제목들을 피상적으로 훑어본 사람이라면 그의 발명활동에는 천재성이 엿보이지만 질서나 패턴은 거의 눈에 띄지 않는다고 생각하기 쉽다. 그러나 좀더 면밀히 들여다보면 그 반대 사실을 발견할 수 있다. 그의 특허 제목들은 으레 그렇듯 상당히 광범한 영역에 걸쳐 있지만, 이를 유심히 보면 중요한 특허들은 대부분 되먹임 제어 분야에 있음이 드러난다. 전등에 관한 그의 특허는 아크등에 들어가는 탄소막대의 자동제어와 연관이 있었고, 발전기에 관한 특허는 출력의 제어에 관한 것이었으며, 전차 특허는 전차의 제어를 다루고 있었다. 배와 비행기의 안정화에 관한 수많은 초기 특허들은 되먹임 제어장치에 초점을 맞추고 있었고, 유명한 자이로컴퍼스는 되먹임 메커니즘을 가지고 있었다.

요컨대 스페리의 스타일은 되먹임 제어의 원리에 대한 전문성과 그 원리의 폭넓은 응용으로 특징된다고 할 수 있다. 그는 현대 되먹임 제어의 아버지로서, 오늘날 사이버네틱스, 자동제어, 자동화 등으로 다양하게 불리는 분야를 개척했다.

스페리의 또 다른 두드러진 특징은 그가 어려운(혹은 솜씨를 요하는) 기술적 문제들을 작심이라도 한 듯 쫓아다녔다는 것이다. 그는 젊었을 때 제조업과 판매에서 규모가 더 크고 경험이 많은 회사들과 경쟁하는 불행한 경험을 한 후, 자신이 좀더 효과적으로 경쟁할 수 있는 영역은 발명과 개발이라는 판단을 내렸다. 그는 항상 어려운 기술적 문제를 선택하는 결정을 내렸는데, 기술이나 발명에 재능이 없고 평범하며 인정사정없이 다른 이들을 몰아붙이는 사람들은 그런 문제를 회피할 것이기 때문이었다. 그래서 스페리의 발명은 되먹임 제어를 구현하고 정밀제작을 필요로 하는 자이로컴퍼스처럼 고도로 복잡한 장치인 것이 특징이었다. 엄청난 재정지원을 받는 대규모 제조회사들은 이처럼 솜씨를 요하는 문제 영역에서 스페리와 경쟁할 수 없음을 알게 되었다.

또한 스페리의 특허를 분석해 보면, 그는 어떤 산업활동 분야 — 전등이나 전차 같은 — 가 새롭게 등장해 자본투자가 급격히 이루어지면서 빠른 속도로 발전할 때 해당 분야에 발을 들여놓는 것이 보통이었다. 그는 한 분야에 대략 5년 정도 머무른 후 다른 분야를 찾아 떠나는 식으로 활동했는데, 이때쯤 되면 덩치가 커진 산업체들이 담당 직원을 두거나 발명가-엔지니어 부서를 만들어 회사가 관장하는 확장일로의 기술시스템에 생기는 문제의 해결을 맡기게 되었다.[24] 스페리는 산업체의 발명가와 엔지니어들이 다루는 문제들이 대체로 기존 시스템의 개선에 맞추어져 있음을 알고 있었다. 이런 문제들은

---

24) Hughes, *Sperry*, pp. 64~70.

시설이 잘 갖추어진 연구팀이 집단적으로 대응하기에 특히 적합했고, 문제가 나타나는 기술시스템의 세부사항에 정통한 사람들이 해결책을 낼 가능성이 높았다.

스페리는 자신이 주요 소유주가 아닌 대기업과 장기간에 걸쳐 제휴하거나 직위를 맡아 달라는 요청을 여러 차례 거절했는데, 이런 식의 대응은 그가 독립발명가로서 가진 태도를 특징짓는 요소이다. 그는 대기업과의 연관이 자신의 문제선택을 제약할 것이고 결과적으로 95%의 획기적인 발명이 주는 희열을 맛보지 못하게 될 것이라고 마음속으로 느꼈다. 아마도 그는 20세기 초의 또 다른 중요 발명가이자 기업가인 찰스 케터링의 말에 동의했을 것이다. 케터링은 찰스 린드버그가 단독으로 대서양 횡단 비행에 성공했다는 소식을 듣고, 그런 업적은 위원회에서 결정을 내리는 식으로는 결코 이뤄 낼 수 없었을 것이라고 말했다 (얄궂게도 케터링은 나중에 제너럴 모터스 연구소의 소장 직을 맡았다.)

스페리 역시 결국에는 자신의 산업체인 스페리 자이로스코프 사를 설립해 작은 규모의 발명가-엔지니어 팀을 두었지만, 그는 나이가 50대에 접어들고 특허를 200개 가까이 취득한 다음에야 이런 변화를 감행했다. 그리고 회사를 설립한 후에도 그는 일상적 문제들을 직원들에게 맡기고 자신을 위한 문제선택의 자유는 남겨 두었다. 만년에 그의 주요 발명들 중 몇몇은 자신의 회사가 집중하던 자이로스코프 분야와 관련된 것이 아니었다.

문제를 파악하기 위해 스페리를 비롯한 독립발명들은 다른 발명가들의 특허 활동을 면밀하게 추적했다. 젊었을 때 스페리는 미국 특허청의 〈관보〉(Official Gazette) 최신호를 매번 애타게 기다렸고,

그 속에서 가장 최근에 등록된 특허의 초록을 볼 수 있었다. 특허 요약은 19세기 말, 그 수가 점점 증가하던 기술 잡지들에서도 찾아볼 수 있었다. 〈사이언티픽 아메리칸〉은 1달러만 내면 1867년 이후 등록된 어떤 특허의 사본이라도 제공했다. 또한 발명가들은 우후죽순처럼 생겨나는 기술협회에서도 동료들의 발명에 관해 전해 들을 수 있었다. 특허 소식을 추적함으로써 독립발명가들은 다른 사람들(독립발명가 포함)이 어디에 집중하는지를 알 수 있었고, 결국 발명으로 해결될 공산이 큰 문제들이 어디에 있는지를 파악할 수 있었다.

스페리는 한 증언에서 "나는 미국과 영국 특허청에 등록된 전기 관련 발명들을 지속적으로 공부했고 … 이 분야에서 이뤄진 진전에 정통하기 위해 가능한 모든 수단을 동원해 과학 및 전기 관련 논문들을 받아 보았습니다 …"라고 말했다. 25) 스페리는 그러한 '진전'에 참여하기 위해 최신의 지식으로 무장했다. 에디슨 역시 마찬가지였다. 앞서 설명한 바와 같이, 그의 연구소에는 최신의 기술과 과학 정기 간행물을 두루 갖춘 도서실이 있었다.

스페리가 특허 자료를 면밀히 검토했다는 사실은 그가 신참 발명가였던 시절에 왜 아크등에 집중했는지를 설명해 준다. 당시 미국 특허청에 등록된 아크등 관련 특허 수는 1878년 8개에서 1882년에 62개로 극적으로 증가했다. 26) 스페리는 다른 발명가들의 문제선택에서 나타난 밀집현상을 알아챈 것이다. 특허 출원서를 읽어 봄으로

---

25) Sperry testifying, 1886, in patent interference 10, 426, Van Depoele v. Henry v. Sperry, "Electric railway", U. S. National Archives, Box 1262.
26) Hughes, *Sperry*, p. 67 n. 7.

써 그는 문제를 정확하게 짚어 낼 수 있었고, 이를 개량하면서도 다른 이들의 이전 발명을 침해하지는 않는 해법(발명)을 찾으려 애썼다. 앤서니 교수도 젊은 스페리가 이타카로 특별히 찾아와 해법을 필요로 하는 기술적 문제에는 무엇이 있는지 묻자, 아크등 시스템에 더 나은 조절장치가 필요하다는 사실을 알려 주었다.

역돌출부와 결정적 문제

독립발명가들은 연구할 특정 문제를 선택하고 개략적인 해법을 구상—종종 영감이 번쩍 떠오르는 순간을 통해—하고 나면 일련의 개발상의 문제들에 직면했다. 이런 문제들은 반짝이는 맹아 단계의 아이디어를 모형으로 바꾸고 복잡성을 여러 단계에 걸쳐 증가시키면서 그것이 잘 작동하는지 확인하는 과정에서 나타났다. 앞서 본 바와 같이, 각 단계에서 발전된 모형은 실험에 의해 시험해야 했는데, 이는 모형이 점점 복잡해지는 환경 속에서 제 기능을 하는지 알아보기 위한 것이었다. 최종적으로 발명가는 해당 발명이 실제 사용될 환경 속에서 이를 시험하게 되었다.

이처럼 발명품을 개발하는 과정에서 해결해야 할 문제를 파악할 때, 발명가는 종종 확장하는 전선(戰線)에서의 역돌출부(reverse salient)라는 이미지 또는 은유(metaphor)에 종종 의지했다. 역사상 가장 끔찍했던 역돌출부 중 하나는 제1차 세계대전 때 프랑스의 베르됭 마을 인근에 있었다. 독일군은 서부전선에서 총진군을 계속하기 전에 이곳에 있는 역팽창부 또는 역돌출부를 제거해야 한다고 믿었다. 프랑스군 역시 독일 점령지로 튀어나와 있는 이 지역—그들의 관점에서 보면 돌출부—을 결사적으로 지켜 내려 했다. 전쟁에서의 전선 곳곳에는 돌출부와 움푹 들어간 부분(역돌출부)이 있다.

군대가 진군할 때 전선에 생기는 역돌출부는 기술시스템에 잘 들어맞는 은유이다. 왜냐하면 기술시스템은 군대의 진군과 마찬가지로 불균등하게 발전하기 때문이다. 기술시스템에서 일부 구성요소들은 마치 전선에서 일부 부대가 그렇듯, 다른 구성요소들에 비해 뒤처진다. 군대의 경우 **앞서거나 뒤처진다**는 말은 물리적 거리로 판단할 수 있다. 기술시스템의 일부 구성요소들은 그것이 덜 효율적으로 작동하고 시스템 전체에 저해 요소가 될 때 다른 구성요소들에 비해 뒤처진다고 말할 수 있다.

장거리 시스템에서 신호를 왜곡하는 전화 릴레이•가 하나의 예이다. 오작동을 일으키고 시스템 전체를 망가뜨리는 구성요소 또한 뒤처진 것으로 볼 수 있다. 고전압 송전선에서 제 기능을 못 하고 단락(短絡)을 일으키는 절연재는 기술시스템에 존재하는 역돌출부의 또다른 예가 된다. 어떤 사례에서는 기술시스템 전체의 비용 부담을 과도하게 증가시키는 구성요소가 역돌출부일 수도 있다. 시스템의 구성요소에 필요한 희귀한 재료 같은 것이 좋은 예이다.

발명가들은 자신이 개발하는 시스템에서 역돌출부를 바로잡아야만 한다. 선견지명이 있는 발명가는 종종 역돌출부를 찾아내는 데 특히 유능함을 보인다. 발명가는 시스템에 있는 각각의 구성요소가 다른 구성요소의 특성에 영향을 주고 동시에 그로부터 영향을 받는다는 사실을 깨닫고 다른 것들보다 뒤처진 구성요소를 찾는다. 예를 들어 페센든과 디포리스트는 마르코니의 검파기를 개량하기로 결심한 후 무선 시스템의 다른 구성요소들도 그와 조화를 이루도록 설계해야 했다. 나중에 보겠지만, 벨 전화회사의 엔지니어와 과학자들

• 〔옮긴이주〕 장거리전신 또는 전화 시스템에서는 송신 거리가 멀어지면 신호의 감쇠 때문에 모스부호나 음성을 알아듣기 어려워진다. 릴레이(relay)는 전신 또는 전화선에 일정한 간격으로 설치되어 들어온 신호와 같은 신호를 강하게 재발송해 주는 장치를 말한다.

은 통화량이 증가하던 대륙횡단 전화를 위해 개량된 릴레이를 발명하는 데 힘을 쏟았다. 제너럴 일렉트릭의 엔지니어와 과학자들은 고전압 송전선의 절연 문제를 해결하는 데 집중했다. 전선(戰線)이 계속해서 전진과 후퇴를 반복하는 것처럼, 팽창하는 기술시스템의 최전선에서는 역돌출부와 돌출부가 계속해서 나타난다. 전선은 끊임없는 유동상태에 있기 때문이다. 그 결과 발명가와 장군들은 풀어야 할 문제를 계속해서 접하게 된다.

'역돌출부'라는 용어는 기술시스템의 발전 과정에서 나타나는 유동성을 잘 보여 준다. 반면 '병목현상'(bottleneck)처럼 경직되고 단순한 은유로는 그런 점을 잡아내기 어렵다.

이쯤에서 에디슨이 전등 시스템의 발명에 관해 회고한 내용을 되새겨 보는 것도 좋을 것이다.

전구가 빛을 내고 발전기가 전기를 만들어 내는 것만으로는 충분치 않았다. 전구는 발전기에서 나오는 전류에 맞추어야 했고, 발전기는 전구가 필요로 하는 전류 특성을 산출하도록 제작되어야 했으며, 이처럼 시스템의 모든 부분들이 다른 모든 부분들과의 관계 속에서 구성되어야 했다. 어떻게 보면 시스템의 모든 부분이 하나의 기계를 이룬다고 할 수 있었고, 다만 구성 부분 사이의 연결이 기계적이지 않고 전기적이라는 점만 다를 뿐이었다. 다른 기계에서도 그렇듯, 한 부분이 다른 부분과 적절히 협동하지 못하면 전체적으로 혼란에 빠졌고 애초 의도한 목적에 부합하는 기능을 할 수 없게 되었다. 그래서 내가 풀어야 했던 문제는 대략 다음과 같았다. 가지각색의 장비, 방법, 장치들을 생산하고, 이들 각각을 다른 것들과 함께 사용할 수 있도록 맞추며, 이 모두가 하나의 포괄적인 시스템을 이루도록 하는 것이었다. [27]

일단 독립발명가들이 시스템을 발명하는 도정에 오르면, 영감을 주는 원천은 도처에 있었다. 그들은 적절한 문제선택을 위해 계속해서 등장하는 역돌출부에 집중했다.

에디슨의 방대한 노트와 자료들이 잘 보존되어 있기 때문에, 우리는 그가 역돌출부를 찾고 그것과 연관된 결정적 문제(critical problem)들을 해결한 방법을 다른 발명가들의 경우보다 더 잘 이해할 수 있다. 전등 시스템의 사례에서, 그는 백열등 시스템 프로젝트를 시작할 때뿐 아니라 그것의 개발 과정을 위한 계획을 수립할 때도 역돌출부 기법을 사용했다. 에디슨이 전등 시스템의 발명과 개발에 나서기로 한 것은 1878년의 일이었다. 이때를 전후해 그는 많은 발명가들이 실용적인 백열전구를 도입하는 데 매우 근접해 있음을 알게 되었다. 당시 가로등으로 사용되던 아크등은 너무 밝게 타올라 좁고 사방이 막힌 장소에는 적합하지 않았으므로 백열전구는 시장성이 있었다.

에디슨이 연구를 시작하기 전까지 19세기 동안 최소 20가지의 서로 다른 유형의 백열전구가 이미 발명되어 있었다.[28] 에디슨은 다른 독립발명가들이 그랬듯이, 기술적으로나 상업적으로 그다지 성공하지 못한 시스템을 추구했던 이전 발명가들의 발명을 먼저 꼼꼼

---

27) Edison public testimony in folder, "Electric light histories written by Thomas A. Edison for Henry Ford, 1926", pp. 3128~3134. Edison Papers, Edison National Laboratory, U. S. National Park Service, West Orange, N. J. 아래에서는 Edison Papers로 약칭한다.

28) Arthur A. Bright, Jr., *The Electric-Lamp Industry: Technological Change and Economic Development from 1800 to 1947*(New York: Macmillan, 1949), pp. 39~40.

히 조사했고, 그런 다음 발명을 통해 역돌출부를 바로잡으면서 시스템을 시장에 내놓는 작업을 시작했다. 그는 라이트 형제와 마찬가지로 자신이 실패와 상업적 성공을 판가름하는 일보를 내딛고 있다는 확신을 갖고 있었다. 풍족한 자원, 문제에 대한 장기간의 집중, 우수한 지식 또한 그들의 성공을 부분적으로 설명해 주었다.

1878년, 그는 실패한 전등 시스템들에서 주된 역돌출부는 수명이 짧은 백열전구 필라멘트에 있다고 판단했다. 그해 가을에 그는 자신이 결정적 문제를 찾아냈다고 믿었다. 필라멘트가 녹아 버리기 전에 냉각될 수 있도록 백금 필라멘트로 들어가는 전류를 간헐적으로 사람들이 알아채지 못하게 차단하는 가변저항을 설계하는 문제가 그것이었다. 몇 달이 지나면서 그의 분석은 좀더 복잡해지면서 성과를 거두기 시작했다. 역돌출부를 파악한 에디슨은 이를 바로잡기 위해 풀어야만 하는 결정적 문제들의 얼개를 만들어 냈다.

전등 시스템에 대해 전일론적(holistic)* 시각을 취함으로써, 그는 설사 자신이 필라멘트의 내구성이라는 기술적 문제를 해결한다 해도 경제적 역돌출부가 여전히 남게 된다는 사실을 깨달았다. 중앙 발전소에서 공급된 에너지를 넓은 지역에 위치한 수많은 전등으로 전달하는 데 필요한 구리선의 높은 가격이 문제였다. 그는 만약 필요한 구리선의 양을 줄일 수 없다면, 자신의 시스템은 중앙 저장소에서 가스를 공급받는 도시의 가스등 시스템과 비용면에서 경쟁할

---

* 〔옮긴이주〕 어떤 시스템을 이해할 때, 그것을 이루는 구성요소들을 단순히 합쳐 놓은 것으로 보지 않고 하나의 전체로 보는 관점을 가리킨다. 이에 따르면 어떤 시스템의 작동은 그것을 이루는 구성요소들 각각을 봐서는 결코 완전히 이해할 수 없다.

수 없을 것으로 예상했다.

구리의 비용 문제에 대한 에디슨의 대응은 전일론적 개념 구상에 탁월했던 그의 면모를 잘 보여 준다. 그는 전기회로에 있는 구성요소들의 상호 동작을 규정하는 이미 알려진 법칙들 — 가령 전류, 전압, 저항의 관계를 나타내는 옴의 법칙(Ohm's law) 같은 — 에 의지해 영감 섞인 통찰을 떠올렸다. 그는 전구 필라멘트의 저항을 증가시키면 에너지 흐름을 줄이지 않고 배전선에 들어가는 구리의 양을 줄일 수 있을 것으로 예견했다. 그때부터 그와 연구소의 동료 및 조수들은 적당한 필라멘트 물질을 분주하게 찾아 나섰고, 발전기 같은 다른 시스템 구성요소들이 고저항 백열전구의 특성과 조화롭게 어울리도록 설계하는 작업을 시작했다. 29)

---

29) Hughes, *Networks of Power*, pp. 18~46.

영감이 떠오르는 순간과 은유

영감이 떠오르는 순간과 순간적인 통찰력은 발명과 발견에 관해 전해 내려오는 이야기의 일부를 이룬다. 그러나 발명가의 전기를 집필하는 작가들과 발명 행위를 분석하는 연구자들은 창조적 천재의 신비에 관해 경의를 표하는 식의 딴소리만 늘어놓고 그런 사건들을 얼른 지나쳐 버리는 경향이 있다. 1878년 9월 8일, 에디슨은 영감이 떠오르는 순간을 경험했다. 발명가이자 산업가인 윌리엄 월러스와 함께 그의 동료인 발명가 모제스 파머의 결함 있는 백열전구 시스템에 관해 토론하던 중 일어난 일이었다. 파머의 백열전구 수명은 다른 초기 발명가들이 만든 것들과 마찬가지로 너무 짧았지만, 그는 문제에 접근할 수 있는 2가지 길을 찾아 낸 바 있었다. 이에 대해 곰곰이 생각해 본 후, 에디슨은 파머의 통찰, 그리고 이와 연관된 그 자신의 통찰이 매우 유망하다는 사실을 알게 되었고, 너무 기쁜 나머지 동료에게 전신메시지를 보냈다. "전등에서 노다지를 찾았다네. … "[30]
　얼마 후 그는 이렇게 쓰기도 했다.

나는 올바른 원칙에 따라 제대로 된 길을 가고 있네. 하지만 시간, 고된 연구, 그리고 약간의 행운도 필요할 걸세. 내가 했던 발명들 모두가 그런

---

30) Telegram from Edison to Puskas, 22 September 1878, Edison Papers. 그리고 Frank Lewis Dyer and Thomas Commerford Martin, *Edison: His Life and Inventions*(New York: Harper & Brothers, 1910), I: 247 ~249도 보라.

식이었지. 첫 번째 단계는 육감이고 이건 갑작스럽게 닥치지. 그리고는 어려움이 생기네. 시간이 지나면 이건 차츰 없어지고 이번에는 '버그'가 나타나는데, 우리는 작은 결함과 어려움들을 그렇게 부르고 있어. 상업적 성공이든 실패든 확실히 얻으려면 여러 달 동안의 강도 높은 관찰, 연구, 노동이 꼭 필요하다네.[31]

발명가의 상상력과 영감의 순간에는 종종 은유의 사용이 수반된다. 독립발명가들은 언어적·시각적 은유에 자주 의지했는데, 이는 발명의 통찰력이 발휘되는 순간을 이해하는 데 가장 도움이 되는 열쇠를 제공한다. 은유가 종종 창조성과 연관되었다는 점을 감안한다면 이는 그리 놀라운 일은 아니다. 은유는 장식을 위한 문학적 장치를 넘어서는 어떤 것으로, 가장 자주 쓰이면서도 효과적인 앎의 방식 중 하나이다.[32]

은유의 사전적 정의는 "용어들에 존재하는 틈새를 메우기 위해 어떤 단어를 새로운 의미로 사용하는 것"이다.[33] 이때 새로운 의미로 사용되는 단어를 으뜸 주제(principal subject)라 하고 그것이 비교되는 단어, 즉 문자 그대로의 통상적 의미로 사용되는 단어를 보조 주제(subsidiary subject)라 한다. 오래전 해가 질 때의 하늘을 지칭할

---

31) Edison to Puskas, 13 November 1878. Edison Papers.

32) D. O. Edge, "Technological metaphor", in *Meaning and Control*, eds. Edge and Wolfe (London: Tavistock, 1973), p. 31; Mary Hesse, *Models and Analogies in Science* (Notre Dame, Ind. : University of Notre Dame Press, 1966).

33) Max Black, *Models and Metaphors: Studies in Language and Philosophy* (Ithaca, N. Y. : Cornell University Press, 1962), p. 33.

단어를 찾지 못한 누군가가 "하늘 색깔이 오렌지색이다"라고 말했다 치자. 이때 하늘 색깔로서의 오렌지색은 으뜸 주제이고 과일의 색깔로서의 오렌지색은 표현되지 않은 보조 주제이다. 은유에서 으뜸 주제와 보조 주제는 상호작용을 한다. 이는 은유가 작동하려면 독자나 청자가 보조 주제와 연관된 공통의 특성들을 선별해 으뜸 주제로 투사해야 함을 의미한다. "내 주는 강한 성이요"(A mighty fortress is our God) 라는 찬송가 구절은 '상호작용' 은유의 한 예이다. 은유는 신과 성채의 몇몇 특징 사이에서 유추 관계를 가정한다. 사람들은 이에 반응해 피난처, 권력, 내구성 같은 성채의 특징들을 신에 선별적으로 투사한다. 만약 은유를 만든 사람과 이를 받아들이는 사람이 보조 주제에 관해 공통의 가정을 공유하지 않는다면, 또 그들이 여러 공통의 특징들로부터 비슷한 방식으로 선별하지 않는다면, 은유는 잘못된 의미를 전달할 것이다(듣는 사람은 뜨거운 기름을 내뿜고 큰 바윗덩이를 발사하는 것이 기독교의 신과 무슨 상관이 있는지 의아할 수도 있다).

아리스토텔레스는 《시학》(De Poetica) 에서 이렇게 썼다.

역사상 가장 위대한 존재는 은유의 대가(大家) 일 것이다. 이는 결코 다른 사람으로부터 배울 수 없는 것이며, 천재성의 표식이기도 하다. 훌륭한 은유는 차이 속에서 유사성을 직관적으로 인식하는 것을 함축하기 때문이다.

과학사에서 최상급 은유적 사고의 예로는 아이작 뉴턴이 떨어지는 사과의 특징을 태양 주위를 도는 행성들의 '떨어짐'에 투사한 것을 들 수 있다. 시(詩)는 과학적 발견이나 기술적 발명과 마찬가지로 은유에 크게 의존한다. 윌리엄 블레이크의 시 〈병든 장미〉(The Sick Rose)는 겉으로 보면 못생긴 벌레에 먹힐 운명인 아름다운 꽃에 관한 이야기이지만("오 장미여, 그대 병들었구나! 보이지 않는 벌레가 … 그대의 침상을 찾아내었구나"), 여러 가능한 독해 중에는 서서히 진행되는 질병에 의해 파멸할 운명인 아름다운 여인을 암시한다는 해석도 있다. 34)

시인뿐 아니라 정신분열증 환자도 그런 식의 은유를 사용한다. 심리치료사이자 정신분열증 연구자인 실바노 아리에티는 수많은 환자들을 관찰한 후 이런 결론을 내렸다. 서로 다른 두 사람을 나타내는 특징들 사이의 유사성을 본 정신분열증 환자는 은유적 통찰이 갖는 비유적 의미를 망각하고 이 둘을 동일한 것으로 간주하게 된다는 것이다. 덕성(德性)을 갈망했던 어떤 처녀 환자는 자신을 또한 처녀였던 동정녀 마리아와 동일시하게 되었다. 환원론적인 상호작용 은유인 '나는 동정녀 마리아이다'가 그녀의 가공의 정체성이 되어 버린 것이다. 35)

은유적 사고를 통해 기계, 장치, 공정을 발명하는 것은 단어의 창조 과정과 비슷하다. 발명가는 은유 제작자의 직관, 뉴턴이 지녔던 통찰력의 일부, 시인의 상상력, 그리고 아마도 정신분열증 환자의 비이성적 집착까지도 조금은 필요로 한다. 미친 천재로서의 발명가

---

34) Silvano Arieti, *Creativity: The Magic Synthesis* (New York: Basic Books, 1976), pp. 136~137.

35) Ibid., pp. 69~71.

의 신화는 전혀 근거가 없는 것이 아니다. 은유는 발명가에게 이미 발견 또는 발명된 것에서 발견되지 않은 영역으로 넘어가는 다리를 제공한다.

에디슨은 유추에 의지하며 은유를 폭넓게 활용했다. 여기서 유추는 은유에서 병치(竝置)되는 유사성에 관해 명시적으로 진술하는 것을 말한다.[36] 그는 자신의 발명품 중 아마도 가장 우아하고 복잡한 것일 사중전신기 연구를 할 때, "펌프, 파이프, 밸브, 수차를 포함하는 급수 시스템과의 유추에 거의 전적으로 의지했다".[37] 에디슨에게 있어 은유(유추)란 '사중전신기는 급수 시스템(과 비슷한 것)이 될 것'이라는 식의 진술이었다. 에디슨은 으뜸 주제(사중전신기)에 관해 언급할 때 미래 시제를 써야만 했는데, 아직 그것이 발명되지 않았기 때문이었다. 에디슨은 급수 시스템의 어떤 특징들을 마음속에 떠올린 후 앞으로 발명되어야 할 사중전신기에 그것을 투사할 수 있었다. 나중에 그는 은유적 사고를 통해 기존의 조명용 가스공급 시스템과 그가 발명하려는 조명용 백열등 시스템 사이의 상호작용을 떠올릴 수 있었다. 이러한 유추는 그에게 단순히 백열전구만 발명하는 데 그치지 않고 시스템을 발명하도록 자극을 주었다.[38]

36) Earl R. MacCormac, "Men and machines: The computational metaphor", *Technology in Society*, VI(1984), 209~210.

37) Theodore M. Edison, "Diversity unlimited: The creative work of Thomas A. Edison", condensation of paper given before the MIT Club of Northern New Jersey, 24 January 1969, p. 2.

38) Robert Friedel and Paul Israel with Bernard S. Finn, *Edison's Electric Light: Biography of an Invention*(New Brunswick, N. J.: Rutgers University Press, 1986), pp. 63~64.

19세기 말 전기산업의 부상에 크게 기여한 에디슨과 다른 독립발명가들이 그토록 많은 성과를 거둔 이유는, 그들이 줄의 법칙(Joule's law)의 핵심을 잘 소화했기 때문이다. 줄의 법칙은 유추에 의한 발명에 풍부한 자극을 제공했다. 1843년에 제임스 프레스콧 줄●은 전기, 역학, 열에너지의 동등성 또는 변환가능성을 증명한 일련의 실험결과를 완성해 발표했다. 그는 화학전지로 전기를 만든 후, 이를 써서 전기모터를 돌리고, 이어 회전하는 모터의 회전자에 의해 발생하는 열을 측정했다. 그는 또한 역학적 힘을 이용해 발전기를 돌리고, 여기서 생성된 전기의 양을 측정했으며, 전기가 회로를 통해 흐를 때 발생하는 뜨거운 열의 크기를 쟀다. 그리고 줄은 전류, 회로의 저항, 회로에서 발생하는 열 사이의 정량적 관계를 보여 주었다. 줄의 법칙은 얼마 안 가 과학 분야에서의 상식이 되었고, 에디슨과 같이 상상력이 풍부한 사람들에게 유추 관계를 제시했다. 에디슨이 기계펌프와 전신 사이의 유추 관계를 끌어낸 것이나 이를 포함한 은유를 떠올린 것도 여기서 유래했다.

또한 그와 다른 발명가들은 다양한 형태의 에너지 — 음향을 포함해서 — 를 실용적인 방식으로 상호 변환할 수 있다는 사실을 알고 있었다. 에디슨의 전화송화기, 전등 시스템, 축음기는 에너지의 변환가능성에 기대고 있었다. 마찬가지로 스페리는 전자석을 역학적 운동과 전기적 운동이 포함된 은유라고 보았다. 그는 전자석을 전기회로에 들어가는 전기기계적 자동제어장치로 사용했다.

● 〔옮긴이주〕 James Prescott Joule, 1818~1889, 19세기 영국의 물리학자로 독일의 마이어, 헬름홀츠 등과 함께 에너지 보존법칙의 공동 창시자로 인정받고 있으며 열의 일당량을 측정해 발표하기도 했다.

스페리는 은유를 사용한 개념화를 자주 썼다. 가장 흥미로운 용례는 그가 종종 기계를 짐승에 빗댄 것이다. 그는 최초의 비행기 안정장치를 위한 작업을 하던 1923년에 이렇게 썼다.

지상, 지하, 공중을 다니는 모든 탈것들 중에서 비행기는 특히 부담되는 짐승이다. 이 짐승에는 요동, 측면 압력, 미끄러짐, 가속 압력, 강한 원심 모멘트 등이 ⋯ 모두 끝없이 변화하며 서로 조합해 달라붙어 있다. [39]

그는 다른 발명가가 만든 초창기 선박안정장치의 특징을 "추한 영국 혈통의 ⋯ 짐승 같은 기계"라는 말로 표현했다. [40] 발명가로서의 경력 내내 스페리는, 그의 표현대로 한다면 짐승들에 대한 통제력을 얻어 가고 있었다. 그는 "그놈의 짐승"에 마구를 채워서, 짐승이 말을 듣기 시작하면 "그 작은 녀석에게 일을 시킨다"는 표현을 썼다. [41] 그가 자신의 발명 ─ "내가 꾼 이 기묘한 꿈들" ─ 을 일컬을 때 짐승이라는 은유를 사용하게 된 것이 어떤 심층의 심리적 동인 때문인지는 그저 추측해 볼 따름이다. [42]

수많은 다른 발명가들과 마찬가지로, 그는 시험용으로 모의 기계와 구조물을 만들 때 은유적인 기법을 썼다. 우리가 이미 본 바와 같이, 그는 좌우로 흔들리는 배와 진동하는 추가 외관상의 차이에도 불구하고 유사한 공통의 특징을 가진다고 가정했다. 그는 배를 나타

---

39) Hughes, *Sperry*, p. 173.

40) Ibid. , p. 112.

41) Ibid. , p. 291.

42) Ibid. , p. 64.

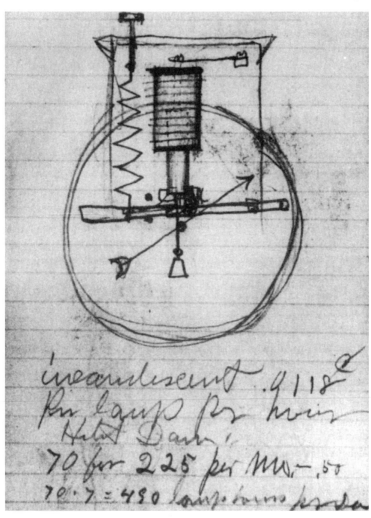

엘머 스페리가 수첩에 휘갈겨 쓴 통찰, 아이디어, 잡다한 항목들은 종종
특허와 발명으로 귀결되었다.

내는 작은 추를 사용했고 그 위에 실험용 자이로를 얹었다. 실물 크기의 배로 실험했다면 은유가 지닌 부정확성을 피할 수 있었겠지만, 엄두도 내지 못할 만큼 많은 비용이 들었을 것이다. 이는 은유를 활용하는 실용적 근거를 제공했다.[43]

디포리스트 역시 은유를 사용하는 경향이 있었다. 그의 가장 유명한 발명인 삼극진공관은 우연한 관찰과 오래 살아남은 유추로 기나긴 구상 기간이 시작되었다. 그는 1900년 시카고에서 연구하면서 남는 시간에는 무선 스파크송신기에 관한 실험을 했는데, 송신기에서 스파크가 방출될 때 벨스바흐 가스버너가 밝아진다는 사실을 발견했다. 당시 디포리스트는 백열 입자 혹은 불꽃의 뜨거운 기체가 스파크송신기에서 나오는 전자기 복사(헤르츠파)에 반응한다고 가정했다.[44] 그는 이전에 예일대학에서 논문을 준비할 때 이온화된 기체가 무선 파동을 감지하는 관찰을 한 적이 있었는데, 아마도 그런 경험 때문에 그런 해석을 내린 것 같다. 이에 대해 그는 크게 고무되었다. 만약 가스 불꽃이 그런 것이 사실이라면, 관찰된 현상에 근거해 무선검파기 또는 수신기를 개발할 수 있는 가능성이 생기기 때문이다. 그러나 얼마 안 가 그는 송신기와 검파기 사이에 있는 나무문을 쾅 소리 나게 닫다가 불꽃이 전자기파가 아닌 스파크 방출 시의 소음에 반응한다는 사실을 알게 되었다. "나는 단지 새로운 형태의 '민감한 불꽃'을 발견한 것뿐이었다!"라고 그는 나중에 회고했다.[45]

---

43) Ibid. , p. 116.

44) De Forest, *Father of Radio*, p. 114.

그가 보인 최초의 반응은 틀린 것이었지만, 만약 우리가 그의 회고를 믿는다면, 이는 기술사에서 대단히 중요한 사건이었다. 그는 다음과 같이 회고했다.

불꽃이 전자기파에 반응하고 있다는 환상이 내 마음속에 매우 오래 남아 있었고 나는 그러한 결과에 대한 설명을 찾아내는 데 생각을 집중했다 … 그래서 이처럼 지독하게 실망스러운 결과에도 불구하고, 나는 그러한 작용과 결과가 실제로 존재한다는 확신을 여전히 갖고 있었다. [46]

여기서 우리는 회고록의 내용이 과연 신뢰할 만한 것인지 물어보아야 한다. 발명가들은 특히 법정 안팎에서 우선권을 놓고 벌어지는 혹독한 논쟁에 의해 제약을 받았기 때문에, 소송 사건 소장(訴狀)의 내용이 실제 일어났던 사건과 뒤섞여 혼동을 일으키는 경향이 있다. 그러나 이런 의구심에도 불구하고, 디포리스트의 회고는 은유와 유추에 치우치는 발명가의 정신을 보여 주는 중요한 증언으로 남는다. 그가 실험실 노트에 썼던 내용이 이를 뒷받침한다.

몇몇 관찰자들은 코히러(coherer)•가 음향에 약한 반응을 보인다는 사

---

45) Ibid., p. 116.
46) Ibid., p. 116.
• 〔옮긴이주〕 초기 무선전신에서 전자기파를 수신하는 데 널리 쓰였던 장치로, 유리관 안에 2개의 전극이 서로 떨어져 있고 그 사이에 금속분말이 들어 있는 구조를 하고 있다. 처음에는 전기가 통하지 않지만 전자기파가 지나가면 금속분말이 엉겨 붙으며 전극 사이를 메워 전류가 흐르면서 수신기를 작동시킨다. 도트와 대시로 이뤄진 모스부호의 전송만 가능하며 음성과

문제의 선택과 해결 149

실을 언급했다. 그렇다면 유추에 의거해, 민감한 불꽃 속 어딘가에 전자기 작용이 숨어 있다고 기대하면 어떨까? 그 불꽃은 음향의 진동에도 반응하지 않는가?[47)

매우 창의적이고 복잡한 추론을 하는 정신이 가설을 세우는 과정에서 미로 같은 유추를 만들어 냈다. 즉, 만약 코히러가 소리와 전자기파에 모두 반응한다면, 소리에 반응하는 뜨거운 가스 불꽃도 비슷하게 전자기파에 반응할지 모른다는 것이다. 그는 이런 몽상에 잠기기도 했다.

이처럼 뜨거운 가스에 전자기파가 미치는 영향을 가지고, **태양 흑점**과 그에 수반하는 자기 폭풍의 밀접한 관계에 관해 적어도 뭔가 **유추**해 볼 수 있지 않을까?[48)

디포리스트가 유추법을 좋아했다는 사실은 그가 자주 썼던 시에서도 나타난다. 그는 자신이 쓴 시들 중 일부를 뽑아 자서전에 실었다. [49) 그의 은유 활용은 무의식중에 자연스럽게 이루어진 것 같다. 예를 들어 무선검파기의 전극 사이에 흐르는 미세한 입자들을 현미경으로 관찰한 그는 이렇게 상상했다.

같은 연속파의 전송은 불가능한 한계를 가지고 있어 대략 1910년 이후부터는 광석수신기 등으로 점차 대체되었다.
47) Ibid. , p. 116.
48) Aitken, *Continuous Wave*, p. 199.
49) De Forest, *Father of Radio*, pp. 469~476.

그것들은 제각각 작은 전하(電荷)를 실은 조그만 나룻배로, 에테르 짐을 반대쪽 전극에 내려놓고 여행길을 다시 되짚어 오거나, 아니면 응집력에 붙들려 작은 다리나 기묘하고 아름다운 패턴의 가지를 지닌 나무를 만든다.[50]

유추적 사고에 의해 힘을 얻은 그는 불꽃을 내는 (이온화된) 뜨거운 기체 수신기, 다시 말해 백열 입자 수신기를 발명하기로 결심했다. 그의 노력은 기체를 충전한 삼극전자관의 발명으로 결실을 보았는데, 이는 전자공학의 기초를 이룬 초창기의 발명이다.[51] 1907년에 디포리스트가 전자관('밸브'(valve)라고 불리기도 했다)에 대한 특허를 출원했을 때, 그는 전자기파의 투과로 뜨거워진 기체의 활동이 이 장치에서 일어나는 가장 중요한 현상이라고 믿고 있었다. 그가 발명에서 사용한 유추는 결실을 맺었지만, 이 또한 논리적으로는 틀린 것이었다. 그가 만든 전자관에서 일어나는 근본 현상은 사실 전자 방전이었는데, 그는 이 사실을 이해하지 못했다.[52]

극적 연출의 대가였고, 고전압 전기 실험을 시연하거나 자신을 숭배하는 대중에게 과거의 경험을 이야기해 줄 때 이를 유감없이 발휘했던 테슬라는 역사상 가장 생생한 영감의 순간을 경험했다. 이미 여러 해 동안 전기모터 설계의 문제를 마음속에 그리고 있었던 1882년의 어느 날, 그는 친구와 함께 부다페스트의 공원을 거닐면서 괴

50) Ibid., p. 119.

51) Aitken, *Continuous Wave*, pp. 194~205.

52) Robert A. Chipman, "De Forest and the triode detector", *Scientific American*, 212(March 1965), 92~100.

테의 《파우스트》(Faust)의 긴 소절을 암송하다가 영감이 번득이는 순간을 맞았다. 그가 암송했던 구절 "아아, 내 몸에 날개가 돋쳐 저 해의 뒤를 / 멀리 쫓아갈 수 있다면!"53) 처럼, 그의 상상력은 그야말로 높이 솟구쳐 올랐다. "한순간에 나는 모든 것을 보았고, 막대기로 모래 위에 그림을 그렸다. 1888년 5월에 내가 취득한 기본 특허에 실린 바로 그 그림이었다."54) 1888년 5월에 테슬라가 취득한 5개의 연관된 특허들을 보면 그가 가진 통찰의 세부사항은 비범한 것이었음에 틀림없다.

초기 무선전신의 역사는 은유의 도움을 받은 다른 발명의 사례들로 점철되어 있다. 발명가와 과학자들은 종종 음향, 전기, 역학 현상 사이에 유추 관계를 끌어들였다. 무선송신기의 도달 범위를 증가시키려 애쓰던 컬럼비아대학의 과학자이자 엔지니어 마이클 푸핀은 소리굽쇠와의 유추 관계를 이용했다. 또한 푸핀은 당시까지 잘 이해되지 못했던 무선전파를 더 잘 이해할 수 있는 매우 생산적인 아이디어도 가지고 있었다. 아이디어인즉슨, 무선전파를 1900년까지 조명과 동력으로 널리 쓰이게 되어 좀더 잘 이해되던 교류전기의 파동과 유사한 것으로 보자는 것이었다. 페센든은 전화수신기와 무선검파기 사이의 숨은 유사성을 인식함으로써 헤테로다인 원리(hetero-

---

53) Goethe, *Faust*, pt.1, in *Goethe sämtliche Werke*, 36 vols., intro. by Karl Goedeke(Stuttgart: Gotta, 1867~1882), 10: 44~45(Lines 737~ 738).

54) Nikola Tesla, "Some personal recollections", *Scientific American*(June 1915), reprinted in *Nikola Tesla: Lectures, Patents, and Articles*, comp. V. Popović, R. Horvat, and N. Nikolić(Belgrade: Nikola Tesla Museum, 1956), p. A 198.

dyne principle)•를 발명할 수 있었는데, 이는 오늘날 라디오 기술의
기초가 되었다. 55)

발명가들이 사용한 은유는 비록 말로 표현되긴 했지만, 많은 경우
시각적이거나 공간적인 것이었다. 발명가들은 알베르트 아인슈타
인, 닐스 보어, 베르너 하이젠베르크 같은 많은 과학자처럼 시각적
또는 비언어적 이미지를 다루는 데 능숙함을 보여 주었다. 56) 우리
는 기어, 유도코일, 압력용기 같은 기계, 전기회로, 화학 공정상의
기호로 구성된 시각적 또는 공간적 알파벳들을 조작해 비언어적 방
식에 몰두하는 발명가들의 모습을 상상해 볼 수 있다.

18세기 스위스의 엔지니어인 크리스토퍼 폴헴은 깔쭉톱니바퀴,
캠, 구동축과 같이 기초적인 기계 구성요소들의 나무 모형 알파벳을
만들었다. 그는 이것을 가지고 학생들을 가르쳐 그들의 상상력을 시
각적 기호들로 가득 채움으로써, 그들이 이런 기호들을 창의적으로
결합시켜 새로운 기계를 만들어 낼 수 있도록 했다. 57) 또한 독립발

• 〔옮긴이주〕 진공관이나 트랜지스터 같은 비선형 신호 처리장치를 이용해 서
로 다른 주파수를 가진 2개의 전파신호를 혼합해서 새로운 주파수를 가진 전
파신호를 만드는 무선신호 처리기법을 말한다. 이를 이용하면 당시 모스부
호를 발신하던 스파크간극 송신기의 고주파를 전화의 진동판을 울리는 저주
파로 바꿀 수 있다.

55) Aitken, *Continuous Wave*, pp. 33~34, 58.

56) Brooke Hindle, *Emulation and Invention* (New York: New York University Press, 1982), pp. 133~138; Arthur I. Miller, *Imagery in Scientific Thought: Creating 20th-Century Physics* (Boston: Birkhäuser, 1984); Thomas J. Misa, "Visualizing invention and development: Henry Bessemer and Alexander Holley", paper presented to the Society for the History of Technology, 24 October 1986; Betty Edwards, *Drawing on the Right Side of the Brain* (Los Angeles: Tarcher, 1979).

명가들은 대부분 특허 및 기술 문헌의 왕성한 소비자였기 때문에, 정확한 도면들이 무수히 담긴 이들 문헌에 나온 시각적 개념들로 머릿속을 가득 채우고 있었다. 그들 중 일부는 도형기하학을 공부하기도 했는데, 이는 공간적 형태와 관계를 만들어 내는 데 풍부한 자극을 제공했다.

그로부터 수십 년 전에 산 미술가이자 증기선 발명가인 로버트 풀턴은, 기계기술자와 발명가는 "마치 시인이 알파벳 글자들 속에 살듯, 지렛대, 나사, 쐐기, 바퀴 등의 틈새에서 살아야 한다"고 역설했다. "이것은 발명가가 지닌 생각의 공개적 표현이며, 이들을 새롭게 배치하는 것은 세상에 새로운 아이디어를 전달하는 것이다."[58]

시각화가 곧 단순화를 의미한다고 결론짓는 것은 잘못된 일이다. 발명가들이 사고하는 복잡한 기호들 중 많은 것들은 "명확한 언어적 표현으로 환원될 수 없기" 때문이다.[59]

스페리 역시 시각적 사고를 했다 — 혹은 일부 사람들이 믿는 바에 따르면, 뇌의 오른쪽 반구를 활용했다.[60] 한 동료는 스페리가 멍하니 허공을 바라보는 듯하다가 느닷없이 종이철을 움켜쥐고 이를 허공에 높이 쳐든 채 그 위에 그림을 그렸던 일을 회고했다. 뭘 하는지 묻자 그는 "여기 있잖아! 자네는 보이지 않나! 자네가 보는 것 주위에 선을 그려 봐"라고 답했다고 한다. 스페리는 어떤 장치나 기계를 시각화해 마음의 눈으로 그것이 작동하는 모습을 볼 수 있는 놀라운

57) 폴헴의 '알파벳'은 스웨덴 스톡홀름에 있는 기술박물관에 전시되어 있다.
58) Hindle, *Emulation and Invention*, p. 135에서 재인용.
59) 유진 퍼거슨의 말을 Ibid., p. 133에서 재인용.
60) Edwards, *Right Side of the Brain*.

능력의 소유자이기도 했다. 그는 예민해진 감각을 동원해 기계에서 마찰이 일어나는 지점을 찾아 낼 수도 있었다. 61)

　스페리는 10대 때 특허청의 〈관보〉를 열심히 읽었는데, 이 경험은 그가 해결해야 할 기술적 문제를 찾아내는 것뿐 아니라, 수가 많고 정교하게 표현된 특허 도면에 그려진 장치를 시각화하고 작동시키는 능력을 키우는 데도 도움을 주었다. 아인슈타인 역시 특허 심사관으로 일할 때 수많은 특허 신청서들을 읽었는데, 이런 경험을 통해 그가 시각적으로 사고하는 경향을 갖게 되었는지도 모른다.

---

61) Hughes, *Sperry*, pp. 52(인용문), 291.

자금의 탐색

독립발명가들은 봉급 받는 일자리를 피했고 대규모 기업체와 장기간 연관되는 것도 원치 않았기 때문에, 자금을 찾고 확보하는 만만찮은 문제에 직면해야 했다. 1900년을 전후해 열강들 사이에 해군 군비경쟁이 시작되기 전까지, 독립발명가들이 후원을 기대할 만한 곳은 개인 투자가들뿐이었다. 이러한 기업가들은 발명을 통해 부를 얻은 이전의 사례들을 알고 있었고, 또 다른 에디슨이나 벨을 찾아 투자하기를 희망했다. 멘로 파크의 마술사로 유명해져 전등 프로젝트를 개시했을 때 에디슨은 모건으로부터 막대한 자금지원을 요청할 수 있는 예외적 위치에 있었다. 그러나 입지를 굳힌 제조업자들이 독립발명가의 급진적 발명에 자금을 대는 것은 드문 일이었다. 그들은 자신이 생산하는 기존의 기계, 장치, 공정을 개량하는 발명을 추구했기 때문이다. 획기적인 발명을 추구하는 급진적 발명가들은 이런 일을 하지 않았다.

독립발명가가 운 좋게 개인 투자가나 사업가로부터 후원을 받게 된 경우, 발명가는 흔히 후원자와 힘을 합쳐 독립발명가의 발명품을 제조하고 판매할 회사를 설립했다. 대체로 발명가는 특허권을 새로 만들어진 회사에 넘기는 대신 발행된 주식에서 큰 몫을 챙겼고, 기업가는 개발자금을 댄 대가로 자본금(capital stock)을 받았다. 자본을 더 끌어들이기 위해 추가로 주식을 판매하는 경우도 종종 있었다.

발명가 톰슨의 초기 경력은 이 과정의 좋은 예가 된다. 2명의 필라델피아 사업가들 ― 한 명은 사진용품 상인이었고, 다른 한 명은 농부이자 찰스 브러시가 개발한 아크등 시스템 판매원이었다 — 이 젊은 톰슨과 파트너인 에드윈 휴스턴이 특허를 낸 발전기의 제조와 판매를 재정적으로 지원하는 데 동의했다. 이후 1880년에 코네티컷 주 뉴브리튼 출신의 법률가 프레드릭 H. 처칠이 전등이라는 새로운 과학기술과 수지가 맞는 투자대상에 열정적으로 몰두하면서, 톰슨의 특허에 기반한 전등 시스템 전체를 생산하는 회사를 톰슨과 공동으로 설립했다. 처칠은 미국전기회사(American Electric Company)를 위해 8만 7,500달러의 자본을 끌어들였다. 그로부터 얼마 후, 역시 전등이 매력적인 투자대상 분야임을 알게 된 상상력이 매우 풍부한 기업가 찰스 플린트가 톰슨의 특허에 관심을 갖게 되었고, 더 나아가 발명가로서 톰슨의 미래에도 관심을 보였다.

독립발명가들은 새로 설립된 회사에 그 분야에서 이미 얻은 특허와 앞으로 따낼 특허를 모두 넘기는 경우가 많았다. 뉴욕의 사업가로 선적과 무역을 담당하는 회사인 W. R. 그레이스 사의 사장이었던 플린트는 1882년에 발명가 집단을 하나의 회사로 모을 뻔했다. 그들이 지닌 발명의 재능을 하나의 기업하에 결합하려는 생각을 가졌던 그는 대표적인 아크등 발명가 찰스 브러시와 백열등에서 가치 있는 특허를 보유한 에드워드 웨스턴, 그리고 톰슨을 자신의 사무실로 불러 모았다. 그러나 그들은 합의를 이루지 못했다.

독립발명가로서의 오랜 경력 동안 스페리는 많은 기업가와 투자가들을 고무해 자신의 특허에 기반한 회사들을 설립했다. 그가 겨우 20세였을 때, 고향 마을인 뉴욕 주 코틀랜드에서 마차 사업을 하던 관리자들은 스페리가 가진 전기 기술 지식과 발명을 향한 열정에 감명을 받고 그의 첫 번째 아크등 시스템을 발명, 개발하는 데 돈을 대기로 했다. 에디슨에 관해 널리 퍼진 이야기들을 들은 코틀랜드의 투자가들은 열심히 일하는 작은 마을에서 자란, 총명하고 독학을 했으며 포부가 있는 젊은 침례교파 청년이 제 2의 에디슨이 될 자질을 갖추었다고 생각했는지 모른다. 코틀랜드의 후원자들은 스페리의 아크등 시스템을 사람들로 붐비는 시카고에서 시험해 보라며 그를 격려했고, 그곳에 있는 침례교파 기업인과 정치 지도자들의 네트워크를 소개했다. 스페리는 1883년, 자신의 이름이 붙은 제조회사를 설립하는 데 힘을 보탰다. 시카고대학의 초대 총장을 지낸 갈루샤 앤더슨 목사도 회사의 후원자 중 한 사람으로 이름을 올렸다.

1888년에 스페리는 자신과 다른 사람들의 발명품을 개발하기 위해 시카고에서 엘머 A. 스페리 사(Elmer A. Sperry Company)를 설립하는 상상력 넘치는 첫걸음을 내디뎠다. 이렇게 만들어진 초창기 발명-개발 회사는 그의 발명 재능을 현실화했다. 시카고 시장과 〈시카고 트리뷴〉(Chicago Tribune) 지 편집인을 지낸 조지프 메딜은 스페리의 가스엔진 개발에 대한 자금지원을 도와주었다. 스페리가 개량된 전차를 발명하자, 스페리가 예전에 거둔 성공을 알고 있던 오하이오 주 클리블랜드의 소규모 투자 그룹이 그의 특허를 얻기 위해 스페리 연합체(Sperry Syndicate)를 만들어 개량된 장치들을 생산하기 시작했다. 투자가 중에는 아크등의 탄소막대를 제조하는 회사 임원들과 여러 명의 은행가들, 러더퍼드 헤이스 대통령의 아들 (아버지의 재정적 후원을 맡고 있던) 등이 포함되어 있었다.

스페리는 회사들에 넘겨준 '자본'(그의 특허)의 대가로 보통 현금과 주식을 받았다. 그의 특허에 기반한 회사들이 확장해 보유한 주식의 가치가 오르면, 그는 자신의 발명활동에 더 많은 자금을 조달할 수 있었다.

　테슬라 역시 발명-개발 회사를 설립해 자신의 발명 재능을 현실로 옮겼다. 1895년, 나이아가라 폭포 수력발전소 프로젝트에 자금을 댄 금융가 에드워드 딘 애덤스는 거의 같은 시기에 10만 달러를 주식으로 출자하고 4만 달러를 현금으로 지급해 니콜라 테슬라 사(Nikola Tesla Company)를 설립하는 데 힘을 보탰다. 테슬라는 뉴욕 실험실에 설비를 갖추면서 이 돈을 다 쓴 후, 그가 거주하던 월도프-애스토리아 호텔의 소유주인 금융가 존 제이컵 애스터를 설득해 콜로라도 스프링스에 지을 새로운 연구소에 3만 달러를 기부하게 했다. 1900년에 테슬라는 모건에게 접근해, 자신이 이미 수백 킬로미터 거리에서 무선전송에 성공했다고 말하며 자신이 이에 대한 특허를 갖고 있고 대서양과 태평양을 가로질러 무선송수신을 하는 시설을 건립할 수 있다고 약속했다. 모건은 이 발명을 실용화하고 추가 연구를 지원하는 프로젝트에 최대 15만 달러의 돈을 대기로 약속했다. 테슬라는 자신의 후원자가 위대하고 너그러운 인물이라고 말했다.

　모건은 투자에 대한 대가로 테슬라가 현재 갖고 있거나 앞으로 취득할 전등과 무선통신 관련 특허 지분의 51％를 요구했다. [62] 모건의 지원을 받게 된 테슬라는 롱아일랜드에 워든클리프(Wardenclyffe)라고 이름 붙인 송신소를 지었다. 유명한 건축가 스탠퍼드 화이트가 이곳의 본관 건물을 설계했다. 1903년이 되자 설비에 엄청난 돈을 쓴

---

62) Tesla to John Pierpont Morgan, 1 March 1901, and Charles Steele to Tesla, 4 March 1901. Tesla Collection, Library of Congress, Washington, D.C. (microfilm from Tesla Museum in Belgrade, Yugoslavia), title 7227, reel 3.

테슬라는 다시금 자금이 부족해졌다. 그러나 이번에는 모건에게 메시지뿐 아니라 많은 양의 에너지를 무선으로 전송할 수 있다는 약속까지 했는데도 불구하고, 결과가 나오지 않는 데 실망한 금융가는 추가 자금 요청을 거절했다. 채권자들에게 쫓기고 마르코니의 도전을 받게 된 — 마르코니는 상대적으로 간단하고 값싼 장비로 1901년 12월에 대서양 횡단 무선전신에 성공했다 — 테슬라는 결국 1906년에 '꿈의 공장'이었던 워든클리프의 문을 닫았다. 그는 무선에너지 전송에 실패한 것을 두고 "그건 간단한 전기공학적 업적이며, 단지 비용이 많이 드는 것일 뿐"이라고 말했다. 63) 그는 1913년에 모건이 죽은 후에는 모건의 아들에게 테슬라 터빈이 거의 완성 단계에 도달했다는 약속과 함께 자금지원을 요청했다.

테슬라는 독신으로 지내면서 뉴욕의 훌륭한 호텔들(애스터의 월도프-애스토리아 호텔이 그중 하나였다)에서 거주하며 오후에는 그곳에서 월가(街)의 중요 인물들과 교제하는 것을 즐겼다. 그러나 그의 시도가 불가능한 것처럼 보이는 경우가 잦아지면서 월가 인사들이 테슬라의 요청에 부응하는 일은 드물어졌다. 64) 테슬라는 어머니가 1892년에 사망한 후, 호텔 방에서 비둘기를 벗 삼아 기르며 점점 더 고독한 삶을 살았다. 쇠락기에 접어든 테슬라는 — 그는 1943년에 사망했다 — 낡아 빠진 타임스스퀘어 호텔에서 혼자 살았다. 여전히 발명 계획으로 머릿속이 꽉 차 돈을 구하러 다니던 그는 반세기 전에

---

63) Gordon D. Friedlander, "Tesla: eccentric genius", *IEEE Spectrum*, IX (June 1972), 29.

64) Cheney, *Tesla*, pp. 98~100, 133, 139, 157~158, 164~167.

뉴욕 주 워든클리프에 위치한 니콜라 테슬라 연구소의 구조는 발명가를 둘러싼 천재성의 아우라를 강화했다.

자신의 송전 특허를 사들였던 웨스팅하우스 사 회장에게 편지를 썼다. 그가 이번에 제안한 것은 그가 '팩터 아웃투스'(성장의 창조자라는 뜻) 라고 이름 붙인 모이를 가지고 인공적으로 병아리를 키우는 기법에 관한 특허였다. 그는 "당신이 이러한 혁명적 과정에 의해 얻은 달걀과 고기를 맛보면 내게 감사를 표하게 될 겁니다"라고 썼다.[65]

에디슨 역시 전등 시스템을 개발하던 전성기 때 자금을 얻기 위해 밴더빌트 가문이나 드렉셀 모건 사(Drexel, Morgan & Company) 같은 위대한 금융가와 투자 은행가들에게 의지했다. 뉴욕의 저명한 법률가이자 웨스턴 유니온 전신회사의 대표 변호사였던 그로스브너 라우리는 금융권의 최상층부와 긴밀하게 접촉할 수 있는 자신의 위치를 이용해 에디슨의 프로젝트를 선전했다.

에디슨에 대한 라우리의 존경과 지원은 법률·재정 조언자로서의 합리적 차원을 넘어선 것이었다. 그는 에디슨의 지지자가 되었고, 그가 자신의 포부를 실현하는 일을 돕는 데 깊숙이 관여했다. 1878년에 라우리는 전등 시스템의 성공에서 나오는 수입이 "(에디슨에게) 필요한 돈을 평생토록 제공할 것이고 … 세상이 필요로 하지만 아직 한 번도 본 적이 없는 실용적인 연구소를 (에디슨이) 짓고 재정을 공식 지원할 수 있게 해줄" 것이라고 에디슨에게 약속했다.[66]

에디슨은 과학기술에 관해 잘 아는 후원자들로부터 상당한 지원을 받을 수 있었지만, 그 역시 다른 발명가들과 마찬가지로 기술에

65) Tesla to Andrew W. Robertson, 22 May 1941. Tesla Collection, Library of Congress, Washington, D.C. (microfilm from Tesla Museum in Belgrade, Yugoslavia), title 7229, reel 6.
66) Lowrey to Edison, 10 October 1878. Edison Papers.

관해 피상적이고 무비판적인 정보를 가진 다양한 사람들의 지원도 받아야 했다. 오늘날의 많은 발명가-기업가와는 달리, 에디슨은 연구개발 자금을 대학, 군대, 정부 같은 기관들로부터 얻을 수는 없었다. 이 때문에 그는 이들 기관에 어울리는 충분히 정교한 언어로 호소하는 길을 택하지 않았다. 대신 그와 조언자들은 열정을 불러일으키고 추가 재정지원을 얻어 내기 위해 신문을 통한 홍보를 이용했다. 뉴욕 〈선〉(*The Sun*) 지 1878년 10월 20일 자에 실린 에디슨과의 인터뷰는 폭넓은 관심을 불러일으켰다. 그가 쉽게 이해할 수 있는 평이한 언어를 사용하여 자신이 전등 시스템의 중요 문제들을 해결했다고 선언했기 때문이다(그러나 실상 그는 아직 문제를 해결하지 못한 상황이었고, 이후로도 최소 1년 동안은 여전히 미해결 상태로 남아 있었다). 그는 자신이 50만 개의 전구로 뉴욕 중심가 전역을 곧 환히 밝힐 것이라고 약속했지만, 4년 후에 그는 월가 구역의 몇 개 구획에 12,843개의 전구를 공급하는 데 그쳤다. [67] 만약 인터뷰가 조금 덜 열광적이었다면, 장기간에 걸친 고생스런 개발상의 문제들을 모르는 투자가들이나 천재성의 극적인 분출과 신속한 금전적 보상의 신화를 믿는 가입자들은 실망하여 떨어져 나갔을지 모른다.

에디슨과 라우리는 기나긴 개발 기간에 극적인 시연(試演)을 연출함으로써 열광과 자금줄을 유지했다. 1879년의 마지막 날에는 특별 열차를 대절해 일반 대중 — 그리고 금융가들 — 을 멘로 파크로 실어 나른 후, 아직 규모는 작지만 인상적인 멘로 파크의 조명 시스템을 보여 주기도 했다. 시연회 동안 시선의 중심은 에디슨에게 쏠

---

67) Hughes, *Networks of Power*, p. 43.

렸는데, 그와 조언자들은 대중이 그에게 품고 있는 확신이 장기 프로젝트에서 자금 조달에 성공을 거두는 주요 관건임을 알고 있었다. 에디슨을 발명의 영웅으로 만든 것은 수많은 특허와 홍보 자료에 왜 그의 이름만 올라 있었는지도 설명해 준다. 매우 유능한 연구소 직원들의 추가적 공로를 두말할 나위 없이 인정해야 하는데도 말이다.

디포리스트와 그의 동업자들은 시연과 선전의 대가들이었다. 그가 이쪽 방면에서 발휘한 재주는 때때로 기술 영역의 재능을 뛰어넘는 것처럼 보일 정도였다. 그는 대중적 명성을 기분 좋게 느꼈다는 사실을 부인하지 않았다. 1901년에 그는 한 언론사와 몇몇 금융가들을 설득해 자신의 무선 시스템을 예인선 위에 설치했고, 이로써 국제 요트경주 실황을 바다 위에서 중계할 수 있었다. 마르코니 역시 조던 베넷의 호화로운 요트에 무선장비를 설치해 AP통신(*Associate Press*)과 〈뉴욕 헤럴드〉(*New York Herald*)에 이 행사에 관한 기사를 제공했다. 경쟁하는 시스템들 사이에 전파간섭이 일어나 만족스러운 수신이 되지 못했음에도 불구하고, 디포리스트는 무선송수신이 성공했다고 발표하고 뉴욕에 있는 25명의 '자본가들' — 이 중 일부는 예일대학 동창생이었다 — 로부터 자금을 조달하려 했다. 그러나 결과는 실망스러웠다. "두세 달 동안 자본가들을 끌어들이려 열심히 노력했지만 발명가와 투자가의 관점은 다소 차이가 난다는 사실을 확인했을 뿐이었다."[68]

하지만 그로부터 몇 달 뒤, 그는 정부 발행 공채로 큰 재산을 벌어들인 투기 금융가 에이브러햄 화이트를 만났다. 디포리스트가 보기

---

68) De Forest, *Father of Radio*, pp. 126~128.

홍보와 자금 조달에 나선 디포리스트와 '정직한 에이브' 화이트

에, 화이트는 "내가 상대했던 존 피어폰트 모건이나 다른 거물급 금융가들에겐 없는 낙관적 전망을 타고난" 인물이었다. [69] 화이트와 디포리스트는 300만 달러의 자본금으로 미국 디포리스트 무선전신 회사(American De Forest Wireless Telegraph Company)를 설립했다. 그로부터 얼마 후 이 회사는 뉴욕 만(灣)을 가로지르는 인상적인 무선전송으로 대중의 시선을 끌면서 유명세를 타기 시작했다. 디포리스트는 "이 작업으로 기분 좋은 대중적 인정을 얻었다"고 회고했는데, 한 가지 덧붙인다면 주식 판매도 증가했다. [70] 뒤이어 이 회사

---

69) Ibid., p. 130.
70) Ibid., p. 131.

가 지원한 다른 무선장비 설치도 크게 보도되었고, 디포리스트는 이내 13개의 특허를 출원했다. 화이트는 자동차에 무선전송기를 설치해 이를 주식중개사무소 인근에 세워 놓고 미국 디포리스트 사의 주가를 전하게 했다. 얼마 안 가 무선메시지를 전송하는 것보다 주식판매를 끌어올리는 데 더 관심이 많았던 화이트와 회사 판매원들은 (유가증권을 위한) 시장이 유망한 곳이면 어디든 무선송신소를 지으라고 디포리스트에게 압박을 가했다. 그러나 디포리스트는 투자가들을 끌어들이기 위한 지상 무선송신소를 지으면서 "신이 만들어 놓은 공중 전파간섭이 얼마나 심술궂고 머리를 복잡하게 만들 수 있는지" 알게 되었다.[71]

1906년에 결국 거품이 터지고야 말았다. 판매원은 회사가 발행한 것보다 더 많은 주식을 팔아 치웠고, 과도한 지출은 회사 자금을 고갈시켰으며, 페센든은 디포리스트가 자신의 무선검파기를 도용했다며 특허권 침해소송을 제기했다. 회사는 파산했고, 디포리스트는 다시 한 번 뉴욕의 거리를 배회하게 되었지만, "경험, 확신, 그리고 무선통신 분야에서의 국제적 명성" — 사업 문제에서의 국제적 명성은 아니었지만 — 은 그대로 남아 있었다. 결국 그는 재기했고 여러다른 무선장치들과 함께 현대적인 삼극진공관을 발명했다.[72]

전등이나 무선통신, 그 외 다른 새로운 장치를 극적으로 시연해 보이면 크든 작든 투자자들의 호주머니를 여는 데 도움이 되었다. 그러나 발명가의 명성을 내거는 것도 그에 못지않게 효과적이었다.

---

71) Ibid., pp. 184~185.
72) Ibid., pp. 217~218.

발명가에 대한 숭배가 생겨난 것은 바로 이 때문이다. 에디슨과 한 풋내기 기자의 인터뷰에 관한 일화는 그가 자신의 대중적 이미지를 의식하고 있었음을 보여 준다.

기자가 안내되어 들어올 때면 보스는 '위대한 발명가, 토머스 앨바 에디슨'의 영웅적 모습과 닮도록 자기 자신을 위장했다. … 소년 같은 자연스런 태도, 기쁜 듯 무뢰한 같은 행동은 갑자기 온데간데없이 사라졌다. 그의 얼굴은 돌처럼 굳어 안락의자에 앉은 동상 같은 모습으로 바뀌었고, 깜박도 않는 눈은 마치 서커스의 사자가 누비아 사막을 생각하는 것처럼 먼 곳을 쳐다보았다. 그는 미동도 하지 않고 있다가 기자가 발끝으로 살금살금 걸어 옆에 온 후에야 서서히 머리를 돌렸는데, 마치 누비아 사막의 광경을 놓치기 싫은 듯했다. 인터뷰 내용 그 자체(축전지에 관한)는 전혀 중요하지 않았다. … 73)

멘로 파크에서 에디슨의 실험실 조수였던 프랜시스 젤은 공개적으로 발명가 에디슨을 칭송했지만, 사적인 회고에서는 에디슨의 자기 홍보에 별로 공감하지 않았다.

비정상적인 사람이 그처럼 비정상적인 방식과 수단을 써서 자기 이름을 그렇게 로켓처럼 빠른 속도로 전 세계에 알린다면, 또 실제 지식은 그렇게 적게 가지고도 그렇게 많은 부를 축적한다면 말입니다, 간단한 방정식 하나도 못 푸는 그런 사람이 만약 천재라면, 아니 다들 쓰는 말로 마술사라면, 바넘•도 그렇게 불러야 할 겁니다!74)

---

73) M. A. Rosanoff, "Edison in his laboratory", *Harper's Magazine*, 988 (September 1932), 409.

에디슨, 디포리스트, 그리고 다른 발명가들은 자금을 모으기 위한 방편으로 아첨투성이 홍보를 참고 견뎠다고 주장할지 모른다. 그러나 때때로 그들은 홍보가 만들어 낸 자신들의 이미지 — 그들을 발명의 천재로 치켜세우는 — 를 정말로 믿기 시작했던 것 같다. 이는 그들이 다른 이들, 특히 돈지갑을 무기로 그들의 행동을 제약하는 사람들로부터의 방향제시와 비판을 받아들이는 데 어려움을 겪었다는 사실을 설명해 줄 수 있다. 에디슨, 디포리스트, 톰슨, 스탠리, 맥심, 페센든은 모두 재정 후원자들과 의견을 달리했고 그들과 논쟁을 벌였다.

페센든과 그를 후원한 2명의 피츠버그 사업가 토머스 H. 기븐과 헤이 워커 2세 사이의 갈등은 기억해 둘 만하다. 갈등은 1910년에 최고조에 달했고, 워커의 대리인이 사무실에서 페센든의 서류철을 치우면서 이를 치우지 못하게 팔로 감싸고 있던 페센든의 부인까지 같이 몰아내려 했다. 그리고 나서 페센든은 자신이 설립에 일조하고 기반이 된 특허를 제공한 회사 일에 더 이상 관여하지 말라는 법원의 금지 명령을 받았다.[75] 윌리엄 스탠리는 전기변압기 개발에서, 테슬라는 교류전력 전송 시스템의 개발에서 각각 조지 웨스팅하우스의 지원을 받았는데, 이후 두 사람 모두 웨스팅하우스가 계약 체결

• [옮긴이주] P. T. Barnum, 1810~1891, 19세기에 살았던 미국의 쇼 흥행사로, 속임수 마술로 사람들을 즐겁게 해주고 서커스단을 창립한 것으로 유명하다.

74) Memorandum, Francis Jehl to Francis Upton, 22 April 1913, pp. 10~11. Hammer Collection, Smithsonian Institution.

75) Susan J. Douglas, *Inventing American Broadcasting, 1899~1922* (Baltimore: Johns Hopkins University Press, 1987), pp. 165~166.

과정에서 자신들을 부당하게 대우했다고 믿게 되었다. 1878년에 맥심의 발명품을 시장에 내놓기 위해 설립된 미국전기조명회사(U. S. Electric Lighting Company)의 관리자는 맥심을 유럽으로 보내 버렸다. 명목상 이유는 특허 구매를 위해서였지만 사실 일차적 이유는 신경질적인 발명가를 어딘가로 보내 에디슨에 대한 그의 병적인 집착을 멈추게 하기 위해서였다. 그는 에디슨과 백열전구 개발 과정에서 경쟁 관계였다. 76)

에디슨이 나이가 들어 가면서 점점 잘난 체를 하고 방향을 잃어 간 것은 대중적 명성과 성공 탓이었을 것이다. 발명가로 활동한 초기에 그는 주식시세 표시기, 전신, 전화처럼 작고 정밀한 — 심지어 우아하기까지 한 — 전기기계적 장치들에 집중했다. 초기에 발명한 축음기는 간단하지만 매우 창의적인 기계-음향 장치였다. 전등 시스템의 발명과 개발에 착수했을 때에도 그는 여전히 자신에게 익숙한, 같은 성질의 원리들을 응용하고 있었다. 그는 웨스트오렌지에 지은 대규모 연구소로 이사해 매우 큰 규모의 광석분리 공정을 개발하는 문제를 선택한 후부터 발명가로서의 정체성을 잃어버린 것 같다. 혁신을 추구하는 산업가가 되어 버린 것이다.

통상 해오던 환경 — 숙련기계공, 장인, 과학 응용가들에 둘러싸인 실험실 — 속에서 작업하는 대신, 그는 종종 야외로 나가 거대한 철광석 분쇄 롤러, 엄청나게 큰 전자석, 대규모 물질처리 설비 등의 건설을 설계하고 감독했다. 그는 예전 발명들로 벌어들인 재산 대부분을 광석분리 사업에 털어 넣었다. 77) 뉴저지 주 오그던 인근에 대

---

76) Slade, "Man behind the killing machine", 22.

토머스 A. 에디슨: "멘로 파크의 마술사의 타락"이라는 제목의 비판적 만평

규모 광석분리 공장을 지은 후, 그는 거의 10년을 바쳐 공장의 기술
적 효율을 향상시키고 노동절약 기계를 도입하는 데 몰두했다. 그는
패러데이, 줄, 옴의 법칙들을 새롭게 응용하는 길을 찾는 대신, 대
량생산, 노동절약, 단위비용에 관심을 보였다. 그가 응용하던 원리
들은 발명의 대가이자 전기과학 응용가의 원리가 아니라 생산 엔지
니어와 자본가의 원리였다. 결국 그의 벤처사업은 슈피리어 호(湖)
에서 나는 철광석 가격이 하락하면서 실패를 맛보았다. 그가 개발한
공정이 비록 효율적이긴 했지만 가격에서 경쟁이 안 되었기 때문이

---

77) Frank L. Dyer and T. C. Martin, *Edison: His Life and Inventions* (New
    York: Harper & Brothers, 1910), II: 499.

다. 아무리 기술적으로 정교하고 창의적이라 해도 이를 극복할 수는 없었다.[78]

에디슨은 무절제한 야심 탓에 19세기 말 대중의 상상력을 사로잡고 엄청난 부를 축적했던 대기업가들과의 경쟁에 나선 것 같다. 반면 스페리는 이러한 유혹을 피하고 생애 마지막까지 기술적으로 멋지고 '기분 좋은' 문제들을 선호했다. 에디슨의 전기작가인 매튜 조지프슨은 에디슨의 스타일 변화가 첫 번째 부인 사후에 미나 밀러 — 애크런에 사는 자선사업가의 딸이었던 — 와 두 번째 결혼을 하고, 웨스트 오렌지에 그녀를 위한 귀족풍의 영지를 사들이며, 새로운 연구소를 설립한 것과 연관이 있다고 보았다.

1886년에는 아직 마흔 살도 안 된 나이였는데도, 그는 자신이 미국을 지배하는 대산업가들의 지위에 오르고 있다고 생각했다. … 이제부터는 그가 수행하는 모든 일들이 거대한 규모로 계획되어야만 했다.[79]

역설적인 것은, 독립발명가로서 자신의 지위에 자부심을 가졌던 에디슨이 광석분리 사업에서의 재정적 실패 이후에도 대규모 생산 공정의 개발에 점점 더 깊숙이 관여하게 되었다는 사실이다. 그가 새로 선택한 프로젝트는 선택의 자유와 대응의 유연성을 더욱 심각하게 제약하는 투자와 기관 구조를 필요로 했다. 또한 그는 중공업

---

78) Bernard Carlson, "Edison in the mountains: The magnetic ore separation venture, 1879~1900", *History of Technology*, VIII(1983), 37~59.

79) Matthew Josephson, *Edison*(New York: McGraw-Hill, 1959), p. 309.

1895년경 에디슨의 웨스트오렌지 연구소의 공장 같은 외관은 앞선 시기 멘로 파크 연구소의 격식에 얽매이지 않은 배치와 비교된다.

분야인 시멘트 제조업에도 뛰어들었는데, 광석분리 사업을 위해 개발된 설비와 노하우 중 일부를 활용할 수 있었기 때문이다. 그 자신의 활동이 가져온 기술 모멘텀(technological momentum)이 그를 압도하면서, 에디슨은 그가 한때 경멸했던 '지적으로 하찮은 자본가들'처럼 행동하게 되었다. 80) 그는 또한 축전지의 개발과 생산에 자신의 노력과 자원을 쏟아 부었다. 제1차 세계대전 기간에 그는 해군자문위원회 위원장으로서 해군 중장비의 시제품을 개발하는 해군연구소 설립을 지지했다. 그는 연구소 건물을 오늘날의 공장 건물처럼

---

80) Ibid. , p. 87.

무거운 콘크리트로 지을 것을 제안했고, 연구소에서는 비행기, 잠수함 엔진, 소화기(小火器), "그 외 전쟁 기계와 관련된 모든 것"의 생산을 위한 세부사항을 설계하고 작성하기를 원했다. 81) 전쟁 후에 그는 고무를 얻을 수 있는 새로운 원료 식물을 재배하려 애썼는데, 이 역시 또 하나의 대규모 산업 분야였다. 사중전신기처럼 정교한 장치를 만들던 창의적 발명가가 자칭 산업계의 우두머리가 되고 만 것이다.

---

81) Memorandum on the "Experimental laboratory", prepared by Naval Consulting Board Secretary Thomas Robins. Sperry Papers.

제 3 장

군대를 위한 두뇌 공장

20세기로 접어들면서 군비경쟁이 심화되자 독립발명가들은 점차로 군대를 위한 발명을 시작했다. 군비경쟁을 촉발한 것은 특히 영국과 독일 간의 해군력 경쟁이었지만 이내 다른 열강들도 경쟁에 뛰어들었다. 독립발명가들에 대한 군대의 지원은 무선전신과 무선전화(라디오), 비행기, 선박과 비행기를 위한 되먹임 유도제어 시스템 등과 같은 대규모 기술시스템을 출범시켰다. 오늘날 수소폭탄, 탄도미사일, 원자력 잠수함, 전략방위계획(스타워즈)은 군산복합체를 의미하지만, 이러한 의미연결이 제 2차 세계대전 이후에야 비로소 발전한 것은 아니다.

군대와 이윤을 추구하는 무기제조업체들 간의 동맹 관계는 서구에서 수 세기에 걸친 역사를 가지고 있다. 그러나 오늘날 우리가 군산복합체라는 말을 쓸 때 대체로 의미하는 바는 군대와 신무기를 발명하고 개발하는 사람들 간의 관계이다. 이 역시 오랜 역사를 지니

고 있다. 이미 15세기에 통치자들과 창의적인 건축가-엔지니어들은
서로 힘을 합쳐 대포 설계에서 빠른 발전을 이뤄 낸 바 있다. 그러나
이들 간의 상호작용은 1880년 이후 정도가 심해졌고 고도로 조직화
되었다. 그해부터 영국 해군본부는 엔진, 대포, 선박, 그 외 설비에
서 원하는 성능의 특성을 구체적으로 명시한 후에 발명가, 엔지니
어, 산업가에게 그런 설계를 개발하도록 과제를 부여하기 시작했
다. 또한 군대는 적어도 발명을 시험하는 데 들어가는 비용의 일부
분을 대기 시작했다. 그래서 주요한 산업적 · 군사적 열강에게 무기
의 발명은 정부의 지원을 받아 혁신의 방향이 정해지는 '관제 경제'
(command economy) 가 되었다. 1)

  19세기 말, 해군의 군비경쟁은 모멘텀을 얻었고, 관제 경제와 군
산복합체의 성장을 자극했다. 영국과 독일 해군은 군비 지출과 발
명, 개발, 제조를 촉진하기 위한 협력의 네트워크를 만들었다. 그들
은 독일의 크루프(Krupp)나 영국의 암스트롱(Armstrong) 같은 무
기제조회사들과 상호 이해관계를 형성했고, 많은 비용이 드는 해군
건설 법안─자기 산업 지구의 소유주들과 블루칼라, 화이트칼라
노동자들에게 이득이 되는─을 밀어붙이는 데 필요한 지원을 얻기
위해 정치인들과의 연줄을 만들었으며, 국가적 대결구도의 불씨를
부추기는 호전적이고 선정적인 대중 언론과도 관계를 맺었다. 군 내
부에서는 엔지니어링 경험을 갖추고 민간 경제 부문에서의 빠른 혁

---

1) William H. McNeill, *The Pursuit of Power: Technology, Armed Force, and
   Society since A. D. 1000*(Chicago: University of Chicago Press, 1982),
   pp. 89~94, 278~279〔윌리엄 맥닐 저, 신미원 역, 《전쟁의 세계사》(이산,
   2005)〕.

신 속도를 인지하고 있는 몇몇 장교들이 기업가의 역할을 했고, 군비 영역에서도 단순한 확장이 아닌 혁신이 일어날 수 있도록 했다. 2)

1866~1871년 사이에 일어난 오스트리아-프로이센 전쟁과 프랑스-프로이센 전쟁의 교훈은 새로운 무기와 통신 시스템이 군사적 경쟁이 발생하는 주된 영역이자 진보한 전략과 전술의 핵심이라는 확신을 널리 퍼뜨렸다. 이들 전쟁에서 프로이센은 철도 시스템을 빠른 동원과 병력 이동에 활용했고, 야전 장교들과의 교신을 유지하고 이들을 통제하기 위해 야전 전신을 사용했으며, 보병에게 후장식 소총(breech-loading rifle)•을 지급해 엎드린 자세에서 사격이 가능하도록 했다. 해군 기술에서의 변화는 더욱 극적이었다. 19세기 후반에는 선체를 철로 만들고 더 크고 더 정확한 대포를 갖춘 증기선이 나무로 만든 범선을 대체했다. 발명가와 엔지니어들은 야금학, 공작기계, 폭약, 증기추진, 항행술(나침반), 포격제어장치에서의 발전을 체계적으로 통합해 제1차 세계대전 이전에 드레드노트급 전함을 선보였다.

제2차 세계대전 이후에는 핵탄두를 장착한 대륙 간 미사일이 군비경쟁에서의 첨단기술이 되었다. 발사 시스템과 미사일, 탄두 시스템이 계속 재설계되면서 주요 계약업체들은 수십억 달러 규모의 설계, 개발, 제조 계약을 따기 위해 경쟁했다. 제1차 세계대전 이전에는 드레드노트급 전함이 슈퍼 무기였고, 팽창하는 군비 예산에

---

2) Ibid., pp. 262~304.
• 〔옮긴이주〕 탄환을 총신 뒤쪽으로 장전할 수 있는 소총으로, 선 자세로 총구를 통해 탄환을 재장전해야 했던 이전 시기의 머스킷 총보다 적의 포화에 덜 노출되는 장점이 있었다.

힘입은 대표적인 무기였다. 영국은 이런 전함으로서는 최초였던 H. M. S. 드레드노트호를 1906년 12월에 진수시켰다. 30센티미터 대포 10문으로 무장하고 21노트의 속도를 낼 수 있었던 이 슈퍼 전함은 이전까지의 그 어떤 전함보다도 넓은 포격 범위와 속도를 자랑했다. 제1해군경(First Sea Lord)*인 존 (재키) 피셔 제독—"변덕스럽고 자기중심적이며 거만하고 호전적이며 싸우기 좋아하는" 기업가[3] — 이 위원장을 맡아 이끌던 위원회에서 이 전함을 설계했다.

H. M. S. 드레드노트호는 화력과 속도에서만 인상적인 것이 아니라 놀랍도록 진보한 기계 시스템도 갖추고 있었고, 최근에 개발된 증기터빈을 추진 장치로 사용했다. 구식 왕복 증기기관을 갖춘 기관실은 습기로 축축했고 귀가 먹먹해질 정도로 시끄러웠다. 훨씬 더 효율적이고 크기가 작으며 내구성 있고 부드럽게 회전하는 터빈은 기관실을 "축축하고 불협화음으로 가득 찬 지옥에서 조용한 질서가 지배하는 천국"으로 바꿔 놓았다.[4] 시험 항해에서 이 전함은 1만 1,200킬로미터의 거리를 17.5노트의 속도로 주파했는데, 이는 다른 모든 전함들의 능력을 뛰어넘는 성능이었다. "전쟁에서의 효율성을 향한 노력 중 터빈의 도입만큼 위대한 일보(一步)는 없었다."[5]

- • 〔옮긴이주〕 다른 나라의 해군 참모총장에 해당하는 직위.
- 3) Richard Hough, *A History of the Modern Battleship: Dreadnought* (London: Michael Joseph, 1964), p. 15.
- 4) Ibid., p. 21에 인용된 제독 R. A. 베이컨 경의 말.
- 5) Arthur J. Marder, *From the Dreadnought to Scapa Flow: The Royal Navy in the Fisher Era, 1904~1919, I: The Road to War, 1904~1914* (London: Oxford University Press, 1961), p. 43에 인용된 제독 R. A. 베이컨 경의 말.

현대적 증기터빈을 만든 영국의 발명가 찰스 A. 파슨스는 1897년에 빅토리아 여왕의 즉위 60주년을 맞이해 열린 해군 사열식에서 눈부신 시연을 통해 해군의 시선을 끌었다. 시험용 터빈을 설치한 작은 배 터비니아호는 모든 규정을 깨뜨렸고, 장엄하게 닻을 내리고 일렬로 정박해 있는 전함들 사이를 빠른 속도로 내달렸다. 터비니아호는 34노트라는 놀라운 속도를 낼 수 있었다.

드레드노트호는 적선에 대해 포격을 가하면서 적선의 포격 범위에서는 벗어나 있을 수 있었기 때문에 기존의 전함들은 무용지물이 되었고, 군비경쟁은 엄청난 가속도가 붙었다. 독일 정부는 드레드노트호에 필적할 만한 전함을 설계할 때까지 건조 프로그램을 중단시켰고, 미국을 포함한 다른 나라 해군들도 그 뒤를 따랐다.

해군에 대한 열렬한 지지자인 시어도어 루스벨트 대통령은 드레드노트급 전함 6척 — 델라웨어호, 사우스다코타호, 유타호, 플로리다호, 아칸소호, 와이오밍호 — 에 대한 건조 승인을 얻어 냈다. 루스벨트가 야심적인 해군 발전 프로그램을 진행하면서 해군 예산은 1900년 이후 급증해 1909~1910년에는 1억 8,100만 달러에 달했다. 대통령은 윌리엄 심스 같은 혁신적이고 기술적으로 유능한 장교들을 지원했다. 심스는 젊은 장교 시절에 포격 실습 방식을 개혁한 인물이었다. 6)

1911년에 해군 소장이자 수많은 해군 장치들의 발명가이기도 한 브래들리 A. 피스크는 해군이 독립발명가들의 발명을 포함한 여러

---

6) Elting Morison, *Admiral Sims and the Modern American Navy* (Boston: Houghton Mifflin, 1942), chaps. 8, 9.

발명품을 개발하는 데 더 큰 재정적 위험을 감수해야 한다고 역설했다. 1년 후 〈사이언티픽 아메리칸〉은 발명가들에 대한 해군의 태도가 더욱 변화했음을 시사했다. 7) 군발복합체(military-inventor complex)가 모멘텀을 얻고 있었다.

군비경쟁이 계속되면서 미국은 크게 상찬 받아 온 자원이자 미국에 고유한 것으로 믿었던 독립발명가들의 창조적 천재성에 눈을 돌렸다. 발명가와 발명에 대한 대중적 이야기와 신화들은 비행기, 무선전신, 유도 및 제어, 아날로그 컴퓨터의 초기 개발 과정에서 군대가 수행한 중요한 역할을 거의 언급하지 않는다. 일류 독립발명가 몇몇은 제1차 세계대전 이전에 자신의 발명품을 개발하기 위해 군대의 자금에 크게 의지했다. 해군은 유도 및 제어 기술에서 스페리를 지원했고, 무선전신(부호)과 무선전화(목소리)에서 디포리스트와 페센든을 지원했다. 미 육군은 결국 라이트 형제의 비행기를 사들였다. 영국 군대는 맥심의 기관총 개발을 지원했다.

독립발명가들과 군대의 관계를 좀더 자세히 들여다보면 군산복합체의 뿌리, 그중에서도 발명의 형태에 군대가 미친 영향의 뿌리가 미국의 과거에 얼마나 깊숙이 뻗어 있는지를 알 수 있다.

---

7) Bradley A. Fiske, "Naval power", *United States Naval Institute Proceedings*, XXXVII(1911), 683ff; William Atherton Du Puy, "Inventors and the army and navy", *Scientific American*, CVII(14 September 1912), 227.

연속 포격

그러나 군대처럼 관료적이고 전통을 존중하는 조직이 일말의 주저함도 없이 발명과 변화를 받아들였다고 가정한다면 오산일 것이다. 제1차 세계대전 이전에 있었던 군대의 성공적인 혁신 사례 하나하나에 대해, 혼란을 일으키는 변화에 대한 뿌리 깊은 반감이 표출된 또 다른 사례를 제시할 수 있다. 윌리엄 심스가 젊은 미 해군 장교 시절, 새로운 연속조준 고속포격 시스템을 함대에 도입하려는 노력을 기울이면서 겪은 일은 이를 보여 주는 전형적인 사례이다.

심스는 혁신적 사고방식을 가진 또 다른 인물인 영국군 장교 퍼시 스콧 — 심스는 그를 차이나 스테이션(China Station)•에서 만났다 — 의 연속조준 포격 장비와 기법을 이전에 경험해 본 적이 있었다. 1900년경에 그는 이러한 경험에 근거해 새로운 포격 시스템의 장점을 보여 주는 상세하면서도 부인할 수 없는 증거를 마련했다. 그러나 해군 수뇌부는 이 모든 증거들에 대해 귀를 기울이지 않았다. 그러나 심스는 끈질기게 물고 늘어졌다. 그의 개혁 정신은 아래의 선언에 요약되어 있다.

나는 나와 다른 견해를 가진 사람들도 있을 수 있다는 사실을 기꺼이 받아들인다. 그러나 나는 온몸과 온 마음으로 부정직과 농간을 혐오한다.

• 〔옮긴이주〕 영국 해군이 전통적으로 구획해 온 지리적 작전 구역 중 하나로 싱가포르와 홍콩에 기지가 있었다.

그런 일이 고위층에서 일어날 경우, 그리고 우리 위대한 군(어리석은 사람들은 군에 대해 어린아이 같은 신뢰를 품고 있다)에 매우 중요한 이해관계를 희생하면서 체면을 살리는 데 이용될 경우, 나는 그 사람의 피를 요구할 것이며 그것이 내게 개인적으로 어떤 희생을 요구하더라도 개의치 않을 것이다.[8]

심스는 새로운 포격 체계가 제대로 작동하지 않을 것이라고 주장하는 상급자들의 관료적 타성을 그냥 보고 넘길 수 없었다. 당시 이 체계는 영국 해군이 이미 사용하고 있었고 미국에서도 비공식적으로 성공사례가 보고되어 있었다. 그는 조직에 변화를 일으키려 결심한 이들이 쓰는 고색창연한 전술에 호소하기로 했다. 보수주의의 껍질을 깨뜨리기 위해 그는 조직 외부에 있는 우월한 힘을 지렛대로 이용했다. 이 사례에서는 해군의 열렬한 지지자이자 미국 대통령인 시어도어 루스벨트가 그런 역할을 했다.

루스벨트는 심스를 중국에서 불러들여 목표조준실습 검사관으로 임명했다. 이 자리는 포격 방식에서 변화를 일으킬 수 있는 전략적 위치였다. 그 결과 해군은 대규모 조직에서의 혁신이 요구하는 훈련, 장비, 인력에서의 무수한 변화를 실행에 옮겨야 했다.

경험 많은 장교들은 혁신이 요구하는 변화들이 혼란을 야기하며 때로는 병사들의 사기를 떨어뜨리기도 한다는 사실을 알고 있다. 이는 성격이 급하고 창의적인 젊은 장교의 무조건적 열정과 변화에 대

---

8) Elting E. Morison, *Men, Machines, and Modern Times* (Cambridge, Mass. : MIT Press, 1966), pp. 27~28.

한 미숙한 헌신에 대해 이따금 해군이 보이는 당혹감과 일견 어리석어 보이는 타성을 부분적으로 설명할 수 있다. 심스는 나중에 혁신적 사고방식을 가진 제독이 되었음을 덧붙여 둔다.

라이트 형제

오빌 라이트와 윌버 라이트, 그리고 비행기에 대한 대중적 서술은 그들이 군대를 자신들의 비행기의 첫 사용자로 만들기 위해 결연한 노력을 쏟아 부었음을 거의 언급하지 않는다. 라이트 형제가 군산복합체를 촉진한 초창기 인물로 인식되는 것은 드문 일이다. 1903년에 동력비행을 성공시키기 전까지 라이트 형제는 발명을 통해 금전적 이익을 얻는 데는 무관심한 듯 보였다. 그러나 그 후 그들은 미국 군대 — 혹은 다른 어느 나라의 군대라도 — 가 자신들의 비행기 구입에 관심을 갖도록 만들기 위해 부단한 노력을 기울였다. 그들이 군대라는 시장을 선택한 이유는 아마도 프로테스탄트 목사의 아들이었던 이 진지한 인물들이 다른 발명가들이 동원한 선정적 대중성과 자본가들과의 협잡을 피하려 했기 때문일 것이다.

1905년에 그들은 완전히 시험이 끝난 안정적인 기계를 가지고 미국 전쟁부(War Department)•에 제안했다. 서로 합의한 성능 규격을 갖춘 비행기를 계약한 가격에 공급하겠다는 것이었다. 자칭 발명가라는 사람들로부터 비행기뿐 아니라 영구기관에 대한 수많은 제안을 받아 온 전쟁부는 아마 이 편지를 괴짜 목록에 집어넣어 버렸던 것 같다. 라이트 형제의 기계가 충분히 개발된 장치가 아닐 것이라고 지레짐작한 해군은 군자금을 실험에 지원하지는 않는다는 판에

• 〔옮긴이주〕 건국 이후 제2차 세계대전까지 미 육군을 관장하던 정부 부처로 1947년 해·공군과 합쳐져 오늘날의 미국 국방부(Department of Defense)가 되었다.

박은 문구로 답신을 보냈다. 9)

자신들이 만든 "전쟁에 쓰기에 실용적인 기계"에 대해 미국 정부가 관심을 보이지 않는 데 크게 실망한 그들은 "이를 바로잡을 마땅한 방법이 없자" 영국 정부에 공식 제안서를 보냈다. 10) 라이트 형제의 친구이자 조언자인 옥타브 샤누트는 미 전쟁부가 비행기의 시대를 열 기회를 잡지 못한 데 처음에는 분개했지만, 좀더 숙고한 후 영국 정부가 더 나은 가격을 제시할 거라는 판단을 내렸다. 영국 정부는 첩보 자금을 조달하는 데 제약이 덜했기 때문이다.

일견 평화애호가였던 샤누트는 "당신들의 발명은 우리 정부보다는 영국 정부의 수중에 있을 때 평화에 더 크게 기여할 겁니다. 비행기의 존재가 곧 일반에 널리 알려지고 나면 그 사실이 분규를 억제하는 효과를 낳을 테니까요"라는 추론을 하기도 했다. 11) 무기와 전쟁의 끝없는 역사를 돌이켜 보면 새로운 무기가 충분히 무시무시하거나 특정 국가의 수중에 들어간다면 평화를 지켜 줄 수 있을 것이라고 주장한 사람들이 무수히 많았는데, 샤누트 역시 그 입장에 포함되어야 할 것이다. 기관총에서 원자폭탄까지 다양한 무기들에 대해 그와 유사한 예측들이 있었다.

라이트 형제는 1905~1906년까지 영국 전쟁성(War Office)과 협상을 벌였지만, 결국 영국이 비행기 인도 계약을 체결하는 것보다

---

9) Wilbur Wright to Octave Chanute, 1 June 1905, in *The Papers of Wilbur and Orville Wright*, ed. Marvin, W. McFarland (New York : Arno Press, 1972), I : 495.

10) Wilbur Wright to Octave Chanute, 28 May 1905, in Ibid., I : 493.

11) Octave Chanute to Wilbur Wright, 6 June 1905, in Ibid., I : 496~497.

그들이 이룬 기술적 진전에서 뒤처지지 않는 데 더 관심이 많다는 판단을 내렸다. 그들은 다시 한 번 미국 전쟁부와 접촉해, 조종사, 연료, 보급품을 싣고 160킬로미터를 비행할 수 있는 정찰 목적에 적합한 기계를 제공할 준비가 되어 있다고 명시적으로 밝혔다. 그러나 이번에도 판에 박은 문구의 답신은 라이트 형제의 선언을 무시하면서 전쟁부는 실험을 지원하지 않는다는 얘기를 되풀이했다. 샤누트는 "이 친구들은 멍청이 집단"이라고 결론을 내렸다. 12)

심스와 연속조준 대포의 사례에서 그랬듯이, 관료 조직 외부에 확고하게 자리 잡은 더 높은 권위가 혁신의 도전(심지어는 위협)을 받고 라이트 형제의 편을 들며 개입했다. 저명한 보스턴 가문의 일원이자 개인 투자가인 가드프리 로웰 캐봇은 라이트 형제가 키티호크에서 성공을 거둔 직후, 편지를 보내 그들의 기계가 화물을 실을 수 있는지 묻고 상업적인 벤처사업에 관심을 표했다. 그는 전쟁부가 부정적 반응을 보였음을 알게 된 후 다시 편지를 보내 사업 취지서를 요청하면서 그들이 기계를 상업적 가능성에 이용하는 데 관심이 있는지를 물었다. 그리고 자신의 친척인 헨리 캐봇 로지 상원의원에게 라이트 형제가 전쟁부와의 관계에서 겪고 있는 어려움을 알려 주었다. 상원위원은 전쟁부 장관과 해당 부서에 연락을 취했다.

아마도 앞서 보낸 답신들을 창피하게 여겼지만 실수를 인정하고 싶지 않았던 전쟁부는 뻣뻣한 자세로 라이트 형제에게 접근했고, 자신들이 모욕당했다고 여긴 이전의 처사에 여전히 분개하던 형제는

---

12) Fred C. Kelly, *The Wright Brothers* (New York: Ballantine Books, 1975), p. 95.

군산복합체: 1908년 버지니아 주 포트마이어에서 시험 중인 라이트 비행기

냉담하게 반응했다.[13] 그러나 1907년 12월에 라이트 형제가 유럽에서 여러 차례 시범 비행을 한 후, 전쟁부는 마침내 비행기에 대한 입찰 공고를 냈다. 입찰에 제시된 성능 규격은 라이트 형제가 전쟁부에 자신들의 비행기가 충족할 수 있다고 알렸던 바로 그것이었다. 비행기는 조종사와 승객(두 사람의 무게 합계가 명시되어 있었다)을 태울 수 있어야 하고, 시속 64킬로미터로 최소 16킬로미터를 비행해

---

13) Ibid., pp. 95~97.

1908년 9월 17일 포트마이어에서 일어난 라이트 비행기의 추락과 셀프리지 대위의
사망 사고

야 했다. 라이트 형제는 자신들의 비행기 가격을 2만 5천 달러로 공
표했다. 입찰 공고가 나갔을 때 여러 신문과 잡지들은 그런 비행기
가 정말 만들어질 수 있을 것으로 보느냐며 전쟁부를 조롱했다.

　최초의 시험 비행이 예정되었던 1908년 9월 3일, 워싱턴 D. C.
외곽의 포트마이어에 모인 구경꾼은 천 명이 채 안 되었다. 오빌이
처음으로 이륙해 들판을 한 바퀴 돌자 구경꾼들은 귀에 들릴 정도로
숨을 헐떡거렸고, 그가 착륙했을 때 군중들은 '미칠 듯이 열광했다'.
오빌을 인터뷰하기 위해 달려온 서너 명의 '근엄한' 신문기자들은 뺨
에 눈물을 줄줄 흘리고 있었다. 14) 이어진 시험 비행에서 비행기는
주어진 성능 규격을 충족하는 정도를 훌쩍 넘어섰지만, 승리에는 비

---

14) Ibid. , p. 139.

극이 따랐다. 프로펠러가 갈라지면서 비행기가 땅에 추락해 시험 비행에 오빌과 동승했던 젊은 육군 장교 톰 셀프리지가 사망한 것이다. 그러나 이 사고는 전쟁부가 비행기를 받아들이는 것을 막지 못했다.

독일, 프랑스, 미국에서 라이트 형제의 비행기를 제작하기 위한 회사들이 설립되었다. 미국에서 라이트 형제의 특허를 독점적으로 보유한 라이트 사는 1909년 11월에 창립해 뉴욕 시에 근사한 사무실을 열었다. 코넬리어스 밴더빌트와 오거스트 벨몬트도 투자자에 속해 있었다.

하이럼 맥심의 기관총

라이트 형제가 군대와 연관을 맺기 수십 년 전에 하이럼 맥심도 비슷한 연관을 맺었다. 1881~1882년 유럽에서 맥심은 비엔나에서 만난 미국인이 우연히 내뱉은 말에 마음이 움직였다.

화학하고 전기 따위는 집어치우쇼! 한몫 잡고 싶다면 유럽 사람들이 더 손쉽게 서로의 목을 따버릴 수 있게 하는 뭔가를 발명해요.[15]

맥심은 이전에 에디슨의 필라멘트를 개량한 백열전구를 발명했고, 에디슨이 조명 사업에 나선 지 얼마 지나지 않아서 조명 시스템 설치에 관여한 적도 있었다. 당시 유럽은 다른 사람의 숨통을 끊거나 그 외 폭력을 손쉽게 해주는 군사적 발명에 점차 매혹되고 있었는데, 맥심은 이제 이러한 상황을 이용하는 데 자신의 발명 재능을 쏟아 부으려 했다.

1885년에 맥심은 특허를 내고 제조 공장을 세워 세계에서 가장 파괴적인 기관총을 선보였다. 탄환이 발사될 때의 반동을 이용해 다음 번 탄환을 장전하고 발사하는 맥심 기관총은 화력과 안정성에서 개틀링 기관총(1862)과 같은 경쟁 무기를 압도했다. 처음에 미국을 포함한 몇몇 국가의 군대는 맥심 기관총이 전장에서 충분히 빠른 속도

---

15) Joseph W. Slade, "The man behind the killing machine", *American Heritage of Invention & Technology*, II(Fall 1986), 22.

훈장으로 장식한
기관총의 발명가
하이럼 스티븐스 맥심 경

로 탄약을 공급받지 못할 것이라는 이유를 들어 이를 거부했지만, 이후에는 널리 도입되었다. 맥심 기관총이 줄루족이나 수단의 다르비시(Dervish)• 전사들, 그 외 식민지인들을 추풍낙엽처럼 쓰러뜨리는 걸 보면서 사람들의 불신은 이내 사라졌다. 힐레어 벨록이 말했듯이,

우리는 맥심 기관총을 가지고
저들은 갖지 못했으니, 신이시여 감사합니다. 16)

• 〔옮긴이주〕 이슬람 신비주의 교단인 수피주의를 따르는 수도자를 가리키는 용어.

제1차 세계대전 기간 독일군의 맥심 기관총은 1916년 7월 1일의 솜 전투에서 하루 만에 6만 명의 사상자를 냈다. 나중에 에디슨은 자신과 사이가 좋지 않았던 맥심을 가리켜 '죽음의 상인'이라고 부르기도 했다.[17)]

발명으로 부자가 된 맥심은 1891년에 증기동력 비행기의 건조로 눈을 돌렸고, 1894년에 비행기를 완성했다. 그는 이 발명품을 군대에 팔 기회를 잡지 못했다. 비행기가 가이드레일 위에 얹혀 180미터를 달리고 나서 불과 몇십 센티미터 떠오른 후 추락했기 때문이다. 맥심은 좀더 결정적인 기체 제어의 문제보다 엔진에 더 집중했기 때문에 일부 역사가들은 유인 비행에 그가 기여한 바의 중요성에 대해 의문을 품어 왔다. 그러나 맥심은 자신이 살았던 시대에 가장 도전적인 발명의 문제들—전등, 무기, 비행기—을 찾아내는 놀라운 직감을 가졌던 발명가로 기억되어야 할 것이다.

16) John Ellis, *The Social History of the Machine Gun* (New York: Pantheon Books, 1975), p. 18.

17) Slade, "Man behind killing machine", 21.

엘머 스페리의 자이로

엘머 스페리가 군비 영역, 즉 군발복합체에 입문하게 된 과정은 작은 도토리가 큰 떡갈나무로 자란다는 오랜 속담을 떠올리게 한다. 자신이 아이들에게 사준 장난감 자이로스코프에 매료된 스페리는 1907년, 자이로스코프가 상업적 가능성을 가졌음을 직감했다. 그는 평상시처럼 발명활동이 집중되는 곳을 찾기 위해 기술 잡지에 실린 기사들과 특허 출원 패턴을 살펴보았다. 그는 독일의 발명가 오토 슐리크가 선박을 안정화하는 데 자이로를 사용했으며, 영국의 루이스 브레넌은 모노레일 열차의 자이로안정기를 만들었음을 알게 되었다. 스페리는 자동제어장치에 대한 자신의 오랜 경험을 바탕으로 그들의 설계를 개선할 수 있을 것으로 확신했다.

그는 먼저 자이로안정기를 단 외발 자전거 — 서커스의 광대가 로프 위에서 타는 것과 같은 — 를 발명했다. 이어 그는 자동차를 위한 자이로안정기에 대한 특허를 출원했다. 자동차는 안정장치가 없으면 당시 흔히 볼 수 있던 울퉁불퉁한 길에서 전복되는 일이 잦았다. 이러한 장치들에 대한 사용자를 찾는 노력에서 실패를 맛보자 스페리는 안정장치를 여객선에 설치해 고래(古來)로부터 악명 높은 뱃멀미를 제거하겠다는 구상도 했다. 그는 1898년에 배를 타고 유럽으로 가면서 겪은 뱃멀미의 고통을 생생하게 기억하고 있었다. 그러나 선주들은 전후좌우로 흔들리는 배에 익숙해져서인지 스페리의 말에 설득되지 않았고, 시장은 아무런 반응도 보이지 않았다.

반면 미 해군은 관심을 보였다. 그 이유는 뱃멀미를 겪는 수병들을 세심하게 배려해서가 아니라, 발명이 해군의 군비경쟁에서 비교우위를 제공해 줄 것이라는 인식이 커졌기 때문이다. 안정화된 배에서 대포를 발사하면 거친 바다에서 흔들리는 배에서 발사하는 것보다 높은 정확도가 보장되었다. 포병들은 배가 전후좌우로 흔들리는 것을 보정하는 기예를 실습했고 이때의 성공률은 제각각이었다.

그러나 당시의 전반적 분위기는 산업계든 군대든 간에 기예와 숙련을 정확한 기계의 예측가능한 절차로 대체하는 것이었다. 뿐만 아니라 증기동력으로 움직이는 철선은 돛이 안정화 효과를 제공하는 이전 시기의 범선에 비해 좌우 흔들림이 훨씬 심했다. 또한 대형 포의 사거리가 길어지면서 조준에도 더 높은 정확도가 요구되었다. 통제와 질서를 이뤄 내는 데 점점 단호한 태도를 보이는 세상에서, 선박의 불안정성은 스페리 같은 발명가들에게 결정적 문제해결에 관여할 기회를 제공했다.

스페리는 기술 잡지를 주의 깊게 읽었기 때문에 독일과 영국 해군이 모두 안정장치 실험을 하고 있다는 사실을 알고 있었다. 1908년 4월, 그는 뉴욕에서 윌리엄 H. 화이트 경과 만남을 가졌다.[18] 그는 영국 해군본부의 건조 책임자를 지냈고 200척이 넘는 전함을 설계한 장본인이기도 했다. 스페리는 이전의 수동적 안정장치를 개량한 '능동적' 자이로안정기를 그에게 설명하려 했다. 그는 자동 되먹임 제어에 대한 오랜 경험에 근거해 오토 슐리크가 발명한 굼뜬 독일식 장치 — 그가 '짐승 같은 기계'라고 불렀던 — 를 민첩한 미국식 장치로

---

18) Frederic Manning, *The Life of Sir William White* (New York: Dutton, 1923).

바꿔 놓았다(스페리 역시 호리호리한 체격에 동작이 빨랐다).

이에 대해 화이트가 보인 반응은 그에게 용기를 불어넣어 주었지만, 당장 계약할 만한 대상이 없자 스페리는 미 해군에 눈을 돌렸다. 당시는 시어도어 루스벨트 대통령이 막 드레드노트급 전함 6척의 건조를 승인한 참이었고, 발명과 변화에 좀더 개방적인 장교들도 몇 명 있었다. 그중 눈에 띄는 인물로 데이비드 W. 테일러 대령(나중에 제독)이 있었다. 해군사관학교 역사상 가장 학업성적이 우수한 인물로 기록을 남겼고, 그리니치의 왕립해군사관학교에서도 비슷하게 두각을 나타낸 테일러는 선체의 설계와 추진 장치에 관한 과학적 연구에 노력을 기울였다. 1914년에 그는 해군의 조선국장이 되었다.

발명가와 해군 장교는 서로 마음이 잘 맞았다. 스페리는 수조에서 모형 배에 시험할 수 있는 자이로안정기 모형을 테일러에게 제공했다. 스페리와 테일러는 공동으로 작업하면서 창의성, 실험 기교, 과학적 통찰의 놀라운 조합을 선보였다. 테일러는 자이로안정기의 움직임을 수학적으로 분석한 40쪽 분량의 원고에서 어떤 배와 안정장치의 특성을 알고 있을 때 다양한 안정장치가 갖는 '좌우 흔들림 억제력'(roll quenching power)의 크기를 계산할 수 있는 수식을 도출해 냈다. [19] 이 분석은 우리가 현대 기술과 과학의 결합이라는 말을 쓸 때 그것이 의미하는 바를 보여 주는 훌륭한 예이다. 과학 없는 기술 — 경험적 접근법 — 이었다면 다양한 배에서 다양한 안정장치를 무수히 시험해 보아야 했을 것이다.

---

[19] Thomas Parke Hughes, *Elmer Sperry: Inventor and Engineer* (Baltimore: Johns Hopkins University Press, 1971), pp. 123~124.

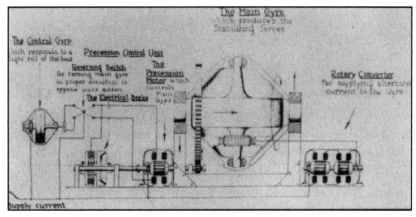

안정장치 설비

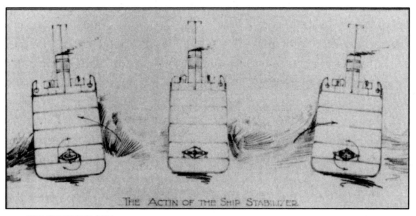

선박 안정장치의 작동

　　1912년에 미 해군은 실물 크기의 스페리 자이로안정기를 433톤급
의 어뢰정 구축함 U. S. S. 워든호에 탑재했다(자이로에 들어간 엄청
난 크기의 회전바퀴는 무게가 2톤 가까이 나갔고 지름이 125센티미터나
되었다). 시험은 성공적이었지만, 결정적이지는 못했다. 한 해군 장
교는 비공식적으로 "안정장치는 상당히 일을 잘해 냈다. 30도에 달

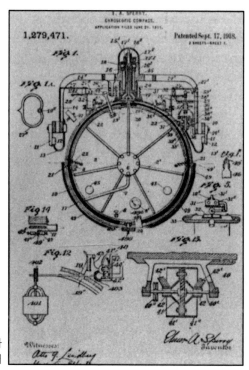

1911년 엘머 스페리가
출원한 자이로컴퍼스 특허

하는 좌우 흔들림을 6도로 줄여 놓았다"고 논평했다. [20] 그러나 무거운 기계가 삐걱거리는 소리는 선원들을 괴롭혔고 선체의 구조에도 무리가 생겼다. 제1차 세계대전에서 미 해군은 25톤에 달하는 스페리 안정장치를 1만 톤급 수송선에 설치해 좋은 결과와 나쁜 결과가 뒤섞인 성과를 얻어 냈다. 그러나 전쟁 이후 해군 엔지니어들은 뱃머리 쪽에 좌우로 튀어나온 자이로 제어 안정 수평타(stabilizer fin)를 이용해 더 간단한 안정장치를 설치했다.

___

20) Ibid. , p. 128.

스페리는 당시 규모가 커지던 해군이 당면한 기술적 문제들에 창의적인 해법을 찾아내는 데 자신이 특히 능하다는 사실을 입증함으로써 제1차 세계대전 직전과 전쟁 동안 해군과 점차 긴밀한 관계를 맺기 시작했다. 해군이 스페리의 스타일을 인정한 이유는 그가 본질적으로 제어, 그중에서도 힘의 집중을 위한 되먹임 제어의 발명가였기 때문이다. 해군의 전함과 비행기는 제어가 필요한 힘의 집중이라는 범주에 정확히 들어맞았다. 선박안정장치 프로젝트를 시작한 지 얼마 안 되어 그는 해군에 쓸 자이로컴퍼스의 발명과 공급을 맡게 되었다.

자이로안정기와 마찬가지로 스페리가 이 장치를 처음 발명한 사람은 아니었다. 그러나 그는 자이로컴퍼스의 실용성이 아직 입증되지 않은 시점에서 그것의 성능을 결정적으로 향상시켰다. 그는 자신이 1911년에 만든 자이로컴퍼스가 헤르만 프란츠 요셉 후베르투스 마리아 안쉬츠-캄프 박사가 만든 독일제 나침반보다 훨씬 더 효율적이고 믿을 만한 지침 역할을 한다고 주장했다. 스페리는 미국의 발명가들은 실용성의 귀감인 반면, 독일의 발명가들은 엔지니어링과 과학계 동료들에게 자신의 능력을 입증해 보이려 해서인지 과잉설계를 한다고 믿었다.

수많은 미국 전함에 나침반을 설치한 후, 스페리는 시스템 건설에 대한 성향을 계속 발휘해 나침반 중계 네트워크를 개발하는 일을 했다. 이것은 주 나침반에서 판독한 결과를 선박에 있는 수많은 부서에서 받아 볼 수 있게 하는 장치였다. 제1차 세계대전 동안 그는 자이로컴퍼스를 전함의 대포 발사를 제어하는 시스템에 통합시켰다. 전쟁 이후 그가 만든 자이로컴퍼스는 자동 선박제어장치인 '메탈 마

1911년 자이로컴퍼스의 시험 설치를 감독하고 있는 스페리

이크'(Metal Mike)의 중추부가 되어 전 세계의 상선들에 채용되었다. 그는 또 1912년경에는 자이로안정기가 달린 비행기 제어용 안정대를 도입했는데, 이는 이후 크게 개량되어 오늘날까지 비행기와 우주선의 자동제어에 필수적인 부분으로 남아 있다. [21]

또한 제1차 세계대전 당시 그는 해군에 자이로스코프로 제어되는 비행 폭탄(flying bomb)을 제공하려 노력했는데, 이는 거의 성공할 뻔했다. 나중에 해군 장관 찰스 프랜시스 애덤스는 "그 어떤 미국인

---

21) Ibid. , pp. 190~191.

도 우리 해군의 기술진보에 그만큼 많이 기여하지는 못했다고 확실
히 말할 수 있다"고 썼다. 22) 스페리는 해군과 긴밀하게 작업하면서
현대적인 전기-기계적 되먹임 유도제어 시스템의 아버지로 입지를
확고히 다졌다. 그는 군대를 위해 발명을 하는 자신의 역할이 사회
적·도덕적으로 칭찬받을 만한 일임을 한시도 의심하지 않았다.

---

22) *New York Times*, 17 June 1930.

페센든, 디포리스트, 그리고 관료 조직

다른 직업발명가들은 관료적인 군대 조직에 적응하는 데 좀더 어려움을 겪었다. 레지널드 페센든은 초기부터 무선전신과 무선전화를 도입한 해군에 끌렸지만, 해군이 부과하는 규정과 관행에는 거부감을 보였다. 다른 많은 발명가들과 마찬가지로 페센든은 자신이 독특하고 창의적이며 특별한 양성을 필요로 하는 존재라고 생각했다. 그는 규칙과 규정들이 대체로 기존 질서를 효과적으로 강화하는 강력한 수단이며, 창의적인 정신에는 극약과도 같은 존재임을 본능적으로 직감했다. 반면 해군은 경험을 통해 규칙과 규정 밖에서 일하기를 원하는 개인은 혼란을 야기한다는 사실을 알고 있었다. 해군은 변화로부터 얻게 되는 이득이 전환 과정에서 나타날 무질서와 시련을 능가하는지 조심스레 판단해야 했다. 또한 해군은 살아남기 위해 개인이 아닌 조직에 의존했다.

자유로운 정신의 소유자인 페센든이 자신의 무선통신 기술을 가지고 해군의 지휘통제 계통에 남은 마지막 단절점 중 하나를 닫아 버리려 했다는 사실은 역설적이다. 무선통신이 도입되기 전에 바다 위의 선박은 육지에 있는 상부와의 연락이 끊겨져 자유롭게 행동 방침을 정할 수 있었다. 무선통신의 도래는 바다에서 해군 병력의 조율과 통제를 가능하도록 했다.

해군과 직업발명가들 사이의 가치 충돌에도 불구하고 해군은 무선통신의 개발을 간헐적이지만 계속해서 추진했다. 미 해군은 영국이 마르코니 무선전신회사(Marconi Wireless Telegraph Company)

가 자국에 기반을 두고 있음을 이용해 해군과 민간 통신에서 전 세계 독점을 확립하지 않을까 우려했고, 미국이 열강으로 부상한 것은 1898년의 스페인-미국 전쟁이 잘 보여 주듯 군사력, 특히 해군력에 힘입은 결과임을 잘 알고 있었다. 미 해군은 1899년, 마르코니 시스템을 시험한 후 이 장비를 사들이는 데 관심을 갖게 되었다. 마르코니는 해군이 1만 달러의 가격으로 최소 20대 이상의 통신기를 구입해 줄 것과 매년 특허권 사용료로 같은 금액을 지급할 것을 요구했다. 해군은 발명가들이 개발 비용을 돌려받아야 한다는 생각에 별로 공감하지 않았기 때문에 이 가격이 터무니없다고 생각했고 결국 통신기 구입은 이뤄지지 않았다. 이후 10여 년 동안 해군과 영국 회사 간의 협상은 지지부진했다. 23)

미국의 기술 잡지인 〈일렉트리컬 월드〉(Electrical World) 는 해군의 늑장 대응에 분통을 터뜨렸다.

만약 그런 장치 (무선통신기) 가 우리 육군과 해군에 갖춰지지 못한 것이 포병대에 흑색 화약을 보급해 산티아고로 보냈던 것과 같은 보수적 관료들의 태만 때문이라면, 대중은 이런 사실을 알아야 하며 그런 태만을 저지른 사람은 응분의 대가를 치러야 할 것이다. 24)

1902년에 해군은 시험용으로 프랑스와 독일에서 만든 무선전신기 몇 대와 디포리스트의 무선전신기 2대를 사들였다. 디포리스트의

---

23) Susan J. Douglas, *Inventing American Broadcasting, 1899~1922* (Baltimore: Johns Hopkins University Press, 1987), pp. 110~112.

24) *Electrical World and Engineer*, 36 (1900), 157을 Ibid., p. 119에서 재인용.

시스템은 대체로 잘 작동했지만, 해군은 이 시스템이 예상한 것보다 전신기사의 숙련을 더 많이 필요로 한다고 믿었다. 1년 후 해군은 독일에서 무선전신기를 추가로 구입함으로써 디포리스트와 페센든, 그리고 이들의 국수주의적 지지자들을 분노하게 만들었다. 이 기계들은 들어오는 메시지를 인쇄해 전신기사의 숙련을 덜 필요로 했다. 그로부터 거의 반세기 전인 전신 초창기부터 유럽의 스타일은 전신기사의 귀에 의지하지 않고 들어오는 메시지를 인쇄하는 것이었다. 그러나 얼마 안 있어 디포리스트를 비롯한 미국인들은 해군을 설득해 이런 요구조건을 포기하도록 했다.[25] 그들은 상대적으로 경험이 없고 숙련되지 못한 전신기사도 메시지를 인쇄하지 않는 수신기를 사용할 수 있다고 해군을 설득했다.

해군은 송신기와 수신기 같은 구성요소들을 선택할 때 다양한 발명가들의 시스템에서 취사선택한 후 이를 하나의 시스템으로 조립하는 방식을 취함으로써 특정 발명가나 제조업자에게 볼모가 되는 상황을 피하고자 했다. 페센든은 자신이 주의 깊게 통합한 구성요소의 시스템 **전체**를 해군에 도입하기를 원했다. 그는 에디슨이나 다른 발명가들과 마찬가지로 구성요소들을 주의 깊게 발명하고 설계해 서로 조화롭게 어울릴 수 있도록 했기 때문이다. 그리고 페센든은 자신의 장치를 시험할 때 그가 신경 써서 훈련시킨 조수들이 아니라 해군의 자체 인력을 이용하는 관행도 못마땅하게 여겼다. 그는 상대적으로 숙련되지 못하고 전문화가 덜된 다수의 사람들이 사용할 수

---

25) Lee de Forest, *Father of Radio: The Autobiography of Lee de Forest* (Chicago: Wilcox & Follett, 1950), p. 191.

있는 장비를 해군이 고집하는 이유에 대해서도 의문을 품었다.

여기에 더해 해군은 성능의 질적 향상보다는 가격과 제조·설치 상의 편이성에 근거해 장비를 구매하는 경향이 있었는데, 이 역시 페센든을 화나게 했다. 다른 많은 발명가들처럼 그는 장인적 숙련을 높이 평가했고, 특히 자신의 발명에 들어간 것에는 더욱 그랬다. 뿐만 아니라 제1차 세계대전 이전에 군대는 발명가가 개발 비용의 위험을 부담한 후 선박에 실어 시험할 준비가 된 장치를 가져올 것으로 기대했다. 만약 장치가 거부되거나 결과가 애매하게 나올 경우 발명가는 자신의 투자에 대한 아무런 금전적 보상도 받을 수 없었다. 26)

자신의 특허로부터 금전적 보호뿐 아니라 직업적 자부심도 얻고 있던 페센든에게 아마도 가장 짜증났을 일은 독점이 가능한 장치에 의존하는 것을 피하려 했던 해군이 독립발명가들에게 취한 거만한 태도였을 것이다.

페센든과 해군 사이의 갈등은 해군이 디포리스트를 부추겨 페센든이 개발한 수신장치인 전해검파기(electrolytic detector)를 낮은 가격으로 해군에 팔도록 유도한 사실이 알려지면서 더욱 악화되었다. 격분한 페센든은 해군이 특허권을 침해한 해적 장비를 구매하고 있다고 통보했다. 이어 그는 디포리스트를 상대로 특허권 침해소송을 걸었다. 그러나 해군 장관은 특허 소송의 중요성을 간단히 무시해 버렸다. 장관은 페센든이 너무 높은 가격을 제시했기 때문에 해군은 그에게 아무런 도덕적 의무를 진 것이 없다고 했다. 해군이 디포리스트에게서 계속 구매하자 페센든은 도둑질한 재산을 사들였으

---

26) Douglas, *Inventing American Broadcasting*, pp. 127~131.

니 장관은 탄핵되어야 한다고 요구했다. 페센든과 그의 회사는 자신의 발명에 대해 다시는 정부에 알려 주지 않기로 결정했다. 그래야 "정부가 그걸 도둑질하지 못할" 것이라는 게 페센든의 말이었다.[27]

디포리스트 역시 해군에 만연한 관료주의를 경험했다. 1904년에 해군은 카리브 해에 대한 지배권을 강화하기 위해 무선통신소가 필요하다는 결정을 내렸다. 이에 따라 해군은 키웨스트(Key West),• 푸에르토리코, 쿠바, 파나마 운하 지대에 4개의 무선통신소를 설치하는 사업에 대한 입찰 공고를 냈다. 해군이 제시한 명세서는 전례 없는 수준의 성능을 요구했다. 번개, 격렬한 폭풍, 끊이지 않는 정전기로 악명 높은 열대 지역에서 1,600킬로미터 떨어진 통신소끼리 그 어떤 기상 조건에서도 통신이 가능해야 한다는 것이었다. 입찰에서 디포리스트 사는 6만 5천 달러를 써냈고, 아직 해군에 대해 모든 희망을 버린 것은 아니었던 페센든은 32만 4천 달러를 써냈다.

1905년 1월에 작업을 시작한 디포리스트는 작업 조건이 그야말로 형편없이 열악한 상태임을 알게 되었다. 해군 장교들은 협력 대신 적대감을 드러냈다. 머리끝까지 화가 치민 그는 이렇게 썼다.

만약 해군이 천박한 군부대와 관료주의로 우리의 성공을 지연한다면, 머릿속에 든 것보단 치장에 더 관심이 많은 천박한 장교들이 우리에게 책임을 떠넘기도록 내버려 두진 않을 겁니다.

---

27) Fessenden to Cleland Davis, 30 November 1906을 Ibid., p.131에서 재인용.
• 〔옮긴이주〕 플로리다 주 최남단에 있는 섬으로, 쿠바에서 140킬로미터 거리에 있다.

일은 애초 예정대로 마치지 못하면 벌금을 물도록 약정되어 있었다.[28] 1906년에 디포리스트 사는 통신소를 완공했으나, 디포리스트는 밤에는 320킬로미터 이상 떨어진 곳 사이에서 통신을 유지하는데 어려움을 겪었고 낮 시간의 통신은 대부분 불가능했다. 해군은 이런 결과에 낙담했으나 미국에서 무선송수신의 제공자로서 자리매김하려는 노력은 계속 이어 나갔다.

---

28) De Forest to Francis X. Butler, 14 October 1905를 Ibid., p. 133에서 재인용.

기술혁신과 지구전

1914년 8월, 제1차 세계대전이 발발하자 독일과 당시의 다른 교전국들은 발명가, 엔지니어, 산업체 과학자들을 동원해 공급이 부족한 물자에 대한 대체품을 찾기 시작했고, 육전에서의 지독한 교착상태를 뚫을 수 있는 무기를 개발했으며, 바다를 건너 공급선을 유지하거나 파괴하는 작업에 착수했다. 제1차 세계대전은 기술적으로 놀라운 사건들이 속출했던 전쟁으로 기억되곤 한다.[29] 그러한 사건들 중 가장 자주 회고되는 것들은 서부전선을 지배한 참호전의 공포에서 등장했다. 기관총은 공격 전술을 번번이 좌절시켜 공격군과 방어군 사이에 이러지도 저러지도 못하는 상황을 만들었다. 이는 참호에서 싸우는 지구전으로 이어졌다.

세계 제일의 화학자들과 화학 제조회사들, 화학연구 실험실들을 가지고 있던 독일은 과학기술의 힘을 빌려 부족한 물자를 대체하는 오랜 전통에 의지했다. 화학자 프리츠 하버와 카를 보슈는 천연 질소화합물을 인공(혹은 합성) 질소화합물로 대체하는 공정을 신속하게 개발했고, 이로써 영국이 칠레산 천연 질산염 수입을 봉쇄해 폭약과 비료에 들어갈 질산염이 당장 부족해졌던 문제가 해결되었다.[30]

---

29) Raymond Aron, *The Century of Total War* (Garden City, N.Y. : Doubleday, 1954).

30) Thomas Parke Hughes, "Technological momentum in history: Hydrogenation in Germany 1898~1933", *Past & Present*, 44 (August 1969), 106~

독일은 합성염료 기술을 독가스 기술로 전환하는 데서도 화학, 화학공학, 화학 제조업의 생산적 결합에 의지했다. 다시 한 번 프리츠 하버가 중요한 역할을 했다. 역설적인 것은 하버가 나중에 나치의 인종주의에 의해 독일 밖으로 추방되었다는 사실이다. 독가스 프로젝트에 관여한 다른 독일 과학자들로는 노벨상 수상자인 제임스 프랑크, 구스타브 헤르츠, 오토 한 등이 있었다. [31)

독일군이 대량의 염소 가스를 처음으로 살포한 것은 1915년 4월 22일 이프르에서였다. 이 공격은 적군을 혼란으로 몰아넣었으나 독일군은 이런 돌파구를 통해 추격할 준비가 되어 있지 않았다. 뒤이어 인디고와 진홍색 염료에 쓰이는 물질로 만든 염소 가스와 포스겐 가스가 서부전선에서 수없이 많은 군인들을 공격했다. 가스전은 타락한 기술혁신의 영역이 되었고, 어느 한쪽이 예전 독가스에 대한 보호 장구를 만들어 내면 다른 쪽에서 새로운 독가스를 선보였다. 이는 마치 예전에 합성염료 생산회사들이 새로운 색깔의 유행에 맞추기 위해 앞다퉈 경쟁하던 것과 유사했다.

연합군 측은 독가스 개발이 '문명화된' 전쟁의 규칙에 대해 무관심했던 야만적인 훈족을 연상시킨다며 독일군을 비난하는 선전물을 대량으로 살포한 후 독자적인 독가스 개발에 나섰다. 하버와 다른 독일인들은 연합군 측이 천연자원 보유에서 우위에 있었기 때문에 독일은 발전된 기술에 의지하는 것 외에는 선택의 여지가 없었다고

132.

31) Ulrich Trumpener, "The road to Ypres: The beginnings of gas warfare in World War I", *Journal of Modern History*, 47 (September 1975), 467.

말했다. "전시에는 평화 시와는 다른 방식으로 사고하기 마련"이라고 하버는 주장했다. [32]

영국군도 전시 동안 적극적으로 기술혁신에 나섰다. 당시 해군 대신이었던 윈스턴 처칠은 대포로 무장하고 무한궤도를 장착했으며 장갑한 자동차, 즉 탱크를 서부전선에서 개발해 사용할 것을 주장하는 이단적인 기업가로서의 역할을 했다. 그는 자신이 육전(陸戰)에 관여하는 것에 대해 탱크는 '육상 선박'이라는 속이 보이는 변명을 했다. 처칠은 "수없이 많은 사람의 생명과 용맹을 낭비해 가며 (서부전선의 교착 상태를) … 해결하려 애쓰는 것은 쓸데없는 짓이다. 기계적인 위험은 기계적인 해결책으로 극복해야 한다"는 말을 남겼다. [33] 영국군은 탱크를 이용한 대규모 공격을 감행하는 대신, 1916년 9월 솜 전투에서 겨우 20대의 탱크를 처음으로 선보였다. 처칠은 이처럼 부적절하고 상상력이 결핍된 기술혁신을 독일군의 실패와 비교했다. 독일군 역시 1915년 4월 처음으로 독가스를 사용해 야기한 혼란과 사상자를 이용해 군대를 대규모로 진주시키지 않았다.

영국군이 탱크를 처음 효과적으로 사용한 것은 1917년 11월 20일 캉브레에 집결한 500대의 탱크가 독일군 저지선을 뚫고 공격을 감행해 1만 명의 포로를 잡았을 때였다. 전쟁이 끝날 무렵 영국은 탱크의 대량생산 체계를 갖추었지만, 이 무기를 창의적인 전술과 함께 활용

---

32) Fritz Haber, letter in *Nature*, 109(1922), 40. 아울러 L. F. Haber, *The Poisonous Cloud: Chemical Warfare in the First World War*(Oxford: Clarendon Press, 1986), pp. 22~40도 보라.

33) Winston Churchill, *The World Crisis, 1915*(London: T. Butterworth, 1923), p. 22.

한 것은 제 2차 세계대전 때의 독일군이었다.

미국의 발명가들은 제 1차 세계대전 이전에 비행기를 처음 도입하고 군대를 위한 무선전신 개발에 앞선 역할을 했지만, 군용 항공기에서는 프랑스, 독일, 영국에 빠른 속도로 우위를 내주었다. 독일군은 공기보다 무거운 비행기뿐 아니라 페르디난트 체펠린 백작의 비행선 개발도 추진했다. 1913년에 미국은 군용 항공기의 조달에서 프랑스, 독일, 러시아, 영국, 이탈리아, 멕시코에 뒤지게 되었다. 1914년에 미국 인구통계국 조사에서 항공기 제조업체는 16개에 불과했고 생산된 항공기는 모든 종류를 통틀어 49대밖에 안 되었다. 34)

전쟁 초기에 교전 상대국들은 전장 위에 떠서 관측과 통신을 제공할 수 있는 비행기와 무선전신의 능력을 이용하기 시작했다. 도로, 철도, 전화와 전신선로는 그곳까지 도달할 수 없었기 때문이다. 전쟁 말기의 10개월 동안 영국은 거의 2만 7천 대의 비행기를 생산했고, 처칠은 전술 및 전략 폭격을 포함한 대규모의 공중 공격을 요구했다. 35)

연합군에게 생존에 가장 큰 위협이 된 최신 기술은 디젤 엔진과 축전지로 먼 바다를 운항하는 잠수함이었다. 미국의 발명가 사이먼 레이크는 공해상에서 운항할 수 있는 잠수함 아르고놋호(1897)를 설계했고, 존 홀랜드는 수면 위로 부상하면 내연기관을, 잠수 중에는 전기모터를 사용하는 잠수함 홀랜드호(1898)를 선보인 후 미국에게

---

34) Alex Roland, *Model Research: The National Advisory Committee for Aeronautics 1915~1958* (Washington, D.C.: NASA, 1985), I: 51.

35) *The Impact of Air Power*, ed. and with intro. by Eugene M. Emme (Princeton: Van Nostrand, 1959), p. 39.

잠수함에서의 우위를 점할 수 있는 기회를 주었다. 그러나 결국 전쟁 중에 많은 수의 잠수함을 이용하는 전략을 채택한 것은 독일이었다. 독일 잠수함은 상선을 공격해 영국과 미국, 그리고 대영제국 사이의 보급망을 위협했다. 1916년에 독일군은 무장한 상선들에 대한 잠수함 공격을 시작했고, 1917년에는 혁신적인 해군 기술로 연합군의 우월한 산업 생산에 맞서는 노력을 증가시켰다. 연합군은 대량의 선적 화물을 잃어 작전에 차질이 빚어질 위험에 처하자 호위함, 잠수함 추적장치, 수중 폭뢰로 맞섰고, 발명, 엔지니어링, 과학의 재능을 동원해 대(對) 잠수함전에 나섰다.

대서양 반대편에서 미국 군대와 정부는 전쟁이 장기전으로 이어지며 대량생산과 과학기술 혁신의 장으로 변해 가는 것을 우려 섞인 태도로 지켜보았다. 유럽에서의 전쟁 발발은 미국이 유럽의 해군 기술에 손쉽게 접근할 수 있는 통로를 막아 버렸다. 해군 장관 조지퍼스 대니엘스와 많은 해군 장교들은 앞으로 닥칠 전쟁에 대한 미국의 대비 태세에 우려를 품게 되었다. 영국 해군은 당시 최고의 기술시스템이었던 드레드노트급 전함을 선보였고, 독일은 잠수함 작전에서 우위를 보이고 있었으며, 프랑스는 군용 항공기 분야를 선도하고 있었고, 영국은 고도로 복잡한 해군 포격제어장치를 선구적으로 개발했다.

식견을 갖춘 비판자들은 미 해군이 "중국식의 베끼기 계획"에 따라 다른 국가들에 의존해 왔다고 주장했다. 36) 대니엘스 장관과 전

---

36) Waldemar Kaempffert, "The inventors' board and the navy", *American Review of Reviews*, LII(1915), 298.

시 대비 책임자들이 당장 끌어다 쓸 수 있는 전력을 평가하면서 미국의 발명가들에게 눈을 돌린 것은 별로 놀랄 일이 아니다. 난데없는 열정에 사로잡힌 대니엘스는 관련된 미국인들로부터 군사적 발명의 급증을 기대했다. 미국의 생산 시스템이 세계에서 가장 생산성이 높기 때문에, 그와 일반 대중은 헨리 포드 같은 기업가들이 전쟁 기계들을 대량생산해 국방을 강화할 수 있을 것이라는 기대를 품었다.

해군자문위원회

1913~1921년까지 해군 장관직을 맡은 대니엘스는 그 전에는 노스캐롤라이나 주 레일리에서 〈스테이트 크로니클〉(State Chronicle) 지의 편집인을 지낸 인물이다. 그는 미국인들의 비상한 수완과 창의성을 가장 집약적으로 표현한 인물이 에디슨이라고 생각했다. 다른 많은 미국인들과 마찬가지로 그 역시 에디슨을 이상화된 이미지로 바라보았다. 에디슨은 단출한 배경에서 자랐지만 꾸밈없는 말솜씨와 실용적 사고방식으로 무장하고 독학을 통해 환상적인 성공을 거둔 인물이 아니었던가. 한 사람의 정치인으로서 에디슨이라는 등대로 진로를 정하고 찬미의 노래를 부르던 대니엘스는 이내 대중적 지지의 합창이라는 반향을 얻었다.

1915년 5월, 대니엘스는 〈뉴욕타임스〉(New York Times) 일요판에 두 면에 걸쳐 실린 에디슨의 "전시 대비 계획"에 관한 인터뷰 기사를 비상한 관심을 가지고 읽었다.[37]

인터뷰에서 에디슨은 앞으로 닥칠 일에 직면하는 것이 썩 내키지 않는다고 말했다. 만약 미국이 전쟁에 참전한다면 자신은 군대를 도와 전제주의를 물리치기 위한 무시무시한 파괴의 무기를 발명해야 할 것이라고 했다. 그는 자신이 평화주의자임에도 이 일을 할 것이라고 덧붙였다. 기자의 팔에 "친절하게 손을 얹으며" 그는 말했다. "알다시피 젊은이, 비둘기는 내 상징이라네."[38]

---

37) Hughes, *Sperry*, pp. 243~246.

에디슨은 정교한 비유를 들어 전시 대비 계획을 그려 냈다. 그는 군인들이 "전선에 있는 죽음의 공장에서 땀 흘려 일하는" 존재라고 상상했다.[39] 따라서 그는 바로 이 공장에 노동절약형 장치들을 도입할 필요가 있다고 보았다. 그러면 선천적인 재능을 가진 미국 기계공들(군인)이 다루는 우수한 미국 기계들(무기)이 미국의 방어선이 될 것이었다. 그는 미국인 특유의 태도를 드러내며 "현대전은 사람이 하는 일이라기보다는 기계가 하는 일"이라고 했다.[40] 그는 또한 미국인들이 세금 내는 것을 싫어하는 것을 염두에 두고 육군과 해군 상비군은 소규모로만 둘 것을 제안했고, 숙련되고 경험이 많은 산업노동자, 십장, 엔지니어들을 평화 시에는 예비군으로 짧은 기간에만 소집하고 전시에는 비상 군무에 종사하도록 했으면 한다고 밝혔다. 정규직 장교들은 해군 군무와 산업체 업무 사이를 왔다 갔다 하도록 하여 최신 엔지니어링과 관리기법 발전에 익숙하도록 만들어야 했다.

그는 시제품을 만들고 이것을 실험하는 것에 주안점을 둔 해군연구소를 만들어야 한다고 생각했다. 전시 동원을 위한 기본 계획에는 연구소에서 마련한 청사진을 대량생산 무기로 재빨리 바꿀 수 있는 제조업체들이 파악되어 있어야 했다. 에디슨은 자신의 계획이 아주 많은 지출을 필요로 하지 않을 것이라고 주장했다.[41]

---

38) *New York World*, 30 May 1915.

39) *New York Times*, 16 October 1915, p. 4.

40) Ibid.

41) Edward Marshall, "Edison's plan for preparedness", *New York Times*, 30 May 1915, sect. V, pp. 6~7.

에디슨의 열렬한 추종자이자 미국의 발명 천재들에 대해 엄청난 신뢰를 가지고 있던 대니엘스는 재정 지출과 세금의 정치에도 민감했다. 그는 해군을 강화할 필요성을 인식했고, (에디슨이 인터뷰에서 제시한) 사람이 아닌 기계를 가지고 전쟁을 승리로 이끌 수 있다는 전망에 고무되어 있었다. 대니엘스는 인터뷰 기사가 실린 지 2주도 채 안 되어 에디슨에게 발명과 개발 문제에 관한 해군의 민간 자문위원이 되어 줄 것을 요청했다. "당신은 꿈을 현실로 바꿀 수 있는 바로 그 사람으로 인정받고 있습니다"라고 대니엘스는 썼다. "(당신이라면) 미국인들의 천부적인 발명의 재능을 이용하기에 적절한 기계류와 시설을 창안해 해외에서 나타나는 전쟁의 새로운 조건들을 충족할 수 있을 것입니다." 그는 만약 에디슨이 승낙한다면, "미국은 이처럼 힘든 시기에 크나큰 위안을 느끼게 될 것"임을 알고 있었다.[42] 에디슨은 "명령 받들겠습니다, 장관님"이라고 장난스럽게 응답했다.

이처럼 무비판적으로 열성적인 정치인과 발명가 사이의 제휴는 수년 후 원자물리학자들의 경이로운 힘에 열광한 정치인들에게서 그 반향을 찾을 수 있다.

해군 장관과 발명가가 세운 독창적인 계획은 에디슨이 위원장을 맡은 해군자문위원회(Naval Consulting Board)를 창설하는 것이었다. 미국에서 "가장 위대한 민간 기계 전문가들"로 구성될 이 위원회는 (독자적으로) 발명을 창안하기도 하고, '내일의 천재'가 될 '오늘

---

42) Daniels to Edison, 31 May 1915. Josephus Daniels Papers, Library of Congress, Washington D. C.

자랑스럽게 거리 행진에 나선 토머스 A. 에디슨(오른쪽에서 두 번째)과 해군자문위원회

의 괴짜'들이 보내온 발명 아이디어를 비판적으로 검토한 후 선별적
으로 개발하는 일도 할 계획이었다. 대니엘스는 풀턴, 모스, 벨, 에
디슨과 같은 탁월한 발명가들이 제안할 법한 수준의 발명들이 접수
될 것으로 기대했다. 그는 자신의 계획이 알려지면서 '각계각층의
사람들'로부터 열성적인 편지들이 쏟아지자 만족감을 나타냈다. 43)

  대니엘스는 에디슨의 조언을 받아 3만 6천 명의 엔지니어, 발명
가, 과학자들을 대표하는 11개의 전문 협회들에 대해 위원회에 참여
할 위원을 2명씩 추천해 주도록 요청했다. 44) 언론과 미국 국민들은

43) Edward Marshall, interview with Secretary Daniels, *New York Times*, 8
    August 1915, magazine section.

선발된 사람들을 보고 실망했다. 그들은 오빌 라이트, 글렌 커티스, 찰스 프로테우스 스타인메츠, 알렉산더 그레이엄 벨, 레지널드 페센든, 니콜라 테슬라, 헨리 포드 같은 사람들을 기대하고 있었다.[45] 그러나 뽑힌 사람은 화학자이자 베이클라이트를 발명한 레오 베이클런드, 제너럴 일렉트릭 연구소장인 윌리스 R. 휘트니, 전기 모터와 전차를 발명한 프랭크 스프레이그, 스페리, 그리고 에디슨의 수석 엔지니어인 M. R. 허친슨 같은 사람들이었다. 〈뉴욕타임스〉는 "23명의 위원은 얼마나 악명을 떨쳤느냐가 아니라 … 얼마나 임무에 적합한가를 기준으로 선정되었다"며 자위했다.[46]

에디슨과 대니엘스는 미국물리학회(American Physical Society)와 미국과학원 대표를 의도적으로 위원명단에서 누락했다. 미국과학원은 남북전쟁 때 정부에 과학적 자문을 제공하기 위해 설립된 것으로, 선출된 회원들은 대부분 대학에 있는 과학자들이었다. 미국물리학회 대표가 빠지게 된 이유에 대해 압력을 받자 엔지니어 M. R. 허친슨은 에디슨이 "이 위원회를 뭔가에 관해 **말하는** 것이 아니라 뭔가를 **하는** 데 익숙한 **실용적인** 사람들로 채우고 싶어 했다"고 답했다. 미국과학원 대표가 왜 포함되지 않았는가 하는 질문을 받자 한 위원은 "그 사람들은 에디슨 씨의 마음에 자신의 존재를 각인시킬 만큼 충분히 활동적이지 않았기 때문"이라고 큰소리를 쳤다.[47] 이는

44) Hughes, *Sperry*, pp. 248~250.

45) *New York Times*, 14 July 1915, p. 1.

46) Editorial, *New York Times*, 13 September 1915, p. 8.

47) Daniel J. Kevles, *The Physicists: The History of a Scientific Community in Modern America*(New York: Vintage Books, 1979), p. 109.

일종의 도전이었고, 몇몇 지도적 물리학자들은 이를 피하지 않고 정면으로 대응했다. 독립발명가들과 과학자들(특히 물리학자들) 사이에 부글부글 끓고 있던 갈등 — 이들은 제각기 자신들이 기술혁신의 원천이라고 믿고 있었다 — 이 전쟁 기간 전면에 부상한 것이다.

물리학자들은 앉아서 거부당하고 있을 사람들이 아니었다. 국방에 일익을 담당하겠다는 물리학자들의 굳은 결심은 제 2차 세계대전 때 그들이 거둔 경이로운 성취를 예견케 하는 것이었다. 미국과학원 대표와 물리학자들이 널리 선전된 해군자문위원회에서 배제되자, 낙담한 조지 엘러리 헤일이 도전에 나섰다. 그는 과학원 회장을 역임했고 〈천체물리 저널〉(*Astrophysical Journal*) 편집인과 윌슨 산 천문대 소장을 맡고 있었다. 48) 헤일은 부유한 시카고 가문의 아들로 MIT를 졸업했고, 영국 문학에 조예가 깊었으며, 희귀 서적을 수집하는 취미가 있었고, 앤드류 카네기 같은 민간 자선가들과 친분이 있었다. 요컨대 헤일은 점차 힘과 영향력이 강해지는 새로운 과학계 인사를 대변하는 인물이었고, 반면 에디슨은 영향력이 약해지는 독립발명가를 상징했다.

과학원에 새로운 생명력을 불어넣는 일에 열심이었고, 과학원 활동에서 영국의 왕립학회나 프랑스 아카데미를 본받으려는 희망을 품고 있었던 헤일은 자신이 "과학 프로젝트를 시작하고 촉진하는 데 최선의 노력을 다하는 사람"이라고 생각했다. 49) 그러나 대니엘스와

---

48) Ibid.

49) A. Hunter Dupree, *Science in the Federal Government* (Cambridge, Mass: Belknap Press, 1957), p. 308에서 밀리컨의 말을 재인용.

미국의 대중은 과학자들을 창의력의 주된 원천으로 볼 준비가 되어 있지 않았다. 헤일의 말을 빌리면, 대중은 과학이라는 지적 모험을 이해하기 위해 교육을 받을 필요가 있었다.

에디슨이 자신의 발명 재능을 국가에 제공하겠다고 선언한 직후이자 독일 잠수함이 영국 선박 루시타니아호를 침몰시켜 미국인들이 희생된 사건이 국가적 불안을 야기한 1915년 6월, 헤일은 과학원이 전시 대비를 위해 봉사하겠다고 우드로 윌슨 대통령에게 청원할 것을 제안했다. 그러나 과학원 회원들은 그런 제안을 시기상조라고 여겼는데, 그 이유는 아마도 그들이 자존심 때문에 정치적 탄원을 하는 것으로 비치는 것을 원치 않았기 때문일 것이다. 그러나 10개월 뒤 서섹스호의 침몰 직후 윌슨이 독일에 선전 포고를 하자, 연례 회의에 모인 과학원 회원들은 과학원이 정부에 모든 것을 일임해야 한다는 헤일의 결의안을 만장일치로 통과시켰다. 50)

과학원이 과학의 병기고(兵器庫)를 조직할 수 있다는 과학원 사절단의 설득에 마음이 움직인 윌슨은 미국의 연구기관들과 지도적 과학자·엔지니어들 사이의 협력을 촉진하기 위한 국가연구위원회 (National Research Council) 의 설립을 승인했다. 헤일은 정정당당하게 선언했다.

우리는 독가스를 개발하거나 이와 유사한 오용을 통해 과학의 품위를 떨어뜨려서는 안 된다. 그러나 우리는 우리 육군과 해군 병사들에게 모든 합당한 도움과 방호 수단을 제공해야만 할 것이다. 51)

---

50) Kevles, *Physicists*, p. 111.

국가연구위원회에서 봉사하는 데 동의한 사람들로는 — 현명하게도 국가연구위원회 위원 자격은 과학원 회원(대부분이 대학교수)으로 제한하지 않았다 — 윌리스 R. 휘트니, 레오 베이클런드, AT&T의 존 카티, 컬럼비아대학의 마이클 푸핀 등이 있었다.

대니엘스가 지지하는 해군자문위원회의 영향력에 필적하기 위해 정부기관 대표가 필요하다고 생각한 헤일은 정부를 설득해 대표를 위원회에 임명하게 했다. 그중에는 데이비드 W. 테일러 제독(스페리와 긴밀한 관계를 맺었던), 육군 통신대의 조지 O. 스콰이어 대령, 표준국장인 새뮤얼 웨슬리 스트라턴이 있었다.

스콰이어는 육군의 정규 장교로서 미 통신대 항공 부서장을 맡고 있었고, 존스홉킨스대학에서 물리학 박사학위를 받았으며, 전기통신장치에서 많은 특허를 보유한(그중 적어도 하나는 스페리와 공동 출원) 인물이었다. 그는 이제 막 발족한 육군의 항공 부서에 특히 관심을 갖고 있었다. 그와 공동으로 작업한 물리학자 로버트 밀리컨은 스콰이어에 대해 "어떤 의미에서도 조직가는 아니며, 균형 잡힌 판단을 내리는 사람도 아닌 … 이상한 사람이었지만 … 당시에 크게 요구되었던 중대한 특성, 즉 기꺼이 책임을 지고 앞으로 나아가려는 의지를 가졌던 인물"이라고 평가했다.[52]

독일이 무제한 잠수함 작전을 재개한 1917년 2월, 해군은 국가연구위원회에 잠수함 탐지장치를 개발하는 중대한 임무를 맡아 줄 것

---

51) Ibid., p. 113.
52) Dupree, *Science in the Federal Government*, p. 312에서 밀리컨의 말을 재인용.

을 요청했다. 잠수함의 위협은 국가 지도자들뿐 아니라 일반 대중에게도 특히 큰 불안감을 주고 있었다. 이 임무는 정력적이고 효과적으로 과학의 전도사 역할을 자임해 온 또 한 사람을 전면에 부각시켰다. 시카고대학의 물리학 교수이며 전자의 전하량을 정확하게 측정해 낸 재능 있는 실험자로, 나중에 노벨상을 수상한 로버트 밀리컨이 국가연구위원회 산하의 잠수함 탐지장치 위원회 의장을 맡은 것이다. 헤일과 마찬가지로 과학을 전시 대비 노력의 주류로 만들려는 굳은 결심을 한 밀리컨은 부인에게 이렇게 썼다.

　이건 분명하오. 만약 이 나라의 과학자들이 국가에 어떤 쓸모가 있으려면, 바로 지금이 아니면 영영 기회가 없을 거라는 거요. 53)

　대 잠수함 연구개발은 발명가, 엔지니어, 대학교수, 산업체 과학자들 사이의 협동뿐만 아니라 경쟁도 촉진했다. 각 그룹은 자신이 이 임무에 적합한 독특한 특성을 갖고 있다고 믿었고, 자체적인 구성원 수나 활동을 늘리기 위한 국가적 자원을 요구했다. 해군자문위원회는 잠수함의 위협에 대응하기 위해 산하에 특수문제위원회(Special Problems Committee)를 설립했다. 여기서 지원한 프로젝트 중에는 대 잠수함 그물, 무선송신 부표, 초계정, 수중 폭뢰로 이루어진 시스템이 있었다. 이 시스템은 엘머 스페리와 그가 세운 스페리 자이로스코프 사에서 개발해 미국이 참전한 직후인 1917년 6월

---

53) Robert H. Kargon, *The Rise of Robert Millikan : Portrait of a Life in American Science* (Ithaca, N. Y. : Cornell University Press, 1982), pp. 86 ~87.

시험에 들어갔는데, 해군자문위원회는 이 시스템이 독일의 잠수함 위협에 대한 성공적인 대응이라며 선전에 열을 올렸다. 시험 가동에서 그물은 잠수함을 함정에 빠뜨렸지만 무선신호를 보내는 부표가 그물에 엉키는 바람에 초계정을 호출하지 못했고, 초계정 역시 모형 폭뢰를 정확히 투하하는 데 실패했다. 이 프로젝트에 대한 검토보고서는 그물 시스템에 쓰인 구성요소 대부분 — 제대로 작동하지 않은 무선송신 부표만 제외하고 — 이 이전에 연합군에 의해 시험된 적이 있는 것이라고 지적했다. 54)

해군자문위원회의 잠수함 탐지 소위원회를 맡고 있던 휘트니는 이와는 별개로 매사추세츠 주 나한트에 기지를 세우고 음파탐지장치 개발에 나섰다. 그곳에서 그는 산업체 과학자들을 불러 모았는데, 그중에는 제너럴 일렉트릭 연구소의 어빙 랭뮤어(1932년에 노벨상을 수상한)도 있었다. 다른 사람들은 AT&T와 보스턴의 서브마린 시그널 사(Submarine Signal Company)에서 왔다. 대학의 물리학자들은 배제되었는데, 해군 측 인사들이 그들이 나오게 되면 특허 문제로 골치가 아파질 것이라고 결정했기 때문이다. 55)

국가연구위원회 산하에 밀리컨이 위원장을 맡은 대 잠수함 위원회는 잠수함 탐지는 "순수하고 간단한 물리학의 문제"라는 저명한 영국 물리학자 어니스트 러더퍼드 경의 말을 듣고 힘을 냈다. 56) 밀리컨은 코네티컷 주 뉴런던에 잠수함 탐지를 위한 연구개발 시설을 세

---

54) Hughes, *Sperry*, p. 258.

55) Kevles, *Physicists*, p. 120.

56) Dupree, *Science in the Federal Government*, p. 318.

우고 대학의 물리학자들에게 문호를 개방해, 미국에서 가장 유능한 물리학자 10명을 예일대학, 시카고대학, 라이스대학, 코넬대학, 위스콘신대학, 하버드대학 등지에서 끌어들였다. 휘트니는 둘 사이의 중재자로서의 역할을 했다. 그는 대니엘스 장관을 설득해 먼저 세워진 나한트 실험 기지와는 별도로 대학교수들과 국가연구위원회의 뉴런던 시설을 지원했다. 그는 "서로에 대한 악감정으로 번질지 모를 에너지 중 조금이라도 잠수함 탐지 연구에 쓸 수 있다면 시간이 상당히 절약될 겁니다"라고 충고했다.[57]

나한트 그룹이 개발하고 제너럴 일렉트릭에서 제조한 청진기 모양의 탐지기에는 제너럴 일렉트릭 연구소의 윌리엄 쿨리지의 머리글자를 따서 'C 튜브'라는 이름이 붙여졌다. 뉴런던에서 대학 물리학자들은 위스콘신대학의 맥스 메이슨 교수가 주로 아이디어를 낸 우수한 품질의 탐지기를 선보였다. 1918년 7월에 미국은 이들 탐지기를 장착한 100여 개의 목제 잠수함 추적기를 영국해협과 아드리아해 입구로 보냈다. 영국해협에서는 잠수함 파괴가 확인되지 못했지만 아드리아 해에서는 그물과 잠수함 추적기가 달린 탐지장치의 조합을 통해 잠수함이 봉쇄되었다. 그러나 대서양에서 잠수함 전쟁의 전세를 뒤바꿔 놓은 것은 탐지장치가 아니라 호위함 시스템이었다.

그럼에도 불구하고 산업체와 대학의 물리학자들은 전쟁이 끝나기 전까지의 짧은 시간 동안 풀기 힘들었던 잠수함 탐지 문제에 대응해 상당한 진전을 이뤄 냈고, 이는 현대전이 발명가나 엔지니어가 아니라 자신들의 봉사를 필요로 한다는 과학자들의 주장을 뒷받침했다.

---

57) Kevles, *Physicists*, p. 121.

뿐만 아니라 과학자들은 정치적·군사적 권력의 회랑 속으로 진입하는 매혹적인 희열도 맛보았다.

국가연구위원회는 적절한 정부 지원도 받지 못했고 카네기 사와 록펠러 재단으로부터 얻은 민간 자금에 크게 의존해야만 했지만, 결국에는 정부의 과학연구 부문으로 인정을 받았고, 반면 해군자문위원회는 발명의 원천이 되었다. 그러나 이러한 구분은 잘못된 인상을 줄 수 있다. 국가연구위원회의 과학자들은 자신들에게 발명의 재능이 있음을 입증했고, 이는 특히 대 잠수함 연구에서 잘 드러났다. 이처럼 과학자들이 대중의 인정과 지원을 얻기 위한 투쟁에서 진척을 이루고 있었던 반면, 해군자문위원회의 발명가들은 침체 국면을 맞은 듯 보였다.

널리 선전된 대 잠수함 전투에서 해군자문위원회는 국가연구위원회가 만든 탐지장치만큼 효과적인 것을 선보이지 못했다. 일반 국민들이 보내온 발명들을 검토하는 해군자문위원회의 프로그램 — 대니엘스 장관이 그토록 열성적으로 주장했던 — 은 대실패로 끝났다. 위원회에 접수된 11만 건의 '발명들' 중 과로로 녹초가 된 위원들이 개발할 만한 가치가 있다고 판단한 것은 110건에 불과했고, 전쟁이 끝나기 전에 생산 단계까지 도달한 것은 1건뿐이었다.[58] 대부분의 제안은 예전에 도입된 낡은 것이거나 이미 버려진 것이거나 해군 시스템에서 작동이 불가능한 것이었다. 한마디로 말해 그 제안들은 최신 기술에 대해 잘 모르거나 규모가 커지고 있던 해군이 직면한 두드

---

58) Lloyd N. Scott, *Naval Consulting Board of the United States* (Washington, D. C. : U. S. Government Printing Office, 1920), p. 125.

러진 기술적 문제를 모르는 사람들로부터 온 것이었다.

하이럼 스티븐스 맥심의 동생이자 해군자문위원회 소속 위원이었던 발명가 허드슨 맥심이 결론 내렸듯이, "지금은 전문가의 시대이다. 어떤 발명가나 과학자, 엔지니어도 자신이 쓸모가 있고 자격을 갖추었음을 입증하려면 해군과 군사 문제의 특수한 요구조건들에 많은 시간과 주의를 기울일 필요가 있다. … "[59] 그는 그런 자격을 갖춘 인물로 스페리를 꼽았다.

해군자문위원회와 마찬가지로 에디슨도 이 대결에서 과거의 영광이 다소 빛이 바래는 모습을 보였다. 그가 약속했던 '무시무시한 파괴의 무기들'은 아무것도 실현되지 못했다. 그 역시 자기 나름대로 연구하면서 다양한 대 잠수함 장치들을 고안했고 낡은 요트를 이용해 시험도 해보았다. 그는 실험실 폭발 사고로 눈에 부상을 입은 이후 건강이 좋지 않았기 때문에 부인인 미나가 그와 동행했다. 그녀는 뱃멀미에 시달렸고, 책임을 맡은 해군 장교들은 선상에서의 임무를 분명 괴롭게 느꼈을 것이다. 에디슨은 자신이 고안한 45가지 장치들을 해군이 무시한다며 불평을 늘어놓았다.

하나같이 완벽하게 훌륭한 물건들인데도 해군은 이를 죄다 무시해 버렸다. 해군 장교는 민간인이 간섭하는 것에 대해 화를 낸다. 이 친구들은 폐쇄적인 회사 조직 같다. [60]

---

59) Hughes, *Sperry*, p. 255.

60) Matthew Josephson, *Edison* (New York: McGraw-Hill, 1959), p. 454.

그는 자신이 제안한 해군연구소의 설계를 둘러싼 분쟁에서도 완고하고 고루한 모습을 보였다. 그는 다른 사람들의 아이디어에 개방적이지 않았고, 반면 자신의 아이디어를 변호할 때는 자족적인 태도를 보였다. 과거에 다른 사람들이 자신의 발명 아이디어를 비웃거나 무시했을 때에도 결국 자신이 옳은 것으로 판명되었던 경험을 자주 한 에디슨은 비판을 무시하고 제안을 반박하는 습관이 밴 것처럼 보였다.

애초 1915년에 에디슨이 제시한 국방 계획에는 연구와 실험도 하고 시험과 재설계를 위해 해군 설비의 실물 크기 모형도 만들 수 있는 연구소가 요청되어 있었다. 그는 비행기, 거리 측정기, 잠수함 엔진, 소총, "그리고 전쟁 기계와 관련된 모든 것"을 염두에 두고 있었다.[61] 일단 설계가 승인되면 평화 시에 청사진을 준비하고 공작기계를 지정하여, 나중에 전쟁을 하게 될 때 미국의 각 공장에서 대량생산을 지휘할 수 있도록 하는 것이었다. 그 간단명료함이 매우 인상적인 이 계획은 에디슨이 산업체 과학자들의 이론과 수학적 분석을 불편해 했음을 드러냈다. 산업체 과학자들은 물리적 모형을 되풀이해서 만들 필요 없이 이론과 수학적 분석만 가지고도 설계를 정교하게 만드는 데 효과적일 수 있음을 입증했다. 이론과 분석에 크게 의지해 장하코일(loading coil)•을 설계한 AT&T의 과학자들에

---

61) Memorandum on the "Experimental laboratory", prepared by the Board secretary, Thomas Robins. Sperry Papers.

• 〔옮긴이주〕 전화선로가 길어지면 신호가 감쇠하고 주파수 특성이 변형돼 목소리가 똑똑히 들리지 않게 되는데, 이를 방지하기 위해 선로의 인덕턴스를 인공적으로 증가시키려 선로에 일정한 간격으로 삽입하는 코일을 말한다.

게 에디슨식 접근방법은 비효율적이고 비용이 많이 드는 것으로 보였을 것이다. 미 의회가 에디슨이 요청한 500만 달러 대신 200만 달러의 예산 지출만 승인하자, 윌리스 R. 휘트니와 해군자문위원회의 다른 위원들은 실물 크기의 시제품을 만드는 것보다 연구와 실험에 초점을 맞춘 연구소를 짓자고 제안했다. 그러나 에디슨은 주장을 굽히지 않았다.

> 과학과 산업의 모든 분야에서 수백, 수천만 달러를 들여 … 여러 해 동안 연구가 계속 이루어졌지만 … 그중에서 지금까지 응용된 것은 우스꽝스러울 정도로 낮은 비율에 불과하다. … 따라서 더 많은 데이터를 계속 쌓아올리는 것은 부질없는 짓이다.

이상하게도 그는 사용에 특화된 데이터가 설계와 개발에 필요하다는 사실을 망각했다. 다른 사람들이 자신의 연구소 계획을 지지하지 않자 에디슨은 언짢아하며 거만한 태도를 보였다. 그는 대니엘스에게 편지를 썼다.

> 맞는지 틀린지는 모르겠지만, 대중이 내게 이 연구소를 성공적으로 이끌어 달라고 요청했고, 내가 그 일의 90%를 해야 하는 것으로 생각하고 있습니다. 그러니 만약 내가 이걸 성공으로 이끌 수 있는 적절한 조건을 부여받지 못한다면, 나는 이 일을 맡지 않을 것이고 어떤 식으로든 이 일과 연결되고 싶지 않습니다. … 62)

---

62) Hughes, *Sperry*, pp. 252~253에서 재인용.

에디슨을 무시하고 싶지 않았던 대니엘스는 교착 상태가 지속되도록 내버려 두었고, 해군연구소는 계속 미완성 상태로 방치되어 있다가 1920년 12월이 되어서야 마침내 공사를 시작했다.

항공 어뢰

역사가들은 해군자문위원회가 부족함이 많은 조직이었다고 기술해 왔고, 일반 국민들의 발명 대실패, 에디슨의 고루한 관점, 연구소를 둘러싼 교착 상태는 독립발명가의 비효율성, 더 나아가 이들의 쇠락을 반영한 동시에 산업체와 군대가 흥미를 보인 산업체 연구와 대학 연구의 부상(浮上)을 알린 사건이라는 인상을 주었다.[63]

이러한 해석은 위원회 구성원들 — 발명가인 스페리, 허드슨 맥심, 프랭크 스프레이그 등이 포함된 — 이 제안한 혁신적인 아이디어들과 위원회에서 이 아이디어를 실행하기 위해 산업체들과 맺은 연구개발 계약을 간과하였다.[64] 위원회는 제너럴 일렉트릭 연구소를 잠수함 탐지 프로젝트에 끌어들였고, 스페리 자이로스코프 사에 수많은 장치들의 개발을 위한 자금을 지원했다. 여기에는 미국 최초의 수중 폭뢰, 원거리 고강도 탐조등, 해군 어뢰제어장치, 비행기 계기, 공중 폭격 조준기, 헬리콥터, 비행기에 쓸 기계화된 사격 조준기, 그리고 항공 어뢰 또는 비행 폭탄 등이 포함되었다.[65] 위원회와 휘트니, 스페리는 이해관계 충돌을 문제로 생각하지 않았던 것 같다.

해군자문위원회가 추진한 가장 대담하고 미래지향적인 프로젝트

---

63) Kevles, *Physicists*, p. 138; Dupree, *Science in the Federal Government*, pp. 306~308.

64) Hughes, *Sperry*, pp. 250, 256.

65) Ibid. , p. 258.

는 항공 어뢰였다. 비행 폭탄, 다시 말해 순항미사일 장치가 이미 제 1차 세계대전에 시험되었음을 기억하는 사람은 거의 없다. 스페리 자이로스코프 사가 개발한 항공 어뢰는 제2차 세계대전 때 독일의 V-1 비행 폭탄을 20년이나 앞선 것이었다. 둘 다 날개가 달린 미사일로 450킬로그램 가량의 폭약을 싣도록 설계되었고, 미리 설정된 계기들에 의해 유도, 제어되었다. 그리고 두 가지 모두에서 자이로스코프는 핵심기기였다. 항공 어뢰는 피스톤 엔진을, V-1은 펄스제트 엔진을 사용했다.

스페리는 1918년에 항공 어뢰의 잠재력을 내다보고 "우리는 매우 중요한 전쟁 수단의 개발을 완수하는 먼 길을 왔다. 이는 다름 아닌 미래의 대포가 될 것이다."라고 썼다. 160킬로미터 거리에서 이 무기를 발사할 경우 뉴욕 같은 도시의 많은 부분을 파괴할 수 있고, 방어용 요새에 심각한 피해를 줄 수 있으며, "작은 마을이나 큰 군수공장은 완전히 뒤집어 놓을 수 있"을 것으로 스페리는 내다보았다. 66) 스페리는 살인이나 대량파괴를 꺼리지 않았다. 수많은 다른 발명가들과 끔찍한 파괴 무기의 옹호자들과 마찬가지로, 그는 항공 어뢰가 "전쟁을 너무나 위험하고 많은 비용이 드는 것으로 만들어 어느 나라도 감히 전쟁을 시작할 수 없게 될 것"이라고 예언했다. 67) 라이트 형제가 군대와의 계약을 추진할 때 옥타브 샤누트도 비슷한 조언을 했다.

---

66) Josephus Daniels, *The Cabinet Diaries* (Lincoln: University of Nebraska Press, 1963), p. 149.

67) EAS to Admiral Earle, 19 December 1918. Sperry Papers.

1914년 6월 파리 인근에서 안정화된 비행을 선보이는 로렌스 스페리와 에밀 카생

  발명에 대해서는 논리적이고 명석했던 스페리도 자신의 감성에 있는 논리적 모순은 보지 못했다. 참호 속에서 수백만 명이 죽어 가는 것을 정당화할 수 있는 국가라면 미사일처럼 정교하고 파괴적인 장치의 사용을 꺼리지 않을 것이라는 사실 말이다. 그 비밀스런 속성 때문에 스페리는 1926년이 되어서야 해군자문위원회의 전시 항공 어뢰 프로젝트를 세상에 알릴 수 있었다. 그러자 표제 기사들이 쏟아졌다.

  "죽음의 항공 어뢰가 전쟁의 종식을 준비하다: 엘머 스페리의 발명을 말한다."(〈뉴욕타임스〉)
  "항공 어뢰에 대한 설명: 자이로스코프 나침반으로 160킬로미터 거리에서 정확하게 조종, 1만 명이면 전쟁을 승리로 이끌 수 있다."(〈브루클린 데일리 이글〉(Brooklyn Daily Eagle))

로렌스와 엘머 스페리 부자 (1914년 6월)

항공 어뢰에는 전사(前史)가 있다. 1914년 6월, 파리 인근에서 에밀 카생이라는 이름의 용감한 프랑스 기계공이 커티스 복엽기(비행정) 날개 위로 올라섰고, 엘머 스페리의 아들인 조종사 로렌스 스페리는 뚜껑이 없는 조종석에서 두 손을 추켜들어 비행기의 조종을 스페리 자동 자이로안정기에 넘겼음을 보여 주었다. 이 시범으로 스페리 부자는 프랑스 비행기 안전 경연대회에서 5만 프랑의 상금을 받았다. 전쟁이 시작되자 자이로안정기는 안전성보다는 파괴의 목적으로 응용되었다. 영국에서 영국 공군과 함께 작업하던 로렌스는 자이로안정기와 자이로 조종장치를 폭격 조준기와 함께 시험했다. 자이로 장치들은 폭격수가 폭격 지점에 이르기까지 목표물을 시야에 유지할 수 있도록 비행기의 진로와 수평 비행을 유지해 주었다. 이러한 자이로 장치들은 제 2차 세계대전에 널리 쓰인 스페리 폭격 조준기를 예견케 하는 것이었다. 68)

초창기의 엔지니어 겸 시험 조종사였던 로렌스가 1916년 미국으로 돌아오자, 그의 아버지와 스페리 사의 다른 설계사들은 그와 함께 안정자이로와 조종자이로를 결합해 자동조종장치를 만들었다(센 강 위에서 선보인 날개 위를 걷는 시범 때는 안정자이로만 사용했다). 초기 시험에서 자동조종장치는 로렌스를 승객으로 태우고 48킬로미터 이상 비행기를 몰았는데, 아마 세계 최초의 비행기 자동조종 시범이었을 것이다. 젊고 잘생긴 비행가로 말쑥한 모습을 뽐내던 로렌스는 다른 비행에서는 뉴욕 사교계의 매력적인 젊은 부인을 승객으로 태웠다. 그녀는 밝은 색깔의 자동차를 몰고 맨해튼을 활기차게 질주하곤 해 신문에서 '푸른 번개'라는 애칭으로 불렸다. 그는 롱아일랜드 만 위를 날다가 자동조종장치를 켜고 계기반에서 손을 떼고도 비행할 수 있음을 보여 주려 했다. 그러나 기계가 말을 듣지 않았고 비행기는 곧장 만으로 추락해 동승했던 부인이 심한 부상을 입었다.

로렌스는 좀더 일상적인 비행에서도 여러 차례 추락을 경험했는데, 한 번은 코가 심하게 부러지기도 했다. 또 다른 젊은 비행 개척자 그로버 뢰닝은 자신의 친구 로렌스를 두고 "진정한 천재이며, 지독하게 열심히 일하는 일꾼이고, 여가 시간도 그만큼 열심"이라고 했다. 69)

---

68) Hughes, *Sperry*, p. 261.

69) Grover Cleveland Loening, *Our Wings Grew Faster* (Garden City, N. Y. :

로렌스와 엘머 부자는 유럽에서의 전쟁과 미국의 전쟁 대비 문제에 관심을 갖게 되면서 항공 어뢰 혹은 조종사 없는 비행 폭탄의 가능성에 주목했다. 그들의 구상은 간단한 것이었지만 앞으로 군사적·상업적 비행기 모두에 쓰일 수 있는 잠재력이 충분했다. 로렌스 스페리가 1916년에 출원한 특허는 항공 어뢰에 관한 설명을 담고 있다. 로렌스가 이미 입증한 바와 같이 자이로안정기가 비행기의 수평 비행을 유지해 주었고, 자동조종자이로는 비행기가 미리 정해진 경로를 따라 가도록 했다. 고도계는 비행기가 이륙 후 계속 상승하도록 한 뒤 일정한 높이에 도달하면 수평 비행을 하도록 제어장치를 작동시켰고, 간단한 엔진회전 계수기는 미리 정해진 거리를 날아 목표에 도달하면 동력이 꺼져 항공 어뢰가 낙하하도록 만들었다. 다양한 제어장치에 의해 작동되고 바람으로 움직이는 작은 프로펠러에서 동력을 얻는 서보모터(servomotor)●는 비행기의 보조익, 승강타, 방향타를 움직였다. 바람으로 움직이는 프로펠러는 자이로모터에 전기를 공급하는 발전기도 구동했다.

항공 어뢰 개념은 자동 되먹임 제어의 역사에서 하나의 시금석이 되었는데, 이는 MIT의 수학자 노버트 위너가 자신의 책 《사이버네틱스, 혹은 동물과 기계에서의 제어와 커뮤니케이션》(*Cybernetics, or Control and Communication in the Animal and the Machine*, 1947) 에서 되먹임 제어에 세상의 이목을 집중시킨 것보다 훨씬 앞선 일이었다.

Doubleday, Doran, 1935), p. 93.
● 〔옮긴이주〕 되먹임 제어를 이용한 자동 장치에서 정밀한 제어를 위해 동력을 공급하는 모터.

해군자문위원회는 1917년 4월에 항공 어뢰 프로젝트를 승인했고 스페리 자이로스코프 사와 20만 달러의 개발 계약을 맺었다. 회사 측은 처음에 커티스 비행기, 비행정, 그리고 여러 대의 N-9 비행기에 자동제어장치를 차례로 시험한 후 항공 어뢰용으로 특별히 설계된 커티스 비행기에 자동제어장치를 설치하는 데 동의했다. 그리고 대량생산이 뒤따를 예정이었다. 자동조종장치를 단 N-9 비행기에 대한 시험은 이륙 시 비행기를 조종하고 비행을 모니터하기 위해 시험 조종사를 태운 상태에서 이뤄졌고, 현저한 성공을 거뒀다.

1917년 11월, 2기통 엔진을 달아 특별히 간단하고 저렴하게 설계된 커티스 비행기가 뉴욕 롱아일랜드에 있는 스페리 시험장에 도착했다. 스페리 사의 엔지니어와 기계공들이 자동조종장치를 설치했다. 필요한 개선 사항을 알아내기 위해 로렌스가 특별하게 개조된 항공 어뢰를 직접 몰면서 모니터링을 했다(적어도 네 차례 이상 추락하기도 했다).

1918년 3월 6일, "전 세계는 몰라도 … (적어도 미국에서는) 최초의 자동 미사일 비행이 성공적으로" 이뤄졌다. 70) 비행기는 이륙 후 자동으로 상승해 부드럽고 안정적인 비행을 한 후, 미리 정해 둔 거리인 900미터 떨어진 물 위에서 거리제어장치가 자동으로 비행을 종료시켰다. 71) 이런 기념비적 사건에도 불구하고 1918년 여름과 가을에 항공 어뢰를 가지고 수행한 추가 시험은 실망스러웠다. 되풀이되

---

70) Rear Admiral Delmar S. Fahrney and Robert Strobell, "America's first pilotless aircraft", *Aero Digest*, LXIX(1954), 28ff.

71) Hughes, *Sperry*, p. 267.

스페리 항공 어뢰 (1917~1918년)

는 구조상의 결함, 발사 장치의 오작동, 이륙 시의 빠른 가속 때 발생하는 자이로의 세차운동 등이 원인이었다. 개량된 이륙 발사기와 제어장치를 문제가 덜한 커티스 N-9 비행기에서 다시 시험해 보고 싶었던 스페리 사의 엔지니어들은 1918년 10월 17일에 이 장치를 이륙시켰다. 거리 측정기를 13킬로미터로 맞추어 놓은 N-9 비행기는 부드럽게 날아올라 계속 상승하더니 미리 정해진 경로를 따라 동쪽의 대서양 너머로 사라졌고 다시는 보이지 않았다. 이 시험은 만약 간단한 비행기 대신 좀더 적절하게 설계된 비행기가 사용되었다면 실용적이지만 비용은 많이 드는 항공 어뢰가 전쟁이 끝나기 전에 생산되었을지도 모른다는 것을 보여 주었다.

비행 폭탄에 대한 아이디어는 스페리 부자뿐 아니라 미국의 또 다른 일류 발명가인 찰스 케터링의 상상력도 사로잡았다. 오늘날 뉴욕에 있는 암 연구센터에서 그 이름을 찾아볼 수 있는 케터링은 여러 중요한 발명들을 했고, 자동차에 쓰이는 전기 자동시동장치와 개선된 축전지 점화장치로 널리 알려졌다. 제 1차 세계대전이 끝난 후 그는 제너럴 모터스 연구소의 초대 소장이 되었다. 1916년에 그는 미국이 전쟁에 참전한다면 비행기의 대량생산이 필요할 것이라고 예상하고, 오빌 라이트 등과 힘을 합쳐 오하이오 주에 데이턴 라이트 항공기회사(Dayton Wright Airplane Company)를 설립했다. 케터링은 리버티 비행기 엔진에 들어갈 점화장치를 설계, 제조하기도 했는데, 이는 미국이 전시에 기울인 가장 성공한 대량생산 시도 중 하나였다.

그는 1917년 12월에 육군 위원회의 일원으로 스페리의 항공 어뢰 시험을 참관한 후 엄청난 열의를 보였고 육군을 위해 비행 폭탄을 개발하기로 했다. 다른 수많은 발명가들이 그랬던 것처럼 그는 자신이 다른 사람의 설계에서 약점을 찾아냈다고 믿었고, 곧바로 이를 고치는 작업에 착수했다. 그는 스페리 시스템에 들어간 비용과 복잡성에 비판적이었다. 케터링은 "이건 간단하게 만들어야 한다"고 주장했다. "우리는 복잡한 걸 만들 시간이 없다."[72]

케터링은 오빌 라이트를 포함한 팀에 폭탄을 실을 비행기의 동체를 설계해 달라고 요청했다. 엔진설계에 도움을 얻기 위해 그는 포드 자동차회사에서 수석 설계자로 일했던 C. H. 윌스를 불러들였다. 포드는 윌스를 "대중이 나라고 생각하는 바로 그 사람"이라고 부

---

72) Stuart W. Leslie, *Boss Kettering* (New York: Columbia University Press, 1983), p. 81.

른 적이 있었다. 73) 최종적으로 완성된 엔진의 비용은 40달러에 불과했다. 제대로 작동하는 자이로 제어 시스템을 만들어 내는 데 실패하자 케터링은 스페리의 설계를 그대로 가져왔고, 엘머 스페리는 상세한 도면을 제공, 오하이오 주 데이턴을 직접 방문해 설치를 도와주었다. 다른 제어장치에는 고도 조절을 위한 아네로이드 기압계와 날개 위에 장치된 작은 프로펠러로 구동되는 거리 측정용 회전 계수기가 있었다. 케터링의 직원들은 값싸고 운반가능한 발사 장치를 설계했다.

케터링 비행 폭탄 시험은 1918년 9월에 시작되어 10월 내내 계속되었다. 10월 2일에 있었던 실물 크기의 비행에서 케터링 장치는 '벌레'라는 별칭을 얻었다. C. H. 윌스는 스페리에게 이 사건의 전모를 말해 주었다. 처음 5분 동안 변덕스러운 비행 패턴을 보이면서 모든 제어장치가 망가진 후에 비행기는 지름이 1.6킬로미터쯤 되는 원형 궤도를 그리기 시작했다.

케터링 씨는 비행기가 3,600미터 상공까지 올라간 후에 시야에서 사라지는 것을 지켜보다가 넌더리를 내면서 '저 녀석은 저 위에 있게 놔두고' 집에 잠이나 자러 가자고 하셨습니다. 74)

그로부터 몇 주 후에 시험된 또 다른 벌레는 목표물까지 450미터의 비행시간 동안 잘 작동했고, 육군은 100대의 시제품을 주문했다.

---

73) Elmer A. Sperry, recollection to Commander John H. Towers, 1 October 1918. Sperry Papers.

74) Leslie, *Boss Kettering*, p. 83.

1918년 오하이오 주 데이턴의 라이트 비행장에 있는 케터링 비행 폭탄

1919년 플로리다 주 아카디아의 칼스트롬 비행장에 추락한 케터링 비행 폭탄

그러나 11월에 전쟁이 끝나면서 정부는 스페리와 케터링의 프로젝트를 합치기로 결정했다. 둘을 비교하는 비행 시험 후, 정부는 케터링의 프로젝트를 폐기하고 스페리-커티스의 항공 어뢰 개발을 계속하기로 했다.

미국 군대는 이내 자동으로 조종되는 미사일에 집착을 드러냈다. 정전 선언 일주일 전에 해군은 5기의 항공 어뢰를 주문했다. 스페리사 직원이었던 한니발 포드와 칼 노든이 설계한 제어장치를 위티맨-루이스 사에서 만든 비행기에 장착해 만든 것이었다. 해군은 전쟁 이전의 무선 시스템 때에도 그랬던 것처럼, 한 사람의 설계자나 하나의 공급업체에 의지하는 것을 여전히 꺼리는 듯했다. 1920~1921년에 이뤄진 시험 비행은 새로운 설계가 스페리-커티스의 항공 어뢰보다 효율적이지 못하며 스페리 제어장치를 단 커티스 N-9 비행기만큼 전망이 밝지도 않음을 보여 주었다.

1920년에 육군은 다시 한 번 스페리를 전면에 내세웠다. 새로 설립된 로렌스 스페리 항공기회사와 계약을 맺어, 스페리 자이로스코프 사에서 만든 3대의 자이로 제어장치를 로렌스 스페리 사의 우편 배달 비행기에 설치하고 3대의 육군 훈련기를 항공 어뢰로 개조하는 일을 맡긴 것이다. 1922년에 로렌스는 계약의 요구조건을 충족했고 50킬로미터, 100킬로미터, 150킬로미터 떨어진 곳에 있는 목표물을 명중시킴으로써 보너스를 획득했다. 그러나 150킬로미터 떨어진 목표물의 경우에는 원격무선조종으로 자동제어장치의 오류를 교정해 이룬 결과였다(계약서에는 어뢰가 수동제어 없이 기능해야 한다고만 명시되어 있었다). 육군 항공대의 많은 장교들 — 그중에는 미래지향적인 태도를 가진 윌리엄('빌리') 미첼 대령(나중에 장군)도 있었다

— 은 항공 어뢰의 발전을 열성적으로 지지했다. 미첼은 나중에 로렌스 스페리를 "항공계에서 가장 명석한 두뇌의 소유자이자 위대한 개발자"로 치켜세우기도 했다. 75)

로렌스는 1924년에 자신이 설계한 비행기를 몰고 영국해협을 건너다가 사고로 사망했다. 엘머 스페리는 아들의 죽음으로 인해 개인적으로뿐만 아니라 직업적으로도 상처를 입었다. 로렌스는 아버지가 발명한 초기 비행제어장치의 엔지니어이자 시험 조종사이기도 했기 때문이다. 이후 아들의 기일(忌日)마다 스페리는 일기에 서글픈 기록을 남겼다. "로렌스를 잃은 날이다."76)

75) Colonel William Mitchell, "Lawrence Sperry and the aerial torpedo", *U.S. Air Service* (January 1926), 16.

76) Hughes, *Sperry*, pp. 179~181, 272~273, 322~324.

제어

항공 어뢰의 성공은 20세기의 강박적 관심사인 제어의 문제에 적절하게 대응하는가에 달려 있었다. 오늘날의 기술(특히 군사기술)은 엄청난 양의 에너지를 방출하는데, 목표 — 건설적인 목표든 파괴적인 목표든 — 달성을 위해서는 이런 에너지를 제어할 필요가 있다. 스페리는 제어의 문제에 집중했다. 해군 장교들은 비행기뿐 아니라 거대한 드레드노트급 전함도 그 엄청난 힘을 제어하고 감독할 수 있는 수단이 발명되어야만 그 잠재력을 발휘할 수 있음을 깨달았다.

해군은 증기터빈, 강철장갑, 대포, 폭약의 개선에 뒤이은 제어 혁명을 원했다. 1900년에 전함에 실린 대포의 최대 사정거리는 3,600미터가 채 못 되었지만 1910년에 이는 9천 미터로 늘어났다. 1911년에 미 해군은 스페리에게 제어 문제를 의뢰했다. 앞서 기술한 것처럼, 그는 제1차 세계대전이 터지기 전에 이 문제에 대한 대응책을 내놓았다. 목표물의 방위각을 자기 나침반보다 훨씬 정확히 잡을 수 있는 자이로컴퍼스와 바다 위에서 배의 좌우 흔들림을 억제해 대포를 안정된 기반 위에서 발사할 수 있게 하는 자이로안정기가 그것이었다. 효과적인 포격 방법을 찾는 과정에서 서구 국가의 해군들은 사회를 자동화와 제어의 시대로 더 빨리 이동시키는 데 일조했다.

스페리와 엔지니어들은 영국 해군에서 이뤄진 초기 작업에서 아이디어를 빌려와 1916년에 특허 받은 포격 제어 시스템을 미 해군을 위해 개발했다. 1920년이 되자 미국에서 19척의 드레드노트급 전함, 11척의 2선급 전함, 9척의 장갑 순양함에 '스페리 포격 제어 시

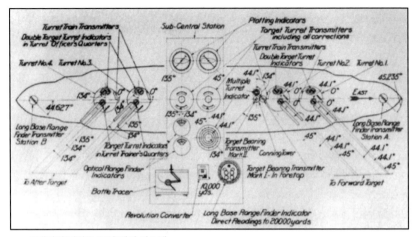

스페리의 전함용 포격 제어 시스템

스템'이 설치되었다. 이들 제어 시스템은 물리학자들이 전쟁 기간에
개발한 잠수함 탐지장치보다 훨씬 더 복잡하고 기술적으로 진보한
것이었다. 해군사관학교를 졸업한 발명가 프랭크 스프레이그는 스
페리에 대해 "해군 장교들은 그를 항해술과 포격에서 혁명을 일으킨
인물로 본다"고 썼다. [77]

　스페리의 포격 제어 시스템은 시스템 건설의 좋은 사례를 제공한
다. 먼저 갑판 아래에 위치한 주 자이로컴퍼스에 따라 움직이는 중
계 나침반들은 목표물의 방위각을 관찰할 수 있는 배 위쪽과 계산이
이뤄지는 포격장교의 통제본부가 있는 배 아래쪽에 모두 놓였다. 스
페리는 하나의 부서에서 다른 부서로 정보를 전송하는 것이 종종 왜
곡을 초래한다는 사실을 발견하고 정보를 보내는 전기적 수단을 개
발했다. 포격장교가 포탑에 내리는 명령은 포병들이 보는 표시기에

77) Ibid. , p. 231.

나타났다. 또 다른 통신-표시 장치는 회전 포탑과 대포의 위치를 포격장교가 명령을 내린 위치와 비교해 포병들과 포격장교에게 보여 주었다.

또한 스페리의 포격 제어 시스템은 아날로그 컴퓨터인 '전투 추적기'(battle tracer)를 포격장교의 통제실에 설치했다. 제1차 세계대전 때 이 장치의 사용은 제2차 세계대전 때의 이른바 컴퓨터 혁명보다 훨씬 앞선 컴퓨터 정보 및 제어의 초기 발전을 다시 한 번 상기시킨다. '전투 추적기'는 나침반에서 배의 진로에 관한 정보를, 프로펠러축에 달린 회전 계수기에서 배의 속력에 관한 정보를, 배 위에 있는 관측 장치에서 목표물의 방위각과 사정거리에 관한 정보를 자동으로 받아 해류에 관한 다른 정보와 결합한다. 아날로그 컴퓨터에서 나온 출력은 해도 위를 움직이는 작은 배 모형과 거기서 뻗어 나온 가지로 나타났는데, 배 모형은 배의 위치를 계속해서 보여 주었고, 거기서 뻗어 나온 가지는 해도상에 적선(혹은 목표물)의 위치를 계속해서 표시해 주었다. [78]

78) Ibid. , pp. 232~233.

군혁복합체

스페리 자이로스코프 사와 미 해군은 초기에 구현된 군혁복합체 (military-innovation complex) 의 사례를 함께 만들어 냈다. 자이로컴퍼스, 자이로안정기, 포격 제어 시스템, 자동 비행기 제어장치 외에도 이 회사는 나중에 개발된 레이더와 비슷한 방식으로 목표물의 위치를 찾아내는 항공기 계기와 고성능 탐조등을 발명, 설계, 생산했다. 오늘날 군대와 주요 계약업체의 관계에서 나타나는 특징 대부분은 제1차 세계대전 때 스페리-해군 관계에서 이미 찾아볼 수 있다. 스페리는 규모가 커지던 해군 선박 시스템 — 특히 드레드노트급 전함 — 에서 결정적 문제가 나타나는 것에 대해 해군 장교들과 지속적인 대화를 가졌다. 그와 스페리 사는 발명을 통한 해법을 가지고 기민하게 대응했다. 해군 장교들은 스페리와 엔지니어들과 함께 최초의 항공 어뢰와 같은 시제품의 시험과 개발에 관여했다. 궁극적인 목표는 생산 계약이었다. 1918년에 스페리 사의 한 문서는 다음과 같이 올바른 결론을 내렸다.

> 이 회사는 사실상 창립 당시부터 해군에 의해, 그리고 나중에는 전쟁부에 의해, 고도의 정밀도를 지닌 정교하고 때로는 난해한 장치들을 … 개발하는 … '두뇌 공장'(brain mill) 이자 실험실로 쓰였다. [79]

---

79) Ibid. , p. 233.

스페리의 '두뇌 공장'은 대중적으로 유명세를 탔던 해군자문위원회나 국가연구위원회보다 미래의 군-혁-산 복합체의 모습을 훨씬 더 선구적으로 보여 주었다.

제 4장

궁핍한 과학자들을 위한
자선 구호시설은 없다

토머스 에디슨과 다른 독립발명가들이 주도한 해군자문위원회는 조지퍼스 대니엘스, 일반 대중, 그리고 아마도 위원회에 참여한 위원들의 부푼 기대를 충족하지 못했다. 오늘날 돌이켜 보면 우리는 전쟁이라는 비상 기간에 해군이 필요로 했던 것은 급진적이고 획기적인 발명 — 독립발명가들의 장사 밑천 — 이 아니라 기존의 시스템을 향상시키는 발명이었음을 알 수 있다. 대 잠수함 무기류 설계에는 독립발명가들이 으레 그러한 것보다 더 수준 높은 물리학 훈련을 받은 사람들이 요구되었다. 산업체들은 해군과 마찬가지로 확장 일로에 있는 자신들의 시스템을 향상시키는 발명을 원했다. 조직의 사고방식은 갑작스런 변화보다는 점진적인 변화를 선호했다. 이는 특히 독립발명가들이 일으켜 세우는 데 공헌한 전기산업에서 그러했다. 독립발명가들은 대중의 시야에서 사라지기 시작했다.

　제 1차 세계대전이 끝나고 평화가 다시 찾아온 후부터 독립발명가들은 발명과 개발의 가장 두드러진 원천이라는 이전의 지위를 다시는 되찾지 못했다. 에디슨, 라이트 형제, 니콜라 테슬라처럼 대중의 시선을 사로잡은 인물은 더 이상 나오지 않았다. 대신 대중의 시선은 산업연구소를 새로운 발명과 발견의 원천으로 생각하는 쪽으로 옮겨졌다. 그들을 고용한 기업에 의해 널리 선전된 산업체 과학자들은 물질세계 변화의 원천으로서 영웅적 발명가라는 인물을 ― 실제 활동에 있어, 또 대중의 마음속에서 ― 점차 대체했다. 양차 세계대전 사이에 산업연구소는 '더 나은 삶을 위한 더 나은 것들'의 원천으로 이해되기 시작했다. 평생 한 번도 실험복을 입어 본 적이 없고 현미경을 사용해 본 적도 없던 엘머 스페리도 홍보용 사진촬영을 위해 실험복을 입고 현미경을 들여다보는 포즈를 취해 달라는 요청을 받았는데, 이러한 이미지 변화 시도는 분명 직업발명가들의 전성기가 끝나 가고 있음을 알리는 것이었다. 발명가가 가장 있을 법한 주소는 이제 뉴저지 주 멘로 파크의 에디슨 연구소가 아니라 뉴욕 주 스키넥터디의 제너럴 일렉트릭 연구소가 되었다. 미국의 발명은 혁명적인 것에서 점진적인 것으로 변해 가고 있었다.

제너럴 일렉트릭 연구소의 소장을 맡은 윌리스 R. 휘트니와 제너럴 일렉트릭 사에서 극적인 고전압 실험을 수행한 찰스 프로테우스 스타인메츠는 이내 산업체와 과학의 창조적 힘을 상징하는 인물이 되었다. 일상 언어에서 '연구개발'이 '발명'을 대체하기 시작했다. 아마도 에디슨이 뉴저지 주 웨스트오렌지에 연구소를 크게 짓고 대규모의 산업적 계획으로 전환한 것은 산업체들이 자체적인 산업연구소를 가지고 독립발명가들을 대체하고 있음을 알아차린 선견지명 때문이었는지도 모른다. 그는 팔방미인 발명가-기업가의 시대가 조직의 틀에서 일하는 일군의 전문화된 과학자, 엔지니어, 발명가들에게 자리를 내주어야 함을 느꼈을 수도 있다. 독립발명가들이 기계와 발전기를 조작했다면, 산업체 과학자들은 전자와 분자를 조작했다. 독립발명가들은 자신이 지닌 숙련과 기예를 뽐낸 반면, 과학자들은 자신의 지식이 지닌 객관성, 보편성, 이전가능성에 자부심을 가졌다.

에드윈 암스트롱: 괴롭힘을 당한 독립발명가

독립발명가의 몰락을 설명할 수 있는 요소로는 산업체들이 대규모 기술시스템을 향상시켜 때때로 막대한 이익을 가져오는 보수적 발명을 필요로 했다는 것 외에, 산업체들이 수많은 특허 변호사들을 고용해 독립발명가들의 특허에 도전하고 자신들의 특허를 강화할 수 있었다는 점을 들 수 있다. 에드윈 암스트롱이 AT&T, 미국무선통신회사(Radio Corporation of America, RCA)•와 벌인 특허 분쟁의 역사는 발명과 개발 과정을 통제하려 굳게 마음먹은 산업체들이 우글거리는 세상에서 독립발명가들이 마주친 어려움에 대해 주목할 만한 사례를 제공한다.

라디오에서의 주파수 변조와 그외 중요한 기술적 진전의 발명가인 암스트롱은 에디슨, 스페리 등 독립발명가들처럼 발명가-기업가로 살아남으려는 결심을 했다. 작은 실험실과 몇 명의 충실한 조수들과 함께 그는 발명, 특허 출원, 개발, 자금 조달, 마케팅에 이르는 다양한 역할을 수행했다. 1912년 불과 22세의 나이로 뉴욕 주 컬럼비아대학에서 전기공학을 공부하던 학부생이었을 때, 암스트롱은 그 원리가 제대로 이해되지 못했던 삼극진공관의 작동에 대해 조사한 적이 있었다. 삼극진공관을 발명한 리 디포리스트조차 그것이

• 〔옮긴이주〕 제1차 세계대전 이전에 미국의 무선통신 사업을 통제하던 미국 마르코니 회사의 자산을 제너럴 일렉트릭이 사들여 1919년에 설립된 무선통신회사로, 미국 내 무선전신 사업을 통제하려는 정부의 의도를 반영해 만들어졌다.

지닌 다양한 함의에 대해 완전히 이해하지 못했다. 처음에 디포리스트는 이것을 전파의 수신장치로 고안했다가 1912년에 장거리 전화선에 쓸 수 있는 중계기로 응용하려는 노력을 기울여 제한적인 성공을 거두었다.

암스트롱은 교수들 중 한 사람의 조언을 받아 컬럼비아대학 실험실에 있는 오실로그래프를 써서 삼극진공관의 성능을 주의 깊게 분석했다. 그는 버몬트 주에서 등산을 하다가 떠오른 영감에 따라 금속판에 입력되는 신호를 다시 그리드(grid)*로 집어넣어 증폭 되먹임 고리를 만들었다. 그는 삼극진공관에 되먹임 고리와 적절히 조율된 회로를 결합하면 입력되는 신호를 놀라울 정도로 강력하게 증폭할 수 있다는 것을 알아냈다. 그는 당시에는 불가능하다고 믿었던 거리에 있는 송신소의 신호를 크고 분명하게 청취할 수 있었다. 암스트롱은 라디오의 역사를 통틀어 중요한 발명 중 하나인 되먹임 회로, 다른 말로 재생회로를 발명한 것이다.

재생회로에서 되먹임 진공관을 계속 탐구하다가 그는 가장 높은 수준의 증폭에서 쉿 하는 소리가 나는 것에도 주목했다. 그는 들어오는 전파를 검출하기 위해 이 수준 아래로 증폭을 유지했지만 이 현상에 관한 연구는 계속했고, 거의 6개월이 지난 후 쉿 소리를 내는 가장 높은 수준의 증폭에서 진공관이 고주파 발생기로 작동한다는 사실을 알아냈다. 결국 그는 전파 송신의 주된 방식이 된 되먹임 검출기이자 되먹임 발생기(혹은 발진기)를 발명한 셈이었다. 1)

• 〔옮긴이주〕 필라멘트(음극)와 금속판(양극)으로 이뤄진 이극진공관에 추가한 세 번째 전극.

암스트롱은 1913년 1월 31일에 재생회로에 대한 공증(公證)을 받았지만, 1913년 봄 그의 졸업에 즈음한 여러 사건들과 이후 컬럼비아대학 전기공학과 조수로서의 업무에 몰두하느라 1913년 10월 29일에야 특허를 출원할 수 있었다. 당시 그는 검출(수신) 회로에 대한 특허만 출원했는데, 이때 빼먹은 내용은 나중에 법정 소송 과정에서 그에게 끝없는 문제를 일으키는 원인이 되었다. 그는 1913년 12월에야 뒤늦게 발진기 또는 송신기로서의 회로에 관한 특허를 출원했다. 그러나 1924년에 그의 특허들에 대한 도전이 성공을 거두기 전까지는, 전파의 수신기이자 송신기로서 되먹임(재생) 회로는 빠른 속도로 확장하던 라디오 세계에서 중요한 발명 중 하나로 인정되었고 암스트롱은 특허에 대한 사용권 허가를 통해 부자가 되었다.

그는 독립적인 지위를 유지했고 독립적인 직업발명가의 황금기가 오래전에 지나간 후에도 계속 발명활동을 했다. 그가 발명한 다른 개선사항으로는 슈퍼재생회로와 1930년 이후 라디오의 기본 장치가 된 슈퍼헤테로다인 수신기가 있다.

그러나 그는 특허 소송에 휘말리게 되었다. 그의 전기작가인 로렌스 레싱에 따르면 특허 소송은 "1920~1934년에 10여 곳이 넘는 법정을 드나들며 계속되었는데, 증언 기록만도 수천 페이지에 달했고 거의 세 무리의 변호사들을 지쳐 나가떨어지게 만들었으며, 백만 달러를 훌쩍 넘는 비용을 잡아먹은 끝에 이상하고 지독한 절정에 도달

---

1) Lawrence Lessing, *Man of High Fidelity: Edwin Howard Armstrong* (New York: Bantam Books, 1969), pp. 45~47; Thomas S. W. Lewis, "Radio revolutionary", *American Heritage of Invention and Technology*, 1 (Fall 1985), 36.

한" 사건이었다.[2] 그러나 처음에 암스트롱은 1913년 1월에 공증 받은 스케치를 이용해 그리 어렵지 않게 전파 검출을 위한 되먹임 회로 발명의 우선권을 확인받을 수 있었다.

1922년 뉴욕 시에 있는 미국 순회 항소법원은 AT&T의 지원을 받던 디포리스트가 암스트롱의 특허권을 침해했다는 판결을 내렸다. 이 사건에서 암스트롱은 웨스팅하우스 사의 후원을 받고 있었다. 웨스팅하우스는 1920년에 되먹임-검출 특허와 슈퍼헤테로다인 회로에 관한 특허의 권리를 35만 달러에 사들인 참이었다. 웨스팅하우스는 암스트롱의 되먹임-송신(발진기) 회로도 20만 달러에 사들이는데 동의했는데, 디포리스트와 암스트롱이 모두 우선권을 주장하던 특허권 침해소송에서 암스트롱의 특허가 확인되어야 한다는 전제조건이 붙어 있었다. 디포리스트는 아직 되먹임 회로에 관한 특허를 보유하지 않았지만, 특허권 침해소송에서 승소하면 특허청으로부터 특허를 받게 될 것이었고 이것이 인정받는다면 암스트롱의 특허를 무효로 만들 수 있었다. 디포리스트의 변호사들은 그가 암스트롱보다 좀더 포괄적 또는 일반적인 발명을 했고, 암스트롱의 장치는 좀더 일반적인 특허의 특수한 적용례에 불과하다고 주장했다.

특허 변호사들 — 이들 중 많은 수가 전기 분야의 대기업들을 위해 일했다 — 과 일부 발명가들은 특허의 제국을 활용하고 방어하는 세부 기술을 터득했다. 그들은 특허가 지적재산권의 경계를 확립해 준다는 사실을 알고 있었다. 발명가들과 특허 변호사들은 마치 금 채굴자처럼 자기 재산의 경계 구획에 대한 권리 주장을 명확하게 했

---

2) Ibid., p. 127.

암스트롱(맨 오른쪽)은 제 1차 세계대전 때 프랑스에서 미 육군 통신대 장교이자 무선전신 전문가로 복무했다.

다. 특허 변호사들은 이렇게 정해 둔 영역 내로의 침입이나 침해에 맞서 특허권을 방어했다. 잘 설계된 특허는 다른 사람의 재산권을 침해하지 않으면서 가능한 최대로 많은 영역을 포괄했다.

훌륭한 조언을 받은 발명가들은 특허청과 법원이 허용하는 한도 내에서 최대한 일반적이고 포괄적인 특허권 주장을 했다. 예컨대 특허 변호사들은 발명가들에게 어떤 장치의 구조 그 자체가 아니라 그 구조를 관장하는 원리에 대해 특허권을 주장하라고 조언했다. 특허 는 기본적인 것이거나 종속적인 것 둘 중 하나였는데, 종속 특허는 그 소유자가 기본 특허도 소유하고 있거나 그 사용권을 가진 경우가 아니면 가치가 없었다. 반면, 사실상 가치가 없던 기본 특허가 기본 발명을 향상시키거나 연장시킨 종속 특허에 의해 크게 강화되는 경우도 있었다. 그래서 AT&T나 웨스팅하우스 같은 회사들과 특허 변호사들은 장거리 전화나 라디오 방송 등을 관장하는 상호 연관된 기본 특허와 종속 특허들의 독점적 구조를 세우기 위해 끝없는 협상을 벌였다. 투자는 극도로 주의를 기울여 이뤄져야 했다. 왜냐하면 스페리의 경험 많은 특허 변호사가 추정했듯이, "승인된 특허 중 가치가 아주 높은 것은 아마 1%도 안 될 것이고, 약간의 가치가 있는 것은 10~25% 정도, 그리고 나머지는 거의 가치가 없는 것들"이기 때문이었다.[3] 암스트롱은 어느 누구도 밟지 않은 미지의 영역으로 과감히 발을 내디딘 것이다. 처음에는 기업의 후원을 받아서, 그리고는 자기 혼자 힘으로.

디포리스트와 그의 변호사들은 1912년 8월이라고 기록된 회로 도면과 노트 기록물을 근거로 우선권을 주장했는데, 이는 1913년 1월의 암스트롱의 회로 도면보다 몇 달 앞선 것이었다. 그들은 디포리스트의 도면이 기본적인 되먹임 회로를 암시하는 예비 개념이었으며 이를 입증한 실험으로 곧장 이어졌다고 주장했다. 그러나 디포리스트가 되먹임 회로에 관한 특허, 그리고 이를 발진기, 즉 전파발생기 용도로 사용하는 특허를 신청한 것은 1914년과 1915년의 일이었다. 암스트롱과 그의 변호사들은 이러한 행동을 암스트롱이 특허를

---

3) Herbert H. Thompson(엘머 스페리의 특허 변호사), "A patent's value", *Sperryscope*, 1(November-December 1919), 12~14.

출원해 이것이 널리 알려지기 전까지는 디포리스트가 되먹임 회로의 함의를 알아채지 못했다는 증거로 받아들였다. 만약 1922년 뉴욕 순회법원이 디포리스트의 특허권 침해 판결을 내린 후 암스트롱이 거의 파산 상태였던 디포리스트를 상대로 손해배상 청구를 밀어붙이지 않았다면, 이 에피소드는 암스트롱의 우선권이 확립된 채 끝났을지도 모른다. 그러나 암스트롱은 웨스팅하우스 사의 조언을 무시한 채 혼자 힘으로 손해배상 청구소송을 계속했다. 그가 경제적인 이득을 볼 희망은 거의 없었는데도 말이다. 그러나 암스트롱에게는 발명가로서의 자존심이 걸린 문제였다.

두 사람 사이의 반목은 더욱 깊어졌다. [4] 디포리스트는 1920년에 필라델피아에 있는 프랭클린협회(Franklin Institute)•에서 삼극진공관(오디온)의 발전 과정에 관한 논문을 발표했을 때를 이렇게 회상했다.

모두들 발표 내용을 수긍하는 분위기였지만 단 한 사람만이 예외였다. 되먹임 회로를 발명한 사람이 자신이라는 걸 보이기 위해 애쓰던 에드윈 암스트롱이었다. "디포리스트가 발명한 건 오디온뿐입니다! 그건 인정하지요"라고 그가 으르렁거렸다. 그러자 의장이 그에게 "자리에 앉으세요"라고 명령했다. [5]

---

4) Lessing, *Man of High Fidelity*, p. 135.
• [옮긴이주] 1824년에 '기계기술과 응용과학'의 촉진을 위해 설립된 전문직 단체로, 대중을 위한 과학교육과 엔지니어 전문직 종사자 간의 정보교류에 많은 기여를 했다.
5) Lee de Forest, *Father of Radio: The Autobiography of Lee de Forest* (Chicago: Wilcox & Follett, 1950), p. 352.

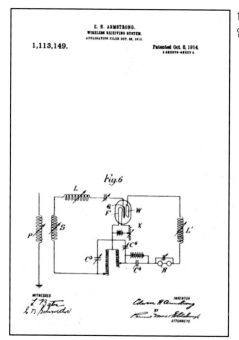

1913년 10월 29일에 출원된
암스트롱의 재생(되먹임)회로 특허

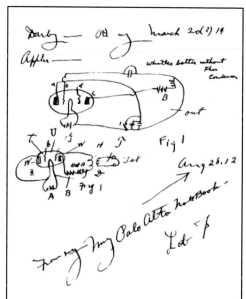

리 디포리스트가
재생(되먹임)회로 발명의
우선권을 주장하는 데
근거가 되었던
1912년의 노트 페이지

그 이전인 1914년에 디포리스트가 오디온 시범을 보였을 때에는 컬럼비아대학에 있던 암스트롱의 은사이자 친구인 마이클 푸핀 교수가 성난 목소리로 "당신은 무슨 권리로 그걸 여기 가지고 나온 거요? 그건 당신 것이 아니오. 암스트롱의 것이오."[6] 라고 디포리스트를 크게 힐난했다.

디포리스트와 그의 변호사들은 다시금 공격을 시작했다. 그들은 암스트롱이 상대적으로 좁게 정의된 2개의 특허를 별도로 출원한 것은 수신기와 송신기 모두를 포괄하는 개념인 되먹임 회로의 일반적 특성을 파악하지 못했기 때문이라고 주장했다. 그들은 미국 특허청을 설득해 1924년, 디포리스트에게 2개의 기본 특허를 부여하게 했다. 그가 1914년과 1915년에 각각 출원한, 되먹임 회로와 이 회로를 발진기(전파발생기)로 쓰는 것에 관한 특허였다.[7] 디포리스트 소송에서 결정적인 대목은 특허 출원서 중 하나의 문구를 '고주파' 진동에서 '전기적' 진동이라는 말로 변경하겠다고 한 신청 내용이 받아들여진 것이다. 그럼으로써 디포리스트의 특허 출원과 뒤이은 특허 승인은 기본 특허가 되었고, 초고주파(혹은 라디오) 진동에 관한 암스트롱의 특허는 특수한 경우로 그 속에 포함될 수 있게 되었다. 상당한 지원을 등에 업은 암스트롱은 디포리스트가 전화에 쓸 증폭기를 찾는 연구, 즉 저주파 연구에 집중했기 때문에 무선 주파수의 되먹임 회로의 가능성을 보지 못했고 무선 주파수 수신기나 증폭기도 개발하지 못했다고 주장했다. 또한 디포리스트의 특허 출원서에서 문

---

6) Ibid., p. 319.

7) Ibid., p. 377.

구 변경을 허용한 것도 공격했다.

미 대법원은 되먹임 회로의 발명자로 디포리스트의 손을 두 차례나 들어 주었다. 1928년 첫 번째 판결을 내렸고, 순회법원이 1928년 판결을 사실상 뒤집은 후인 1934년에 다시 한 번 판결을 내렸다(디포리스트는 순회법원 판사가 나중에 교도소에 갔다는 사실을 여담으로 기록했다). 8) 암스트롱과 변호사들은 1924년에 승인된 디포리스트의 특허를 암스트롱이 침해했다는 것은 인정했지만 암스트롱에게 우선권이 있으므로 이는 아무런 의미도 없다고 주장했다. 암스트롱뿐 아니라 제너럴 일렉트릭 연구소의 어빙 랭뮤어와 오스트레일리아의 무선 엔지니어인 알렉산더 마이스너도 되먹임의 발명에 대한 우선권을 주장하고 있었다. 1934년에 대법원은 암스트롱이 1913년에 되먹임 회로를 발진기로 개발한 것은 "탁월한 개념이었지만, 이와는 독립적으로 작업하던 또 다른 창조적 정신(디포리스트)이 그것을 먼저 개발했다"고 선언했다. 9)

대단히 고결한 인물인 암스트롱은 1934년에 재생(되먹임) 회로를 발견한 공로로 미국전파엔지니어협회(American Institute of Radio Engineers)에서 받았던 메달을 돌려주기로 결정했다. 필라델피아에서 열린 연차 총회에 모습을 드러낸 암스트롱은 자신의 결정을 알리기 위한 연설문을 호주머니에 넣어 왔다. 그가 연설하기 전, 협회 회

---

8) Ibid., p. 379.

9) *Radio Corporation of America, American Telephone & Telegraph Company, and De Forest Radio Company vs. Radio Engineering Laboratories, Inc., Respondent*(293 U. S. 1-14, 79 L. Ed. 164)를 De Forest, *Father of Radio*, p. 380에서 재인용.

장이 자리에서 일어나 그를 직접 호명하며 협회 이사회에서 만장일치로 그에 대한 표창과 영예의 메달 수여를 재확인했다고 공표했다. 총회 참석자들은 암스트롱에게 기립박수를 보냈다.

1933년에 암스트롱은 또 다른 중요 발명에 관한 특허를 출원했다. 컬럼비아대학을 졸업한 후부터 그는 무선송신에 대한 정전기 간섭 문제를 이따금씩 연구했다. 수많은 발명가들은 이를 점차 확장하는 라디오의 최전선에 있는 주요 역돌출부로 간주했고 이와 연관된 결정적 문제들에 대한 해법을 찾으려 애썼다. 암스트롱은 컬럼비아대학의 저명한 은사 마이클 푸핀 교수 — 일찍이 AT&T에 자신의 장하코일 특허를 넘긴 — 의 조수로 일했을 때 정전기를 줄이는 방법을 실험한 적이 있었다. 그들의 노력은 아무런 결실도 거두지 못했다고 암스트롱은 1922년에 "내가 보기에 가장 큰 문제는 정전기의 제거이다. … 내가 직면한 문제들 중에서 어떤 각도에서 접근해도 늘 넘을 수 없는 장벽처럼 보이는 문제는 이것이 유일하다"[10]고 말했다.

1925년에 그는 어두운 터널의 끝에서 한줄기 빛을 발견했다. 그는 진폭변조(AM)에 근거한 기존의 라디오 송신 시스템은 바로잡을 수 없는 것이며, 이 문제를 넘어서려면 새로운 시스템을 도입해야 한다고 생각하기 시작했다. 그는 진폭변조 방식의 대안으로 주파수 변조(FM) 방식을 연구했다. 주파수 변조 송신은 이전에 시도된 적은 있었지만 주파수 변조가 협대역 주파수로 고정될 때는 용인할 수 없는 수준의 왜곡이 발생했기 때문에 거부된 바 있었다. 1932년에 그는 주파수 변조를 광대역 주파수에서 전송하는 급진적인 아이디

---

10) Lessing, *Man of High Fidelity*, p. 159.

어를 떠올렸다. 전례 없이 분명하게 소리가 전송되는 것을 확인한 그는 송신기와 수신기를 포함해 새로운 시스템에 대한 특허를 출원했다.

이 과정에서 그는 자신의 급진적 발명으로 거대한 모멘텀을 가진 이동하는 전선에 맞서게 되었다. RCA와 같은 대규모 라디오 장비 제조업체, 기존의 방송국들, 그리고 기존의 기술에 숙련된 수없이 많은 엔지니어와 노동자들은 모두 진폭변조 시스템을 더욱 발전시키는 데 금전적·개인적 이해관계를 지니고 있었다. 특히 암스트롱은 자신이 제안한 시스템을 AT&T에서 근무하던 수학자 존 카슨이 거부한 데 크게 분개했다. 에디슨, 스페리, 라이트 형제, 그 외 중요한 독립발명가들이 그랬듯이, 수학은 암스트롱의 특기가 아니었다. 그는 평생 동안 수학자들과 불화를 겪었다. 암스트롱은 발명이 실험과 물리적 은유로부터의 추론에서 나오는 것이지, 수학공식의 무익한 조작에서 나오는 것은 아니라고 믿었다. [11] 그는 발명활동에 미로처럼 복잡한 기호와 곡선들을 다루는 일이 포함된다고 철석같이 믿는 사람들을 비판했다.

암스트롱은 오직 열린 마음을 지닌 위대한 수학자들만이 수학은 이론을 제안할 뿐 그것을 증명할 수는 없다는 것을 이해한다고 생각했다. 증명을 위해서는 물리적 실험이 필요했다. FM의 가능성을 증명한 후, 암스트롱은 자신이 수학이론에서 제시하는 것과는 정반대 방향으로 작업했음을 지적하기 위해 애썼다. [12]

---

11) Edwin Armstrong, "Mathematical theory vs. Physical concept", *FM and Television*, IV(August 1944), 11~13, 36.

1932년의 암스트롱(오른쪽)과 굴리엘모 마르코니. 그들 뒤에는 마르코니가 미국 최초의 무선 통신소를 세웠던 오두막이 있다.

그는 1935년 11월 전파엔지니어협회에서 극적인 대중적 시범을 통해 FM의 유효성을 입증해 보였다. 암스트롱은 새로운 시스템에 관해 강연한 후, 강연 동안 숨겨 둔 수신기를 켜서 그와 그의 친구가 뉴욕 용커스에 설치해 둔 송신기로부터 오는 방송을 놀라울 만큼 선명한 음질로 들려 주었다. 그러나 이와 같은 시범을 여러 차례 보였는데도, 대규모 라디오 제조업체이자 주요 방송 송신소 연합인 전미 방송회사(National Broadcasting Company, NBC)의 최대 주주인 RCA는 암스트롱의 특허권을 사들이는 길을 택하지 않았다.

---

12) Lessing, *Man of High Fidelity*, pp. 163~164.

암스트롱은 특히 RCA의 회장이자 그와 친하게 지냈던 데이비드 사노프 — 그는 1922년에 RCA가 암스트롱이 발명한 슈퍼재생회로에 대한 권리를 사들이는 데 직접 관여했던 인물이다 — 가 FM에 긍정적인 반응을 보이지 않자 크게 낙담했다. 암스트롱은 사노프를 초대해 그가 요구한 정전기를 제거한 '작은 블랙박스'를 보고 듣게 해주었다. 사노프는 깊은 인상을 받긴 했지만, 이 작은 블랙박스는 RCA가 매우 많은 돈을 투자한 시스템을 새로운 시스템으로 대체해야 할 장비들로 가득 찬 방이라고 했다. 암스트롱은 사노프가 이미 잘 돌아가는 기존 라디오 시스템에 많은 투자를 한 회사의 대표로서 취한 완벽하게 합리적인 태도에 공감할 수 없었다. 여기서 발명과 개발에 대한 독립발명가의 급진적 태도가 대기업의 보수적 접근법과 충돌하는 고전적 사례를 볼 수 있다.

2년 동안 RCA가 오락가락하는 태도를 보이는 데 실망한 암스트롱은 1935년에 자신의 자금을 근거로 삼아 새로운 시스템을 개발하기로 마음먹었다. 그는 컬럼비아대학에 연구소 시설을 세우고 2명의 젊은 공대 졸업생을 조수로 채용했다. 그가 보인 시범은 제너럴 일렉트릭 사를 설득했고, FM 수신기의 특허 사용권을 얻어 RCA로부터 라디오 사업을 일부 빼앗아 오는 움직임을 촉발했다. 그는 뉴저지 주 알파인에 허드슨 강을 굽어보는 송신소를 짓는 데 많은 자금을 썼고, 결국 1939년에 완전 가동에 들어갔다.

소규모 기업가들이 주요 AM 방송망과는 별도로 FM 송신소를 세우면서 FM 라디오 세트에 대한 수요가 증가했고, 다른 제조업체들도 특허 사용권을 사들였다. 그러나 RCA는 자체적인 FM 시스템에 관한 소규모의 연구개발 지원을 계속하면서 텔레비전 사업을 열정적으로 밀어붙였다.

제2차 세계대전이 발발하면서 군사적 용도 외의 FM과 TV의 확산 속도는 느려졌다. 그러나 전쟁 이후 암스트롱은 더 많은 송신소 설립이 용이하도록 방송 주파수를 추가로 얻어 FM을 확장하기 위한 준비를 마쳤다. 이 과정에서 그는 AM과 TV를 지지하는 RCA 등의 세력들과 다시 한 번 정면으로 충돌했다.

1945년 6월에 RCA의 전직 법률고문이 위원장을 맡던 연방통신위원회(Federal Communications Commission)는 FM 방송이 기존에 써오던 50메가헤르츠 대역을 내주고 88~108메가헤르츠 사이의 새로운 대역으로 옮기도록 명령했다. 이 조치로 인해 전쟁 이전에 있던 50곳의 송신소와 50만 대의 FM 라디오 세트가 무용지물이 되었다. 빈 주파수 대역은 RCA가 추진하던 텔레비전이 차지했다.[13] 암스트롱이 보기에 이런 결정의 근거로 제시된 이유에는 아무런 이점도 없었다. 그는 FM 세력을 규합해 새로운 전송 대역을 중심으로 재조직했다. 반대에도 불구하고 FM은 점점 확산되었다. 1940년대 말 고음질의 레코드와 전축에 매료된 새로운 세대의 청취자들이 점차 FM 라디오를 요구했기 때문이다. 1949년에는 600개가 넘는 FM 송신소가 방송을 했다. 암스트롱은 당시 진행 중이던 '주파수 전쟁'(battle of the frequencies)을 반세기 전에 있었던 직류와 교류의 '시스템 전쟁'(battle of the systems)에 곧잘 비유하곤 했다.

되먹임 회로를 둘러싼 특허권 분쟁에서 상처를 입었지만 꺾이지는 않은 암스트롱은 1948년에 RCA와 NBC가 자신의 FM 기본 특허

---

13) Ibid., p. 213; Lewis, "Radio revolutionary", 40.

5개를 침해하고 다른 이들의 침해도 유도했음을 주장하며 법정 소송을 결행했다. 그럼으로써 그는 한 무리의 변호사들과 미국에서 가장 큰 기업 중 하나와 직접 맞서게 되었다.

소송은 냉혹하고 힘겨운 싸움으로 변해 갔다. 법원이 예비적인 사실 조사를 하는 데만도 5년이 걸렸다. 당시 63세이던 암스트롱은 자신이 파산하거나 죽을 때까지 RCA가 소송을 질질 끌 심산임을 알아차렸다. 그는 끝없이 증언했고, 매일 저녁마다 집에 재판기록을 들고 와서 다음날을 위한 공부와 준비를 했다. 그의 부인과 친구들은 그가 무리하는 것을 알아차리고 재판을 그만두고 합의하라고 설득했다. RCA는 합의에 응하려는 것처럼 보였다. 그러나 그는 거절했다. 특히 극적인 순간은 사노프의 증언이 있었던 1953년에 일어났다. 사노프는 그와 암스트롱은 친구였으며 여전히 친구이기를 바라지만, FM 개발에서 RCA와 NBC는 암스트롱보다 더 많은 일을 했다고 선언했다. 당시 그 자리에 있었던 변호사의 말에 따르면, 암스트롱의 눈에는 순수한 증오의 불길이 번득였다고 한다.[14]

재판이 5년을 끌어 1954년 1월이 되자 암스트롱의 몸은 지칠 대로 지쳤고 재정적인 밑천도 거의 바닥을 보였다. 그는 얼마 남지 않은 자신의 에너지를 발명이 아닌 활동에 소모했으며, 자신이 다시는 중요한 장치를 발명해 내지 못할 것이라고 확신하고 크게 낙담했다. 부인과의 관계도 악화된 상태였다. 소송에서 손을 떼라는 부인의 충고를 거부했기 때문이었다. 그 전해 가을에 그녀는 여동생과 함께 코네티컷으로 떠나 소송이 끝날 때까지 머무르기로 했다.

---

14) Ibid., p. 236.

1954년 1월 31일에 암스트롱은 그녀에게 편지를 보내 "이 세상에게 내게 가장 소중한 사람"에게 상처를 준 것을 탄식했다. 15) (암스트롱 부부에게는 자식이 없었다.) 다음날 아침 그는 뉴욕 아파트 10층에서 떨어져 숨진 채 발견되었다. 코트, 중절모, 스카프, 장갑까지 완벽한 정장을 단정하게 갖춰 입은 모습이었다.

　미망인인 마리온 암스트롱은 RCA로부터 100만 달러의 합의 제안을 받아들인 후 RCA로부터 특허 사용권을 얻은 21개 제조업체들을 상대로 소송을 계속하기로 결심했다. 친구들은 힘들고 많은 비용이 드는 그러한 과정을 그만하도록 조언했지만, 1967년에 소송 대상 제조업체 중 마지막으로 모토로라가 특허권 침해 판결을 받음으로써 그녀는 남편이 정당했음을 사후적으로나마 입증해 보였다. 21건의 소송이 모두 암스트롱의 승소로 판결났고, 합의금과 손해배상액으로 지급된 금액은 모두 1천만 달러가 넘었다. 16)

---

15) Ibid. , p. 248.
16) Ibid. , p. 268.

산업연구소: 벨 전화회사

암스트롱이 대기업과 부설 산업연구소, 그리고 이들을 대변하는 일군의 변호사들과 벌인 싸움은 독립발명가(혹은 적어도 그 유족들)의 승리로 막을 내렸다. 그러나 이미 지적했듯이 미국에서는 전반적으로 독립발명가들이 발명활동의 중심으로서의 지위를 산업연구소에 내주고 있었다. 산업연구소의 부상은 20세기로 접어들 무렵 AT&T에서 발명, 연구, 개발이 점차 강조되고 제너럴 일렉트릭 연구소가 설립된 것과 함께 시작되었다. 기업에 안겨 준 이윤의 양으로 측정된 이들의 성공은 수없이 많은 다른 산업연구소의 설립을 자극했다. 젊은 시절의 에디슨을 모델로 삼아 활동한 독립발명가들이 점차 대체된 주된 이유는 벨이나 제너럴 일렉트릭 같은 기업들이 기존 기술 시스템의 확장을 직접 관장할 필요를 느꼈다는 데 있다. 이런 목적을 위해 그들은 발명가들이 해결할 문제들, 즉 기업이 많은 투자를 한 특허, 기계, 공정, 제품과 관련된 문제들을 직접 선택하기를 원했다.

미국 벨 전화회사와 여기서 장거리 전화 사업을 담당한 AT&T는 독립발명가에 대한 의존에서 산업체 과학자와 산업연구소에 대한 의존으로 점차 이행한 최초의 대규모 혁신지향 기업 중 하나였다. 이 회사는 처음부터 특허가 주요 자산이었고, 그 시초는 알렉산더 그레이엄 벨의 특허였다. 회사의 전략은 특허 획득을 미국 전화서비스 공급자로서 독점적 지위를 얻는 수단으로 활용하는 것이었다. 이 회사는 특허로 보호되는 유일무이한 전화서비스를 공급함으로써 경쟁을 피하고자 했다. 기본이 된 알렉산더 그레이엄 벨의 특허 시효가 만료된 1893~1894년까지 벨 전화회사는 잠재적 경쟁자들을 상대로 특허권 침해소송을 반복해서 — 적어도 600여 차례에 걸쳐 — 제기해 성공을 거두었다.

한번은 대법원에서 4 대 3으로 아슬아슬하게 벨 사의 승소 판결이 내려지자 회사에 대한 통제권을 가진 몇 명의 보스턴 사람들은 안도의 한숨을 내쉬었다. 그러나 그들은 이 사건을 계기로 자신들이 안정적 특허에 얼마나 크게 의지하고 있는지 — 특허 받은 장치를 만드는 발명가들은 말할 것도 없고 — 를 전에 없이 절실하게 깨달았다. 그러나 특허권 침해소송 전략은 너무나 성공적이어서 1891년에 벨 사의 특허 변호사는 이렇게 언급하기도 했다.

벨 사는 역사상 그 어떤 특허에 기반한 회사보다도 더 많은 이익을 거두고, 더 강력한 통제력을 행사하고 — 그리고 일반적으로 더 많은 증오를 사고 — 있다. 17)

1894년에 기본 특허의 시효가 만료된 후, 벨 사는 독립발명가들로부터 특허를 사들이는 것에 의지할지, 아니면 회사의 엔지니어링 부서에 있는 직원들의 발명과 특허 출원을 장려할지에 대한 결정을 내려야 했다. 아직까지 산업체 과학자나 엔지니어들이 직원으로 일하는 연구소는 존재하지 않을 때였다. 20세기로 접어들 무렵까지 회

---

17) Neil H. Wasserman, *From Invention to Innovation: Long-Distance Telephone Transmission at the Turn of the Century* (Baltimore: Johns Hopkins University Press, 1985), p. 91.

사는 대체로 자체 직원보다는 독립발명가들에게 의지했다. 1884년에 벨 사는 보스턴에 있던 찰스 윌리엄스의 모형공작소를 흡수해 '기계 부서'를 설립한 바 있었다. 윌리엄스의 공작소는 벨과 에디슨이 일찍이 실험을 했던 바로 그곳이었다. 회사는 1894년 이후 엔지니어링 부서의 규모를 대대적으로 키웠지만, 주된 임무는 장비와 시설을 설계하고, 설비와 서비스를 향상시키며, 공급품과 재료들을 검사하고, 발명을 상업적 목적에 맞게 개조하는 것이었지, 그것들을 새로 만들어 내는 것은 아니었다.

1900년 이전에 벨 사가 과제로 삼은 문제들에는 전류를 최대한의 효율로 전송하는 것, 전화를 연결하고 끊는 것, 간섭과 혼선을 줄이는 것, 단선접지회로를 모두 금속으로 이뤄진 복선회로로 교체하는 것, 법률적 압력에 따라 전선을 지하에 매설하는 것 등이 포함되었다.[18] 이러한 시스템 향상은 물리학 지식을 필요로 했지만, AT&T의 수석 엔지니어이자 물리학 박사였던 하먼드 V. 헤이스는 1906년에 벨 사의 회장에게 여전히 이렇게 쓸 수 있었다.

부서에서의 모든 노력은 엔지니어링 방법을 완벽하게 숙달하는 쪽으로 실행되고 있습니다. 발명가로서 새로 설계한 새 장비를 고안해 낼 수 있는 사람은 고용하지 않습니다. 이 때문에 많은 경우 외부인의 발명을 사들이는 데 의존할 필요가 있을 것입니다. … 오늘날 어떤 위대한 발명은 십중팔구 비범한 과학적 재능을 가진 사람에게서 나올 것이 분명합니다.

---

18) Lillian Hoddeson, "The emergence of basic research in the Bell telephone system, 1875~1915", *Technology and Culture*, 22(July 1981), 521 ~522.

바로 이 사실 때문에 그런 사람이 지휘하는 연구소는 가장 비용이 많이 들면서도 아마 생산적이지 못한 노력이 되어 버릴 겁니다. 19)

그보다 수년 전에 헤이스는 존스홉킨스대학을 나온 물리학자 존스톤 스톤을 해고했는데, 그가 너무 발명가 같고 엔지니어 같지는 않다는 것이 이유였다. 당시 벨 사의 관리자와 소유주는 대학에서 연구를 담당해야 하며, 영감을 가지고 있고 독립적이며 거의 제어가 불가능한 창조적 기질의 소유자들 — 독립발명가들 — 이 산업연구소 바깥에서 발명을 해야 한다고 믿었다. 20) 회사의 이사들은 장거리 송신에서 중요한 기술 개발을 관장하는 자회사 격인 AT&T가 대개 회사 바깥에 있는 발명가들로부터 "수많은 작은 특허와 발명들을" 종종 불과 수백 달러의 돈을 주고 사들임으로써 전화 사업에서 지배적인 지위를 유지할 수 있었다고 주장했다. 21) 에디슨, 엘리후 톰슨, 테슬라, 그 외 다른 독립발명가들의 성취는 커다란 족적을 남겼다. 관리자들은 회사 내부에 있는 이들이 기존 시스템 내에서의 향상은 이룰 수 있지만 새로운 시스템으로 이어지는 급진적이고 획기적인 발명은 해내지 못할 것이라고 믿었다.

---

19) "Engineering department annual report for 1906", 4~5를 Leonard S. Reich, *The Making of American Industrial Research: Science and Business at GE and Bell, 1876~1926*(Cambridge: Cambridge University Press, 1985), p. 149에서 재인용.

20) A. Michael McMahon, *The Making of a Profession: A Century of Electrical Engineering in America*(New York: IEEE Press, 1984), pp. 53~54; Reich, *American Industrial Research*, p. 149.

21) Reich, *American Industrial Research*, p. 177.

대학교수이자 독립발명가인 마이클 푸핀은 중요한 발명이 회사 바깥에서 나올 수 있다는 가정을 확인시키는 데 일조했다. 1900년에 그는 벨 사가 25년 동안 대략 1억 달러를 절약할 수 있도록 해준 특허를 회사에 팔았다. 컬럼비아대학의 전기공학 교수였던 푸핀은 앞선 시기의 독립발명가들을 둘러싼 신화에 의해 투사된 영웅적 이미지를 만족시키는 인물이었다. 농부의 아들로 태어난 푸핀은 1874년, 미국으로 이민을 와서 컬럼비아대학에 다녔고 1901년 그곳의 전기역학 교수가 되었다. 그는 미국에서의 성공담을 《이민자에서 발명가로》(Immigrant to Inventor, 1923) 라는 널리 읽힌 책에 상세히 서술했다. 이 책에서 그는 자신의 장하코일 발명에 얽힌 낭만화·단순화된 이야기를 들려주었다. 그는 1894년에 스위스에서 등산을 하다가 장하코일에 대한 아이디어를 떠올렸음을 강조했다. 앞서 적었듯이 암스트롱 역시 등산을 하다가 영감이 떠오르는 순간을 경험한 적이 있었다. 푸핀은 알프스 산맥에서 떠오른 영감에 관한 특허를 AT&T에 18만 5천 달러에 팔고, 특허가 효력을 갖는 기간에 매년 1만 5천 달러를 추가로 받기로 했다. 17년간의 특허 유효기간 도합 25만 5천 달러에 달하는 돈이었다. 회사는 그의 특허를 둘러싼 특허권 침해소송 판결이 내려지기도 전에 푸핀에게 돈을 지급하는 데 동의했다.

이 사건이 특히 놀라운 이유는 특허권 침해소송이 AT&T의 과학자인 조지 캠벨의 유사한 장하코일 특허와 관련된 것이었기 때문이다. 벨의 특허 변호사들은 화려하고 사교적인 푸핀이 특허권 침해소송에서 자기 소속 과학자인 캠벨을 이길 것을 우려했다. 푸핀이 독립발명가로서, 또 독점적이며 '일반적으로 증오를 사는' 대기업과

마이클 푸핀(1858~1935)

싸우는 성공한 이민자로서 갖는 호소력 때문이었다. 푸핀은 실제로 1903년에 소송에서 이겼는데, 그 이유는 부분적으로 회사의 특허 변호사인 W. W. 스완이 캠벨의 특허 출원서를 무능하게 처리했기 때문이었다. 특허 조사관과 판사들이 자신처럼 수학적 기술과 설명 보다는 기계적 설명을 선호할 것이라고 생각한 스완은 캠벨에게 발명에 대한 빈틈없는 수학적 기술을 생략하도록 했다. 특허 출원서에 수학적 기술을 포함한 푸핀의 손을 들어 준 법률적 견해는 다음과 같았다.

실험을 통해 획득한 지식을 이 기술에 숙련된 사람들의 지적 능력으로부터 숨기고, 특허 설명서의 문장 하나하나가 방정식을 함축하고 있는데도 설명서에서 수학을 삭제해 버린 캠벨의 정책은 강하게 비난받아 마땅하다.[22)

AT&T가 경쟁사에게 푸핀의 특허를 잃지 않으려 열심이었던 것은 장하코일이 뉴욕 시 회선에서만 100만 달러를 절약해 줄 것이며, 장거리 송신에서 특허로 보호되는 중대한 우위를 벨 사에 안겨 줄 것이라고 예측했기 때문이다.[23) 일단 사용되기 시작하자 장하코일은 실제로 결정적인 문제를 해결해 주었고 AT&T의 장거리 선로를 보스턴에서 시카고 사이의 거리에 해당하는 1천 9백 킬로미터 회선을 넘어 더 확장하는 것을 가능케 했다. 전화선에 장하코일을 장치하자 실용적인 거리는 2배로 늘었고 선로에 드는 비용도 절감되었다. 장하코일은 벨의 최초 특허와 전자증폭기의 등장 사이의 40년 동안 가장 중요한 단일 발명으로 드러났다.

회사 외부 발명가인 푸핀이 거둔 성공은 외부 발명가들에 의지하는 벨 사의 정책을 굳혀 주는 듯 보였지만, 벨은 이 에피소드로부터 좀더 중요한 몇몇 교훈을 배우게 되었다. 푸핀과 캠벨은 모두 근본적인 물리학 지식과 고도로 발전된 수학 능력 없이는 장하코일을 발명하고 개발할 수 없었다. 두 사람은 모두 전기동역학에서의 근본적인 과학적 탐구에, 그리고 스코틀랜드의 물리학자 제임스 클락 맥스

22) Wasserman, *From Invention to Innovation*, p. 98.
23) Ibid., p. 97.

웰과 영국의 물리학자이자 엔지니어 올리버 헤비사이드가 만든 전송선로의 파동이론에 크게 의존했다.

1893년에 헤비사이드는 신호 전송 시의 왜곡을 줄여 주는 자기인덕턴스(self-inductance)를 제안했는데, 이는 캠벨과 푸핀의 장하코일 발명의 핵심을 이루었다. 필요한 것은 맥스웰의 《전자기론》(*A Treatise of Electricity and Magnetism*)에서 상세히 설명된 것과 같은 근본적인 지식만이 아니었다. 캠벨은 전화선을 따라 설치할 장하코일의 수와 간격을 결정할 때에도 경험적으로 — 시행착오에 의해 — 진행한 것이 아니라 장하코일과 전화선로의 특성에 대한 완전한 이해와 수학적 기술에 근거해서 일을 진행했다. 그가 가진 이론적 이해는 가장 효율적인 실행으로 이어졌고 코일과 선로에 쓰일 값비싼 구리도 크게 절약해 주었다.[24] 상상력이 풍부한 실험 기술들이 진보한 이론의 인도를 받아 결합하는 것은 선도적인 산업연구소의 두드러진 특징이 되었다.

1907년 금융 혼란기에 투자은행가 존 피어폰트 모건이 이끄는 은행단이 회사 경영을 넘겨받은 후 새로 부임한 AT&T의 경영진은 기초과학과 돈의 관계에 대해 아주 잘 이해했다.[25] 1900년에 AT&T는 벨 시스템의 중심 지주회사가 되었다. 제너럴 일렉트릭과 US 스틸(U.S. Steel)의 설립 과정에서 산파 역할을 한 모건은 AT&T가 전화와 전신 모두에서 미국 전체의 원격통신 시스템을 통제하기를

---

24) Ibid., pp. 79~88.
25) 모건에 관해서는 Vincent P. Carosso, *The Morgans, Private International Bankers, 1854~1913*(Cambridge, Mass.: Harvard University Press, 1987)을 보라.

원했다. 모건은 AT&T의 회장으로 시어도어 N. 베일을 선택했는데, 베일은 AT&T의 목표가 '하나의 정책, 하나의 시스템, 보편적 서비스'라고 선언했다. 이는 달리 말해 미국의 장거리 전화서비스를 독점까지는 아니더라도 사실상 지배하겠다는 의미를 담고 있었다.

베일은 이전에 기업서비스를 표준화하고 시스템화하는 데서 명성을 확립한 인물이었다. 1878~1887년까지 그는 벨 전화회사의 총지배인을 지냈고, AT&T를 설립해 1887년 은퇴를 선택할 때까지 회장직을 맡았다. 1907년, 회장이 된 후 베일은 존 J. 카티를 수석 엔지니어로 임명했다. 카티는 엔지니어링에서 공식 훈련을 받진 못했지만, 회사에서 전화교환수로 시작해 계속 승진한 인물이었다. 이 과정에서 그는 24개 이상의 특허를 취득했다. 수석 엔지니어를 맡은 그는 연구자보다 회사 내 과학연구의 대변인이자 효과적인 주창자로서 더 많은 역할을 했다. 그는 특허로 보호되는 유일무이하고 향상된 서비스를 통해 장거리 전화를 지배하려는 회사의 정책을 실현하기 위해 과학과 과학자의 역할이 필요함을 분명하게 이해하고 있었다. 26) 그는 과학을 이렇게 이용할 때 회사의 돈도 절약할 수 있음을 알고 있었다. 회사의 재정담당자와 경영진들은 에디슨의 전성기 때 미국인들이 그랬던 것처럼, 더 이상 과학자를 비세속적인 지식계층이라고 생각하지 않았다.

1907년에 벨 사는 미국 전화서비스의 절반가량을 차지했다. 그러나 경쟁자들은 대부분 지역 단위 서비스만 제공하고 장거리서비스는 제공하지 않았다. 엔지니어인 카티는 시스템 건설에는 정확하게

---

26) Reich, *American Industrial Research*, p. 140.

대륙횡단 전화 프로젝트를 이끈 AT&T의 존 J. 카티

(심지어는 극적으로) 정의된 목표가 있어야 한다는 사실을 본능적으로 직감하고, AT&T가 1914년 파나마-태평양 박람회 개최에 맞추어 대륙횡단 전화선을 개설할 것이라고 발표했다(개설은 1915년까지 늦춰졌다). 푸핀-캠벨의 장하코일 덕택에 서비스를 콜로라도 주 덴버까지 연장하는 것은 가능해졌지만, 전화신호를 증폭하는 장치 없이는 대륙횡단 전송이 불가능했다. 카티는 이 문제가 "특히 철저하고 완벽한 실험실 연구"를 필요로 한다고 선언했다.[27]

카티는 아크 장치, 자기 장치, 전기기계적 장치들을 이용한 증폭 시도에서 실패를 경험한 후, 시카고대학에서 물리학 박사학위를 받고 MIT의 물리학과와 전기공학과 강사를 거친 조수 프랭크 주잇의

---

27) Ibid. , p. 158.

조언을 받아들여 전자 방출을 이용한 증폭기의 개발이 결정적 문제라고 판단했다. 전자 방출은 최근에 발견되어 아직 제대로 이해되지 못한 현상이었기에, 주잇은 분자물리학의 최근 발전에 정통한 솜씨 있는 물리학자들을 고용할 것을 권했다. 주잇은 시카고대학에 있을 때 물리학자 로버트 밀리컨 밑에서 공부해 밀리컨이 전자 방출에 관한 연구를 해왔음을 알고 있었으므로, 그에게 "당신 밑에서 박사과정을 밟으며 당신 분야에 대해 아주 잘 아는 최고의 젊은 친구들 중 1명이나 2명, 심지어 3명까지" AT&T로 보내 달라고 부탁했다. [28]

1911년에 카티와 주잇은 젊은 물리학자들을 도와주기 위해 엔지니어링 부서에 새로운 부문인 '연구 분과'를 조직했다. 여기서 미묘한 변화가 일어났다. 그들은 이제 이전까지 흔히 그랬던 것처럼 증폭기의 **발명**에 관해 이야기하지 않고, 기초연구에서 응용가능한 발견이 나오기를 기대하고 있었다.

대륙횡단 프로젝트의 완성과 이를 가능케 한 전자식 증폭기의 개발은 역사적 연속성의 주목할 만한 사례를 제공한다. 발명가들은 산업체 과학자들에게 자리를 내주고 갑자기 무대에서 사라진 것이 아니었고, 그들의 솜씨 있는 발명 탐구가 미지의 세계에 대한 과학의 체계적인 공격으로 대체된 것도 아니었다. 1912년 10월, 디포리스트의 삼극진공관 발명을 알게 된 주잇은 연구 분과에 속한 과학자 H. H. 아놀드에게 그것의 성능을 분석하도록 했다. 디포리스트는 삼극진공관을 수신장치로 발명했지 증폭기로 발명한 것은 아니었다. 이

---

28) *The Autobiography of Robert A. Millikan* (London: Macdonald, 1951), p. 134.

프랭크 주잇은 1925년에
벨 전화연구소의 회장이 되었다.

조악한 장치가 우수한 증폭기가 될 잠재력을 가졌다고 믿은 AT&T
는 디포리스트의 특허에 대한 권리를 사들였다. 이후 3년 동안 25명
의 연구자와 조수들은 오디온, 즉 삼극진공관 증폭기 프로젝트에서
일했다. 디포리스트는 몰랐던 전자증폭의 원리에 대해 이해하고 있
던 연구자들은 "약하고 변덕스러우며 거의 이해되지 못했던 오디온
을 벨 시스템이 필요로 하는 강력하고 신뢰할 만한 삼극진공관 증폭
기로" 바꿔 놓았다. 29) 카티는 자기 자신과 송신 엔지니어들, 연구
분과를 가차 없이 몰아세웠다. 1915년 1월 25일에 파나마-태평양 박
람회에서 벨은 뉴욕에서 샌프란시스코에 있는 이전의 조수 토머스

---

29) Reich, *American Industrial Research*, p. 162.

왓슨에게 말을 건넬 수 있었다. 물리학자 밀리컨은 이렇게 썼다.

지금까지는 대체로 과학자들의 장난감이었던 전자(電子)가 인간의 상업
적·산업적 필요를 충족하는 특허의 동인으로 이 분야에 분명하게 진입
했다. [30]

---

30) *Autobiography of Robert Millikan*, p. 136.

휘트니와 제너럴 일렉트릭 연구소

미국 산업연구소의 소장들은 미국에서 발명의 조직가가 되었고 그 아래에서 일하는 산업체 과학자들은 창조성의 원천이 되었다. 연구소장들 중에서 제너럴 일렉트릭 연구소의 휘트니는 가장 많은 찬사를 받았고, "연구소장이라는 권좌에 오른 모든 탁월한 사람들 가운데 가장 사랑받은" 인물이었다. 31) 그는 에디슨과 마찬가지로, 탐구하는 정신이 실용적 문제에 대한 해답을 찾아 지식의 첨단을 탐색할 수 있는 격리된 장소를 머릿속에 그리고 있었다. 그러나 에디슨의 구상이 기계모형 제작자의 작업장과 화학실험자의 약품 진열장을 변형한 것으로 형상화되었다면, 휘트니의 개념은 대학 연구소의 변형에서 그 모습을 찾았다. 대학 연구의 이상이 휘트니의 상상력에 불을 지핀 것은 1894년에 그가 라이프치히대학에서 박사학위 논문을 준비하고 있을 때였다. 그는 MIT 화학과 강사 지위를 떠나 빌헬름 오스트발트의 지도를 받는 박사과정 학생이 되었다. 이 저명한 라이프치히의 물리화학 교수는 19세기 말 특히 미국 학계가 연구와 과학 교육의 전범으로 찬양하던 특징들을 잘 보여 주었다. 오스트발트는 "화학과 물리학의 경계를 넘어 철학, 문학, 심리학, 언어학, 풍경화에까지 관심을 넓혔다". 오스트발트 밑에 있던 또 다른 미국

---

31) *Industrial Explorers*(New York: Harper & Brothers, 1928)의 저자인 모리스 홀랜드(Maurice Holland)의 말을 George Wise, *Willis R. Whitney: General Electric and the Origins of U. S. Industrial Research*(New York: Columbia University Press, 1985), p. 209에서 재인용.

학생은 그를 다음과 같이 묘사했다.

> 말하자면 지식의 보고(寶庫)죠. 그는 화학뿐 아니라 물리학도 완전히
> 꿰고 있어요. 32)

독일의 새로운 연구전통에 서 있던 오스트발트는 자기 주위를 고
도로 전문화된 논문을 쓰는 학생과 조수들로 채웠다. 그런 논문들이
웅장한 지식의 체계를 구성하는 기본 요소가 될 것으로 기대했기 때
문이다. 독일의 대학은 교수들이 자신의 관심사가 이끌리는 대로 어
떤 주제든 연구할 수 있는 자유를 옹호했고, 이는 많은 경우 상업적
또는 실용적 중요성이 없는 기초적이고 순수한 지식의 탐구였다. 이
와 동시에 점점 더 많은 과학 교수들이 산업체가 상업적으로 관심을
가진 기초연구를 선택하기도 했다. 이 과정에서 그들은 휘트니를 비
롯한 미국 산업연구의 선구자들에게 깊은 영향을 미친 하나의 모델
을 세상에 제시했다.

1860년대에 독일 염료회사의 대표들 — 이들 중 상당수는 대학에
서 화학을 공부한 인물이었다 — 은 화합물에 대해 점증하는 이론적
이해를 새로운 유기염료의 발명과 분석에 응용해 줄 것을 대학교수
들에게 점점 더 많이 요청했다. 이러한 새로운 염료는 독일뿐 아니라
해외 시장을 위한 경쟁에서 이용될 수 있었다. 대학과 산업체의 제휴
가 합성 아닐린과 알리자린 염료에서 대성공을 거두자, 프리드리히
바이엘 사(Friedrich Bayer & Co.)를 필두로 한 화학기업들은 회사

---

32) Wise, *Willis R. Whitney*, pp. 34~35.

젊은 시절의 윌리스 R. 휘트니
(1868~1958)

연구소를 설립하고 연구과학자들을 고용해 염료에 관한 연구개발을
체계적이고 지속적인 기반 위에서 수행하도록 했다. 1877년 독일의
특허법 개혁 또한 회사들이 자사의 발명을 보호하고 이를 통해 시장
을 독점할 수 있는 기회를 부여함으로써 산업연구를 촉진했다. 독일
의 산업연구소와 대학에서 훈련받은 연구과학자들의 발명활동 — 산
업체와 대학에서 모두 이뤄지는 — 은 과학과 산업체의 제휴가 상업
적 이득을 낳을 수 있음을 세상에 널리 알렸다. 33) 세기 전환기에 휘
트니와 다른 이들로 하여금 미국에서 산업연구소를 설립하도록 자극
한 것에는 에디슨과 멘로 파크 연구소가 만든 전례뿐 아니라 독일의

---

33) Georg Meyer-Thurow, "The industrialization of invention: A case study
    from the German chemical industry", *ISIS*, 73(1982), 363~381.

전례도 있었다.

휘트니는 MIT로 돌아간 후 산업체가 관심을 가질 만한 연구 주제를 선택했다. 그는 적절한 질문들을 던졌지만 연구 결과를 과학 학술지에 발표하는 것을 끊임없이 추구하지는 않았다. 만약 그렇게 했다면 그는 학문의 위계 내에서 빠른 속도로 지위를 올릴 수 있었을 것이다.[34] 1899년에 그는 MIT 화학과 선임교수인 아서 A. 노이스와 힘을 합쳐 값비싼 산업 용제를 회수하는 공정을 개발했고, 이 공정을 이용하는 작은 화학공장을 설립해 높은 수익을 올렸다.

1901년 초에 휘트니는 공장으로부터 2만 달러 이상을 벌어들였는데, 이는 그가 MIT에서 받는 봉급의 10배가 넘는 액수였다. 대학과 산업체 사이를 연결하는 다리가 만들어지던 시기에 초기의 벤처사업에서 거둔 상업적 성공은 젊은 휘트니로 하여금 경계를 넘고자 하는 마음을 품게 했다. 그 기회는 제너럴 일렉트릭의 수석 컨설턴트이자 연구 엔지니어이며 수학자인 스타인메츠가 주도한 계획의 결과로 나타났다.

독일 브레슬라우에서 작은 철도회사 관리의 아들로 태어난 스타인메츠는 1889년 미국으로 이민 가기 전, 브레슬라우의 대학에서 수학을 공부했고 유명한 취리히 연방공과대학에서 기계공학 강좌를 수강했다. 10년이 채 안 되어 그는 스키넥터디의 제너럴 일렉트릭 공장에서 수석 컨설팅 엔지니어가 되었다. 지적 능력, 얼굴 생김새, 특이한 버릇, 사회주의 정치에 대한 관여 등으로 미국 역사에서 기억에 남을 인물로 자리매김한 스타인메츠는 고등수학을 이용해 교

---

34) Wise, *Willis R. Whitney*, p. 58.

궁핍한 과학자들을 위한 자선 구호시설은 없다 283

찰스 스타인메츠와 토머스 에디슨

류조명 및 전력 시스템을 분석하는 방식을 미국 엔지니어들에게 소개했다. 이러한 방식은 제너럴 일렉트릭에 있는 엔지니어 동료들의 문제풀이 능력을 크게 향상시켜 주었다.

스타인메츠는 강연을 할 때 시가를 흔들며 현재 산업체가 처한 문제의 해법과 때론 연관이 있는 수학 기호들로 칠판을 가득 채우면서 한 세대의 전기 엔지니어들에게 지울 수 없는 인상을 남겼다. 끊임

스타인메츠가 수많은 기술적·과학적 문제들을 숙고할 때 은거했던 모호크 강변의 캠프

없이 시가를 피는 애연가이자 신경을 거스르는 짓궂은 장난꾼이며 나중에 스키넥터디에서 관공서에 사회주의 후보로 출마하기도 한 스타인메츠는 심한 꼽추였지만 엔지니어와 기업가들 사이에서는 옷을 화려하게 입는 괴짜로 통했고, 상대적으로 착실한 인상의 휘트니와 대조를 이뤘다. 제너럴 일렉트릭의 경영진은 스타인메츠에게 반자율적인 컨설팅-엔지니어링 부서를 맡겼고, 시가를 피울 수 있는 특권을 주었다(반면 다른 사람들은 그런 버릇에 탐닉할 기회를 주지 않았다).

독일의 산업체 연구자들이 거둔 주목할 만한 성공을 전해 들은 그는 제너럴 일렉트릭이 시급히 독일 모델을 모방할 필요가 있다고 보았다. 1900년에 스타인메츠는 유럽의 과학자들, 그중에서도 특히 물리화학자들 — 일부는 산업체 연구소에서, 다른 일부는 대학에서 일하는 — 이 백열전구 필라멘트의 특허를 출원하고 있다는 사실을 알고 있었다. 이는 미국의 전구 사업에서 제너럴 일렉트릭에 많은 이익을 보장해 온 사실상의 독점이 조만간 위협받게 될 것임을 의미했다. 그는 제너럴 일렉트릭 경영진에 편지를 써 화학 연구소의 설립을 제안했다. 이 연구소는 조명 문제에 집중할 것이지만, "남는 시간에는" 일반적인 화학 연구도 할 수 있었다. 기초연구가 궁극적으로는 실용성을 가짐을 인지하고 있었고 연구소가 단기적 문제들의 구속에서 자유롭기를 원했던 그는 실험 연구소가 "공장과는 완전히 분리되어 있어야 한다"고 주장했다. 35) 그는 "주문이니 판매니 하는 얘기를 꺼내는 사람은 얼씬도 할 수 없는" 그런 연구소를 원했다. 36)

스타인메츠는 자신의 제안서 한 부를 회사의 특허 변호사인 앨버트 데이비스에게도 보냈다. 데이비스는 에디슨의 기본 전구 특허의 시효가 1894년에 만료된 이후 취약해진 제너럴 일렉트릭의 특허 지위에 대해 잘 알고 있었다. 이전까지 제너럴 일렉트릭은 1900년 이전에 벨 전화회사가 취했던 것과 별반 다르지 않은 정책에 따라 독립 발명가들의 특허와 컨설팅서비스를 사들임으로써 시장에서의 우위를 유지하려는 노력을 했다. 그러나 이 과정에서 제너럴 일렉트릭은 때때로 소규모의 자체 연구소 직원들에게 주는 봉급보다 더 많은 돈을 특허권에 지급하고 있음을 깨닫게 되었다. 이는 푸핀과 벨 사의

---

35) Ibid., p. 76.
36) Ibid., p. 66.

사례를 자연스럽게 연상시켰다.

한때 독립발명가였다가 나중에 톰슨-휴스턴과 제너럴 일렉트릭의 창립자가 된 톰슨 역시 이 제안을 지지했고, "새로운 원리의 상업적 응용에, 심지어는 그러한 원리들의 발견에" 진력하는 곳으로 연구소를 정의 내렸다.37) 톰슨은 독단적인 스타일의 에디슨과 달리 이론적 이해의 중요성을 선선히 인정했다.

실용적인 사고방식을 가진 화학자가 연구소장을 맡기를 원했던 스타인메츠는 MIT의 물리학 교수인 찰스 R. 크로스에게 추천을 부탁했다. 크로스는 자신이 MIT에서 가장 우수한 화학 강사 중 한 명으로 평가한 휘트니를 추천했다. 제너럴 일렉트릭이 그에게 접근하자 휘트니는 의심을 품었고, 산업체 과학자는 지정된 일상 업무 때문에 무거운 부담을 지게 되지 않을까 우려했다. 그러나 실용적 문제들에 대한 해법을 찾는 일이 적성에 맞았고 성공을 거둔 적도 있었으며 MIT에서의 승진이 느리고 봉급도 적었기 때문에, 그는 MIT에서 강의를 계속하면서 일주일에 이틀씩 스키넥터디로 출근해 연구소를 설립하는 시험 근무를 받아들였다. 그가 일주일에 이틀 일하고 받는 봉급은 정교수의 1년 봉급에 맞먹었는데, 휘트니는 나중에 다른 대학 교수들을 스키넥터디로 끌어들일 때 이런 불균형을 이용했다(MIT 총장은 제너럴 일렉트릭의 제안이 오기 직전에 연봉을 75달러 인상해 달라는 휘트니의 요청을 거부해 그의 자존심을 상하게 했다).

1년도 안 되어 휘트니는 새로운 지위를 자신의 독특한 열정과 충족되지 못한 야심을 배출할 수 있는 곳으로 인식하게 되었다. 또 그

37) Ibid., p. 77.

곳에서 8개월간 일한 경험을 통해 제너럴 일렉트릭이 일상적인 업무들로 자신에게 부담을 주지는 않을 것이라는 확신을 갖게 되었다. "회사 임원들 쪽에서 조급함을 드러내거나 제 일에 조금이라도 간섭하려는 의사를 보이는 증거는 없습니다"라고 그는 썼다. 1901년에 그는 친구에게 이렇게 썼다.

> 내가 지금 원하는 단 한 가지는 '제너럴 일렉트릭'을 위해 뭔가 거창한 일을 성취하는 것이네. 그들은 내게 돈을 쓰고 실험할 수 있는 행동의 자유를 주었고, 나는 그렇게 하고 있어. 만약 내가 여기서 뭔가 훌륭한 일을 해내지 못한다면, 난 휘트니라는 사람에 대해 품고 있던 견해에 10톤이나 되는 그림자를 드리운 채 죽고 말 걸세. [38]

그는 실제로 훌륭한 연구를 하기도 했지만, 그가 최고로 잘한 일은 연구과학자로서가 아니라 연구소장으로서 자신보다 연구에 더 소질이 있는 다른 이들의 재능을 키워 준 데 있었다.

휘트니는 좀더 효율적인 백열전구의 개발 — 제너럴 일렉트릭이 가장 해결을 원하던 문제 — 을 연구 주제로 선택한 후에 자신이 연구자로서 지닌 한계를 깨달았다. 유럽에서는 휘트니와 같은 분야인 물리화학에서 고도로 훈련받은 과학자들이 혁신을 선도했다. 하이델베르크대학의 저명한 화학자 로베르트 분젠 밑에서 훈련을 받은 오스트리아의 카를 아우어 폰 벨스바흐는 1891년에 가스맨틀(gas mantle)을 도입했다. 이는 강한 빛을 내며 지속적으로 깔끔하게 타

---

38) Ibid., p. 88.

는 가스등으로, 이를 개량한 형태가 오늘날까지도 쓰이고 있다.

가스맨틀 외에 그는 백열조명에서 중대한 향상 중 하나인 오스뮴-텅스텐 필라멘트 전구를 발명했다. 상대적으로 새로운 과학 분야인 물리화학에 대해 벨스바흐가 가진 지식은 물리화학을 모르는 다른 발명가들은 미칠 수 없는, 금속 필라멘트 재료에 대한 근본적 이해를 제공했다. 독일의 물리화학자 발터 네른스트와 베르너 폰 볼턴 역시 실용적인 금속 필라멘트 전구를 발명했다. 괴팅겐대학 교수인 네른스트는 고온을 견디는 금속 산화물로 만든 필라멘트에 대한 특허권을 알게마이네 전기기구회사(Allgemeine Elektrizitäts-Gesell-schaft)에 넘겼고, 이 회사는 1907년까지 750만 개의 네른스트 전구를 생산했다. 휘트니처럼 라이프치히의 오스트발트 밑에서 공부했던 볼턴은 자신이 연구과학자로 고용되었던 독일의 전기기구 제조업체 지멘스 운트 할스케(Siemens & Halske)에 특허를 넘겼다.

수십 명의 과학자와 발명가들이 거의 동시에 금속 필라멘트를 개발하는 데는 여러 이유가 있다. 물리화학 분야의 진전에서 얻은 정보, 전기로(爐)의 보급, 희토류 원소들의 풍족한 공급, 그리고 전력회사들이 점점 정확한 원가계산을 하게 되면서 비효율적인 탄소 필라멘트를 전등 시스템에서 큰 손실을 야기하는 요소로 낙인찍은 것 등이 그것이었다. [39] 유럽의 전기 가격은 미국보다 비쌌기 때문에, 유럽의 발명가와 회사들은 소비자들이 더 효율적으로 작동하는 백열전구에 더 많은 돈을 지불할 것으로 예상했다. 가령 볼턴의 탄탈

39) Arthur A. Bright, Jr., *The Electric-Lamp Industry: Technological Change and Economic Development from 1800 to 1947* (New York: Macmillan, 1949), p. 168.

(Ta)[•] 전구는 상업적으로 매력적인 가격에 생산될 수 있었고, 제너럴 일렉트릭의 가장 좋은 탄소 필라멘트보다 효율적인 면에서 15% 정도 앞섰다. 40)

웨스팅하우스 사가 네른스트 특허의 미국 내 권리를 사들이자 전구 산업에서 제너럴 일렉트릭의 지위에 대한 위협은 확연해졌다. 탄소 필라멘트 외에는 더 이상 내놓을 것이 없는 상황에서 제너럴 일렉트릭은 전구 시장에서 지배적이고 많은 이익을 거둬 온 자리를 잃을 가능성에 직면했다. 제너럴 일렉트릭은 휘트니와 그 동료들이 발명한, 그에 필적할 만한 필라멘트로 대응하는 것과 비싼 가격을 무릅쓰고라도 유럽의 특허를 사들이는 것 중 양자택일을 해야 했다. 휘트니의 연구소는 이 중 후자의 정책을 피하기 위해 설립된 것이다.

1904년에 지멘스 운트 할스케는 제너럴 일렉트릭 사에 폰 볼턴 전구를 판매하겠다고 제안했지만 가격이 너무 비쌌기 때문에, 휘트니는 향상된 탄소 필라멘트로 대응하는 한편 텅스텐 필라멘트 발명을 위해 집중적인 노력을 기울였다. 텅스텐 필라멘트의 진척이 더디자 유럽의 선도적 지위에 대해 관심이 있던 제너럴 일렉트릭 부회장 에드윈 라이스 — 예전에 톰슨 연구소의 조수였던 — 는 1906년에 휘트니를 유럽으로 보내 상황을 직접 알아보게 했다. 휘트니는 독일에서 묵은 호텔 방에 벨스바흐 전구가 달려 있는 것을 보고 그것을 생산하는 아우어 사를 방문한 후, 제너럴 일렉트릭에 그 생산 공정에

• 〔옮긴이주〕 원자번호 73인 금속 원소로, 녹는점이 높고 연성이 좋아 초기에 전구 필라멘트에 쓰였다.

40) Ibid., pp. 172~173; Wise, *Willis R. Whitney*, p. 116.

대한 권리를 사들일 것을 추천했다. 그는 또 지멘스 운트 할스케가 폰 볼턴 필라멘트에 사용하는 것과 동일한 탄탈을 구매할 권리도 사들이라고 권했다. 이들 계약에서 휘트니에게 유일한 위안은 제너럴 일렉트릭이 연구소에서 텅스텐 필라멘트를 가지고 다소 진척을 이룬 증거를 가격 협상 때 내세울 수 있다는 사실이었다. 그럼에도 불구하고 제너럴 일렉트릭 사는 지멘스 운트 할스케에서 탄탈 전선을 사들이는 데 25만 달러, 아우어(벨스바흐) 사에서 생산 공정에 대한 권리를 사들이는 데 10만 달러를 지급해야 했다. "연구소는 바로 이런 비용의 지출을 방지하기 위한 목적으로 설립된 것이었다."[41]

휘트니는 아우어 사의 제조공정을 미국의 조건에 맞게 적응시키고 활용하는 일을 개인적으로 책임졌다. 가령 미국에서는 전구가 더 낮은 전압에서 작동했고 직류가 아닌 교류를 썼다. 그러나 1907년까지 그는 일련의 좌절을 경험했다. 한 동료는 그의 처지를 동정했다. "휘트니가 독일의 방법에 대한 책임을 맡은 데 거의 미안한 마음이 듭니다 … 그는 그걸 가지고 악몽 같은 시간을 보냈어요."[42] 그러자 회사 경영진은 휘트니에게 회사가 — 또 그가 — 그토록 많은 투자를 한 그 프로젝트를 그만두도록 하고, 대신 휘트니가 1906년에 거부했던 유럽의 다른 공정을 사들였다. 여기에 또 다른 사건이 그가 겪은 좌절감을 배가했다.

1907년의 경제 불황 속에서 회사는 150명까지 불어난 연구소 직원을 3분의 1만큼 감축하기로 결정한 것이다. 이러한 나쁜 소식을

---

41) Wise, *Willis R. Whitney*, p. 123.
42) Ibid., p. 125에서 윌리엄 쿨리지의 말을 재인용.

제너럴 일렉트릭 연구소가 처음에 입주한 건물

전해 들은 며칠 후, 휘트니는 초주검 상태로 병원에 실려 갔다. 그가
쓰러진 것은 맹장염을 너무 오랫동안 치료하지 않은 채 내버려 둔 탓
이었지만 육체적·정신적 스트레스가 복합적으로 작용한 것이 분명
했다. 오랜 휴식기가 이어졌고 3개월간 플로리다에서 요양도 했다.
그는 연구소장직을 사임하고 외과의사로 새 출발을 할지에 대해 진
지하게 고민했다.

　그가 연구소로 끌어들여 격려하고 열심히 지원한 동료들이 전구
필라멘트에서 중요한 대약진을 이뤄 낸 것이 바로 그때였다. 휘트니
는 자신처럼 라이프치히 대학에서 박사학위를 받고 돌아와 MIT의
물리화학 강사로 일하던 물리학자 윌리엄 D. 쿨리지를 설득해 연구
소의 부소장직을 맡겼다. 1910년에 그는 전구를 발명한 괴팅겐대학
의 발터 네른스트 밑에서 박사학위를 받은 29세의 화학자 어빙 랭뮤

1904년경 제너럴 일렉트릭 연구소의 직원들. 5, 6, 7번이 각각 에드나 메이 베스트 (제너럴 일렉트릭 최초의 여성 화학자), 찰스 스타인메츠, 윌리스 R. 휘트니이다.

어를 영입하는 데 성공했다. 랭뮤어는 뉴저지 주의 스티븐스 공과대학에서 박봉과 무거운 강의 부담에 시달리면서 연구할 시간을 갖기를 갈망하고 있었다. 1909년에 그는 제너럴 일렉트릭 연구소에서 여름 동안 연구보조 자리를 신청했다. 그는 휘트니가 장기적인 일자리를 제안할 것으로 내심 기대하였고, 이내 예상외의 높은 봉급을 주겠다는 제안을 받았다. 그러나 랭뮤어는 "대학에 정말 좋은 자리가 날 때까지 찾는" 동안에만 제너럴 일렉트릭에 머물러 있을 생각이었다. 그는 제너럴 일렉트릭에 머물면서 자연의 대상을 연구하기 위해 대학에서 배운 기법들을 제품 연구에 적용하였다. [43)]

쿨리지와 랭뮤어는 모두 텅스텐에 관한 연구를 해보라는 휘트니의 격려에 보답을 했다. 휘트니가 크게 절망에 빠진 지 2년 후인 1909년에 쿨리지는 고온에서 형틀에 넣고 압축한 후 서서히 식히면 연성이 큰 텅스텐을 만들 수 있다는 사실을 발견했다.44) 그리고 7년 후에는 풍족한 자금지원을 받는 제너럴 일렉트릭에서의 연구를 좋아하게 된 랭뮤어가 가스를 채운 마즈다(Mazda) 백열전구—페르시아의 빛의 신에서 이름을 따온—를 완성했다. 이 텅스텐 전구는 다시 한 번 제너럴 일렉트릭에 전구 산업의 독점을 보장해 주었다. 1920년대가 되자 제너럴 일렉트릭은 매년 3천만 달러가 넘는 수익을 얻게 되었는데 이 중 30%는 전구 사업에 대한 투자에서 나온 것이었다.45) 1928년에 제너럴 일렉트릭 그룹은 미국 백열전구 매출의 96%를 점유하게 되었다.46)

랭뮤어는 마즈다 백열전구로 이어진 물질 표면에서의 화학반응의 근본적 메커니즘을 계속 연구했고, 그 업적을 인정받아 1932년에 노벨상을 받았다. 휘트니의 연구소가 엑스레이, 진공관, 그 외 제너럴 일렉트릭이 지원하는 분야에서 수익성이 높은 다른 발명, 개발, 특허들을 얻자 휘트니는 자연스럽게 연구소장들 중에서 선임으로 부각되었다. 그는 이미 1910년에 연구소에서 유래한 제품들의 연간 매출액이 240만 달러에 달했으며, 이 매출액의 7%만을 연구소의

43) Ibid., p. 150에서 재인용. Michael Aaron Dennis, "Accounting for research: New histories of corporate laboratories and the social history of American science", *Social Studies of Science*, 17(1987), 490도 보라.
44) Wise, *Willis R. Whitney*, p. 135.
45) Ibid., p. 157.
46) Reich, *American Industrial Research*, p. 86.

것으로 돌린다 하더라도 연구소에 들어간 금액 이상을 벌어들인 셈이라고 주장했다. 47)

휘트니는 다른 이들을 이끌기 위해 연구과학자로서 자신의 경력을 희생했다. 48) 그는 자신이 독일에서 이상화했던 배움과 가르침의 학문적 이상을 달성하지 못했다. 1907년에 병을 앓은 후에 그는 자신의 역할을 분명하게 깨달았고, 항상 열려 있는 자기 사무실 문에 '아무 때나 들어오세요'라고 써 붙이는 것으로 자신의 깨달음을 알렸다. 이는 과학에 필요한 숙고와 실험의 시간을 갖는 것을 사실상 불가능하게 만들었다. "난 위대한 예언자보다는 소박한 지도자가 되겠다"고 말하면서 그는 자신보다 연구에 더 재능을 가진 이들에게 도움을 주는 데 온 힘을 다했고, 이런 역할을 맡게 된 것을 억울해 하지 않았다. 랭뮤어는 제너럴 일렉트릭으로 온 직후에 어머니에게 보낸 편지에서 자신이 '휘트니 박사'를 엄청나게 자주 보고 있다고 썼다. 휘트니는 자신의 일기에 사람들의 성격에 따라 지도 방식을 맞추고 있다고 썼다. 자신감이 부족한 사람들에게는 넘칠 정도로 격려하고, 좀 더 의지가 굳고 "관심과 신념을 더 많이 쏟아 부으면 곧 결과를 이끌어 낼 수 있을" 사람들에게는 구체적인 비판을 가하는 식이었다. 49)

연구소장으로서 휘트니는 자기 밑에 있는 과학자들이 대학이라는 보금자리를 떠나 제너럴 일렉트릭의 회랑으로 오면서 갖게 된 모순적인 감정에도 예민하게 대응했다. 과학자들은 적어도 19세기에 우

---

47) Wise, *Willis R. Whitney*, pp. 147~148.
48) Ibid. , p. 3.
49) Ibid. , p. 141.

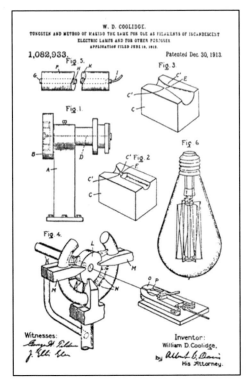

텅스텐을 성형해
필라멘트로 만드는 방법에
관한 윌리엄 쿨리지의 특허

뚝 솟은 영국 과학자 마이클 패러데이까지 거슬러 올라갈 수 있는 순수연구의 강한 전통을 여전히 존중하고 있었다. 패러데이는 자신의 발견을 상업적으로 응용해 이득을 얻는 것을 거부했다. 미국 기업들의 노골적인 물질주의와 이익을 향한 욕구 때문에 미국 과학자들은 특히 순수과학과 산업체 과학 사이의 차이 — 그것이 얼마나 근본적인가와 무관하게 — 에 민감했다.

　나중에 벨 연구소 소장이 된 주잇이 처음 벨 사에 합류했을 때, 대학 은사였던 앨버트 마이컬슨은 "내가 그동안 받은 훈련과 품었던 이상을 돈 때문에 팔아넘기고 있다고 …" 생각했다. 일찍이 1883년 존

스홉킨스 대학의 물리학자 헨리 롤런드는 "우리는 교수들이 순수과학 대신 응용과학을 추구함으로써 교수 좌(座)를 더럽히는 것을 보는 데 지쳤다"고 말한 적이 있다.[50] 이런 공격을 받아넘기기 위해서였는지, 주잇은 비록 산업체 과학이 경제적 동기로부터 자유롭지 못하고 따라서 순수하지는 않지만, 근본이 되는 설명을 추구한다는 점에서 기초과학일 수 있으며 실제로도 종종 그렇다는 점을 강조했다.

대학의 과학자들이 산업체에 있는 과학자들보다 더 높은 지위를 누린다는 사실을 예리하게 간파한 휘트니는 제너럴 일렉트릭 연구소에 대학과 같은 환경을 조성하려고 애썼다. 그는 이런 식으로 과학자들을 대학 캠퍼스에서 유인해 낼 수 있을 것으로 기대했다. 이와 동시에 그는 산업연구소에서의 가치체계는 (대학과) 달라야 한다는 사실을 인식하고 있었다. 그는 여러 자리에서 "제너럴 일렉트릭 연구소가 애초에 궁핍한 과학자들을 위한 자선 구호시설로 만들어진 것은 아니"라는 말을 했고, 실체가 있고 양도가능한 결과물이 있어야 함을 지적했다.[51] "아마 내가 틀렸을지도 모르겠지만, 나는 종종 이런 생각을 합니다"라고 그는 썼다.

대학에 자리를 잡은 사람은 산업체에 있는 사람만큼 급여를 많이 받아서는 안 된다고 말입니다. 평균적으로 볼 때 후자에 해당하는 사람들은 더 열심히 일하고, 더 많은 장애물을 극복하며, 더 많이 걱정하고, 자신의 타고난 욕망과 더 자주 타협합니다.[52]

---

50) Spencer R. Weart, "The rise of 'prostituted' physics", *Nature*, 262(1 July 1976), 13~17. 인용은 13, 14.

51) Wise, *Willis R. Whitney*, p. 91.

세미나에 참석한 제너럴 일렉트릭 연구소 직원들

　망명 대학의 성격과 제너럴 일렉트릭 시스템의 한 구성요소로서
의 성격을 모두 조금씩 지닌 연구소를 운영하면서, 그는 자기 밑에
있는 과학자들에게 연구에서 '재미'를 찾으라고 역설했다. 랭뮤어와
쿨리지가 놀라운 성공을 거둔 후부터 그는 이들에게 연구를 위한 대
강의 지침만을 주었다. 그는 다른 사람들에 대해 회사의 이해관계에
부합하는 길로 방향을 정해 주기보다는 자신이 솔선해서 이끌 수 있
도록 노력했다. 매주 콜로키엄을 열었고 학술 논문을 발표하도록 권
고하기도 했다. 비록 순수연구를 장려할 수는 없었지만, 휘트니는

---

52) George Wise, "A new role for professional scientists in industry: Indus-
　　trial research at General Electric, 1900~1916", *Technology and Culture*,
　　21 (July 1980), 413.

연구소를 운영하는 최선의 방법이 "과학자들을 풀어 주고 그들의 호기심을 북돋워 주는 것"이라고 말하기도 했다.[53]

이 말은 분명 과장이었다. 휘트니는 회사가 필요로 하는 생산과 제품에서의 개선점을 자신에게 알려 주는 관리위원회와 편안한 관계를 유지했고, 긴급한 실용적 문제들에 대응해 종종 과학자들을 단기 프로젝트로 조직하기도 했기 때문이다. 연구소에서 덜 유명했던 과학자들은 랭뮤어나 쿨리지 같은 스타급 과학자에 비해 이런 부드러운 압력을 훨씬 더 많이 느꼈을 가능성이 높다. 그는 특허 출원이 쉽도록 실험 노트나 일지를 세심하게 기록해 보관해 두라고 말하곤 했는데, 특허가 논문보다 그에게서 더 좋은 평가를 받았음은 두말할 나위도 없다. 그는 발명의 재능과 실용적 사고방식을 지녔지만 독립 발명가들이 관여해야 했던 기업활동이나 재정적 위험 감수는 적성에 맞지 않았던 실험실 과학자들을 끌어들였다.

초기에 휘트니가 강조한 백열전구 필라멘트의 개량은 새로운 시스템을 일으키기보다 기존 시스템의 향상에 치중하는 산업연구소의 통상적인 정책을 보여 주는 좋은 사례이다. 이러한 향상은 종종 회사가 매우 많은 투자를 한 제조공정과 제품에서의 비용절감을 가져온다. 그러나 때때로 산업연구소는 회사의 주된 이해관계와 미약한 연관만 갖는 방향으로 나아가기도 한다. 예컨대 휘트니 시절의 제너럴 일렉트릭 연구소는 전등과 전력에서 무선전신과 전화를 위한 진공관 개발로 분기해 나갔다. 이는 연구 프로젝트가 마치 자기 자신을 목적으로 하는 것처럼 모멘텀을 발전시켜 나가는 경향으로 가장

---

53) Wise, *Willis R. Whitney*, p. 276.

1912년 제너럴 일렉트릭 연구소에서 일하는 어빙 랭뮤어(왼쪽에서 세 번째),
휘트니(앉아 있는 사람), 쿨리지(제일 왼쪽)

잘 설명할 수 있다.

　제너럴 일렉트릭에서 진공관 연구를 하게 된 복잡한 과정은 에디슨 효과(Edison effect)가 백열전구를 검게 만드는 것이 아닌가 하는 질문을 랭뮤어가 던지면서 시작되었다. 1880년에 에디슨은 자기가 만든 전구 내부가 탄소 입자처럼 보이는 것에 의해 검게 변하는 현상을 우연히 관찰했다. 조금 실험을 해본 후 그는 탄소 입자들이 전구 안에 있는 뜨거운 탄소 필라멘트의 음극에서 방출된다는 결론을 내렸다. 당시는 전자가 발견되기 전이었지만, 사실 에디슨이 관찰한 것은 전자의 방출이었다. 그러나 그는 유용한 방전관을 설계하는 데까지 이 발견을 밀고 가지 않았다. 이 과업은 20년이 훨씬 지난 후에 영국의 엔지니어인 윌리엄 프리스 경과 디포리스트를 포함한 다른 이들에게 남겨졌다.

다른 연구자들과는 반대로, 랭뮤어는 에디슨 효과가 제너럴 일렉트릭의 전구를 검게 만드는 것이 아니라고 판단했다. 그러나 그는 이 문제를 포기하지 않았다. 방출의 본질에 대해 호기심을 갖게 된 그는 방출되는 것이 실제로 전자인지에 대해 연구하기 시작했다. 화학자인 프레드릭 소디는 에디슨 효과에 대해 의문을 제기하면서 그것은 전기화학적 방출이라는 주장을 편 바 있었다. 실험과 숙고를 통해 랭뮤어는 방출되는 것이 전자이며 콜게이트대학의 한 물리학자가 발견한 거리-전하 효과에 따라 증가하거나 감소한다는 결론을 내렸다. 또한 랭뮤어는 진공관 내에 세 번째 전극을 둠으로써 전류를 제어할 수 있으며 흐르는 전하량을 예측할 수 있음을 알게 되었다. 그는 이제 디포리스트의 삼극진공관에 대해 완벽한 이해를 갖추었다. 이즈음에 랭뮤어의 연구를 전해 들은 연구소의 한 엔지니어는 무선통신에 대한 상업적 응용가능성이 있다고 보고 랭뮤어를 제너럴 일렉트릭의 무선 시스템 전문가인 에른스트 알렉산더슨에게 소개했다. 그러자 제너럴 일렉트릭은 무선 분야에서 주도권을 두고 경쟁하기 위해 연구팀을 꾸려 진공관 무선 시스템의 개발을 담당하게 했다.[54]

휘트니의 제너럴 일렉트릭 연구소는 회사에 있는 여러 개의 연구소 중 하나였다. 발명과 기술은 단순한 응용과학이라는 잘못된 통상적 사고방식이 점차 널리 퍼지던 시점에서, 휘트니의 연구소는 과학

---

54) Ibid., pp. 172~177.

과 노벨상을 받은 과학자와 연관되었기 때문에 지금까지도 가장 잘 알려진 연구소로 남아 있다. 반면 제너럴 일렉트릭의 고전압 연구소에서 이뤄진 작업은 상대적으로 알려져 있지 않다. 이곳에서 이뤄진 작업은 휘트니 연구소에서 진행된 연구보다 전등 및 전력 시스템과 같은 현대 기술시스템이 연구개발에 의해 진화하는 방식에 대해 더 많은 통찰을 제공한다.

1920년대에 도시의 전력 시스템은 미국 전역으로 팽창하고 있었고 지역적인 것이 되었다. 증기터빈의 발전과 고전압 송전이 이를 가능하게 하는 데 일조했다. 그러나 시스템이 퍼져 나가면서 고전압 변압기와 다른 구성요소들을 보호하는 절연체가 망가지는 일이 점차 잦아졌다. 전기는 절연체를 통과해 번개와 같은 방식으로 방전되어 설비를 태워 버렸다. 이런 효과 때문에 고전압 송전과 대규모의 지역 시스템 — 그리고 이와 연관된 경제 — 으로 전환하는 일은 쉽지 않았다. 뿐만 아니라 자연에 있는 번개가 길게 늘어진 전송선로에 떨어지는 일도 종종 발생했다.

1905년 스탠퍼드대학을 졸업한 후 찰스 스타인메츠가 책임을 맡은 제너럴 일렉트릭 컨설팅 엔지니어링 부서에 들어온 찰스 픽 2세는 고전압(자연적인 것과 그 외의 것)이 절연체와 설비에 미치는 영향을 연구하는 데 회사에서 선도적인 역할을 했다. 이를 위해 픽은 전기충격 발생기를 써서 '치직' 하고 '쾅' 하는 번개 효과를 만들었다. 대중적으로는 흔히 이처럼 장관을 이루는 연구를 해낸 사람이 스타인메츠라고 알려져 있다. 그가 회사의 대중적 이미지에서 없어서는 안 될 일부분이 되었기 때문이다. 그러나 1911~1931년까지 픽의 연구는 20편이 넘는 학술 논문으로 발표되었다. 이 논문들을 통해 그는 수식을 써서 자연적인 번개의 작용을 묘사하고 절연체가 깨질 때 생기는 번개와 유사한 스파크에 대해서도 기술했다. 이 데이터를 가지고 제너럴 일렉트릭 사와 그 외 다른 곳의 설계 엔지니어들은 절연의 실패를 경제적 방식으로 방지할 수 있었고, 지역에서 전송 시스템의 범위를 더욱 확장할 수 있었다.[55] 픽은 발명의 재능을 가진 엔지니어이자 과학자였다. 그가 연구한 문제들은 그를 고용한 회사가 관장하는 기술시스템의 향상과 구체적으로 연관되었는데, 이 점에서 그는 창의성에서 대등한 독립발명가들과 달랐다.

---

55) Thomas P. Hughes, *Networks of Power: Electrification in Western Society, 1880~1930* (Baltimore: Johns Hopkins University Press, 1983), pp. 379~385.

듀폰

AT&T와 제너럴 일렉트릭 연구소는 기존의 노선과 일치하는 향상을 이루고 축적된 경험에 의지하는 데 가장 익숙했다. 반면 20세기에 미국의 화학 산업이 세계적으로 손꼽히는 지위로 부상한 것과 사실상 동의어인 듀폰 사의 산업연구 역사는 회사와 연구소가 실질적인 경험을 하지 못한 공정과 제품을 발명하고 개발하는 데 있어 대규모 연구소가 무능했음을 보여 주는 주목할 만한 사례를 제공한다. 듀폰은 역동적이고 이익이 많은 유기화학물질 분야에서 자체적인 연구개발을 통해 나름의 영역을 창출하는 데 실패했다.

화약과 폭발물 제조에서 오랜 역사를 가진 듀폰 사의 경영진은 1917년에 기업의 방향을 유기염료를 포함한 다양한 화학물질 제조로 다각화한다는 결정을 내렸다. 56) 그런 식의 다각화는 회사에 가해지던 비난에 답하는 데 도움을 줄 수 있었다. 당시 듀폰은 폭발물 제조업체이자 독점적 합병체이며 군비경쟁과 전쟁을 이용하는 회사라는 비난을 받고 있었다. 경영진은 또한 제 1차 세계대전이 끝난 후 회사의 인적 · 물리적 · 재정적 자원들이 폭발물 시장에만 공급해서는 적절한 기회를 찾을 수 없다는 점을 우려하고 있었다.

염료를 개발하고 제조하기로 한 결정은 대담한 모험이었다. 왜냐하면 독일 회사들이 오랫동안 이 분야를 지배했으며 제조와 관련된

---

56) David A. Hounshell and John K. Smith, *Science and Corporate Strategy: Du Pont R&D, 1902~1980* (New York: Cambridge University Press, 1988), p. 76.

세부사항들을 영업 비밀로 조심스럽게 지켜 왔기 때문이다. 독일 회사들은 시장에 나와 있는 수천 종의 염료들이 그것의 제조 방법을 설명하는 수많은 특허들 중 어느 것과 동일한지 확인할 수 없도록 세심한 주의를 기울였다. 심지어 일부 독일 회사들은 회피용 특허를 출원해 이를 모방하려는 회사들이 막다른 골목으로 향하도록 만들기도 했다.[57]

유기염료 제조업체가 경쟁력을 갖기 위해서는 주기적으로 새로운 색상과 특성을 가진 염료를 시장에 내놓을 필요가 있었다. 듀폰은 이 분야에서 엄청나게 혁신적이며 높은 수익을 올린 독일 화학회사들의 반세기 역사를 전범으로 삼아, 식견을 갖춘 유기화학자들을 고용하고 유기화학 연구를 위해 잭슨 연구소를 짓는 등 집중적으로 노력을 기울이기 시작했고, 1917년에는 회사에서 근무하던 천여 명의 연구과학자, 엔지니어, 전문기술자 중 절반가량을 잭슨 연구소와 염료 응용을 위한 또 다른 특수 연구소에 배치했다.[58] 1921년까지 듀폰은 여기에 2천만 달러를 투자했고, 경영진은 염료 사업에서 이익이 나오기 전까지 2천만 달러가 더 필요할 것으로 예상했다.

염료 사업으로의 모험은 예상치 못한 골치 아픈 문제들이 끝없이 터져 나오며 미궁에 빠졌다.[59] 회사는 도달하고자 하는 목표가 보

---

57) Ibid. , p. 89.

58) David A. Hounshell, "Continuity and change in the management of industrial research: The Du Pont Company, 1902~1980", paper presented at the Second International Conference on the History of Enterprise, Terni, Italy, 2 October 1987, p. 11.

59) Hounshell and Smith, *Science and Corporate Strategy*, pp. 77, 88~89.

유한 능력을 넘어서는 것임을 알아차렸다. 분하게도 듀폰은 염료 제조에서 성공을 거두기 위해 필요한 지식 — 이론적 · 기술적 · 암묵적 지식 모두 — 을 갖고 있지 못함을 인정해야 했다. 회사는 자존심을 굽히고 독일의 염료 화학자들에게 도움을 요청했다. 60) 2명의 듀폰 화학자는 이렇게 썼다.

> 우리가 선구자가 아닌 추종자가 되는 것이 아무리 싫다 하더라도, 처음 몇 년 동안은 이 분야에서 외국의 제조업체들이 이미 생산하고 있는 색상을 만들어 내는 데 우리의 노력을 국한해야 한다. 61)

1928년이 되어서야 듀폰은 모두 4천만 달러에 달하는 것으로 알려진 투자액으로부터 약소하게나마 수익을 올리기 시작했다. 이 돈을 다른 데 투자했더라면 더 큰 수익을 올릴 수 있었겠지만, 유용한 과학적 · 기술적 지식의 축적이 그만큼 많이 이뤄지지는 못했을 것이다.

염료 사업으로의 모험에서 듀폰 경영진은 해당 분야에 경험이 있는 다른 회사나 개인들로부터 연구 및 제조 능력을 사들이는 것이 그것을 내부적으로 만들어 내는 것보다 더 쉽다는 것을 알게 되었다. AT&T와 제너럴 일렉트릭은 특허, 발명가, 소규모의 혁신적 회사들을 사들이는 정책을 오랫동안 취해 온 바 있다. 듀폰도 다른 회사들을 사들여 회사의 산업 부서로 삼음으로써 다양한 화학 분야에서

---

60) Ibid. , pp. 92~95.
61) Ibid. , p. 90.

의 능력을 획득했다. 1920년대에 듀폰은 프랑스 기술을 사들여 레이온 섬유, 셀로판 필름, 합성 암모니아 생산으로 영역을 넓혀 갔다. 이 회사는 또한 회사 밖에서 발명된 화합물인 테트라에틸납 (tetraethyl lead, 가솔린에 넣는 노킹 방지 물질)과 프레온(Freon)● 냉매 제조에도 진출했다. 62) 듀폰은 영국의 대규모 화학 제조업체인 ICI와 계약을 맺어 상대방 회사의 연구개발 프로젝트에 관한 정보를 주고받기로 했다.

듀폰은 엄청난 수익을 올린 나일론의 발명과 개발에서 주목할 만한 성공을 거두었다. 염료 개발에 관련된 에피소드는 우리가 흔히 들을 수 있는 주장, 즉 연구개발에 충분한 돈을 쓴다면 문제는 해결되고 목표는 달성될 것이라는 식의 주장이 상당히 근거가 의심스러움을 보여 주었다. 반면 나일론 사례는 재능 있는 한 젊은 과학자가 때로는 고도로 조직된 연구개발 기획 속에서 엄청난 차이를 만들어낼 수 있음을 입증해 보였다.

나일론의 역사는 개인이 아니라 돈과 조직이 성공의 열쇠라는 명제를 신봉하는 이들을 위한 경고성 일화를 제공한다. 나일론 이야기는 듀폰 산업연구의 역사가 새로운 전환을 겪은 1926년에 시작되었다. 화학 부서라는 이름으로 알려진 회사의 중앙 연구조직 부서장인 찰스 M. A. 스타인은 중앙연구소에 새로운 역할을 부여하는 데 성공했다. 이러한 역할은 생산 부서들과 긴밀한 제휴관계에 있는 듀폰

● 〔옮긴이주〕 냉장고, 에어컨의 냉매나 스프레이 캔의 에어로졸 분사제로 쓰는 염화불화탄소(chlorofluorocarbons, CFCs) 물질군에 대해 듀폰이 등록한 상표명.

62) Hounshell, "Continuity and change", p. 14.

의 다른 연구소들이 하던 역할과 대조를 이루었다.

스타인은 중앙연구소가 기초연구에 집중하도록 하는 '근본적 단절'을 제안했다. 그는 기초연구를 통해 회사가 다양한 개발과 제조 과정을 분석하고 이것에 대한 전반적인 지식을 얻을 수 있을 것이라고 주장했다. '기초'연구에 대한 그의 정의 ─ '순수'연구와는 대비되는 의미에서 ─ 는 프랭크 주잇과 같은 다른 연구소장들이 가진 생각과 일치했다. 스타인은 일단 연구자들이 관련된 화학 공정에 대해 근본적인 이해를 얻게 되면 회사의 기술을 기술적·경제적으로 좀 더 효율적으로 만들 수 있다고 믿었다. AT&T는 장하코일에 대한 분석에서, 제너럴 일렉트릭은 진공관에 대한 분석에서 각각 기초연구의 가치를 입증해 보였다.

스타인은 페인트, 플라스틱, 레이온, 셀로판 필름과 같은 듀폰의 많은 제품들이 중합체(polymer),• 즉 분자량이 큰 화합물이기 때문에 회사에서 중합체 화학을 좀더 잘 이해하기 위한 방향으로 기초연구를 할 필요가 있음을 지적했다. 그는 또한 기초연구에 대한 의지가 널리 알려진다면 듀폰이 재능 있는 연구과학자와 엔지니어들을 대학에서 끌어올 수 있을 것이라고 주장했다. 그도 휘트니와 마찬가지로 대학에서 과학자들을 유혹해 와야 했다.

스타인은 상당한 자금을 투입해 그가 끌어들이기를 희망하는 연구자들을 위한 연구소를 추가로 지었다. 회사 선임들은 새로운 모험을 순수의 전당(Purity Hall)이라고 불렀다. 그는 나이가 있고 자리를 확고하게 잡은 교수들을 대학에서 끌어오려는 시도에서 실패했지

─────────────

• 〔옮긴이주〕 반복되는 하부 단위가 사슬 모양으로 이어져 만드는 매우 큰 분자.

만, 좀더 젊은 교수들을 끌어들이는 데는 성공을 거두었다. 그중에는 하버드대학의 화학과 강사였던 월러스 H. 캐러더스가 있었다. 그는 중합체 분야에서 '순수'연구를 할 기회를 약속받고 왔는데, 이 화학 분야에서는 연구방법이 이론적 이해가 아니라 대체로 경험에 근거를 두었다. 스타인은 캐러더스에게 그가 선택한 문제들을 계속 연구할 수 있다고 보증했지만, 그가 이끄는 그룹의 성장은 "우리가 가치 있다고 생각하는 연구를 시작하고 이끄는 (그의) 능력"에 달려 있다는 것도 알려 주었다. 63) 캐러더스는 듀폰에서 제안한 자리를 받아들이기 전에 조금 망설였다. 과연 자신이 듀폰에 잘 적응할 수 있을까 — 특히 "능력이 줄어들었다는 노이로제"에 시달리게 될 텐데 — 하는 의문을 품었기 때문이었다. 64) 자리를 받아들인 후 그는 "자부심으로 가득 찬" 정신이 꺾이지 않은 채, "한 주간의 산업노예 생활"을 마쳤다고 썼다. 오전 8시부터 오후 5시까지 "생각하고, 담배 피우고, 읽고, 말하는" 일에 몰두했기 때문이다. 65) 그는 자금에 관한 한 거의 제약이 없음을 알게 되었다.

얼마 지나지 않아 캐러더스는 중합체가 수수께끼 같은 집합체가 아니라 통상의 분자인데 단지 길이가 좀더 길 뿐임을 보여 주는, 오늘날 고전이 된 여러 편의 논문을 발표했다. 3년 후인 1930년에 캐러더스가 이끄는 그룹의 화학자들은 합성고무이자 최초의 완전한 합성

---

63) John K. Smith and David A. Hounshell, "Wallace H. Carothers and fundamental research at Du Pont", *Science*, 229(2 August 1985), 437에서 스타인의 말을 재인용.

64) Ibid. 에서 캐러더스의 말을 재인용.

65) Ibid., 438에서 캐러더스의 말을 재인용.

섬유인 네오프렌을 우연히 발견했다. 66) 네오프렌은 겨우 10년간의 개발을 거친 후 수지맞는 제품으로 탈바꿈했다. 67) 학문적 가치를 중시하는 과학자들이 흔히 그렇듯이, 캐러더스는 자신의 발견을 논문으로 발표했고 중합체 화학의 선도주자로서의 입지를 확보했다. 이후 그는 중합체 화학에 대한 추가적인 이해와 더 많은 발견을 찾아 연구를 이어 갔다.

스타인이 회사 경영진 상층부로 승진하자, 캐러더스는 당혹스러운 상황에 직면했다. 중앙연구소에서 스타인의 후임으로 온 사람이 기초연구를 줄이고 회사의 이해관계에 좀더 부합하는 연구를 늘리는 정책을 시작했기 때문이었다. 상업적 가능성이 있는 응용에 집중하라는 재촉을 여러 차례 받은 캐러더스는 1933년, 합성섬유의 개발에 관한 연구를 재개하기로 했다. 그해가 끝나기 전에 그는 나일론으로 가는 길을 찾아냈다. 나일론 프로젝트는 미국 산업체들이 대공황의 영향에서 막 빠져나오기 시작할 무렵에 상업적으로 성공을 거둠으로써 듀폰 사 경영진에게 하나의 모델이자 패러다임이 되었다. 경영진에서는 더 많은 '나일론들'을 원했다. 그러나 듀폰은 불과 얼마 전에 있었던 실패를 잊은 탓인지, 시장에 내놓을 섬유 개발에 온 힘을 쏟으면서 기초연구는 사실상 버려 놓다시피 했다.

순수연구를 위해 듀폰에 온 캐러더스는 회사가 자신의 문제선택을 심각하게 제약하고 있으며, 자신은 "이제 과학적 기여를 이따금

---

66) Ibid., 436, 439.

67) John K. Smith, "The ten-year invention: Neoprene and Du Pont research, 1930~1939", *Technology and Culture*, 26(January 1985), 34.

듀폰 연구소 시절의 월러스 캐러더스

씩 우연히 나타나는 부산물로 … 간주해야 하는" 처지가 되었다고 생
각하기 시작했다. [68] 그는 시카고대학의 화학과 학과장을 맡아 달라
는 요청에 고민했으나 결국 거절했다. 이후 2년 동안 그는 반복해서

---

68) Smith and Hounshell, "Wallace H. Carothers", 440에서 캐러더스의 말을
    재인용.

심한 우울증에 빠졌고 심리치료를 받아야 했다. 그는 1936년에 심한 쇠약 증세로 쓰러진 후 결국 회복하지 못했다. 여동생의 죽음과 자신이 과학자로서 실패했다는 강박관념이 그의 증세를 더욱 악화시켰다. 1937년 4월 29일 그는 41세의 나이로 필라델피아의 호텔 방에서 청산가리를 먹고 자살했다. [69] 과학계는 잠재적인 노벨상 수상자를 잃은 데 탄식을 금치 못했다.

---

[69] Hounshell, "Continuity and change", p. 20.

살아남은 독립발명가

19세기 말부터 20세기 초에 걸쳐 규모가 크고 혁신지향적인 전기, 화학 분야의 제조회사들이 부상했다. 이 사건은 과학자들과 과학의 성격을 바꾸어 놓았고 독립발명가들의 생존을 위협했다. 점점 더 많은 수의 물리학자, 화학자들이 산업체로 진출했다. 제너럴 일렉트릭, 벨, 듀폰 외에도 코닥, 뉴저지 스탠더드 석유회사, 제너럴 모터스를 비롯한 다른 제조회사들이 대규모 연구소를 설립했다. 제 1차 세계대전 이전 미국에는 최소 100여 개의 산업연구소가 있었는데, 1929년이 되자 그 수는 1천 개를 넘어섰다. [70] 1920년에 산업연구소에 고용된 물리학자들은 이 분야의 대표적인 전문조직인 미국물리학회 회원의 4분의 1에 달했다.

양차 세계대전 사이에 제너럴 일렉트릭과 AT&T에 고용된 물리학자들만 합쳐도 미국물리학회 회원의 40%나 되었다. 좋은 보수를 받는 이 물리학자들은 훌륭한 장비와 조수들의 도움을 받아 실험하면서 실용적이면서 근본적인 연구문제들을 선택했다. 이들 문제들에 대한 답은 거대한 과학지식의 덩어리에 통합됨으로써, 만약 과학이 순수과학으로 남았다면 선택했을 것과는 다른 틀과 방향성을 제공했다.

산업연구소를 선전하고 산업체 과학자들의 위신을 더욱 높이기 위해, 산업연구소의 주창자들은 독립발명가들 중 상징적 인물인 에디

---

70) Wise, *Willis R. Whitney*, p. 215.

슨의 이미지를 깎아내렸다. 자신들의 아버지를 부정해야만 하는 아들들이 된 것이다. 회사 경영진이나 투자자, 일반 대중을 상대로 글을 쓰거나 연설할 때, 그 수가 빠른 속도로 증가하던 산업연구소의 소장들은 종종 에디슨의 방법을 시행착오에 기초한 것으로 그렸다. 1925년 AT&T와 벨 시스템의 다양한 연구시설들을 통합해 설립된 벨 연구소의 소장이 된 주잇은 에디슨의 전성기가 1900년 이전이었음을 강조했다. 훈련받지 않고 직관적인 에디슨의 탁월함과 끈기가 당시 기술의 발전 수준과 잘 부합했다는 것이었다.[71] 박사학위를 갖고 있던 주잇은 에디슨은 공식적인 훈련을 받은 과학자와 엔지니어들에 의해 추월당했고, 뒤떨어졌다고 말했다.

산업연구소의 소장들은 과학을 체계적·경제적으로 활용하는 곳으로 자기 연구소를 그려 냈다. 산업연구소의 주창자들은 에디슨과 그의 방법을 낡은 것으로 간주하도록 만들어야 함을 잘 알고 있었다. 그렇지 않으면 실용적 태도를 가진 기업 이사들이 왜 대학을 나온 젊은 박사들을 많은 보수를 주고 고용하는가 하는 질문을 던질 가능성이 여전히 남기 때문이었다. 에디슨과 다른 직업발명가들이 바로 그 일 ─ 환상적으로 높은 이익을 보장하는 발명 ─ 을 너무나 잘해 온 것으로 알려져 있는데 말이다.[72]

---

71) C. L. Edgar, "An appreciation of Mr. Edison based on personal acquaintance"; F. B. Jewett, "Edison's contributions to science and industry"; R. A. Millikan, "Edison as a scientist", *Science*, 75(1932), 59~71.

72) Thomas P. Hughes, "Edison's method", in *Technology at the Turning Point*, ed. William B. Pickett(San Francisco: San Francisco Press, 1977), p. 5.

19세기 말, 대다수의 독립발명가들이 공유한 이른바 에디슨 방법이 산업연구소에서 일하는 과학자들의 접근법에 비해 좀더 경험적이었던(혹은 시행착오에 기반했던) 것에는 의심의 여지가 없다. 벨의 장하코일과 진공관 중계기 개발, 제너럴 일렉트릭 연구소의 텅스텐 필라멘트 개발이 보여 주듯, 과학자들은 그들이 발명했거나 개발 중인 장치나 공정에 대한 이론적 설명을 고안한 후 이것을 가지고 작업하는 쪽을 선호했다. 그러나 산업체 과학자들은 과학을 좀더 효율적으로 사용하면서, 발명에 대해서는 보수적 경향을 보였다. 이는 독립발명가들의 좀더 급진적인 접근법과 대조를 이루었다.

새로 조직된 연구소와 연구과학자들을 관장하던 사람들 중 몇몇은 독립발명가들의 좀더 급진적인 접근법이 여전히 필요하다는 사실을 깨닫게 되었다. MIT 부총장이자 공대 학장으로 제도화된 연구 개발에 익숙했던 바네바 부시는 직업발명가의 시대가 결코 끝나지 않았다고 예언했다. 그에 따르면 독립발명가는

··· 훨씬 더 넓은 범위의 아이디어를 가지고 있고 ··· 종종 아무것도 없는 데서 놀랍도록 새롭고 유용한 장치나 결합을 만들어 낸다. 이는 독립발명가의 날카로운 안목이 없었다면 사장되어 버렸을 것들이다. ··· 오늘날 새로운 아이디어들은 과거 그 어느 때보다도 더 자주 등장한다. 미국에서는 거대한 연구소가 과학을 발전시키고 새로운 산업적 결합을 만들어 내는 데 매우 중요한 요소이긴 하지만, 결코 모든 필요를 충족할 수는 없다. 독립발명가, 소규모 집단, 상황을 파악한 개인은 (진행되고 있는 상황으로부터) 한발 떨어져 있기 때문에 종종 그들이 없었다면 나오는 데 매우 오래 걸렸을 것들을 세상에 내놓는 데 있어 엄청나게 중요한 요소가 된다. [73]

주잇 역시 에디슨의 방법에 대해 그가 취했던 태도에도 불구하고 이렇게 믿었다.

우리 같은 산업 분야에서 평범한 특허라고 부를 만한 것들은 대부분 필연적으로 회사에 고용된 사람들로부터 나올 것이다. … 나는 그 수가 얼마 안 되는 근본적인 특허들, 즉 기술에 진정으로 커다란 변화를 일으키는 그런 특허들은 회사 내부보다는 외부에서 나올 가능성이 더 높다고 생각한다. … 어떤 부문에서는 독립발명가가 제대로 활동할 수 없다. … 반면 어떤 부문에서는 그 자체의 성격 때문에 근본적인 아이디어들이 대규모 실험실 바깥에서 나올 가능성이 10배 정도 더 높다. 74)

독일의 연구 화학자이자 독일에서 으뜸가는 화학 제조회사인 바이엘의 이사였던 카를 뒤스베르크는 산업연구소가 발명을 일상적인 것으로 만들었다고 생각했다. 그는 산업연구소의 발명이 "천재성이 번득인 흔적을 찾아볼 수 없는" 기성의 발명 또는 제도화된 발명이라고 규정했다. 75)

부시와 주잇이 예견했듯이 직업발명가는 20세기 내내 대중적인 유명세는 덜 탔지만 주변부뿐만 아니라 최첨단 영역에서도 지속적

73) Temporary National Economic Committee, *Concentration of Economic Power Hearings, 1938~1939*(Washington, D.C. : U.S. Government Printing Office, 1939), pts. I-IV, pp. 871~872.

74) Ibid., pts. I-III, pp. 971~976.

75) Henk van den Belt and Arie Rip, "The Nelson-Winter-Dosi model and synthetic chemistry", in *The Social Construction of Technological Systems*, eds. W. Bijker, T. Hughes, and T. Pinch(Cambridge, Mass. : MIT Press, 1987), p. 155.

으로 활동했고, 그들의 적은 숫자와 대조를 이루는 수많은 급진적·획기적 발명들을 해냈다. 독립발명가가 해낸 발명들로는 에어컨, 자동차의 자동변속기, 파워스티어링, 헬리콥터, 석유의 촉매성 분해, 셀로판, 제트엔진, 코다크롬 컬러필름, 자기녹음장치, 폴라로이드 랜드 카메라, 급속냉동, 건식복사 등이 있다. 76) 최근 들어서는 범용 디지털 전자 컴퓨터와 레이저가 이 목록에 추가되었다.

---

76) John Jewkes, David Sawers, and Richard Stillerman, *The Sources of Invention* (New York: W. W. Norton, 1969), p. 73.

제5장

시스템이 최우선이 되어야 한다

1870년 이후 발명가, 과학자, 시스템 건설자들은 현대 세계의 기술 시스템을 창조하는 일을 했다. 오늘날 산업세계에 속하는 대부분의 국가들은 지난 세기들을 특징지었던 자연환경이 아니라 이러한 시스템들에 의해 구성된 인공환경 속에서 살아간다. 찰스 다윈은 자연이 미치는 영향을 설명하는 데 중요한 기여를 했다. 그리고 지그문트 프로이트는 우리 내부와 우리 주위의 모든 곳에서 마치 전하(電荷) 처럼 빠직거리는 소리를 내는 심리적 힘들을 이해하기 위해 애썼다. 그러나 지금까지 우리는 거대한 기술시스템으로 조직된 세상이 어떤 영향을 미치며 어떤 유형을 가지는지에 대해서는 별로 생각해 본 적이 없다.

흔히 우리는 현대 기술을 시스템과 연관 짓지 않고 전등, 라디오, 텔레비전, 비행기, 자동차, 컴퓨터, 핵미사일과 같은 대상과 연관 지어 이해하는 실수를 저지른다. 그러나 현대 기술을 개별 기계나

장치하고만 연관 지어 생각하는 것은 토머스 에디슨이 멘로 파크에 자신의 발명 공장을 설립한 이후 반세기 동안 힘과 방향성을 얻어 온, 현대 기술의 심층부에 깔린 경향을 무시하는 것이다. 오늘날 자동차나 비행기 같은 기계는 어디에나 널려 있다. 이들은 기계장치이고 물질적인 것이기 때문에 이해하기가 그리 어렵지 않다. 그러나 이와 같은 기계들은 대부분 고도로 조직되고 통제되는 기술시스템의 구성요소일 뿐이다. 그러한 시스템은 이해하기가 훨씬 어렵다. 왜냐하면 기술시스템은 사람들이나 조직과 같은 복잡한 구성요소를 포함하며, 기계적인 것 외에 화학적이거나 전기적인 성격을 갖는 물질적 구성요소들로 종종 이루어지기 때문이다.

에너지, 생산, 통신, 운송에 관여하는 대규모 시스템들은 현대 기술의 정수를 이룬다. 앨런 트랙턴버그는 미국인들이 '서부'와 '기계'라는 두 단어를 미국의 과거와 현재 역사에 대한 전망을 제시하는 상징으로 여긴다는 얘기를 한 적이 있다.[1] 한 세기에 걸친 시스템 건설을 목도한 지금 시점에서, 그들은 이제 '시스템'을 자신들의 특징으로 여겨야 마땅할 것이다.

현대의 많은 기술시스템들은 에디슨, 스페리, 테슬라, 그리고 그 외의 독립발명가들이 해낸 발명의 연장선상에 놓여 있다. 이들 발명가들은 일차적으로 기계적·전기적·화학적 구성요소들 — 캠, 기

---

1) Alan Trachtenberg, *The Incorporation of America*: *Culture and Society in the Gilded Age* (New York: Hill and Wang, 1982), p. 38. 세실리아 티치는 20세기 초의 기술에 대한 상징으로 '기계'보다 '기어와 대들보'를 더 선호한다(Cecelia Tichi, *Shifting Gears*: *Technology, Literature, Culture in Modernist America* (Chapel Hill: University of North Carolina Press, 1987), p. xii).

어, 스프링, 밸브, 발전기, 백열전구, 안테나, 벨트, 파이프, 전송선 등과 같은 — 로 구성된 기술시스템을 구상했다. 그들 중 좀더 기업가적 자질을 갖춘 이들은 (사회) 조직까지도 이제 막 생겨난 기술시스템에 통합했다. 이들 시스템을 많은 부분 확장하거나 향상시키는 역할을 담당한 것은 산업연구소의 과학자들이었다. 세기 전환 무렵에는 시스템 건설을 향한 강한 열망을 가진 사람들이 새롭게 부상했는데, 이들의 목표는 발명가나 산업체 과학자들의 그것보다 더 복잡했다. 이들 시스템 건설자들은 엄청난 규모의 기술시스템들을 창조해 냄으로써 현대 기술사회에 자신들의 서명을 남겼다. 그들이 만들어 낸 기술시스템은 기술적 구성요소뿐 아니라 광산, 공장, 그리고 기업, 은행, 증권회사 등과 같은 조직까지 포함했다. 여기에 더해 시스템 건설자들은 시스템을 돌보는 역할을 맡은 공장노동자와 화이트칼라의 거대한 관료구조를 확립했다.

시스템 건설자 중 많은 이들은 발명가나 산업체 과학자가 아니라 엔지니어, 관리자, 혹은 금융가로 훈련받고 경험을 쌓은 인물이었다. 앞으로 보겠지만, 그들은 대량소비, 기업활동의 자유, 그리고 자본주의를 열정적으로 추구하는 국가가 기술시스템 건설이라는 자신들의 목표에 특히 잘 부합한다 — 그것이 사회적으로 바람직한 결과를 가져오든 파괴적인 결과를 가져오든 간에 — 는 사실을 알게 되었다. 그들 중 일부는 권력과 돈을 향한 욕망에 이끌렸지만, 그들 모두는 자신이 관할하는 기술시스템에 질서를 부여하고, 중앙집중화하고, 통제하고, 확장하려는 강한 열망을 공유했다. 현대 산업국가로서의 미국을 창조한 사람을 찾으려면 우리는 독립발명가와 산업체 과학자들뿐 아니라 시스템 건설자들도 고려해야 한다.

헨리 포드의 생산 시스템은 양차 세계대전 사이에 성숙한 대규모 기술시스템 중 가장 잘 알려진 사례이다. 당시 사람들은 대체로 포드 시스템이 공작기계와 조립라인으로 이루어진 기계적 생산 시스템이라고 생각했다. 그러나 포드 시스템에는 쇠를 만드는 용광로, 원자재 수송을 위한 철도, 원자재를 캐내는 광산, 마치 하나의 기계처럼 움직이는 고도로 조직된 공장, 그리고 고도로 발전된 재정, 관리, 노동, 판매 조직들도 포함되어 있었다. 당시 더 발전된 시스템도 있었지만 보다 많은 주목을 받은 것은 포드 시스템이었는데, 그 이유는 일반 대중이 기계적인 것을 이해하는 데 어려움을 덜 겪었기 때문이다. 흔히 하는 말로, 에테르 힘이나 전기에 대해 이해하기는 힘들어도 기어는 누구나 보고 느낄 수 있는 것이다.

전등 및 전력 시스템 — 시카고에 기반을 둔 시스템 건설 전력회사의 거물인 새뮤얼 인설이 관리하고 재정을 담당한 시스템이 대표적인 예이다 — 은 발전기, 백열전구, 송전선 같은 것뿐 아니라 수력발전 댐, 제어 센터 또는 급전 센터(load-dispatching center), 전력회사, 컨설팅 엔지니어링 기업, 증권회사 같은 것도 그 속에 통합했다. 포드가 설치한 기계적 조립라인이 움직이는 것을 보면서 일반 대중은 크게 감명을 받았다. 하지만 전기 시스템은 자신의 생산단위를 너무 빠른 속도 — 빛의 속도인 초속 30만 킬로미터 — 로 전송했기 때문에 이를 이해하기란 쉽지 않았다.

인설이나 다른 전기 시스템 건설자들에게 동기와 방향을 제시한 개념들은 포드나 그 휘하의 기계 엔지니어들을 추동한 개념들보다 더 이해하기 어렵고 추상적이었다. 기계장치가 아닌 전기회로의 개념들이 전기 시스템 건설자들의 사고와 행동방식을 형성했다. 그들은 간단한 단선적 인과관계가 아니라 상호작용을 다루었다. 그리고 발전소나 화학 공장의 건설자들은 한 묶음씩 움직이는 원자재나 기계부품이 아닌 지속적인 흐름을 상상했다. 양차 대전 사이의 기간은 기계의 시대가 아니라 전력과 화학 공정 시대의 정점으로 나타났다. 한 시대를 나타내는 상징으로서의 기계는 이보다 한 세기 전의 영국 산업혁명기에 더 잘 들어맞을 것이다.

20세기 전반부에 미국에서 정점에 도달한 시스템 건설의 물결은 그 이전의 수십 년 동안 준비된 것이었다. 이미 19세기 중반에 영국의 엔지니어와 기업가들은 미국의 생산 시스템에 주목하기 시작했다. 그들은 미국의 생산 시스템이 고도로 세분화된 공작기계의 사용과 생산 흐름을 용이하게 하기 위한 공장 내 기계, 공구, 계기 및 기타 장치들의 배치로 특징된다고 보았다. 2) 그 다음 세대의 영국인과 미국인들은 독특하면서도 유용한 '미국식 생산체제'(American Systems of Manufacture) • 에 대해 얘기하기 시작했다. 3) 그들은 미국의

---

2) *Yankee Enterprise: The Rise of the American System of Manufactures*, eds. Otto Mayr and Robert C. Post(Washington, D. C. : Smithsonian Institution Press, 1982).

• 〔옮긴이주〕 19세기 초 미국의 병기창에서 정립되어 이후 시계, 농기계, 재봉틀, 자전거 등 민간산업 분야로 확산한 생산방식을 가리키는 용어이다. 부품의 정밀도를 높여 같은 부품끼리 서로 호환가능하게 만들고, 어떤 기계부품이든 만들 수 있는 범용 공작기계 대신 특정한 형태의 부품만 만들 수 있는 특수목적 공작기계를 사용하고, 조립과 부품 생산에 미숙련 노동력을 널리 활용하는 등의 특징을 가진다. 미국의 넓은 토지 때문에 사람들이 숙련기술을 배울 수 있는 도제 생활을 기피해 생겨난 숙련 노동력의 부족 문제를 해소하기 위해 노력한 데서 유래한 것으로 흔히 평가된다.

3) David A. Hounshell, *From American System to Mass Production: The Development of Manufacturing Technology in the United States*(Baltimore:

시스템이 호환가능한 부품, 특수 목적 공작기계, 그리고 매끄러운 작업 흐름을 위해 설계된 공장을 넘어서는 그 무언가를 담고 있다는 사실을 알게 되었다. 즉, 미국인들은 정치 민주주의뿐 아니라 경제 민주주의를 열정적으로 추구하며, 이 때문에 일반 대중을 위해 대량 생산된 상품과 서비스가 거래되는 새롭고 전례 없이 거대한 시장이 생겨났음을 이해하게 된 것이다. 결국 미국적 가치와 이로부터 영향을 받은 시장 역시 시스템의 일부였다. 4)

유럽인들은 자국 시장과 미국 시장의 상이한 특징에 대해 잘 알고 있었다. 19세기 말에서 20세기 초에 걸쳐 유럽의 상품은 가격이 비쌌고 사치재로 디자인되었다. 유럽인들은 작은 매출에 대해 높은 단위의 이윤을 기대했다. 인설은 런던과 시카고의 서로 다른 시장 상황을 시각적으로 보여 주는 도표를 자주 이용했다. 런던에서는 생산

Johns Hopkins University Press, 1984), pp. 331~336.

4) 이 글에서 사용된 기술시스템의 개념은 엔지니어나 많은 사회과학자가 사용하는 시스템 개념에 비해 세련되진 않지만 골치 아프고 복잡한 현상을 다루는 역사가들에게는 유용할 것이다. 엔지니어, 과학자, 사회과학자들의 정의에 따라 시스템을 다루는 저작으로는 Ludwig von Bertalanffy, *General System Theory*(New York: George Braziller, 1968); Günter Ropohl, *Eine Systemtheorie der Technik*(Munich: Carl Hanser, 1979); *The Social Theories of Talcott Parsons: A Critical Examination*, ed. Max Black (Carbondale: Southern Illinois University Press, 1961); C. West Churchman, *The Systems Approach*(New York: Dell, 1968); Herbert Simon, "The architecture of complexity", in *General Systems Yearbook*, X(1965), 63~76 등이 있다. 시스템을 다룬 문헌을 좀더 찾아보고 싶은 독자들은 Ropohl과 Bertalanffy 책의 참고문헌을 보기 바란다. 역사가들 중에서는 버틀랜드 질이 시스템 접근법을 명시적으로 사용해 이를 기술사에 적용했다. 예를 들어 *The History of Techniques*, ed. B. Gille(New York: Gordon & Breach, 1986, 2 vols.)를 보라.

된 전기의 단가가 높고 이윤 폭이 크며 전기 생산량이 작은 반면, 시카고에서는 그 역이 성립한다는 것이었다. 그래서 그는 매출과 이윤 총액을 증가시키기 위해 지속적으로 가격을 낮추었다. 한편 독일에서는 전력회사들이 주거지역의 시장 ― 대량생산된 저가의 전기만을 소비할 능력이 되는 ― 이 아니라 산업체들의 요구에 맞추는 모습을 보였다.

미국의 시스템 건설자들 중에서 프레드릭 테일러보다 더 어렵고 논쟁적인 과업을 맡은 사람은 없었다. 포드는 명령과 통제를 향한 자신의 열망을 일차적으로 생산기계에 쏟아 부었고, 인설은 규모가 크고 지속적인 전력의 흐름을 확보하는 데 집중했다. 반면 테일러는 노동자들을 시스템화해 이들이 마치 기계의 한 구성요소처럼 움직이게 만들려고 했다. 포드가 가지고 있던 이미지는 한 대의 기계처럼 작동하는 공장의 이미지였고, 인설은 상호작용하는 전기적·조직적 구성요소들의 네트워크 또는 회로를 머릿속에 그렸다. 테일러는 기계적 요소와 인간적 요소를 사실상 구별할 수 없게 되는 하나의 기계를 상상했다.

이상주의적이고 다소 별난 성격을 가졌던 테일러는 효율성이 미국인 모두에게 이익을 가져다 줄 것이라는 생각에 일생 동안 몰두했지만, 복잡한 인간적 가치와 동기에 대한 판단에서는 지나치게 순진했다. 테일러주의의 역사에서 우리는 시스템 건설자들과 그들이 만든 생산 시스템에 대해 저항하는 사람들을 보여 주는 초기의 매우 중요한 사례를 볼 수 있다. 오늘날 이러한 저항은 '시스템'에 포섭되는 것을 두려워하는 사람들 사이에 널리 퍼져 있다.

테일러주의

테일러는 관리(管理)에 대한 이른바 과학적 접근법을 내세운 최초의 인물은 아니다. 그러나 그는 관리에 대한 자신의 관점을 널리 퍼뜨리려는 거의 강박에 가까운 열정과 헌신, 강인한 개성, 그리고 성공과 실패를 번갈아 경험한 매우 특이하고 종잡을 수 없는 경력을 통해 동시대인들과 이후 세대에 지울 수 없는 강한 인상을 남겼다. 그가 사망한 지 반세기 이상 지났지만 유럽, 소련, 미국의 많은 사람은 여전히 과학적 관리를 일컬어 '테일러주의'라고 부른다. 당시의 노조 지도자와 급진주의자들은 혐오스러운 노동조직 및 통제 시스템의 상징으로 테일러를 손쉬운 공격대상으로 삼았는데, 이는 지금도 변하지 않았다. 20세기 초, 유럽과 소련 사람들은 '테일러주의'를 당시 찬탄과 모방의 대상이 되었던 미국의 산업관리와 대량생산 시스템을 나타내는 표어로 받아들였다.

1911년, 테일러의 《과학적 관리의 원칙》(*Principles of Scientific Management*)의 출간은 노사 관계의 역사에서 하나의 이정표가 되었다. 이 책은 출간 후 2년도 안 되어 프랑스어, 독일어, 네덜란드어, 스웨덴어, 러시아어, 이탈리아어, 스페인어, 일본어로 번역되었다. 존 도스 패서스는 1936년에 출간한 자신의 소설 《빅 머니》(*The Big Money*)에서 테일러를 에디슨, 포드, 인설 같은 사람들과 나란히 묘사했는데, 이는 그들이 자신들이 살았던 시대의 정신을 표현했다고 그가 믿었기 때문이다. 도스 패서스는 테일러가 평생 담배, 차, 커피, 술을 전혀 하지 않았지만, 효율성과 생산의 문제를 푸는 것에서 그에 필적할 만한 자극을 찾았다고 썼다. 테일러에게 있어 생산은 그 자체가 목적이었다. 그것이 전함을 위한 장갑판을 생산하는 것이든, 바늘이나 볼 베어링, 피뢰침을 생산하는 것이든 간에 말이다.[5]

테일러의 근본개념과 지도원칙은 사람과 기계를 모두 포함하면서도 잘 설계되고 기름이 잘 칠해진 한 대의 기계처럼 효율적으로 작동하는 생산 시스템을 설계하는 것이었다. 그는 "과거에는 사람이 최우선이었지만 미래에는 시스템이 최우선이 되어야 한다"[6]고 했다. 이 말은 당시 노동자들이나 노조 지도자들의 생각과는 잘 맞지 않았으며, 오늘날에도 기술에 반감을 느끼는 사람들을 화나게 한다. 그는 19세기의 발명가와 엔지니어들이 기계와 공정에 대해 한 일을 생산 시스템 전체에 대해 해줄 것을 관리자들에게 주문했다. 고도로 효율적인 기계들이 고도로 효율적이고 기능적으로 연관된 노동을 필요로 하게 되었기 때문이다. 테일러를 따르는 몇몇 사람들 — 나중에 대법원 판사가 된 루이스 브랜다이스를 포함해서 — 이 테일러

---

5) John Dos Passos, *U.S.A.* (New York: Viking Penguin, 1986), p. 746.

6) Frederick W. Taylor, *The Principles of Scientific Management* (New York: Harper & Brothers, 1911), p. 7 [프레드릭 테일러 저, 방영호 역, 《과학적 관리법》(21세기북스, 2010)]. 이 책은 테일러가 1903년에 쓴 긴 논문인 *Shop Management*, 그가 하원 청문회에서 증언한 내용을 담은 *Hearings Before Special Committee of the House of Representatives to Investigate the Taylor and Other Systems of Shop Management Under Authority of House Resolution 90* (1912)와 한데 묶여 Frederick Winslow Taylor, *Scientific Management* (New York: Harper & Brothers, 1947)라는 한 권의 책으로 출간되었다. 아래에서 테일러의 1911년 책은 Taylor, *Scientific Management*로, 1912년 증언은 Taylor, *Testimony*로 각각 약칭한다.

의 관리 시스템에 이름을 지어 주려 했을 때, 그들이 '과학적 관리'에 앞서 먼저 떠올린 이름은 '기능적 관리'(functional management)였다. 7) 테일러와 그의 추종자들은 비효율적인 노동자를 잘못 설계된 기계에 비유하는 냉정함을 보였다.

테일러는 필라델피아에 있는 미드베일 철강회사에서 기계공과 작업반장(foreman)으로 일하면서 자신의 관리 원칙을 발전시켰다. 필라델피아의 부유한 퀘이커 교도 집안에서 태어나 필립스 엑스터 예비학교를 졸업하고 테니스에서 미국 복식 챔피언이 되기도 했던 테일러는 어느 모로 보나 전형적인 기계공작소 노동자는 아니었다. 미드베일 사의 현장 노동자들 중에서 상류층을 위한 필라델피아 크리켓 클럽의 회원이었던 인물은 확실히 그 혼자밖에 없었다. 테일러의 주치의는 그가 예비학교에서 보낸 마지막 해에 시력이 나빠져 하버드대 입학이 어렵게 되자 손으로 하는 노동을 권유했다. 테일러의 아버지는 아들이 자신을 따라 법률 전문직에 종사하기를 바랐지만, 아들은 블루칼라 노동자가 되는 길을 택했다.

미드베일에서 그는 회장인 윌리엄 셀러스의 직접적인 보호를 받았다. 19세기에 가장 영향력 있는 공작기계 발명가 중 한 사람이었던 셀러스는 기계 엔지니어이자 기업가로, 자신이나 그 동료가 설계

---

7) Frank Barkley Copley, *Frederick W. Taylor: Father of Scientific Management* (New York: Harper & Brothers, 1923), II: 372 (Reprint: New York: Augustus M. Kelly, 1969). 아래에서는 Copley, *Taylor*로 약칭한다. 테일러의 성취를 재평가하면서 코플리의 전기를 비판한 최근 저작으로는 Daniel Nelson, *Frederick W. Taylor and the Rise of Scientific Management* (Madison: University of Wisconsin Press, 1980), 특히 pp. 193~197을 보라.

한 모든 기계들은 기능적이어야 한다 ― 바꿔 말해 그 기계가 원래
의도된 목적에 효율적으로 기여해야 한다 ― 는 입장을 견지한 인물
이었다. 테일러는 훗날 셀러스를 두고 "이 나라에서 그가 살았던 시
대에 두말할 필요 없이 가장 유명했던 엔지니어", "진정한 과학실험
자이자 대담한 혁신가", "그 자신의 세대를 훌쩍 뛰어넘었던 인물"이
라고 찬사를 보냈다. 8) 테일러는 자신의 지위가 올라가 작업반장이
되고 나중에 미드베일 사의 수석 엔지니어가 된 후 전통적인 작업 관
행에 역행하는 근본적인 변화를 실험하는 과정에서 셀러스의 후원
에 깊이 의지했다.

노동자들의 태업(soldiering)은 미국에서는 '게으름 피우기'(stall-
ing), '할당량 제한'(quota restriction), '할 일 안 하기'(goldbrick-
ing), 독일에서는 '질질 끌기'(bremsen), 잉글랜드와 스코틀랜드에
서는 '시간 때우기'(hanging it out), '느릿느릿 작업하기'(Ca'canny)
등의 다양한 이름으로 불렸는데, 이는 효율성에 대한 테일러의 감각
을 크게 자극했다. 테일러는 노동자들, 그중에서도 특히 숙련기계
공들을 19세기를 휩쓴 기계화의 물결 속에서 살아남은 산업적 비효
율성의 주요 아성이라고 결론 내리고 '태업'을 제거하려는 계획을 세
웠다. 그는 나중에 이렇게 썼다.

> 조직적 태업의 대부분은 … 고용주에게 작업이 얼마나 빨리 진행될 수 있
> 는지 알리지 않으려는 고의적 목적을 가진 사람들에 의해 행해진다. 9)

---

8) Copley, *Taylor*, I: 108, 110.
9) Sudhir Kahar, *Frederick Taylor: A Study in Personality and Innovation*
(Cambridge, Mass.: MIT Press, 1970), p. 95.

예를 들어 미드베일 사의 기계공들은 '도급제'(piecework)●하에서 일했는데, 이 때문에 그들은 시간당 더 많은 양을 생산할 수 있다는 사실을 공장주들이 알아채고 생산량 증가를 요구하는 일이 생겨서는 안 된다는 강한 입장을 취했다. 그들은 공장주들이 성과급 체계를 유지해 노동자들이 열심히 일한다면 더 많은 급료를 집으로 가져갈 수 있게 해줄 것이라고 믿지 않았다. 노동자들은 자신들이 더 많은 노력을 기울이면 그것이 공장주들에게 곧 표준이 되어 버릴 것이라고 믿었다. 우리는 노동자들이 오랜 기간 유지해 온 노동 속도가 자연적 리듬에 따른 것이었는지, 또 온당한 것이었는지에 대해 다만 추측을 해볼 수 있을 뿐이다.

분명한 것은, 테일러가 그들이 태업을 하고 있다고 믿었다는 사실이다. 그러나 그는 좀더 효율적이고 증가된 생산에서 나온 수입의 일부가 부지런한 노동자에 대한 보상으로 이어질 것이라는 점도 분명히 했다. 나중에 그는 관리자와 공장주들도 막상 늘어난 수입을 분배해야 하는 시점에서는 태업을 한다는 사실을 알고 질겁했다. 테일러는 인간 본성에 관해 정통한 인물은 아니었다. 그의 접근법은 스스로 설명했듯이 과학에 관한 것이었다.

선반공들의 감독을 맡게 된 후 테일러는 태업을 중단시키는 일에 착수했다. 친구들은 그의 안전에 대해 염려하기 시작했다. 테일러의 회고에 따르면, 한 노동자가 그에게 와서 "프레드 씨, 당신은 도급제를 돼지처럼 시행하려고 하지는 않겠지요?"라고 말했다. 이에 대해 그는 "너희는 내가 이 선반들로부터 더 많은 산출량을 얻어 내

● 〔옮긴이주〕 한 일의 양에 따라 보수를 받는 방식으로 '개수급'이라고도 한다.

려고 요구할까 봐 두려운 모양인데, 사실 그렇다. 나는 정말 더 많은 산출량을 요구하려고 한다"고 답했다. [10]

도급제를 둘러싼 싸움이 시작되었고, 이는 미드베일 사에서 3년을 끌었다. 친구들은 테일러에게 밤늦게 인적이 드문 거리를 혼자 걷지 말라고 간청했다. 하지만 그는 "쏠 테면 쏴 보라지, 당하는 건 그쪽이야"라고 말하면서, 만약 공격을 받으면 자신도 규칙을 따르는 대신 이로 물고 손가락으로 눈을 찌르고 벽돌 조각으로 때릴 것이라고 했다. 그로부터 30년이 지난 1912년의 의회 청문회에서 그는 이렇게 주장했다.

나는 이 사람들이 결국 굴복하기 전까지 이 싸움에서 나타난 격렬함과 야비함에 의원 여러분들의 주의를 돌리고 싶습니다. … 나는 어떤 특정한 사람에 대해 그 어떤 악감정도 없었습니다. 실제로 이 모든 사람은 내 친구였고, 그들 중 많은 사람은 아직도 그렇습니다. … 나는 노동자들에게 공감했지만, 내게는 나를 고용한 사람들에 대한 의무가 있었습니다. [11]

그는 유일한 최선의 작업방식 — 이 경우에는 선반 작업자가 어떻게, 그리고 얼마나 빨리 작업해야 하는지 — 을 결정하면서 자신이 과학적이라고 생각한 방법을 사용했다. 그는 노동자나 관리자 그 어느 쪽의 가치나 견해도 자신의 객관적이고 과학적인 접근에 영향을 주지 못한다고 믿었다. 1882년 당시 조수로 일하던 테일러는 먼저 스톱워치를 이용해 노동자들의 동작에 대한 시간연구를 시작했다.

---

10) Taylor, *Scientific Management*, p. 79.
11) Taylor, *Testimony*, pp. 8, 115.

시간을 재는 것은 새로운 방법은 아니었지만, 테일러는 단순히 노동자들의 노동 방식에 대해 시간을 측정하는 것에서 그치지 않았다. 그는 복잡한 일련의 움직임들을 자신이 기초적인 단위라고 믿었던 것들로 나눈 뒤, 효율적인 동작을 보인다고 생각되는 노동자들이 이를 수행할 때 걸리는 시간을 측정했다.

이 분석이 끝난 후 그는 효율적으로 수행된 구성요소 동작을 그가 표준이 되어야 한다고 주장한 새로운 일련의 복잡한 작업순서 속에 통합했고, 불가피한 지연, 소소한 사고들, 경험부족, 그 외 다른 요인들에 소요되는 시간을 보탰다. 그 결과 노동자들을 위한 자세한 일련의 지시사항이 나왔고 노동을 효율적으로 수행하는 데 걸리는 시간이 결정되었다. 이는 다시 도급률을 결정했다. 이보다 더 빨리 일을 하는 사람에게는 보너스가 지급되었고, 더 늦게 일을 하는 사람에게는 벌칙이 부과되었다.[12] 결국 그는 개별 노동자가 자신의 신체와 공구(工具)를 자신이 선택한 방식대로 이용할 수 있는 자유를 박탈한 셈이었다.

테일러는 시간연구 — 그리고 이에 수반된 분석과 종합 — 만 한다고 해서 과학적 관리가 되는 것이 아니라는 점을 강조했다. 그는 노동이 효율적으로 수행되려면 노동 조건을 재조직해야 한다는 점을 알고 있었고 이를 관철하려 했다. 그는 공구의 디자인을 개선해야 한다고 주장했고, 삽의 디자인에 강박적인 집착을 보인 것으로 유명해졌다. 그는 원자재 조달을 위한 계획과 철저한 관리를 지시해 노동자들이 필요한 장소와 시간에서 원자재를 손에 넣을 수 있도록 했

---

12) Kahar, *Frederick Taylor*, pp. 70~71.

건설 현장을 점검하는 프레드릭 W. 테일러

다. 그는 복잡한 생산 공정에서의 병목현상 때문에 사람과 기계가 종종 할 일 없이 놀게 된다는 사실을 발견했다. 테일러는 심지어 조명, 난방, 화장실 시설까지 주의를 기울였다.

생명이 없는 기계와 사람을 합쳐 하나의 기계로 파악한 그는 그중 생명이 없는 기계 쪽이 실패하는 경우에도 신경을 썼다. 그는 공작기계들을 더 빠른 속도로 가동하는 것이 가능하다고 믿었고, 절삭공구의 속도를 크게 향상시키는 새로운 크롬-텅스텐 강철을 발명했다. 앞서의 논의를 통해 알 수 있듯, 그는 공작기계의 절삭 속도나 절삭의 깊이에 관한 결정조차도 기계공의 주관적 판단에 맡기지 않았다. 그는 자신의 책 《금속 절삭의 기예에 관하여》(On the Art of Cutting Metals, 1907)에서 26년에 걸쳐 자신이 수행한 수천 가지의 실험에 대해 설명했다.

통제와 질서를 추구하는 시스템 건설자로서, 테일러는 기계, 사람, 그리고 이들 간의 관계를 다시 설계하는 것으로 만족하지 않았다. 그는 일터나 공장 전체를 생산을 위한 하나의 기계로 재조직하는 작업에 착수했다. 그가 이룬 성취는 특수한 교육, 훈련, 기능을 갖춘 사람들을 자극해 '새로운 공장 시스템'의 확립에 기여하도록 했다. 13) 테일러의 성취가 어떤 것이었는지를 이해하려면 먼저 테일러의 개혁 이전에 많은 기계공작소, 엔지니어링 회사, 공장에서 어떻게 작업 과정이 수행되었는지를 생각해 보아야 한다.

그 이전까지는 회사에서 주문을 받으면 제품의 규격과 양을 적은 주문서 사본을 만들어 작업반장에게 보냈다. 작업반장은 생산 과정의 대부분을 책임졌다. 일단 제도공이 상세한 도면을 준비하면 기계공작소, 주조 공장, 주형제작 작업장, 단조 공장에 있는 작업반장들이 여기에 필요한 다양한 구성 부품들을 결정하고, 원자재를 주문하며, 기계공들을 위한 직무카드를 작성했다. 그러면 기계공들이 도면, 원자재, 공구들을 모아 특정한 구성 부품을 위한 일을 어떻게 할 것인지 계획을 짰다. 기계공들이 특정한 일거리를 끝내면 그들은 작업반장에게 이 사실을 보고하고 다음 일거리를 받았다. 과정 전체를 감독하는 것은 작업반장의 몫이었지만 여기에는 일정 수립(scheduling)이라는 개념이 거의 없었고, 따라서 다양한 직무 사이의 계획된 조정이라는 개념도 없었다. 구성요소들은 때때로 조립 공장이나 건설 현장에 불규칙하게 도착했다. 계획, 일정 수립, 그리고 작업 진척에 대한 면밀한 모니터링이 결여되어 있었기 때문에 원자재를 제때 구할 수 없는 경우가 종종 생겼다. 노동자들이 시간을 어떤 식

---

13) Nelson, *Taylor*, p. 202.

테일러 계획 부서는 작업장과 작업 과정을 합리화했다.

으로 활용하는지는 분명치 않았지만, 테일러주의의 주창자들은 그들이 나태하다는 인상을 주려 했다.

테일러는 무질서와 통제 결여가 도저히 용인할 수 없을 정도로 비효율적이라고 생각했고 이를 야기하는 원인인 전통적 방식들에 전쟁을 선포했다. 그의 개혁은 도면 준비, 구성요소의 세부사항 제시, 원자재 주문에 대한 모든 책임을 작업반장에서 엔지니어링부(engineering division)로 이전한다는 내용을 담고 있었다. 사회적 지위 향상을 추구하는 젊은 신흥 공과대학 졸업자들이 자신들의 '아버지'인 작업반장들을 대체하였다. 엔지니어링부 산하의 계획 부서에서 원자재의 조달과 구성 부품들이 만들어지는 순서를 조정했다. 계획 부서에서는 어떤 기계를 이용하고, 기계공, 주형제조공, 그 외 다른 노동자들이 어떻게 각 부품을 만들며, 각각의 직무는 얼마 만에 끝나야 하는지에 관한 세부적인 지시사항을 준비했다. 그리고 각 부품 생산에서의 진척상황 — 사용된 원자재와 소요된 시간을 포함해서 — 을 주의 깊게 기록한 내용을 보관했다.

원자재와 부품들이 필요한 장소에 제때 도착할 수 있도록 미숙련 노동자들이 작업장 주위에서 이를 운반했다. 계획 부서는 일련의 정교한 지시 카드와 보고서들을 통해 작업장 전체에서 부품들의 흐름에 관한 전반적인 상을 잡을 수 있었다. 이 흐름은 특정 기계에서 작업이 정체되는 것을 막고 다른 기계와 노동자들이 게으름을 피우는 것을 방지했다. 노동자들의 시간과 소모된 원자재에 관한 보고서들은 비용 계산을 매우 용이하게 만들어 주었다.

그간 테일러의 접근법이 내포한 복잡성과 전일성은 무시되는 경우가 많았다. 그 이유는 가장 간단하고, 쉽게 설명할 수 있으며 또 쉽게 이해시킬 수 있는 테일러의 성공사례들이 대중적으로 널리 알려졌기 때문이다. 테일러는 펜실베이니아 주 베들레헴 철강회사의 선철반에서 일했던 '슈미트의 이야기'를 자주 언급하곤 했다. 1897년 테일러와 그 동료들이 자신의 관리기법과 도급제를 도입하기 위해 베들레헴에 왔을 때, 그들은 선철 반원 한 명이 하루 평균 12.5톤의 선철을 운반한다는 사실을 알게 되었다. 반원들은 각자 42킬로그램 정도의 선철을 들고 경사진 판자를 걸어 올라가 화차 위에 부리는 일을 계속 반복했다. 테일러는 75명의 반원 각각의 성격, 습관, 포부 등을 주의 깊게 조사한 후 "펜실베이니아 주 출신의 몸집이 작은 한 네덜란드인"을 골라냈다. 테일러는 그가 "일을 마친 후 1.6킬로미터 정도 떨어진 집까지 아침에 일을 시작할 때와 마찬가지로 활기차게 걸어간다는 사실을 알았다". 14) 일과 후 그는 자신이 구입하는 데 "성공한" 조그만 땅 위에 혼자 힘으로 작은 집을 짓고 있었다. 테일러는 또한 헨리 놀이라는 이름의 그 네덜란드인(테일러는 그를 슈미트라는 이름으로 불렀다)이 극히 인색하며, 돈에 아주 높은 가치를 두는 사람이라는 사실을 알게 되었다. 테일러주의자들이 딱 마음에 들어 할 인물이었다.

테일러는 자신과 슈미트의 대화를 다음과 같이 회고했다. 이 얘기는 실제로 어떤 일이 일어났는가보다는 테일러가 어떤 태도를 취하였는가에 대해 더 많은 사실을 우리에게 말해 준다.

"슈미트, 너는 비싼 놈이지? … 내가 알고 싶은 것은 네가 하루에 1.85달러를 받고 싶은지, 아니면 저 값싼 친구들처럼 하루에 1.15달러를 받고 싶은지 하는 거야."

"하루에 1.85달러를 번다고요? 그게 비싼 놈이요? 그러면 나는 비싼 놈이지요."

" … 좋아, 만일 네가 비싼 놈이라면 너는 내일 저 선철을 저 화차 위로 운반하고 1.85달러를 벌겠지. 너는 내일부터 이분이 지시하는 대로 아침부터 저녁까지 일해야 해. 이분이 너에게 선철을 들고 걸으라고 말하면 그것을 들고 걷고, 이분이 너에게 앉아서 쉬라고 하면 앉아서 쉬는 거야. … 그리고 한 가지 더, 말대답은 하면 안 돼."15)

---

14) Taylor, *Scientific Management*, p. 44.

15) Ibid., pp. 44~46ff. 찰스 레지와 아메데오 페로니는 슈미트 이야기의 여러 가지 세부사항과 선철 실험에 대한 테일러의 설명에 대해 중대한 의혹을 제기했다. Charles Wrege and Amedeo Perroni, "Taylor's pig-tale: A historical analysis of Frederick W. Taylor's pig-iron experiments",

테일러는 여기에 다음과 같이 솔직히 덧붙였다.

이것은 약간 거친 대화처럼 보인다. 이러한 대화가 교육받은 기계공이나 좀더 지적인 노동자에게 행해진다면 실제로 그럴 것이다. 그러나 슈미트처럼 정신적으로 둔한 사람에게는 이런 대화가 적절한 것이지 불친절한 것이 아니다. 왜냐하면 그의 주의를 그가 원하는 높은 임금 쪽으로 돌리는 것이 효과적이기 때문이다. ··· 16)

필라델피아의 중상류층이었던 테일러에게는 아마도 펜실베이니아 주 출신의 이 네덜란드인이 그렇게 정신적으로 둔했다면 땅을 사기 위해 저축하고 집 짓는 일은 어떻게 할 수 있었을까 하는 생각은 전혀 떠오르지 않았던 것 같다. 슈미트는 이전의 12.5톤 대신 테일러주의자들이 표준으로 결정한 47톤의 선철을 운반했고, 이내 모든 반원들이 같은 양의 선철을 운반하며 인근의 다른 노동자들보다 60% 더 많은 임금을 받게 되었다. 우리는 슈미트가 여전히 집으로 활기차게 걸어가 집 짓는 일을 계속할 수 있었는지에 대해서는 아무 얘기도 들을 수 없다.

노동자의 산출량을 증가시키는 테일러의 방법을 보여 주는 사례는 수없이 많지만, 그가 경험한 실패의 증거 역시 다수 존재한다. 베들레헴 철강에서 그가 기울인 노력은 결국 그를 피폐하게 만들었고

Academy of Management, Journal, XVII (1974), 6~27 [슈미트 이야기에 관한 인용문 번역은 해리 브레이버맨 저, 이한주·강남훈 역, 《노동과 독점자본》(까치, 1987), pp. 96~100 중 해당 부분을 전재했다].

16) Taylor, *Scientific Management*, p. 46.

테일러에 의해 "슈미트"라는 이름으로 유명해진 헨리 놀

회사 사장은 즉결로 그를 해임했다. 처음에 테일러는 부유한 필라델피아 출신으로 회사의 경영권을 맡게 된 인물인 조지프 와튼의 전폭적인 지지를 등에 업고 베들레헴 철강회사에 왔다. 와튼은 6천 명이 일하는 이 회사에 도급제가 자리 잡기를 원했다. 테일러는 자신의 시스템이 모든 노동자와 대다수의 작업반장, 그리고 심지어 과반수가 넘는 지배인들로부터 강한 저항을 받을 것이라고 경고했다.

대담하고 결연한 자세의 테일러는 계획 부서를 만들고 작업반장에게 새로운 관리상의 역할을 부여하면서 끊임없이 조금씩 앞으로 나아갔다. 일과를 위한 지시사항은 근무시간 기록표, 작업 계획표, 명령 내용을 담은 메모 등으로 체계화되었다. 그러나 여러 해가 지나면서 노동자들의 저항은 점차 격해졌고, 노사 양측을 대하는 테일러의 태도 또한 점점 경직되었으며 심지어 독단적인 모습을 보이게 되었다. 그가 거둔 성취는 인상적인 것이었지만 "시간이 지남에 따라 그는 거의 병적인 수준에 달하는 강한 투쟁심을 보이게 되었다"고 테일러의 추종자 중 한 사람은 적고 있다.[17]

테일러는 베들레헴 사장과 대화할 때에도 요령부득에 안하무인(眼下無人)의 태도를 보였다(그는 와튼이 자신을 지켜 줄 것이라고 믿고 있었다). 그는 건강 악화와 날카로워진 신경에 대해 불평을 늘어놓았으며, 자신이 노동력을 삭감해 노동자들에게 거주할 집을 빌려주고 받았던 집세가 줄어든 탓에 대주주 중 몇몇 사람들이 자신에게 반대한다고 생각했다. 그는 1901년 4월, 간략한 통고와 함께 해임되었다.

---

17) Copley, *Taylor*, II: 150.

많은 노동자들, 그중에서도 특히 숙련 노동자들은 자신의 신체와 공구(工具)에 대한 통제권을 과학적 관리자들에게 넘겨주는 것을 싫어했다. 한마디로 말해 그들은 잘 계획된 시스템의 한 구성요소가 되는 것을 거부한 것이다. 임금 증가는 많은 경우 그들이 느끼는 자율성의 상실을 보상해 주지 못했다. 테일러의 과학적 분석은 노동자들의 독립성과 그들이 교묘한 장인적 숙련 — 심지어 교묘한 태업까지 — 에 대해 가지고 있던 자부심을 고려하지 않았다. 이는 아마도 테일러가 작업현장에서 여러 해 동안 경험을 쌓았음에도 불구하고 블루칼라 노동자 문화에 뿌리를 두지 않았기 때문일 것이다.

노조 지도자 새뮤얼 곰퍼스는 테일러주의나 그와 유사한 관리철학에 대해 이렇게 말한 바 있다.

결국 당신, 즉 임금노동자 일반은 단순한 기계로 전락한다 — 물론 여기서의 기계는 산업적으로 고려된 기계이다. 그러면 당신이 표준화되어서는 안 될 이유가 무엇이며, 당신의 동작-힘이 속도를 포함한 모든 측면에서 가능한 한 최고로 완벽한 정도까지 끌어올려지면 안 될 이유가 무엇인가? 한 대의 기계로서 당신의 치수를 나타내는 길이, 폭, 두께뿐만 아니라 당신의 경도(硬度), 전성(展性), 순종성 및 일반적 유용성이 확인되고, 기록되며, 또 고용주가 원하는 대로 사용될 수 있다. 과학은 당신이 폐물 더미로 던져지기 전에 당신으로부터 최대한 많은 것을 쥐어짜 낼 것이다. [18]

가장 널리 알려진 테일러주의의 실패 사례는 테일러의 유명한 추

---

18) Kahar, *Frederick Taylor*, p. 183.

종자이자 과학적 관리 컨설턴트였던 칼 바스가 워터타운 병기창에 테일러 시스템의 도입을 시도했을 때 일어났다. 바스의 동료 중 한 사람이 주조(鑄造) 공장에서 스톱워치를 이용해 노동자들의 작업시간을 측정하기 시작하자 심각한 문제가 생겼다. 공장의 숙련 노동자들은 시간연구를 수행하는 사람이 주조 공장에서의 일에 대해 거의 아는 것이 없음을 알게 되었다. 주조 노동자들은 동일한 작업 과정에 대해 비밀리에 자체적으로 시간연구를 한 후, 이른바 '전문가'가 규정해 놓은 시간이 제대로 된 지식에 근거한 것이 아니며 비현실적인 속도 증가를 강제하고 있다고 불만을 토로했다.

워터타운 프로젝트에는 또 다른 결함도 존재했는데, 테일러의 작업방식에 따르면 시간-동작연구를 하기 전에 공장의 재조직과 표준화를 먼저 해야 했지만 워터타운 병기창에서는 그런 순서로 일을 하지 않았다. 스톱워치 연구가 시작된 날 저녁에 노동자들은 비공식 모임을 가지고 병기창의 부대장에게 제출할 진정서를 작성했다.

지난 한 주 동안 주조 공장의 주형공(鑄型工)들에게 있어 극히 만족스럽지 못한 상황이 전개되었습니다. 이러한 상황은 오늘 오후에 중대한 국면에 도달했습니다. 한 남자가 주형공들 중 한 사람에 대해 스톱워치로 시간을 재고 있었던 것입니다. 이것은 우리가 가진 인내심의 한계치를 시험하는 일이라고 생각합니다. 이는 그동안 정부에 우리가 가진 최선의 것을 늘 제공하려 애쓴 우리를 모욕하는 일입니다. 이 방법은 그 본성상 비(非) 미국적인 것입니다. 이런 상황을 즉각 중단시켜 주실 것을 정중하게 요청합니다. 19)

이런 요청에도 불구하고 스톱워치를 이용한 시간측정은 계속되었고, 주형공들은 1911년 8월 11일부터 파업에 들어갔다.

주형공들은 '만족스럽지 못한 상황'에 대한 조사를 약속받고 1주일 후 업무에 복귀했다. 그러나 미국 정부에 대한 파업은 점점 더 대중적 주목을 받게 되었고, 워터타운과 일리노이 주 록아일랜드에 있는 또 다른 미군 병기창에서 과학적 관리, 그중에서도 특히 테일러주의에 대한 노조의 반대는 더욱 강해졌다.

8월에는 정부 시설에서의 과학적 관리 문제를 조사하기 위해 미국 의회 산하에 3명으로 구성된 특별위원회가 만들어졌다. 위원회는 여러 사람들의 증언을 들었고, 특히 테일러로부터 장시간에 걸친 증언을 청취했다. 그가 적의를 품은 질문들에 너무 흥분한 나머지 그의 발언은 속기록에서 삭제해야 했다. 위원회의 보고서는 어떤 법률의 제정을 즉각적으로 요구하지는 않았다. 그러나 1914년에 의회는 정부지출에 관한 법률에 정부 시설에서는 어떠한 시간연구나 이와 관련된 성과급제도를 시행해서는 안 된다는 단서조항을 덧붙였고, 이후 이 금지조항은 30년 넘게 그대로 유지되었다.

그러나 이미 본 바와 같이 테일러주의는 시간연구나 성과급제도 이상의 것을 포함하고 있었고, 정부 시설에서의 작업 과정은 이후에도 관리 전문가들이 과학적이라고 믿는 방식대로 계속해서 체계적으로 연구되고, 분석되며, 변화되었다. [20]

---

19) Hugh G. J. Aitken, *Scientific Management in Action: Taylorism at Watertown Arsenal, 1908~1915* (Princeton: Princeton University Press, 1985), p. 150.

20) Ibid. , pp. 229~235.

끝도 없이 계속되는 반대와 대립에 지친 테일러는 1902년 필라델피아의 체스트넛 힐 지역에 위치한 근사한 저택으로 이사했다. 그는 이제 회사에 고용되거나 보수를 받는 컨설팅을 하지 않는 대신, 테일러주의에 관심을 가진 사람들에게 무료로 조언을 제공하겠다고 공표했다. 영향력 있는 인물이 진지하게 요청을 하면 테일러는 그 사람을 자택인 박슬리에 초대해 한두 시간 정도 강의한 다음, 필라델피아에 있는 몇몇 공장들을 방문해 볼 수 있도록 주선했다. 그 공장들 중에는 테일러 시스템이 성공적으로 도입된 링크-벨트 사도 있었다. 특별히 반가운 손님에게는 박슬리에서 토지경관을 가꾸면서 체계적으로 조직된 노동 — 테일러 자신의 노동까지 포함해서 — 을 어떻게 성공적으로 이용했는지 보여 주기도 했고, 그가 지역의 골프 코스에서 쓰는 특별히 디자인한 골프채를 보여 주기도 했다.

일터의 직접 대립에서 자유로워진 테일러는 자신의 관리철학이 궁극적으로 노사의 조화를 가져올 것이라는 점을 보여 주는 데 전력을 기울였다. 그는 생산 증가가 임금 상승을 가져올 것이고 국가 전체의 생활수준도 향상시킬 것이라고 주장했다. 그가 제창한 과학적 관리의 원칙은 대량생산을 통한 경제 민주주의(혹은 대량소비) 달성과 천연자원 보존에 열중하던 국가(미국)에서 이에 호응하는 움직임을 불러일으켰다. 테일러는 번영의 극대화가 생산의 극대화의 결과로서만 존재할 수 있다고 썼다. 그는 노동자들 사이에 만연한 시간과 에너지의 낭비를 제거하는 것이 사회주의보다 빈곤 감소와 고통 완화에 더 큰 기여를 할 것이라고 믿었다.

자신의 방법이 객관적(혹은 과학적)이라는 철석같은 믿음을 가졌던 테일러는 공격적인 태도로 단체협상에 나서는 노조 지도자들이 적대적으로 반대하는 이유를 결코 완전히 이해하지 못했다. 그는 노조들이 대부분 '평화와 우애'를 나타내는 과학적 관리와는 정반대로 '전쟁과 적대감'을 나타낸다고 보았다. 21) 또한 그는 무지하고 '탐욕스런' 고용주들에 대해서도 호의적으로 생각하지 않았다. 이런 고용주들은 테일러의 접근과 대학을 졸업한 젊은 추종자들이 비현실적이라고 생각하거나, 과학적 관리를 통해 증가한 이윤을 노동자들과 진정으로 나누려고 하지 않는 둘 중 하나였다.

그는 전미제조업연맹(National Manufacturers Association)이 '투쟁단체'라고 생각했고, 과학적 관리에 종사하는 자신의 친구들에게 이 단체와 그곳이 노조에 대해 가진 공격적 태도로부터 거리를 두도록 설득했다. 갈등과 이해집단의 대립이 부자연스러운 것이라는 강한 신념을 가졌던 테일러는 노사 양측이 자신처럼 깨달음을 얻게 될 날을 안절부절못하며 기다렸다. 만약 생산성 증가가 목표라면 여기에는 노동과 일터를 지배하는 발견가능하고 적용가능한 과학적 법칙이 존재한다는 깨달음 말이다. 과학적 관리자들은 이 법칙을 적용하는 전문가였다. 그는 이렇게 썼다.

> 나는 자본과 노동의 이해(利害)가 서로 갈등관계라는 데 동의하지 않는다. 나는 그들의 이해가 완전히 상호적이며, 노동자들이 제공하는 노동에 대해 마땅히 받아야 하는 보상의 양을 세심한 과학적 연구를 통해 결정하는 것이 가능하다고 굳게 믿는다. 22)

---

21) Copley, *Taylor*, II: 407.
22) Ibid., II: 418.

그들의 이해는 상호적일 뿐 아니라 국가 전체적인 것, 즉 생산과 민주주의에 관한 것이기도 했다. 생산과 민주주의. 테일러가 산 시대는 노동자에게 있어 풍요로운 시대는 아니었다. 따라서 대량생산이라는 목표를 위해 그가 제시한 수단들은 일반 대중의 생활수준을 향상시킴으로써 민주주의의 원칙에 부합하는 것처럼 보였다. 그로부터 몇 년 후, 블라디미르 레닌은 테일러의 원칙들이 사회주의에도 부합한다고 주장하기에 이르렀다.

테일러는 보스턴의 '민중의 변호사'였던 브랜다이스의 발언을 계기로 미국 전역에 이름을 알리게 되었다. 1911년에 브랜다이스는 과학적 관리, 특히 테일러주의로 미국 철도가 많은 돈을 절약할 수 있었기에 그동안 철도회사들이 주간통상위원회(Interstate Commerce Commission)•에 요구한 요금인상은 불필요하다고 주장했다. (브랜다이스의 발언이 있었던) 요금 청문회가 대중적 주목을 받자 신문과 잡지 기자들은 테일러의 시스템이 어떤 것인지 알아보기 위해 그의 자택으로 몰려갔고, 테일러의 제안에 따라 필라델피아의 공장들을 방문해 테일러주의가 실제 운영되는 것을 직접 보았다. 호의적인 언론 보도에 고무된 테일러는 "지금 과학적 관리에 대해 나타나는 관심은 루스벨트가 천연자원의 보존에 불러일으킨 관심과 비견할 만하다"라고 쓰기도 했다. [23]

테일러가 자신의 과학적 관리와 시어도어 루스벨트의 대통령 재

• 〔옮긴이주〕 1887년 주간통상법에 의거해 설치된 연방 규제기구로 원래 철도
  요금규제를 위해 만들어졌다가 이후 버스, 전화 등으로 관할대상을 확대했다.
23) Ibid., II: 370.

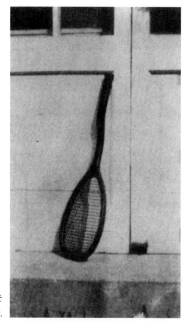

테일러는 확실한 노동절약 효과를 갖는
테니스 라켓을 발명했다.

임기간인 1901~1908년 사이에 국가적 관심과 지지를 받은 광범한 보존운동을 서로 연결한 것은 옳았다. 보존을 위한 이 혁신주의 프로그램은 토지와 자원의 보호와 효율적 이용에 초점을 맞춘 것이었다. 과학적 관리와 마찬가지로 이 프로그램은 보존에 관한 의사결정이 전문가들에 의해 과학적으로 내려져야 한다고 주장했다. 혁신주의 보존주의자들은 테일러와 마찬가지로 목장주, 농부, 벌목업자, 전력회사, 제조업자, 그리고 그 외의 사람들 사이에 피할 수 없는 이해관계 대립이 존재한다고 생각하지 않았다. 반대로 그들은 그러한 대립이 퇴행적인 것이며, 일반 이익의 편에서 조화롭고 합리적인 타협안을 내놓을 것으로 기대되는 과학적 접근으로 이를 대체해야 한다고 믿었다. 이러한 접근법은 엔지니어, 전문 관리자, 과학 응용가

릴리안 길브레스(1878~1972)

들이 널리 퍼뜨린 기술 정신 — 즉, 유일한 최선의 방법이 있다는 믿음 — 을 보여 준다. 혁신주의자들은 대학을 졸업한 삼림 감독관, 수력 엔지니어, 농업 경제학자들이 자원에 관한 의사결정을 내려야 한다고 주장했다. 일터에서는 전문 관리자가 그 역할을 담당했다.

테일러와 그 수가 늘어난 그의 추종자들은 책을 쓰고, 논문을 발표하고, 강연을 하며 컨설턴트로 활동했다. 그는 C. G. 바스, H. K. 해서웨이, 모리스 쿡, 헨리 간트를 자신의 관리 시스템을 교육할 수 있는 후계자로 공식 승인했다. "다른 사람들은 모두 (내 입장을 따르는 것이 아니라) 그들 나름대로 활동하고 있다"고 테일러는 말했다. 24) "그들 나름대로" 활동하는 사람들에 속했던 프랭크 길브레스는 《과학적 관리 입문》(*A Primer of Scientific Management*, 1914)이라는 책을 써서 유명해졌고, 부인인 릴리안 길브레스와 함께 영화 카메라를 시간-동작연구에 사용한 것으로 널리 알려졌다. 과학적 관리에 대한 그녀의 기여는 아직 제대로 인정받지 못하고 있다.

부부 중 심리학 박사학위(브라운대학, 1915)를 가진 것은 남편이 아니라 그녀였다. 그녀가 복잡한 노동자의 특성을 예민하게 고려한 것은 아마도 그녀가 심리학에 배경을 가졌기 때문일 것이다. 과학적 관리에 관한 길브레스 부부의 논문을 보면 테일러 시스템에서 노동자를 단순히 하나의 구성요소로 취급해서는 안 된다는 그녀의 우려가 영향을 미친 것을 볼 수 있다. 남편이 사망한 뒤 그녀는 컨설팅 일을 계속했고 퍼듀대학에서 산업관리 전공 교수를 지냈다. 25)

---

24) Kenneth Trombley, *The Life and Times of a Happy Liberal* (New York: Harper & Brothers, 1954), p. 9.

포드주의

포드는 자신이 거대한 생산 시스템을 창조하는 과정에서 테일러와 그 제자들로부터 영감을 얻었다는 사실을 부인했다. 테일러와 마찬가지로 포드의 자동차 시스템에서도 흐름을 그 특징으로 찾아볼 수 있었지만, 여기서는 노동자와 작업반장이 아닌 이동식 조립라인, 컨베이어 벨트, 미끄럼 이송장치, 철도 등이 물질취급 네트워크 (materials-handling network)를 구성했다. 테일러와는 달리 포드는 작업현장에서 원자재와 노동의 이동을 지시하기 위한 상세한 작업 일정표와 이송 명령을 필요로 하지 않았다. 포드를 비롯해 그와 비슷한 전망을 가진 몇 명의 기계공과 독학으로 성장한 엔지니어들은 포드의 하일랜드 파크 공장에 세계 어느 곳에서도 볼 수 없었던 대량생산 시스템을 건설했다. 그들은 정교하게 지시, 통제되는 지속적인 에너지와 물질의 흐름을 전례 없는 규모로 확립했다.

1910~1913년 사이에 하일랜드 파크에서는 자발적인 팀워크와 임기응변에 기초한 훌륭한 혁신들이 빛을 발했고, 그 속에서 포드는 무의식적이면서도 영감을 불어넣는 지도력을 발휘했다(나중에 그는 이 지도력을 다시 찾으려 했으나 실패한다). 포드와 열성적인 일군의

---

25) Martha M. Trescott, "Women engineers in history: Profiles in holism and persistence", in *Women in Scientific and Engineering Professions*, eds. V. Haas and C. Perrucci(Ann Arbor: University of Michigan Press, 1984), pp. 192~204에서 릴리안 길브레스의 기여에 대한 서술을 볼 수 있다.

조력자들 — 솜씨가 좋고 통찰력이 있으며 독창적인 — 이 조립라인을 만든 그 몇 해 동안은 에디슨과 조수들이 멘로 파크에서 유사하게 경험한 창조적 흥분상태를 떠올리게 한다.

그간 역사가와 전기작가들은 포드와 그 조력자들이 하일랜드 파크에서 거둔 놀라운 성취에 대해 수없이 많은 설명들을 제시했다. 기계화 과정의 역사를 쓴 지그프리트 기디온은 포드가 시카고 육류가공업에서 사용된 이동식 분해라인에서 힌트를 얻어 이동식 조립라인을 도입하였다고 썼다. 다른 역사가들은 포드가 주석 깡통 제조과정에 쓰인 이동식 라인 생산에 관해 알고 있었다고 믿는다. 몇몇 학자들은 포드가 이동식 조립라인에 부품을 공급하기 위해 컨베이어 시스템을 도입했을 때, 이미 다양한 유형의 이동식 컨베이어 — 제분 공장에서 수 세기 동안 쓰인 미끄럼 이송장치와 같은 — 에 대해 알고 있었음이 분명하다고 결론짓는다. 공장 내에서 생산의 흐름을 용이하게 하는 공작기계의 배치에 관한 결정적 아이디어는 뉴잉글랜드 기계공작소의 작업방식을 잘 알던 사람들을 통해 포드에게 전달된 것 같다. 포드가 호환가능한 부품을 강조한 것은 멀리 19세기 초 미국 병기창에서의 총 생산에까지 그 전통을 거슬러 올라갈 수 있다.

포드에게 영감과 자극을 제공한 선례들의 목록은 여기서 더 확장될 수도 있다. 그러나 묘하게도 포드를 다룬 역사가들은 생산의 흐름에 대한 포드의 집착을 설명해 줄 수 있는 또 하나의 가능성을 간과했다. 1891~1899년까지 포드는 디트로이트 에디슨 조명회사(Edison Illuminating Company of Detroit)에서 일했고, 이 회사가 소유한 워싱턴 가 발전소에서 수석 엔지니어의 자리에까지 올랐다. 포드가 맡은 일은 조직적·경제적 문제가 아닌 기술적 문제를 해결하는 것이었지만, 그 과정에서 남다른 주의력과 호기심을 가졌던 포드가 전기의 생산과 소비를 지배하는 기본원리들을 깨우쳤는지도 모른다. 포드가 1896년 이후 회사 사장으로 취임한 알렉스 다우로부터 많은 것을 배웠을 가능성도 있는데, 다우는 나중에 미국의 전력회사 관리자들 중 가장 혁신적인 인물로 인정된 사람 중 하나이다.

포드는 전기가 지속적으로 흐르며 이를 저장해 둘 수는 없다는 사실을 점차 알게 되었다. 이 때문에 전기는 수요와 공급을 서로 일치시키는 것이 매우 중요하다(나중에 그는 자동차들이 조립라인을 빠져나오는 즉시 자동차 판매상들이 이를 가져가야 한다고 주장했다). 그는 또한 전기공급을 위해 기계, 송전선, 통신시설이 서로 이음새 없이 연결된 네트워크나 시스템이 필요하다는 사실도 알게 되었다. 전기엔지니어들은 종종 자신들의 '시스템'에 관해 말하곤 했다. 혁신적인 전력회사 관리자들은 대형 생산기계와 발전소에 의한 규모의 경제, 대량 소비를 촉진하기 위한 저가 정책, 광역 시장의 육성, 비용절감을 위한 지속적인 생산의 흐름을 옹호했다. 26)

나중에 포드의 대변자들은 하일랜드 파크와 리버 루지에서 발전한 생산 시스템 ─ 이 역시 지속적인 흐름과 대량 수요, 대량 공급에 의존하고 있었다 ─ 에 관한 글에서 포드의 지도원칙은 힘, 정확성, 경제성, 시스템, 연속성, 그리고 속도였다고 썼다. 27) 1914년에 하

---

26) Raymond C. Miller, *Kilowatts at Work: A History of the Detroit Edison Company*(Detroit: Wayne State University Press, 1957), pp. 63~65, 161 ~162.

27) Henry Ford, "Mass production", in *Encyclopaedia Britannica*, 13th ed.,

일랜드 파크의 새로운 포드 공장에 관한 기사를 쓴 한 기자는 이 공장의 가장 두드러진 특징은 "시스템, 시스템, 시스템"이라고 했는데, 이는 당시 다른 관찰자들의 생각을 잘 대변해 주는 것이었다.[28]

포드의 접근법과 전력회사들의 접근법은 너무나 유사해서 포드가 디트로이트 에디슨 회사에서 엔지니어로 일할 때 전력회사의 생산 방식 중 일부를 받아들였을 강력한 가능성을 무시할 수 없다. 그러나 대량생산과 대량소비의 원칙들은 이미 세기 전환기 무렵에 미국의 산업과 사회 환경에 깊숙이 침투해 있었다는 점을 떠올린다면, 사실 누구에게 우선권을 주어야 하는지, 그리고 이런 생각을 한 핵심 인물은 누구였는지를 찾는 일의 의미는 상당히 줄어들 것이다.

대략 1909~1913년 사이에 포드와 젊은 조력자들은 모델 T 자동차와 이를 생산하기 위한 시스템을 설계하는 데 집중적으로 매달렸다. 그리고 그 후에도 특히 생산 시스템에 있어 창의적인 개선 과정이 계속되었다. 지금껏 대단히 많은 저자들이 포드의 역사를 연구하고 책을 써온 덕분에, 우리는 포드 휘하의 몇몇 기계공과 엔지니어들이 어떤 기여를 했는지 잘 알게 되었고, 다른 사람들을 이끌기만 하고 그들로부터 배우지는 않은 영웅적 인물로 포드를 그리는 오류에 빠질 필요가 없게 되었다.

포드는 창의적 노동을 놀이로 여기는 기계공들을 끌어들이는 보기 드문 재능을 가지고 있었다(혹은 그런 기계공들을 끌어들일 수 있었다는 점에서 단지 운이 좋았는지도 모른다). '무쇠 찰리'로 통했던 찰스

suppl. vol. 2(1926), 821~823.
28) Hounshell, *From the American System*, p. 229.

1913년에 포드 조립라인의 창안자 몇 사람이 찍은 사진. 맨 왼쪽에 앉은 사람이 찰스 소렌센이다.

소렌센은 주물공이었고, 그런 경험으로부터 창의적인 아이디어를 끌어 왔다. 소렌센이 '흥청거리는 천재'라고 믿었던 공작기계 판매원 월터 E. 플랜더스는 제조업 공정의 핵심 구성요소인 공작기계에 완전히 통달한 양키 기계공의 지식과 손재주를 포드에게 제공했다. 플랜더스는 공작기계 판매원으로서 회사와 회사를 오가며 서로 다른 꽃들 사이에 꽃가루를 옮겨 주는 역할을 했다. 그는 이런 경험에 기반해, 자동차 사업의 핵심은 원자재 구매기술, 생산기술, 판매기술을 융합하는 데 있다는 점을 포드에게 알려 주었다. 29)

---

29) Ibid. , p. 222.

포드는 부품을 주조하는 대신 틀로 찍어 내는 노동절약 기법을 얻기 위해 케임 사를 사들였는데, 이 과정에서 이 회사의 지배인이자 공동 소유주였던 윌리엄 스미스의 조력도 얻게 되었다. 한동안 윌리엄 크누센 — 그는 나중에 제너럴 모터스의 회장이 되었다 — 도 포드의 생산 시스템 설계에 일조했다.

이처럼 포드와 함께 시스템을 설계한 사람들의 목록은 상당히 길다. 이들은 나중에 포드의 방법을 배우고 싶어 하는 다른 회사들이 그들을 고용해 데려감에 따라 소속이 바뀌었다.

하일랜드 파크와 리버 루지

초기에 모델 T를 생산한 하일랜드 파크 공장의 설계와 배치는 자동차(모델 T) 그 자체의 설계보다 훨씬 더 많은 관심을 끌었다. 당대에 가장 유명한 공장 설계자가 된 앨버트 칸이 설계했는데, 이 공장은 엄청나게 넓은 창문 면적 때문에 수정궁(Crystal Palace)●이라는 별칭을 갖게 되었다. 그리고 포드와 그 휘하의 엔지니어, 기계공들이 기계의 배치를 결정했다. 당시 참여자들의 회고를 보면 그들은 엄격하게 나뉜 책임 영역, 잘 정의된 명령 계통, 공들여 작성된 일련의 지시서도 없이, 생산의 문제를 해결하는 데 전력을 다해 자신을 내던졌다. 포드는 이들을 이끄는 역할을 했는데, 디트로이트나 세상의 그 어떤 자동차 제조업자보다 훨씬 더, 대량소비를 위한 자동차의 대량생산이라는 목표를 향해 굳건하고 포괄적인 신념을 지녔다는 의미에서 그랬다. 포드의 부하 직원들은 세상에서 가장 좋은 특수목적 기계들을 설계하고 공장 전체에 부품들이 부드럽게 흘러갈 수 있도록 하는 물질취급 네트워크에 따라 이를 배치했다.

생산기법에서 극적 진보가 일어난 것은 이른바 '기적의 해'로 불리는 1913년의 일이다. 포드와 그의 동료들이 자석 발전기, 엔진, 변속기에 대해 움직이는 조립라인을 도입한 것이다. 1914년 초에는 차대(車臺)도 복잡한 조립라인을 따라 움직이게 되었다. 포드 시스

● 〔옮긴이주〕원래 1851년 영국 런던에서 처음 개최된 만국박람회장으로 쓰기 위해 지어진 건물의 이름으로, 건물 전체를 철골과 유리로만 지어 거대한 온실처럼 보였기 때문에 이런 이름이 붙었다.

리버 루지 공장

템은 세부 부품을 조립라인으로 운반하는 다양한 컨베이어 시스템, 원자재를 공장까지 지속적으로 실어 나르는 철도 선로, 미국 전역에서 애타게 기다리는 미국인들에게 자동차를 공급하는 판매상들을 모두 포괄했다. 그런 점에서 포드 시스템을 '생산의 거대한 밀물'이라는 은유를 써서 그릴 수도 있다.

1920년대에 하일랜드 파크를 대체해 포드 시스템의 중핵으로 자리를 잡은 거대한 리버 루지 공장을 계획하면서 포드는 다시 한 번 흐름에 대한 집념을 실현했다. 그는 공장 설계자 칸, 그리고 소렌센, 크누센, 그 외 부하 직원들과 또다시 공동 작업을 했다. 말이나 청사진에 의지하는 스타일이 아니었던 포드는 공작기계, 컨베이어, 창문, 기둥, 마루 공간 등에 대해 축소모형을 만들어, 이것들을 이

리저리 옮기면서 생산에 관한 아이디어들을 시험해 볼 수 있게 해야 한다고 주장했다. 30) 오늘날에는 이 작업을 복잡한 컴퓨터 모델을 가지고 할 수 있다. 컴퓨터 모델은 어디에서 흐름의 장애가 발생하는지를 알려 준다. 1922~1926년 사이에 칸은 루지 부지에 코크스 제조 공장, 주물 공장, 시멘트 공장, 평로 제철소, 자동차 조립 공장, 그 외 여러 개의 다른 공장들을 설계하고 지었다. 리버 루지는 엔지니어링의 측면뿐 아니라 미학적 영감의 측면에서도 당대에 가장 중요한 산업단지였다. 31)

하일랜드 파크와 리버 루지의 거대한 일련의 시설들이 존재할 수 있었던 것은 자신의 모델 T를 평균적인 미국인들, 그중에서도 특히 수백만의 농부들에게 판매하겠다는 헨리 포드의 결단 때문이었다. 포드는 1909년 어느 날 아침에 아무런 예고도 없이, 앞으로 포드 자동차회사는 오직 모델 T만을 만들 것이라고 발표했다. 이후 5년 동안 생산효율 증대와 비용절감을 통해 그는 기본 차량의 가격을 900달러에서 440달러까지 낮추었다. 생산량이 부족해 충족되지 못한 주문이 매달 평균 6만 대까지 치솟았다. 32) 1921년에 포드 사의 자동차 시장점유율은 55%에 달했다. 모델 T의 생산은 200만 대의 승용차와 트럭을 생산한 1923년에 정점에 도달했다.

---

30) Allan Nevins and Frank Ernest Hill, *Ford: Expansion and Challenge 1915~1933*(New York: Charles Scribner's Sons, 1957), pp. 206~207.

31) Grant Hildebrand, *Designing for Industry: The Architecture of Albert Kahn*(Cambridge, Mass. : MIT Press, 1974), p. 121.

32) Anne Jardim, *The First Henry Ford: A Study in Personality and Business Leadership*(Cambridge, Mass. : MIT Press, 1970), p. 62.

리버 루지의 용광로

1927년 모델 A로 차종을 바꾸기 전까지 포드 사는 1,500만 대가 넘는 모델 T를 생산했다. 초기에는 차량 1대를 생산하는 데 12시간 30분이 걸렸지만, 1925년에는 조립라인에서 30초에 1대꼴로 차량이 굴러 나왔다. 포드와 포드 자동차회사에 관한 선구적 연구업적을 남긴 앨런 네빈스와 프랭크 힐은 이렇게 썼다.

… 1926년까지 회사의 전체 생산활동은 인상적으로 발전했다. 이제 원자재는 어퍼 반도(Upper Peninsula)●에 있는 철광산과 제재소에서, 켄터키와 웨스트버지니아에 있는 포드 석탄 광산에서, 펜실베이니아와 미네소타에 있는 포드 유리 공장에서 흘러나왔고, 이 생산물 중 많은 것들은 포드 선박이나 포드 소유의 철도로 운송되었다. 포드 사의 부품 제조업도 확장되었다. 시동장치, 발전기, 전지, 타이어, 인조가죽, 천, 전선 등이 회사 자체적으로 점점 더 많이 생산되었다. 루지에서는 코크스, 철, 강철, 차체, 주물, 엔진 등과 함께 하일랜드 파크와 조립 공장에서 필요로 하는 다른 구성요소들을 생산했고, 포드슨(트랙터)도 전부 이곳에서 만들고 있었다. 33)

포드와 한 무리의 영리하고 젊은 기계공과 엔지니어들이 전설적인 모델 T의 설계와 재설계를 계속하면서 그 유명한 생산 시스템을 만들어 낸 시절에 포드는 선각자이자 문제해결사로서 꽃을 피웠다. 그러나 1920년대에 거대한 리버 루지 공장이 가동을 시작하고 모델 T가 해를 거듭해 계속 생산되자, 포드는 경영상의 문제에 대한 해법이 아닌 바로 그 문제의 일부가 되어 버렸다. 그는 자본주의 사회에서 대량생산과 대량소비의 기본원리를 직관적으로 알고 있었지만, 경영조직이나 원가계산이라는 필수적 경영실천의 필요성에 대해서는 이해하지 못했다. 심지어 그는 대규모 조직의 정보와 통제를 위해 필요한 행정 직원의 수를 줄이기도 했다. 그 결과 생산과 판매의

● 〔옮긴이주〕 미시간 주를 이루는 2개의 반도 모양의 땅덩어리 중 위쪽에 있는 지역을 말하며, 북쪽으로 슈피리어 호에 면해 있다.

33) Nevins and Hill, *Ford: Expansion and Challenge*, p. 257.

리버 루지의 조립라인 노동자들

상호 조정이 제대로 이루어지지 못했다. 그는 매년 조악한 수익 추정치에 근거해 모델 T의 가격을 결정했다. 전해지는 얘기에 따르면, 수가 대폭 줄어든 회계 직원들은 영수증을 대강의 비용 범주로 분류하고, 각 범주(혹은 영수증 무더기)에 속한 영수증의 평균 금액을 추정한 후, 영수증 무더기의 높이를 재어 총액을 구했다고 한다. 나이먹은 포드는 낡은 자동차를 생산하는 노회한 관료체계를 이끌기 위해 애쓰고 있었다. 마치 그러한 관료체계가 새로운 자동차를 세상에 내놓기 위해 빠르게 변화하는 대량생산 시스템의 문제들을 풀고 있던 열정적인 기계공과 엔지니어 팀이라도 되는 것처럼 말이다.

최근 들어 역사가와 전기작가들은 포드와 포드 자동차회사의 쇠락이 포드의 부상(浮上)만큼이나 흥미로운 주제라는 사실을 발견했다. 그가 1908~1927년까지 모델 T를 포기하기를 주저한 것은 '파괴자' 포드34)와 그의 독재적 강박35)을 보여 주는 전설의 일부가 되었다. 그가 모델 A로의 전환을 받아들인 시점에 포드의 자동차 시장 점유율은 30%까지 떨어졌다.

그의 경직되고 점차 악화된 성격과 혼란에 빠진 경영 정책들에 관한 일화는 매우 많다. 그는 유연성이라는 명목으로 이런 경영 정책을 용인하고 심지어 부추기는 동시에 이처럼 경영구조와 절차가 없는 상황을 이용해 마음이 내킬 때마다 개입하는 권위적인 인물의 면모를 보였다. 한번은 회사에서 가장 능력 있는 생산담당 직원으로 여겨진 윌리엄 크누센이 포드의 아들 에드셀과 모델 T의 가능한 개선점에 관해 상의한 적이 있었다. 이 사실을 알고 격분한 헨리 포드는 수시로 크누센의 명령을 취소하고 그에게 모욕을 주었다. 1921년 크누센은 회사를 그만두고 제너럴 모터스로 옮겼고, 얼마 지나지 않아 그곳에서 쉐보레(Chevrolet)• 부서의 책임을 맡았다. 쉐보레

---

34) David Halberstam, *The Reckoning* (New York: William Morrow, 1986), pp. 90ff.

35) Jardim, *First Henry Ford*, p. 234.
• 〔옮긴이주〕제너럴 모터스가 생산한 여러 차종 가운데 상대적으로 저가형에

는 불과 몇 년 만에 포드로부터 절반 이상의 시장을 가져왔다.

나중에 에드셀 포드와 회사의 수석 엔지니어는 포드의 4기통 엔진을 대체하기 위한 6기통 엔진을 설계해 모형을 만들었다. 그러자 헨리 포드는 수석 엔지니어에게 자기와 같이 새로 들여온 파쇄 컨베이어를 보러 가자고 했다. 컨베이어 위에 곧 부서질 운명으로 실려 온 것은 다름 아닌 새로 만든 엔진이었다! 포드가 전문가들을 쫓아낸 것도 그의 비합리적인 행동으로 인용되는 또 다른 예이다. 그는 자서전인 《나의 삶과 일》(*My Life and Work*, 1922)에서 이렇게 썼다.

불행히도 우리는 어떤 사람이 자신을 전문가라고 생각하는 그 순간 곧장 그 사람을 제거해야 함을 알게 된다. 자기 직무를 정말로 아는 사람이라면 결코 자신을 전문가라고 생각하지 않기 때문이다. 36)

소렌센 역시 포드의 생각을 공명해 이렇게 말했다.

어떤 사람이 자신을 전문가로 믿기 시작하면 그 사람을 제거해야 한다. 자신을 전문가라고 생각하게 되는 순간 그 사람은 전문가의 정신 자세를 갖게 되며 너무나 많은 것이 불가능으로 변한다. 37)

포드 사의 또 다른 임원은 헨리 포드가 어떤 일이 제대로 되기를

해당하는 자동차의 이름.

36) Henry Ford with Samuel Crowther, *My Life and Work* (Garden City, N. Y. : Doubleday, Page, 1922), p. 86〔헨리 포드 저, 공병호 · 이은주 역, 《고객을 발명한 사람 헨리 포드》(21세기북스, 2006)〕.

37) Jardim, *First Henry Ford*, p. 227.

1925년경 포드 사의 임원들: E. C. 칸즐러(앞줄 왼쪽에서 세 번째),
소렌센(둘째 줄 오른쪽에서 첫 번째), 에드셀 포드(셋째 줄 왼쪽에서 두 번째),
헨리 포드(셋째 줄 오른쪽에서 첫 번째)

원할 때면 항상 그 일에 대해 아무것도 모르는 사람을 선택하곤 했다
고 회고했다. [38] 유능한 사람들은 차례로 회사를 떠났고, 1930년대
가 되자 헨리 포드는 소렌센과 해리 베넷에 의지해야만 하는 처지로
전락했다. 소렌센은 포드의 명백한 실수에 대해 맞서기를 꺼렸고,
왕년의 프로 권투선수였던 베넷은 깡패들을 고용해 공장을 통제하
고 노조를 몰아냈다. [39]

---

38) Ibid. , pp. 227~228.
39) Halberstam, *Reckoning*, pp. 95~96, 101.

헨리 포드의 괴팍한 행동에도 불구하고, 자동차 산업에서 경험을 쌓은, 태도가 온화하고 지적인 인물이었던 아들 에드셀과 모델 T와 하일랜드 파크가 만들어진 흥분된 시절에 헨리 포드와 함께 작업한 사람들 중 많은 수는 포드와 그의 전설에 오래토록 충실한 채로 남았다. 1926년에 포드 사의 재능 있는 생산 책임자이자 에드셀의 매부이기도 했던 어니스트 칸즐러는 6기통 엔진 제조를 고려해 보도록 헨리 포드를 설득하기 위해 갖은 기지, 아첨, 감언이설, 분별력을 총동원했다. 칸즐러는 조심스럽게 변화를 제안하는 7쪽짜리 메모를 포드에게 보냈다. 이 메모에서 그는 변화를 제안하는 것 그 자체만으로도 "나에 대한 당신의 느낌"에 영향을 줄지 모르며, "내가 당신에게 공감하지 않는다고 생각할지도" 모르겠다며 우려를 표시했다. 그는 외교적 수사를 동원해 덧붙였다.

부디, 포드 씨, 당신이 이 모든 사업을 일으켜 세웠으며 … 회사의 모든 성공은 … 설사 당신이 죽은 다음에도 … 진정 당신의 개인적 성취로 남을 것이라는 사실을 내가 십분 이해하고 있음을 알아 주시기 바랍니다.

이어 칸즐러는 위험을 무릅쓰며 언급하기를, 대다수의 "회사 간부급 직원들 사이에 점차 불안감이 커지고 있습니다. … 이들은 우리의 입지가 약화되고 있으며 시장 지배력이 우리의 손에서 빠져나가고 있다고 느낍니다. 여기에는 자신만만한 확장에 내포된 부양 정신이 결여되어 있습니다." 이로부터 얼마 안 가 헨리 포드는 칸즐러를 해고했다.[40] 같은 해에 포드 사의 시장점유율은 거의 3분의 1까지 떨어졌다. 전설의 모델 T는 이런저런 변화를 가했음에도 불구하고 더 이상 차에 굶주린 대중의 꿈을 충족할 수 없었다. 포드의 모델 T에 대한 농담은 좀더 노골적인 형태를 띠었다.

포드는 나의 자동차이니 / 나는 다른 차를 원치 않으리로다.

그것이 나를 차 밑에 누이시며, / 내 영혼을 상하게 하시고

자기 이름을 위하여 / 조롱의 길로 인도하시는도다.

내가 골짜기로 차를 몰고 다닐지라도 / 언덕 위로 이끌리는 것은, /

해(害)를 두려워하기 때문이라.

그것의 연결봉과 엔진이 나를 안위하지 못하게 하시나이다.

내 원수의 목전에서 펑크를 수리하고

고무 조각을 타이어에 부었으니 / 내 라디에이터가 넘치나이다.

내 평생에 이것이 반드시 나를 따른다면

내가 정신병원에 영원히 살리로다. • 41)

헨리 포드에 관해 널리 알려진 일화들 중 몇몇은 또한 그가 제대로 배우지 못하고 기이한 지적 관심을 가졌음을 경멸하는 태도를 취하고 있다. 예를 들어 포드는 기자들에게 자신은 윤회사상을 믿는다고 말했는데, 그 증거로 예전에는 달리는 자동차 앞으로 뛰어들곤 하던 닭들이 근래 들어서는 자동차가 다가오면 길가로 비킨다는 점을 들

---

40) Jardim, *First Henry Ford*, pp. 217~219. 그리고 Robert Lacey, *Ford: The Men and the Machine*(New York: Ballantine Books, 1986), pp. 309~311 도 보라[로버트 레이시 저, 김진성 역, 《자동차 왕 헨리 포드 上》(성원, 1986)].

• [옮긴이주] 찬송가로 널리 알려진 시편 23장을 패러디한 재담이다.

41) Jardim, *First Henry Ford*, p. 72.

었다. 닭들이 길에 대해 똑똑해진 이유는 "전생에 차에 치여 본 적이 있기" 때문이라는 설명이었다. [42]

점차 늘어난 포드의 기행(奇行), 그리고 영감으로 가득 찬 시스템 건설자에서 제멋대로에 비열하고 무기력한 관리자로의 점진적 변모는 그의 회사가 쇠락한 이유의 많은 부분을 설명한다. [43] 사실 변화는 포드 개인의 성격이 아니라 그가 직면한 회사의 문제에서 나타났다. 사람이 아니라 환경이 문제였다. 그가 내놓은 해법은 과거의 문제에 대한 것이었다. 한편으로 포드의 독재적 행동과 전문가 해고는 나이를 먹어 가는 한 사람이 점차로 완고해지며 위세를 부리는 성격을 드러낸 결과로 볼 수도 있다.

그러나 또 다른 설명도 가능하다. 그는 이전에 발명가이자 시스템 건설자로서 알고 있던 창조적 활동과 문제풀이의 흥분을 간절히 원한 것이다. 포드와 그의 팀이 모델 T와 포드 생산 시스템을 만들어 내던 시절에는 권위 계통, 일상적인 절차, 전문가 따위는 존재하지 않았다. 그들은 아이디어가 넘치고 창의적이며 시행착오를 통해 미지의 미래를 탐색하는 집단이었다. 포드가 존경했고 오랫동안 긴밀한 친구 사이를 유지한 에디슨 역시 전문가들을 — 특히 대학 학위가 있는 — 을 거부했다. 에디슨은 전문가들을 과거의 경험으로부터 이끌어 낸 부적절한 이론을 가진 사람들이라고 보았다. 포드와 에디슨은 미지의 영역에 대해서 전문가란 있을 수 없다는 사실을 이해하고 있었다. 아직 발명되지 않은 무언가에 대해 이론이란 있을 수 없고,

---

42) Ibid., p. 35.

43) Halberstam, *Reckoning*: Jardim, *First Henry Ford*, passim.

헨리 포드와 토머스 에디슨

오직 가설과 은유적 통찰만이 가능할 뿐이다. 심지어 에디슨은 해당
문제에 관한 이전 연구의 정보를 조수들에게 숨기기까지 했다. 그런
정보를 알려 주면 그들이 특정한 진로로 고착되어 마음을 닫아 버릴
것이라고 우려했기 때문이다. 그는 고등 학위를 가진 전문가 조수들
을 노골적으로 조롱했는데, 이를 통해 그는 자기만족과 근거 없는

자기확신이라고 여긴 것을 무너뜨릴 수 있을 것이라고 기대했다.

포드와 에디슨의 태도에서 우리는 편견과 무지를 찾아 볼 수 있지만, 아울러 발명과 혁신의 자유분방한 성격에 대한 날카로운 이해도 엿볼 수 있다. 포드나 그의 회사로서는 불운하게도, 그는 발명과 급격한 변화의 시기에 어울리는 스타일의 지도력을 계속해서 옹호했다. 포드 사가 엄청나게 거대하고 상대적으로 안정되어 높은 관성을 지니게 된 경영 및 기술시스템으로 이미 오래전에 변모했는데도 말이다. 포드는 발명 단계에서 경영 단계로 지도력 스타일을 전환하지 않으려 했거나 그렇게 할 수 없었다. 이미 관료제가 자리 잡은 상황에서 관료제에 대한 그의 공격은 비합리적인 행동이었다. 회사의 입장에서 보면 그가 1915년을 전후해 하일랜드 파크 생산 시스템이 안정된 후 사임했다면 더없는 축복이었을 것이다. 이와는 달리 엘머 스페리는 때가 되면 자신의 발명을 가지고 설립에 일조한 회사들을 그만두었다.

포드는 1908~1916년 사이에 포드 자동차회사의 매각을 3번에 걸쳐 고려한 적이 있었는데, 아마도 경영에서 자신의 무능력 또는 경영에 대한 혐오를 감지했는지도 모른다. 그는 자신이 일상적 업무에서 풀려나면 완전히 새로운 벤처사업을 시작할 것이라고 발명가 같은 스타일로 얘기하곤 했다. 44) 그는 자신이 열정적으로 창조해 낸 바로 그 생산 시스템 때문에 지루해했고 제약을 느꼈다. 이러한 상태를 그가 자각하지 못하고 있었다는 사실은 그가 《나의 삶과 일》에 쓴 내용에 비추어 보면 더욱 역설적이다.

---

44) Jardim, *First Henry Ford*, p. 65~68.

기업가들이 자신의 기업과 함께 몰락하는 이유는 그들이 예전 방식을 너무나 좋아해서 자신을 변화시킬 수 없게 되기 때문이다. [45]

그 역시도 자신의 예전 방식인 발명과 혁신으로부터 (변화한 상황에) 적합한 경영 스타일 — 급진적 발명과 혁신이 아닌, 점진적이고 보조가 느린 개량, 성장, 시스템화에 의존하는 — 로 변화하는 것에 저항하고 있음을 이해하지 못한 것이다.

포드가 모델 T에서 중대한 변화를 꺼린 것은 그가 여러 해 동안 생산 비용과 자동차 가격을 꾸준히 낮춤으로써 높은 시장점유율을 유지했음을 기억할 때 가장 잘 이해할 수 있다. 비용을 낮추기 위한 그의 정책은 제품이 아닌 생산방식에 변화를 도입한 것이었다. 그는 이렇게 썼다.

우리가 크게 변화시킨 것은 제조업의 방식이다. 이 방식은 결코 정체되어 있지 않고 계속 변화한다. 나는 우리 차를 만드는 공정에서 현 모델의 첫 번째 차를 만들었을 때와 똑같이 남아 있는 것은 단 하나도 없을 것이라고 믿는다. 이것이 바로 우리가 그토록 차를 저렴하게 만들 수 있는 이유이다. 차에 가한 몇 안 되는 변화들은 사용 편의성을 높이거나 … 힘을 증가시킬 수 있는 경우로 한정했다. [46]

그는 6기통 엔진 도입과 같은 변화는 불가피하게 가격 상승을 유발할 것이라고 믿었다. 포드는 또 "한 번에 하나의 아이디어만 다루

---

45) Ford with Crowther, *My Life and Work*, p. 43.
46) Ibid. , p. 17.

는 것이 한 사람이 할 수 있는 최대한"이라고 고백하기도 했다. 4기통 엔진을 가진 모델 T는 그의 아이디어였고, 그가 완벽하게 만들기로 작정한 아이디어이기도 했다.[47] 모델 T에 변화를 주는 것은 꺼렸지만, 창조적 경험을 원하는 그의 갈망은 그가 1913년 이후에 시작한 다른 모험들에서 입증되었다. 제1차 세계대전 이후 그가 소렌센을 옆에 두고 리버 루지 공장을 설계하고 건설했을 때 시스템 건설자로서의 포드는 다시 한 번 꽃을 피웠다. 그는 또 1920년대 초에 미시시피 계곡에 산업단지를 만들고 디트로이트 외곽의 수력 이용이 가능한 부지에 분산된 생산 시스템을 건설하려 했을 때에도 자신의 상상력과 선견지명을 드러냈다. 포드의 행동에서 나타난 모순과 복잡성은 우리가 시스템 건설을 담당하는 창의적 인간이 경험하는 역설을 인지할 때 가장 잘 이해할 수 있다.

토마스 만은 자신의 소설 《파우스트 박사》(Doctor Faustus, 1947)에서 주인공 아드리안 레버퀸을 통해 이러한 역설의 정수(精髓)를 잡아냈다. 주인공은 12음계의 창시자로 작곡의 방법에 대한 갈망을 표현했다. 그러자 악마 메피스토펠레스가 나타나 이 청을 기꺼이 들어 주었다. 작곡가가 만들어 낸 체계가 이내 쇠 우리가 되어 더 이상의 자유로운 표현을 가로막을 것임을 알고 있었기 때문이다.

만년에는 헨리 포드와 관리자들의 관계 못지않게 노동자들과의 관계도 악화되었다. 당시의 다른 시스템 건설자들과 마찬가지로, 그는 자신에게는 적용을 거부한 통제, 질서, 시스템을 노동자들에게는 강요했다. 그가 설계한 기계들에게는 감성적·심리적 부담 같

---

47) Ibid., p. 22.

은 것은 없었다. 하지만 사람들, 특히 노동자들의 경우에는 얘기가 달랐다. 공작기계를 다루고 조립라인에서 일하는 사람들은 기계 생산의 리듬과 논리에 순응해야만 했다. 포드는 테일러와 마찬가지로 그들을 생산 시스템의 구성요소로 보았지만, 또한 테일러와 마찬가지로 주어진 기능을 잘 해내는 노동자는 그로 인해 얻게 된 비용절감분의 일부를 받아야 한다고 믿었다. 포드는 국가 전체의 소득이 일반 국민들에 분배되기를 원했으며, 아울러 노동자들이 자동차와 다른 대량생산 제품들의 소비 시장을 촉진하기를 희망했다. 그러나 그와 엔지니어들은 가능할 때마다 노동자들 대신 좀더 지시를 내리기 쉬운 기계를 도입했다. 기계는 사람과 달리 수행해야 할 기능을 위해 특별히 설계할 수 있었다. 기계는 파업을 하지 않았고, 독자적인 사고를 통해 생산 엔지니어와 계획 부서에서 정해 준 방법이 아닌 다른 작업 방법을 쓰지도 않았다. 그러나 포드는 불경기가 왔을 때 노동자들은 임시 해고를 할 수 있지만 기계에 대한 투자는 고정되어 있다는 사실도 고려해야 했다. 결국 포드 공장에서 창의적이고 숙련된 노동은 상대적으로 수가 적은 엔지니어와 공구 및 금형 제작자들에 의해 이루어졌고, 대다수의 다른 노동자들은 미숙련 노동자였다. 여기에는 헝가리, 폴란드, 세르비아, 아르메니아, 보헤미아, 러시아, 루마니아, 불가리아, 이탈리아 등에서 이민 온 수천 명의 사람이 포함되었다. 초기 포드 공장에서 찍은 한 가슴 뭉클한 사진에는 노동자들이 점심시간을 이용해 영어 기초를 열심히 공부하는 모습이 담겨 있다. 그들은 단순화되고 판에 박힌, 고도로 세분화된 과업들을 불과 며칠 만에 익혔다. 그들은 마치 모델 T의 부품들처럼 손쉽게 대체가능한 존재였다.

영어를 배우는 포드 사 노동자들

그러나 1913년이 되자 노동자들은 하일랜드 파크에 설치된 기계화된 생산 시스템이 사람을 너무나 지치게 하며 개인의 고유한 정체성을 박탈한다는 사실을 알게 되었다. 이직률은 380%에 달했다. 회사에서 100명의 노동자를 생산 라인에 추가 투입하려 할 경우 실제로는 963명을 고용해야 했다. 노조 조직화의 기운이 감지되자 포드와 부하 직원들은 깜짝 놀랐다. 생산 흐름에도 악영향을 미쳤다. 포드는 노동자의 이직과 노조에 대해서뿐만 아니라 임원들의 봉급과 노동자들이 받는 급료 사이의 격차가 점점 벌어지는 것을 심난하게 여겼고, 1914년에 전례 없이 높은 급료인 일당 5달러라는 결정을 내렸다. 그러자 구직 신청자가 공장 문 앞에 줄을 섰다. 이름이 알려지지 않은 한 포드 노동자의 부인은 포드에게 이런 편지를 보냈다.

당신 공장의 연쇄 시스템은 노예 감독관이에요. 맙소사!, 포드 씨. 우리
남편은 집에 오면 바닥에 드러누워서 저녁도 안 먹으려 해요 — 너무나
지쳐서 나가떨어진 거죠! 어떻게 좀 바꿀 수 없을까요? … 일당 5달러는
하나의 축복이에요 — 당신이 상상하는 것 이상으로요. 하지만, 음, 그
만큼 받을 만해요. 48)

　포드 사의 쇠락을 오로지 헨리 포드의 탓으로만 돌릴 수는 없다.
회사의 쇠락은 다른 자동차 제조업체들, 특히 앨프리드 슬론이 이끄
는 제너럴 모터스 사와 나란히 놓고 보았을 때 상대적인 것이었다.
1927년에 제너럴 모터스는 45%의 시장점유율로 자동차 시장 1위에
올라섰고, 이후 그 자리를 내놓지 않았다. 1931년에 포드의 시장점
유율은 26%까지 떨어졌고 손실액은 5천만 달러가 넘었다. 49) 제너
럴 모터스 회장이 된 슬론은 1919년에 소비자 대출을 시작했고, 중
고차 보상교환, 밀폐형 차체, 매년 새로운 모델 출시 등을 도입했
다. 50) (포드는 경멸감을 슬쩍 드러내면서 비용이 많이 드는 1년 단위의
모델 변화를 기각했다. 그는 예전에 자전거 제조업체들 사이에서 그런 관
행이 흔했음을 상기시켰다.) 51) 제너럴 모터스는 또한 특수목적 공작
기계 대신 범용 공작기계에 의지해 4기통 엔진을 6기통 엔진으로 대
체하는 것 같은 기본 모델 변화를 용이하게 만들었다.
　여기에 더해 슬론은 듀폰 사의 경영 실천에 따라 여러 부문으로 구

48) Hounshell, *From American System*, p. 259.
49) Ibid. , p. 296.
50) Jardim, *First Henry Ford*, p. 73.
51) Ford with Crowther, *My Life and Work*, p. 56.

성된 분산 경영구조를 도입했고 이는 대규모 산업체들에게 모델이 되었다. 슬론은 공장 흐름 통제라는 개념을 도입함으로써 포드의 저 (低) 재고 정책을 훨씬 높은 경영 전문성의 단계까지 올려놓았다. 이러한 흐름은 자동차 판매상들이 매 10일마다 주문 대수, 인도 대수, 그리고 수중에 있는 신차와 중고차 대수 등에 관해 보내 온 정보에서 나온 통계적 되먹임에 근거했다. 제너럴 모터스는 판매와 자원 배분의 장기적 예측에 관한 기예와 과학도 발전시켰다.

자동차 생산과 사용 시스템: 석유 정제

포드의 권력이 절정에 달했을 때, 그는 미국 전역과 세계의 다른 지역에까지 퍼져 있는 고도로 복잡한 자동차 제조 시스템을 통제했다. 포드의 자동차회사가 소유한 재산은 엄청나게 넓은 범위에 걸쳐 있었다. 그러나 이는 규모가 더 큰 일련의 조직, 생산, 공급, 서비스 활동을 포괄하는 거대한 생산 시스템 또는 네트워크의 구성요소에 불과했다. 52) 이 자동차 생산–사용 시스템은 자동차 외에 도로나 정비소 같은 물리적 요소들을 포괄했고, 사람과 조직도 그 속에 포함되었다. 가령 자동차 제조회사, 제조회사에 원자재와 부품을 공급하는 업체들, 자동차 노동자들을 조직화하는 노동조합, 자동차를 파는 판매상, 가솔린 공급업체, 정비소 네트워크의 운영자, 고속도로를 건설하는 공공기관, 자동차 구입 대금을 융자해 주는 기관, 그 외 시장을 촉진하는 광고회사들과 같은 수많은 다른 조직이 거기 속했다. 어떤 개인이나 조직도 자동차 생산–사용 시스템을 중앙집중적으로 조직하거나 통제할 수 없었지만, 다양하고 복잡한 방식으로 일정한 수준의 조율은 이루어졌다. 포드의 보이는 손은 그가 창조한 시스템을 조율했고, 시장의 보이지 않는 손은 비공식적인 다양한 제도적·개인적 연계와 함께 자동차 제조와 석유 정제를 조율했다.

칼 마르크스는 《자본론》(*Capital*)에서 영국의 산업혁명 기간 방

---

52) James J. Flink, *America Adopts the Automobile, 1895~1910*(Cambridge, Mass.: MIT Press, 1970), esp. chaps. 6, 7.

직공의 생산 증대가 어떻게 방적공의 산출량 증가를 자극했는지, 그리고 역으로 방적에서의 기술 향상과 산출량 증가가 어떻게 방직의 발전을 강제했는지를 보여 주었다. 직물생산이라는 포괄적 목표로부터 방적과 방직을 떼려야 뗄 수 없이 연결한 체계적인 상호작용이 뒤따라 나왔다. 직물생산의 증대는 영국의 화학 산업에도 압력을 가해 표백제와 염료의 질을 향상시켰고 양을 늘리는 방법을 찾아 나서게 했다. 마찬가지로 20세기에는 자동차 생산이 가솔린 정제와 떼려야 뗄 수 없이 서로 엮이게 되었다. 양쪽 모두에서 대량생산과 흐름의 개념이 생산회사들을 지배했다.

19세기 동안 석유 정제회사의 주요 제품은 등을 켜는 데 쓰는 등유였다. 석유를 증류할 때 그 일부로 나오는 가솔린은 부산물로 폐기했다. 20세기로 접어든 이후 자동차 이용의 극적 증가는 놀라운 변화를 가져왔다. 이제 정유회사들은 석유의 가벼운 구성성분인 가솔린의 산출량을 늘리는 방법을 찾아야 했다.

1909~1913년 사이에 윌리엄 M. 버턴은 열분해(thermal cracking) 공정을 개발했다. 그는 존스홉킨스대학에서 화학으로 박사학위를 받고 인디애나 스탠더드 석유회사(Standard Oil Company of Indiana)•에서 정유 감독으로 일하고 있었다. 이전까지의 증류 기법은 석유를 뚜껑이 열린 용기에 넣고 가열해 다양한 부분들을 가벼운 것에서 무거운 것 순으로 뽑아내는 식이었다. 그러나 버턴은 이와

• 〔옮긴이주〕 1870년 존 데이비슨 록펠러가 설립해 석유 산업의 거대 독점체로 군림하게 된 스탠더드 석유회사가 1911년 미 대법원의 반독점법 위반 판결로 강제 분할되어 생겨난 회사 중 하나로서 나중에 아모코로 이름을 바꿨고, 현재는 합병을 거쳐 BP의 일부가 되었다.

반대로 원유를 폐쇄된 용기에 넣고 가열했다. 그러면 용기 안의 압력이 높아져 무거운 부분을 구성하는 무거운 분자들 — 한때 등유로 사용하던 — 이 쪼개져 가벼운 분자(가솔린)를 만들었다. 1921년에 버턴은 퍼킨 메달을 받은 자리에서, 자신이 1배럴의 석유에서 뽑아 낼 수 있는 가솔린의 양을 거의 2배로 늘릴 수 있었던 것은 분명 폭발 위험이 있는데도 압력을 가한 상태에서 석유를 가열한 자신의 미련함 덕분이라고 회고했다. 1920년이 되자 버턴의 성공에 자극을 받은 다른 분해 공정들이 등장해 버턴의 방법은 낡은 것이 되어 버렸다. 그러나 인디애나 스탠더드 석유회사는 버턴의 공정으로 1억 5천만 달러의 수익을 올렸다. [53] 이 성공은 또한 다른 정유회사들이 화학자와 화학 엔지니어에게 투자를 하도록 만드는 계기가 되었다(젊은 버턴이 박사학위를 받고 처음 인디애나 스탠더드 석유회사에 도착했을 때만 해도, 담당 감독의 첫 번째 질문은 그가 쓸 작업 공구를 왜 가져오지 않았는가 하는 것이었다).

버턴의 공정에 대한 특허 사용료 부담을 안게 된 다른 정유회사들은 가솔린 수요의 지속적 증가에 대응하는 대안적 방법 마련을 위해 엔지니어와 연구과학자들에게 눈을 돌렸다. 1920년대 초에는 전 세계의 원유 공급이 조기에 고갈될 것이라는 비관적 예측이 지배적이었기 때문에 1배럴의 원유에서 뽑아내는 가솔린의 양을 늘릴 필요성은 결정적으로 중대한 문제로 보였다. 독일의 과학자와 엔지니어들은 석탄에서 가솔린을 뽑아내는 방법을 연구했다. 이 분야의 권위자

---

53) John Lawrence Enos, *Petroleum Progress and Profits: A History of Process Innovation* (Cambridge, Mass.: MIT Press, 1962), p. 2.

들은 석유 공급이 15년 내에 바닥날 것으로 추정했다. 다른 이들은 정유 공장 내부에서 물질들의 유속(流速)을 증가시켜 버턴 공정으로부터 산출량을 향상시킬 가능성이 있다고 보았다. 정유회사들은 포드와 테일러를 모방해 생산의 흐름을 체계화하고 속도를 높이는 문제에 몰두했다. 버턴의 공정은 연속적인 흐름과는 대비되는 묶음처리(batch process) 방식이었다. 석유는 처리되는 과정에서 탱크나 증류기 속에 정적으로 머물러 있었다. 그러고 난 다음 정유노동자들이 제품들을 빼내고 또 다른 묶음으로 증류기를 다시 채웠다. 제임스 와트가 분리응축기(separate condenser)●를 도입하기 이전의 증기기관이 그랬던 것처럼, 실린더 — 버턴 공정에서는 증류기 — 는 가열되고 냉각되는 것을 번갈아 반복했고 이 과정에서 폐기물도 배출되었다. 묶음처리 방식의 정적인 성격에 대한 답은 연속흐름 방식에 있었다. 석유가 여러 단계들을 차례로 통과하면서 가열되고 냉각되어 다양한 변형(혹은 단위 작용)을 겪는 것이다. 이와 유사하게 포드는 점차 조립이 진행되는 자동차를 정해진 곳에 위치한 노동자들 앞으로 지나가게 하여 노동자들이 특정한 직무를 수행하도록 했다. 이 시기쯤에 중국을 방문한 한 미국인 엔지니어는 두 나라 사이의 주된 차이가 미국에서는 모든 사물이, 중국에서는 모든 사람이 움직이는 데 있다고 생각했는데, 이는 그리 놀라운 일이 아니다.

유니버설 석유제품회사(Universal Oil Products Company)는 카본

● [옮긴이주] 18세기에 널리 쓰이던 뉴코멘 증기기관의 낮은 열효율을 개선하기 위해 도입된 장치로, 항상 뜨겁게 유지되는 실린더와 별도로 이와 연결돼 항상 차갑게 유지되는 응축기를 두어 실린더가 가열과 냉각을 번갈아 반복하지 않게 함으로써 뜨거운 수증기의 낭비를 막았다.

페트롤리움 덥스(MIT 졸업생이자 석유 산업의 선구자 중 한 사람인 제시 덥스가 아들에게 이런 이름을 붙였다)라는 젊은 발명가가 개발한 연속분해 공정을 도입했다. 도축업에서 큰돈을 번 가문 출신인 J. 오그던 아머가 덥스 공정에 투자했는데, 이는 이전에 도살장에서 연속분해 라인을 도입해 비용절감을 이뤄 낸 것과 석유 산업의 연속분해 공정 사이의 유사성을 그가 간파했기 때문이다.[54] 덥스 공정은 순서대로 연결된 수많은 정유기로 구성되었다. 석유가 각각의 정유기를 통과해 지나갈 때 그 속의 열과 압력은 일정하게 유지되었고 분해 공정에서 나온 산물들은 차례로 제거되었다. 덥스 공정이 버턴 공정보다 더 경제적이라는 사실이 입증되자, 1924년경에는 산업계 전반에서 덥스 공정이 기존의 공정을 대체했다. 석유 산업 전반에 걸쳐 연구개발에 점점 더 많은 돈이 투입되면서 버턴 공정과 덥스 공정은 원유에서 가솔린을 훨씬 많이 뽑아내는 일련의 기술 향상의 시작에 불과했음이 드러났다.[55]

1930년 이전에는 정유회사들과 그에 속한 화학자, 엔지니어들의 주된 걱정거리가 에너지 위기였기 때문에, 가솔린의 질을 높이는 것보다 산출량을 증가시키는 데 집중했다. 그러나 1930년 말에 동부 텍사스에서 풍부한 매장량을 가진 유전이 발견되면서 그들의 주안점은 가솔린의 질로 이동했다. 1931년 12월에 동부 텍사스 유전에서는 3천 개가 넘는 유정에서 석유를 뽑아 올리게 되었다. 석유 생산량 증가가 그 수가 점점 많아지던 도로 위의 자동차들을 유지했다

54) Ibid., p. 61.
55) Ibid., pp. 61~130.

면, 가솔린의 질적 향상은 자동차들이 고압축 엔진을 장착하고 고속도로를 좀더 빠르고 효율적으로 달릴 수 있게 만들었다.

그러나 동부 텍사스의 풍부한 매장량이 석유부족 사태를 해결해주기 전부터 찰스 케터링과 그의 재능 있는 동료 토머스 미즐리 2세는 엔진의 노킹(knocking)을 줄이고 고압축 엔진을 실현하기 위해 자동차 제조회사들과 협력하고 있었다. 제1차 세계대전 동안 케터링 — 이 책에서 우리가 마지막으로 본 그의 모습은 자신의 비행 폭탄이 제어불능 상태에 빠져 어지러울 정도로 높은 고도까지 올라가는 것을 지켜보는 광경이었다 — 은 비행기 엔진에 들어갈 가솔린의 질을 향상시켜 노킹을 줄이려는 노력도 기울였다. 노킹이란 초기의 자동차 소유자들에게 익숙했던 날카롭게 울리는 소리로, 엔진이 빠른 속도로 동작할 때 생겼다.[56] 노킹은 신경에 거슬릴 뿐 아니라 연소가 비효율적인 것을 나타내는 신호이기도 했고, 엔진에 물리적인 손상을 입힐 수도 있었다.

코넬대학 기계공학과를 졸업한 미즐리는 독립적인 연구소를 가지고 있던 케터링에게 고용되어 제1차 세계대전 직후부터 노킹을 줄이기 위한 가솔린 첨가제를 찾는 데 앞장섰다. 미즐리의 연구는 케터링이 1919년에 새로 만들어진 제너럴 모터스의 연구개발 부서장이 된 후에도 계속되었는데, 이 연구는 경험적 방법과 당시 산업연구소에서 흔히 볼 수 있었던 체계적 연구가 어떤 식으로 결합되었는지를 볼 수 있게 해준다. 미즐리는 자신이 결국 성공을 거둔 것이 과

---

56) Lynwood Bryant, "The problem of knock in gasoline engines", paper presented at the annual meeting of the American Society of Mechanical Engineers, 19 November 1974, p. 1.

학의 응용 덕분이기도 했지만, 부분적으로는 운과 종교에 힘입은 것이었다고 했다.[57)]

미지의 영역을 탐색하면서 미즐리와 케터링은 연료의 낮은 휘발성이 노킹을 일으킨다고 가정했다. 이로부터 미즐리는 유추를 이용해 발명을 해냈다. 그는 봄에 가장 먼저 개화하는 꽃 중 하나인 월귤나무가 등이 붉은 잎을 가졌다는 사실을 기억해 냈고, 일찍 꽃이 피는 것은 붉은색이 초봄의 열을 흡수한 데 기인한 것이라고 가정했다. 그래서 그는 저장실에 있던 물질들 중 유일하게 붉은색을 띤 요오드로 가솔린을 붉게 염색했다. 그는 이렇게 하면 휘발성이 커져 노킹이 줄어들 것이라고 기대했다. 요오드는 노킹을 줄여 주었지만 붉은색 때문에 그런 것은 아니었다. 또 미즐리는 이것이 '가벼운' 단점도 가지고 있음을 알게 되었다. 요오드는 실린더 벽을 심하게 부식시키는 성질을 갖고 있었기 때문이다. 여러 해에 걸쳐 미즐리는 노킹방지 첨가제를 찾기 위해 3만 3천 가지가 넘는 화합물을 시험했다. 그는 시행착오에 기반한 이런 방법을 에디슨식 접근법이라고 불렀는데, 이는 멘로 파크에서 에디슨의 접근법이 종종 시행착오뿐 아니라 이론에 근거한 체계적 접근도 시도했다는 사실을 모르는 연구 과학자들 사이에 있는 흔한 오해였다.

이즈음에 케터링은 우연히 읽은 신문기사에서 만능 용매(溶媒)에 관한 보도를 보게 되었다. 그와 미즐리는 유쾌한 기분으로 이 용매가 유리병에 담겨 배달되어 온 사실을 기록했다. 그들은 신문기사에 보도된 과장된 주장에 흥미가 있었고 만에 하나 문제해결의 실마리

---

57) "How we found ethyl gas", *Motor* (January 1925), 93.

가 나타날 수도 있다는 생각에 이 셀레늄 화합물 — 용매 — 을 시험해 보았고, 실제로 노킹을 줄여 준다는 사실을 발견했다. 그러나 가솔린 첨가제로 사용할 때 셀레늄은 엄청나게 지독한 냄새를 풍겼다. 실험실에서 하루 종일 셀레늄 화합물로 실험하고 나면 가족, 친구, 저녁시간의 영화관람은 포기할 수밖에 없었다.

다음으로 그는 자신이 응용과학이라 부른 것에 의지했다. 그는 화학자들이 쓰는 주기율표로 페그보드를 만들고 표에서 셀레늄 주위에 있는 다른 원소들의 다양한 가용성 화합물을 시험해 보기 시작했다. 그는 페그보드에 그런 화합물들의 노킹 방지 성질에 비례하는 길이의 나무못을 꽂았다.[58] 미즐리는 자신이 뜬구름 잡는 식의 막연한 탐색에서 "과학적 대상몰이"로 전환했다고 말했다.[59] 대상몰이는 테트라에틸납의 발견으로 끝을 맺었다. 테트라에틸납은 몇 가지 첨가물을 더 넣어 유해한 침전물을 방지하자 완벽하게 작동했다. 유연(鉛) 가솔린의 개발과 대량생산은 대학, 화학회사, 자동차 제조회사, 정유회사 등이 관여하는 복잡한 시스템을 요구했고, 여기에는 다우 케미컬 사(Dow Chemical Company), 제너럴 모터스 사, 듀폰 화학회사, 뉴저지 스탠더드 석유회사(Standard Oil Company of New Jersey),• 브라운대학, MIT 등이 포함되었다. 제너럴 모터스

---

58) T. A. Boyd, *Professional Amateur: The Biography of Charles Franklin Kettering* (New York: Dutton, 1957), pp. 184~185.

59) T. A. Boyd, "Pathfinding in fuels and engines: Horning memorial lecture", paper presented at the annual meeting of the Society of Automotive Engineers, 11 January 1950.

• 〔옮긴이주〕 1911년 미 대법원의 반독점법 위반 판결로 생겨난 회사 중 하나로 나중에 엑손이 되었다.

와 뉴저지 스탠더드 석유회사가 새로 설립한 에틸 가솔린 사(Ethyl Gasoline Corporation)가 유연 가솔린을 판매했다.[60]

생산이 본격화되자 납중독이라는 유령이 모습을 드러냈고 많은 의사들은 그 위험을 경고했다. 1924년에 미국 광산국은 수개월 동안 매일 몇 시간씩 실험동물을 유연 가솔린으로 움직이는 엔진의 배기가스에 노출시키는 실험을 했다. 그들은 "실험에 쓰인 어떤 동물에게도 납중독의 증상은 보이지 않"음을 발견했다.[61] 그러나 이즈음에 시범 공장에서 농축된 테트라에틸납을 다루던 45명의 사람들이 병에 걸렸고 이 중 4명이 납중독으로 사망했다. 1925년에 유연 가솔린 판매는 중단되었다. 미국 공중위생국장은 잠재적 위험을 조사하기 위한 위원회를 구성했다. 화학계의 권위자들은 적절한 안전장치를 두어 유통과 사용 과정을 통제한다면 테트라에틸납을 함유한 가솔린에는 아무런 위험이 없다고 결론 내렸다.[62] 이후 '에틸'이라는 이름의 무노킹 가솔린은 주유소에서 흔히 찾아볼 수 있는 것이 되었다. 테트라에틸납 첨가제가 환경 위해로 공격받게 된 것은 그로부터 수십 년이 흐른 후였다.

---

60) Harold F. Williamson, Ralph L. Andreano, Arnold Daum, and Gilbert C. Klose, *The American Petroleum Industry: The Age of Energy, 1899~1959*(Westport, Conn. : Greenwood Press, 1981), pp. 409~415.

61) R. R. Sayers, A. C. Fieldner, W. P. Yant, B. G. H. Thomas, and W. J. McConnell, "Exhaust gases from engines using ethyl gasoline", *Bureau of Mines Reports of Investigations*(I 28. 23:2661), December 1924.

62) "The Use of tetraethyl lead gasoline in its relation to public health", U. S. Public Health Bulletin no. 163, comp. office of the Surgeon General of the United States(Washington, D. C. : U. S. Government Printing Office, 1926), pp. 117~123.

1930년대에 주류 석유 기술 바깥에서 작업하던 프랑스의 한 독립 발명가가 가솔린의 질에서 또 한 번의 중요한 향상을 이뤘다. 유진 쥘 우드리는 1892년 파리 인근에서 태어났고 파리국립기술교육원 (Paris Conservatoire National des Arts et Métiers)에서 기술교육을 받았다. 부유한 철강 제조업자의 아들로 자동차 경주에 매료되었던 그는 1922년 인디애나폴리스에서 열린 800킬로미터 거리의 전몰장병 기념일 경주에 참여했다가 디트로이트에 있는 포드 공장을 견학하게 되었다. 이 경험을 통해 그는 미국 자동차는 훌륭한 제품이지만 사용되는 가솔린은 형편없이 질이 떨어진다고 결론 내렸다. 이때 그는 자동차 엔진설계가 향상되려면 그와 동시에 석유 정제에서의 향상이 있어야 함을 깨달았다. [63]

1925년에 그는 자신의 재산과 부인이 물려받은 재산을 기반으로 연구를 시작했다. 그가 찾은 것은 납과 같은 첨가제가 아니라 고품질의 가솔린을 생산할 수 있는 석유 정제의 새로운 방법이었다. 수천 번의 실험을 거친 후인 1927년에 그와 동료들은 정유 과정에서 활성 점토를 촉매제로 쓰면 그런 가솔린을 만들 수 있다고 발견했다. 기술적인 문제가 아직 해결되지 않은 상태였지만, 우드리는 뉴저지 스탠더드 석유회사와 접촉을 시도했다. 그러나 우드리의 공정이 기술적으로 아직 세련되지 못함을 알게 된 스탠더드 석유회사의 엔지니어들은 외부의 발명가가 만들어 낸 공정을 거부했다. 그들은 산업연구소가 디포리스트의 삼극진공관이나 푸핀의 장하코일 같은 조악한 장치들을 사들인 후 그것의 기술적·경제적 효율을 크게 향

---

63) Enos, *Petroleum Progress and Profits*, p. 133.

상시킨 전례가 줄곧 있었다는 사실을 아마도 몰랐던 것 같다. 미국의 다른 정유회사들에 눈을 돌린 우드리는 결국 바큠 석유회사(Vacuum Oil Company)와 혁신적 기상으로 알려졌던 상대적으로 작은 기업인 선 석유회사(Sun Oil Company)로부터 지원을 받게 되었다. 우드리 공정으로 만든 가솔린이 주유소에 나온 것은 1936년의 일이다.

그러자 1938년에 뉴저지 스탠더드 석유회사는 인디애나 스탠더드 석유, 독일의 거대 화학회사인 이게파르벤(I. G. Farben), 미국의 엔지니어링-건설회사인 켈로그 사(M. W. Kellogg Company)와 제휴해 촉매연구연합(Catalytic Research Associates)을 결성하는 것으로 맞대응했다. 이 연합의 목표는 우드리의 특허권을 침해하지 않고 특허 사용료도 물지 않으면서 우드리 공정을 향상시키는 것이었다. 지금은 거의 잊혔지만 당시로서는 획기적인 사건이었던 촉매연구연합의 결성은 아마 맨해튼 프로젝트가 출범하기 전까지는 과학과 엔지니어링의 인적자원 집중이라는 면에서 가장 규모가 큰 특수 목적(혹은 단일 목적)의 임시 프로젝트였을 것이다. 뉴저지 스탠더드 오일에서는 400명의 엔지니어와 과학자들이 참여했고, 다른 회사들에서 온 600명이 여기에 합류했다.[64] 1941년에 이 긴급 프로그램은 연속흐름의 원리를 우드리의 공정보다 좀더 완벽하게 이용하여 고품질의 가솔린을 생산하는 '유동상 촉매 분해공정'(fluidized catalytic cracking process)을 세상에 내놓았다.

---

64) Ibid. , p. 196.

시스템 건설자, 인설

정유회사들과 자동차 제조회사들은 생산의 흐름 공정을 부드럽게 관리했지만, 그들이 만드는 제품이나 생산율은 정교함이나 속도 면에서 전등 및 전력 시스템에 비할 바가 못 되었다. 후자가 만들어 내는 움직이는 전자는 빛의 속도로 움직였다. 자동차 생산 시스템은 절거덕거리는 컨베이어, 퍼덕퍼덕 소리를 내는 벨트, 육중하게 움직이는 크레인들로 수없이 많은 기계와 공정들을 느슨하게 연결했다. 전기공급 시스템은 윙윙거리는 기계들과 웅웅 소리를 내는 전송선으로 이뤄진 이음새 없는 그물이었다. 시스템 건설의 대가인 인설은 세계에서 가장 규모가 크고 복잡한 동력 시스템 중 하나를 관장했다. 포드와 그 휘하의 기계공, 엔지니어들은 수천 명에 달하는 노동자들의 비논리적이고 다루기 힘든 성격을 고려해야 했다. 반면 인설과 그 동료들은 겨우 한두 명이 관리하는 거대한 발전소에서 말 잘 듣는 기계와 공정들을 조작할 때 무엇이든 할 수 있을 것 같은 느낌을 받았다.

인설을 포함해 도시와 지역의 대규모 전등 및 전력회사 대표들은 대량 에너지 생산 시스템을 만들어 냈다. 이 시스템은 더 잘 알려진 포드 시스템보다 시기적으로 앞섰을 뿐 아니라 포드 시스템이 가진 핵심적인 특징들도 예견했다. 인설의 전력 지주회사가 대공황기에 붕괴되기 전까지, 인설과 그가 주로 관리한 전력회사인 시카고 코먼웰스 에디슨(Commonwealth Edison of Chicago)은 전 세계에 걸쳐 효율과 성장의 기준을 설정한 것으로 존경 받았다. 1932년 대통령

선거전에서 프랭클린 루스벨트는 인설이 대중에게 금융조작의 상징이 되었음을 알아차리고 그와 전력 지주회사들에 대해 공격했다. 그는 "외톨이 늑대이자 비윤리적 경쟁자이며 무모한 흥행사이기도 한 이스마엘, 즉 인설은 모든 사람의 적입니다 … "라고 말했다. 65) 인설의 전기작가인 역사가 포레스트 맥도널드는 그를 "1920년대 미국에서 가장 힘센 사업가이자 1930년대 초에 가장 널리 알려진 기업악당"으로 묘사했다. 66) 오늘날 존경받는 한 역사가는 금융조작 사건을 이유로 그를 "악명 높은 사기꾼"이라고 칭하기도 했다. 67)

그러나 인설은 그가 기소되었던 금융사기 죄목에 대해서는 무죄로 밝혀졌다. 몰락하기 전, 그는 인상적인 성취를 거둔 기술시스템 건설자였다. 파산한 지주회사와 연관해 우편을 횡령에 이용한 죄목으로 1934년 재판을 받았을 때, 인설은 자신이 약탈을 일삼는 지주회사의 거물임을 부인했다. 그는 젊었을 때부터 자신의 영웅이었던 에디슨과 마찬가지로, 자신이 점점 확장하는 생산적 기술을 관리하는 데 열정적으로 몰두한 창조적 인물이라고 주장했다. 68)

인설은 에디슨 밑에서 일하면서 시스템 건설에 대해 배웠다. 그는

---

65) Thomas K. McCraw, *TVA and the Power Fight, 1933~1939* (Philadelphia: J. B. Lippincott, 1971), p. 12.

66) Forrest McDonald, *Insull* (Chicago: University of Chicago Press, 1962), p. 3.

67) Bernard Weisberger, "The forgotten four: Chicago's first millionaires", *American Heritage*, 38 (November 1987), 43.

68) Thomas P. Hughes, *Networks of Power: Electrification in Western Society, 1880~1930* (Baltimore: Johns Hopkins University Press, 1983), pp. 203~204.

새뮤얼 인설 (1885년)

에디슨이 "내게 기초가 되는 사항들을 가르쳐 주었다. … 아마 나보다 더 사려 깊고 매혹적인 선생님을 가진 사람은 없었을 것이다"라고 회고했다. [69] 인설은 중산층 비국교도 프로테스탄트 집안 출신으로 영국에서 이민 왔는데, 영국에 있을 때는 에디슨의 사업 대리인이었던 조지 E. 고러드 장군의 비서 역할을 했다. 21세 되던 1881년 미국에 도착한 인설은 에디슨의 개인 비서가 되었다. 이때부터 뉴욕주 스키넥터디의 에디슨 제너럴 일렉트릭 공장 관리자가 된 1892년까지 인설은 전력회사와 전기기구 제조업의 형성기를 직접 목도하

69) Samuel Insull, "Memoirs of Samuel Insull", typescript written in 1934~1935, p. 7. Samuel Insull Papers, Loyola University, Chicago, Illinois.

고 그 속에 참여했다. 그는 에디슨을 가까이에서 지켜보았고, 그를 도와 전등 시스템을 만들었으며, 뉴욕의 펄 스트리트에 선구적인 중앙발전소를 짓고 백열전구, 발전기, 배전선을 만드는 다양한 공장들을 설립하는 일을 했다. 인설은 엔지니어, 기계공, 기업가, 금융가, 관리자, 그 외 다른 사람들이 자신들의 지식과 자원을 한데 모아서 전등 및 전력 시스템을 확장하는 문제를 해결한 수많은 회의에 참석했다.

그는 시스템 건설자의 창의적이고, 문제해결을 중시하며, 체계를 세우고, 팽창을 추구하는 접근법을 흡수했다. 그는 에디슨으로부터 아이디어, 인공물, 사람들의 그물을 엮어 문제를 해결하는 방법을 배웠다. 인설은 에디슨을 기쁘게 했고, 아마도 포드도 그랬을 것인데, 이는 그가 세분화된 전문가가 아니었기 때문이었다. 만약 그가 공과대학을 다니고 과학에 기반한 전문가로 훈련받았다면 결코 에디슨이나 포드 같은 이들의 문제풀이 접근법을 흡수할 수 없었을 것이다. 이 셋 중 어느 누구도 엄격한 의미에서 기계적, 전기적, 혹은 화학적 해법을 추구하지 않았다. 대신 그들은 모두 분야의 경계를 무시한 채 폭넓게 해답을 탐색했다. 기술적 해법이 먹히지 않을 경우 그들은 수완을 발휘해 흔히 정치적이거나 경제적이라는 꼬리표가 붙은 해법으로 눈을 돌렸다.

1892년에 에디슨 사가 톰슨-휴스턴 전기회사와 합병하자, 인설은 새로 설립된 제너럴 일렉트릭 사를 떠나 시카고의 작은 전기공급 회사인 시카고 에디슨 사(Chicago Edison Company)의 대표가 되었다. 그는 시스템 건설이라는 도전을 받아들였지만 일정한 조건을 달았다. 자신은 회사의 재정에는 관여하지 않을 것이고, 이사와 주주들은 언제나 충분한 자본을 공급해야 한다는 것이었다. 여기에 회사에서 새로운 발전소를 짓고 25만 달러 상당의 주식을 발행해 그 비용을 충당하되 그 주식은 모두 자신에게 팔아야 한다는 조건이 추가되었다(그는 이 돈 전부를 시카고의 부유한 상인인 마샬 필드로부터 빌렸다). 70)

그로부터 30년 동안 그는 20여 개의 다른 시카고 전력회사들을 흡수해 '코먼웰스 에디슨 사'를 세웠다. 이 회사는 시카고 시장을 독점했고 1910년경부터는 전 세계를 선도하는 전력회사로 알려졌다. 1920년대에 그는 시카고 시스템을 도시와 농촌 지역에 있는 다른 시스템들과 상호 연결해 지역적 전기공급 네트워크를 만들었다. 이어 그는 미국 전역에 전기공급과 관련된 자산을 보유한 지주회사인 미들웨스트 공익설비회사(Middle West Utilities Company)를 설립했다. 이 지주회사로 인해 그는 사유 전력 지주회사에 반대하는 캠페인을 전개하던 루스벨트와 다른 이들의 시선을 끌게 되었다. 다른 시스템 건설자들과 마찬가지로 인설은 저렴한 비용으로 대중 시장에 전기를 공급하는 문제를 해결하는 데 필요한 모든 제도와 인공물을 합병하고 서로 연결하고 중앙집중화하며 통제하기 위해 노력했다. 그는 자신이 1920년대에 관리한 전기 제국을 창출하기 위해 발전기, 변압기, 송전선과 같은 물리적 인공물들을 전력회사, 투자은행, 주(州) 규제기구와 같은 조직들과 결합하거나 조율했다. 그는 전기를 효율적으로 생산할 수 있도록 이 모든 구성요소가 효과적으로 상호작용하게 만들었다고 주장했다.

---

70) McDonald, *Insull*, pp. 53~54.

비판자들은 그가 일차적으로 수익을 올리기 위해 독점을 창출했다고 보았다. 이에 대해 그는 자신의 회사들이 최선의 미국식 관행을 따르고 있으며, 소량 판매에서 큰 이익을 거두는 다른 회사들과는 달리 막대한 양의 전기를 판매하면서도 작은 단위 이익을 거두고 있다고 반박했다.71)

인설의 정책은 그가 어떻게 광범위한 기술적·경제적·정치적 요인들을 동시에 조작했는지를 보여 준다. 미래지향적인 컨설팅 엔지니어 회사인 서전트 앤드 런디(Sargent & Lundy)의 조언을 받아들여, 인설과 휘하 직원들은 중앙발전소에서 증기터빈을 선구적으로 도입해 왕복형 증기기관(reciprocating steam engine)•을 대체했다. 왕복형 증기기관을 대체한 터빈은 훨씬 더 큰 힘의 집중을 의미했기 때문에 인설과 엔지니어들은 거대한 단일 발전소에 의해 전기가 공급되는 지역을 확장해야 했다. 이를 위해 그는 시카고에서 가지고 있던 상당한 정치적 영향력을 이용해 회사가 보유한 영업면허의 범위를 확대했다. 그는 또 상상력을 발휘해 전기공급에 대한 시나 카운티 차원이 아닌 주 차원의 규제를 요구했다. 이는 규모가 점점 커지던 전기공급 시스템이 미치는 영역을 시카고라는 정치적 관할권의 경계에 그치지 않고 주 경계까지 확장할 수 있게 했다. 이어 그는 자신이 지닌 기술적·정치적 자원에 의지해 시카고의 주식과 채권 시장에 눈을 돌렸다. 시카고의 투자 겸 중개 회사인 핼시 스튜어트

---

71) Hughes, *Networks of Power*, p. 250.
• 〔옮긴이주〕 증기의 힘으로 실린더 내의 피스톤을 위아래로 움직여 동력을 얻는 기관으로 구조상 그 규모를 일정 수준 이상으로 키우기 어려웠다.

사(Halsey, Stuart and Company)가 인설 제국의 일부분이 되었다. 인설의 경영능력에 대한 평판, 그리고 그의 회사가 올린 수익과 팽창 덕분에 회사가 발행한 유가증권은 낮은 이자율에 판매할 수 있었다. 낮은 이자율은 다시 낮은 비용의 전기 사용을 가능케 했다. 그는 대공황 도래 이전까지 번창했다. 금융지원은 언제나 가능해 보였고, 시장은 만족을 모르고 계속 성장했으며, 기술 향상으로 인한 비용절감은 끝이 없어 보였기 때문이다.

1920년대 중반까지 그의 전기 및 가스 공급 시스템 ─ 그가 건설한 제국 ─ 은 다음과 같은 회사들로 구성되었다. 시카고에 전기를 공급하는 자산 4억 달러의 코먼웰스 에디슨, 시카고의 가스공급회사인 자산 1억 7,500만 달러의 피플스 가스(People's Gas), 시카고 인근의 300개 지역공동체에 가스와 전기를 공급하는 자산 2억 달러의 북일리노이 퍼블릭 서비스(Public Service of Northern Illinois), 32개 주에 흩어져 있는 5천 개 지자체에 전기와 가스를 공급하는 수백 개 자회사 ─ 투자액 총합계가 12억 달러에 달하는 ─ 를 거느린 지주회사인 미들웨스트, 그리고 인디애나 주의 지자체에 가스와 전기를 공급하는 투자액 총합계 3억 달러의 또 다른 지주회사인 미들랜드(Midland)가 그것이었다. 그가 통제하고 관리하는 이런 회사들과 몇몇 다른 회사들은 거의 30억 달러에 달하는 공익설비 자산을 보유했고, 주주와 채권자 수가 각각 60만 명과 50만 명에 달했으며, 대략 400만 가구에 전기와 가스를 공급해 미국 전체 소비량의 8분의 1을 책임졌다. 이 제국에서 인설이 개인적으로 보유한 주식과 채권은 당시 기준으로 보았을 때 그리 많은 편이 아니었다. 67세 되던 1926년에 그가 가진 유가증권의 가치는 500만 달러 정도였다.

그의 친구와 적들이 액수가 그렇게 적은 것을 알았다면 충격을 받았을 것이다. 만약 그가 유가증권을 모으기로 마음먹었다면 그것의 20배 정도는 손쉽게 모을 수 있었을 것이다. 그러나 그의 재산이 100만 파운드에 달한 1912년 이후부터 그는 돈을 모으는 데 관심이 없어진 것처럼 보였다. [72]

사물, 제도, 사람들로 구성된 엄청난 시스템을 조작하고 통제하는 것이 돈을 버는 것보다 그의 심리적 욕구를 더 잘 채워 주었는지도 모른다.

인설의 창조물이 지닌 기술적 정교함과 조직적 복잡성은 헨리 포드의 자동차 제국과는 달리, 일반 대중과 언론이 이해하거나 머릿속에 그리기에는 너무나 추상적이었다. 인설이 아닌 포드가 세계에서 가장 이름난 시스템 건설자가 된 것은 이 때문이었고, 오늘날까지도 포드는 그 지위를 유지하고 있다. 대중은 포드의 리버 루지 공장에서 조립라인이 움직이고 용광로가 금속을 붓고 공작기계가 자르고 성형하고 회전하는 것을 눈으로 볼 수 있었지만, 인설의 중앙발전소에서 흘러나온 전기가 수천 킬로미터의 송전선을 따라 수없이 많은 모터들에 동력을 공급함으로써 공장과 철도를 움직이는 광경은 대중이 머릿속에 그리기에는 너무나 순식간에 일어나는 일이었다. 인설과 그 보좌역들은 에너지의 대량생산 시스템을 만들었을 뿐 아니라 대량생산의 개념도 좀더 미묘하고 포괄적으로 분명히 표현했다.

오늘날 포드의 기계적인 개념은 익숙하면서도 상당히 단순해 보이며 그 시대의 분위기를 담고 있다. 반면 인설의 개념은 그 본질에

---

72) McDonald, *Insull*, p. 274.

있어 여전히 전기에 의지하는 시대에 핵심적이고 복잡하며 적용가능한 것으로 남아 있다. 포드의 대량생산 시스템은 1914년 〈엔지니어링 매거진〉(Engineering Magazine)에 실린 기술 관련 저술가 호레이스 아놀드의 글[73]에서 분석되고 널리 알려졌으며, 1926년 《브리태니커 백과사전》(Encyclopedia Britannica)에는 널리 인용된 '대량생산'이라는 항목[74]이 헨리 포드의 이름으로 실렸다. 그러나 인설이 일련의 대중 연설(1897~1914)[75]을 통해 대량생산에 대한 자신의 아이디어를 요약한 것은 그보다 10년 이상 앞섰다. 미국에서 다른 사려 깊은 전력회사 관리자들도 같은 시기에 전기공급의 많은 핵심적 원리들을 이해했고 서로의 경험으로부터 배웠지만, 인설은 회계와 계획을 담당하는 직원들의 도움을 얻어 이런 원리들을 분명한 형태로 표현했고 그럼으로써 미국과 해외에서 동료들의 입장에 대한 대변자가 되었다(1920년대에 영국 정부는 자국의 국가 전기공급망에 대한 계획을 총괄해 줄 것을 그에게 요청하기도 했다).

20세기로 접어들 무렵에 인설은 그가 이민 온 국가에서 빠른 산업화를 추동하던 정신을 흡수했다. 그는 대량생산과 대량소비를 믿었고 자본주의의 조건을 받아들였다. 이를 전력회사의 정책으로 전환하는 과정에서 그는 흐름 — 석탄과 같은 원자재에서 다양한 소비자

---

73) Harold L. Arnold, "Ford's methods and the Ford shops", *Engineering Magazine*, 47(1914).

74) Ford, "Mass production", pp. 821~823.

75) Samuel Insull, *Central-Station Electric Service: Its Commercial Development and Economic Significance as Set Forth in the Public Addresses*(1897~1914) *of Samuel Insull*, ed. William E. Keily(Chicago: privately printed, 1915).

들의 전력 단위 소비에 이르는 생산의 흐름—을 기본원리로 하는 역동적인 생산 시스템을 창출했다. 유럽의 전력사업 거물들과는 달리 그는 민주주의 정신에 입각해 전기를 조명, 운송수단, 가전제품의 형태로 시카고의 다수 대중에게 공급하는 것을 강조했다.

반면 독일에서 베를린의 전력회사는 대규모 산업체나 운송회사에 대한 전기공급은 강조했지만 저소득층에 대한 가정용 전기공급에는 상대적으로 무관심했다. 런던에서는 전력회사들이 호텔, 공공건물, 부유한 소비자들을 대상으로 화려한 장식용 조명을 공급해 높은 수익을 올렸다.[76] 전기공급에 드는 비용은 인건비가 아니라 설비에 대한 투자에 더 많이 기인한다는 사실을 잘 알고 있었던 인설은 설비 비용(이자부담)을 공급되는 전력 단가(생산단위)에 최대한 넓게 분산하는 데 집중했다.

포드가 나중에 모델 T를 생산 공장 내에서 최대한 빨리 이동시키려 애쓴 것처럼, 인설은 발전소 내에서 에너지를 최대한 빨리 처리하려 했다. 생산물은 공장 내에 있는 시간에 비례해 자본 비용(이자부담)을 잡아먹었다. 원활한 흐름은 포드, 인설, 그 휘하의 관리자와 엔지니어들에게 강박관념이 되었다. 흐름은 생산수단들이 체계적으로 조율될 때 가장 원활했다.

전기는 경제적 방식으로 저장할 수 없었기 때문에 인설과 전력회사의 관리자들은 생산과 소비의 흐름을 유지해야 한다는 압박을 특히 예민하게 느꼈다. 대다수 제조업의 경우 소비가 감소하면 제품을 보관해 두거나 재고로 남겨 두고, 소비가 증가하면 제품을 재고분에

---

76) Hughes, *Networks of Power*, pp. 175~200, 227~261.

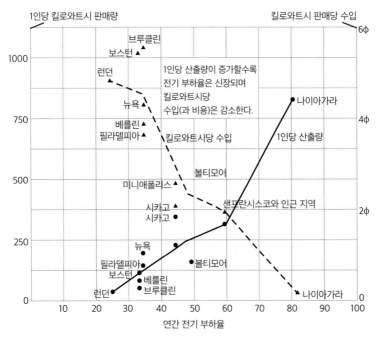

인설의 전력 산업 경제학

서 출시할 수 있었다. 그러나 전기의 경우에는 소비자의 수요를 즉 각적으로 충족해야 했다. 12월의 어느 추운 날, 공장과 운송 시스템 이 최대 출력으로 가동 중인 상황에서 어둠이 내리면 코먼웰스 에디 슨은 여기에 맞게 대응을 해야 했다. 회사는 이런 수요 정점을 충족 할 수 있는 용량을 가진 발전기를 충분히 갖고 있어야 했다. 설사 24 시간 중 나머지 시간대에는 전력 소비가 그보다 낮다고 하더라도 말 이다. 저녁 늦게 또는 이른 새벽 시간에는 소비가 훨씬 낮았다. 생산 과 소비는 서로 조율되어야 했다.

전력 산업이 24시간 동안 에너지 단위 생산의 변화를 보여 주는 곡선을 그리는 것은 흔히 볼 수 있는 일이 되었다. 인설은 종종 강연

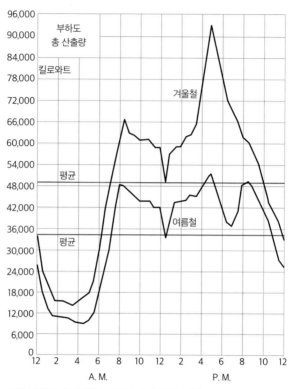

96,000
90,000
84,000
78,000
72,000
66,000
60,000
54,000
48,000
42,000
36,000
30,000
24,000
18,000
12,000
6,000
0

부하도
총 산출량

킬로와트

평균

평균

겨울철

여름철

12 2 4 6 8 10 12 2 4 6 8 10 12
A. M.   P. M.

1907~1908년 코먼웰스 에디슨 사의 부하도(圖)

과 글에서 이 곡선을 보여 주곤 했다. '부하곡선'(load curve)은 전기 수요가 낮을 때의 저점과 높을 때의 정점을 시각적으로 보여 주었다. 좀더 일반적 차원에서, 인설과 전력 산업의 다른 사람들은 부하 곡선이 자본주의 사회의 기본적 진실 중 하나를 시각적으로 그리고 있음을 알게 되었다. 투자와 투자의 이용 사이의 관계가 그것이다. 전력회사의 경우 이 곡선은 대체로 사람들이 기상하기 전인 이른 새 벽에 저점을 그리고, 기업과 산업체들이 전기를 사용하고 가정에서 전등을 켜기 시작하며 통근자들이 전차를 점점 많이 이용하는 초저

398

녁에 정점에 달했다. 발전기, 발전소, 전력회사의 최대 용량—이
는 최대 수요량보다 커야 했다—을 시각적으로 보여 주고 부하곡선
의 정점과 저점을 그려 내자 용량 또는 투자의 이용 실태가 극명하게
드러났다. 이런 정보를 갖게 된 인설과 동료들은 저점을 메우기 위
해 가능한 모든 노력을 기울였다. 이런 노력은 최대 부하를 충족하
기 위해 마련된 설비에서 나오는 이자 부담을 많은 단위에 분산시킴
으로써 전력 단가를 낮출 수 있었다. 여기서의 목표는 단순하고 명
확했지만 이를 달성하기 위한 수단은 복잡했고 사회에 미친 결과는
중대한 것이었다. 상업 항공, 컴퓨터 네트워크, 통신 등과 같은 현
대의 다른 기술시스템들에서도 비용이 점차 자본 비용(이자)에 의해
좌우되면서 부하율(load factor)• 문제는 점점 더 크게 부각되었다.

오늘날 사람들로 하여금 통행량(통화량)이 적은 시간대에 비행기
나 전화를 이용하도록 하기 위해 고안된 엄청나게 다양한 요금제는
부하율에 대한 고려와 부하 관리가 얼마나 널리 퍼져 있는지를 보여
주는 하나의 예이다. 전력회사의 관리자들은 20세기로 넘어올 무렵
에 이 문제를 인식했고 시간대별 사용량에 따라 요금을 매기는 방식
을 도입하기 시작했다. 77) 이는 기술시스템에 의해 해방된 힘들로
채워진 인공적 시공간 속에서 우리가 어떻게 삶을 영위하는지를 보
여 주는 또 하나의 사례이다. 78)

• 〔옮긴이주〕평균 부하를 최대 부하로 나눈 값.

77) Ibid.

78) Stephen Kern, *The Culture of Time and Space, 1880~1918*(Cambridge,
   Mass. : Harvard University Press, 1983)〔스티븐 컨 저, 박성관 역, 《시간
   과 공간의 문화사, 1880~1918》(휴머니스트, 2004)〕.

부하곡선(혹은 수요곡선)에서 저점을 메워 넣기 위해 인설은 이후 '부하 관리'라는 이름으로 불리게 된 정책에 의지했다. 이것은 일종의 사회적 조작이기도 했다. 지리적 확장, 변동형 전기요금, 광고 등을 통해 인설은 전기 소비자들을 조작했다. 그는 코먼웰스 에디슨과 미국의 다른 혁신적 전력회사들의 서비스 지역을 확장함으로써 소비의 다양성을 확보했다. 다양성 확보를 위한 확장은 잘 인식되지는 못했지만 그럼에도 기술시스템의 쉼 없는 성장 이유를 설명해 주는 중요한 요인이다. 종종 사정을 잘 모르고 의심하는 사람들은 시스템이 확장하는 이유를 단순히 탐욕과 독점, 통제를 위한 충동에 돌린다. 다른 모든 상황이 동일하다고 가정할 때 전력회사는 작은 지역보다는 큰 지역에서 다양한 소비자를 발견할 가능성이 높고, 그 중에는 소비 정점이 아니라 소비 저점에 해당하는 시간대에 전기를 사용할 사람이 있을 수 있다. 그러면 전력회사는 유리한 요금으로 그들을 유인한다. 가령 화학 공장은 저점을 잘 메워 주었는데, 노동력이 거의 관여하지 않는 공정이 24시간 내내 진행될 수 있기 때문이었다. 또한 전력회사의 판매원들은 광고를 통해 다리미, 선풍기, 진공청소기, 냉장고, 그리고 나중에는 에어컨 같은 가전제품들의 판매를 늘렸다.

역설적인 것은 제2차 세계대전 이후 에어컨 판매가 더운 여름날 달갑지 않은 소비 정점을 새로 만들어 냈다는 사실이다. 인설은 1909년에 '전기 상점'(Electric Shop)을 설립해 가전제품을 통한 부하 관리를 선구적으로 개척했다. 1층에서는 가정에서 쓰는 전기제품을 강조했고, 그 아래층의 산업동력실에서는 전기모터로 구동되는 다양한 기계들을 전시했다. 북아메리카의 전력회사들을 시찰하

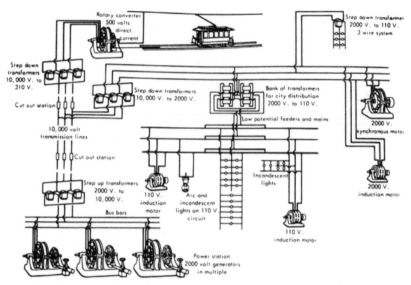

초기의 전등 및 전력 시스템

러 온 오스트레일리아 사람들은 전기 상점이 매우 효과적인 마케팅 계획임을 알게 되었다. 그들이 보기에 시카고 사람들의 판촉은 세상 어느 곳보다 더 요란한 것은 아니었지만 좀더 조직화되어 있었다. 인설은 기뻐했다. 미국의 소비자들도 부하 관리와 조작에 대해 기뻐하는 듯 보였다. 그것이 반짝반짝 빛나는 새 장치를 의미한다면 말이다.

　무대 뒤편에서는 미국의 소비자들이 희미하게만 그 존재를 알고 있는 급전(給電) 센터와 발전소 같은 장소에서 인설과 다른 전력회사의 거물들, 엔지니어들이 더욱 능수능란하게 통제의 끈을 잡아당기고 있었다. 그들은 '경제적 혼합'(economic mix)을 달성하기 위한 조직화와 체계화를 단행했다. 일부는 낡았고 일부는 새로 지었으며, 일부는 효율적이고 일부는 비효율적이었으며, 일부는 석탄을

1902년의 급전 담당관

연료로 사용하고 일부는 수력을 쓰는 상호 연결된 발전소들의 혼합을 관리함으로써 전력회사의 엔지니어들은 서로 다른 발전소에서 나오는 산출량을 결합해 가장 효율적인 '경제적 혼합'을 이뤄 냈다.

1920년대에는 난해한 첨단 기술이었던 제어 센터에 앉은 급전 담당관은 자기 앞에 놓인 수많은 표시등, 도표, 스위치들을 가지고 시스템 내에서 가장 효율적인 발전소들이 계속해서 '연결되어' 있게 하고 덜 효율적인 발전소들은 수요 정점을 맞출 수 있도록 연결시키거나 단절시키는 일을 했다. 여기서 요구되는 빠른 속도의 연결과 단절을 미리 예상하기 위해 급전 담당관은 전년도 같은 날의 정점과 저점에 관한 정보를 가지고 있었다.

역사의 응용가능성을 이보다 더 잘 보여 주는 사례는 아마 찾아보기 어려울 것이다. 시스템 건설자인 인설과 빠른 속도로 확장 중이던 전력 시스템의 엔지니어-관리자들이 부하율, 경제적 혼합, 부하관리에서 지적 매력을 느꼈다는 것은 이해할 만한 일이다. 이는 권력과 수익이라는 원동력을 부인하는 것이 아니라 '달콤한' 문제풀이에서 사람들이 겪은 즐거움을 인정하는 것이다.

1920년대가 되자 광대한 인설 제국은 다양성과 경제적 혼합을 통합했다. 당시의 전문용어를 빌리자면, '좋은 부하곡선'을 가진 전력회사인 셈이었다. 다양한 소비자들은 현대성을 상징하는 거대한 송전탑 위를 달리는 고압 송전선으로 서로 연결되었고, 수력발전 지역에 있는 발전소들은 수백 킬로미터 떨어진 석탄이 풍부한 지역의 발전소들과 연결되었다.

이러한 기술시스템은 조직혁신을 요구했다. 가장 창의적인 조직적 대응 중 하나는 1920년대에 생긴 전력 지주회사였다. 지주회사는 적어도 19세기의 철도 제국에 의해 고안된 것까지 거슬러 올라가는 기나긴 역사를 가지고 있지만, 전체 시스템을 고려하는 전력 지주회사의 정교함은 전례를 찾아볼 수 없는 것이었다. 인설이 미들웨스트 공익설비회사를 설립한 것은 1912년이었다. 당시 미국 전역에서 우후죽순처럼 생겨나던 다른 회사들과 마찬가지로, 미들웨스트는 자기 회사의 주식 및 현금과 교환해 넓은 지역에 걸쳐 소규모 전력회사들의 유가증권을 사들였다. 지주회사는 또 자기 회사의 주식과 채권을 대중에게도 팔았다. 이런 방식으로 지주회사는 많은 수의 전력회사들에 대한 통제권을 얻었다. 만약 그 회사들이 물리적으로 인접해 있다면 고압 송전선을 가지고 이들을 종종 물리적으로 상호 연결하여 다양성, 경제적 혼합, 높은 부하율과 같은 이득을 얻었다.

전성기 시절의 인설

지주회사들은 그 통제 아래 있는 수많은 회사들의 기술적·조직적
향상을 재정적으로 지원했을 뿐 아니라 종종 새로운 시설을 짓고 소
규모 회사들을 관리하기도 했다. 잘 구상되고 관리되는 지주회사들
은 재정, 엔지니어링, 관리의 측면들을 효율적으로 통합했다. 그렇
지 못한 회사들은 금융사기와 지주회사 주식을 부풀리고 명목상의
이익을 증거로 투자를 확대하는 등 투기의 온상이 되었다.

　지주회사의 전성기는 전등 및 전력 시스템의 진화에서 후반기에
나타났다. 첫 단계에서는 에디슨과 같은 발명가-기업가들이 중요한
기술적 문제들을 해결했다. 다음 단계에서는 인설과 같은 관리자-
기업가들이 성장을 용이하게 하는 조직적 혁신을 관장했다. 그 다음
단계는 금융가들이 지도적인 역할을 했다. 그들은 지주회사들이 지

역 규모의 전력 네트워크를 형성하는 데 필요한 막대한 자금을 끌어들이는 결정적 문제를 해결할 능력을 가지고 있었다. 1920년대에 그 근본에 있어 관리자-기업가인 인설은 자신의 전력 제국에 대한 통제권을 금융가들에게 넘겨주게 될지 모른다고 걱정하기 시작했다. 특히 시카고 사람인 그가 보기에 유독 탐욕스러워 보이는 뉴욕의 금융가들에게 말이다.

그러나 1928년에 그가 중대한 위협으로 느낀 것은 뉴욕이 아니라 사이러스 이턴이었다. 이턴은 클리블랜드 출신의 영리한 자본가로 역시 밑바닥에서부터 전력 사업을 일으킨 인물이었다. 그럼에도 불구하고 그는 많은 이들로부터 "전력회사 운영의 최고 수준에서" 상어처럼 헤엄치는 "금융 해적"이라는 평판을 듣고 있었다.[79] 인설은 이턴이 소리 소문도 없이 코먼웰스 에디슨, 미들웨스트, 그 외 인설 회사들의 주식을 대량으로 사들이는 것을 우려의 눈으로 지켜보았다. 발명가-기업가인 스페리와 마찬가지로, 관리자-기업가인 인설은 자신이 마치 구두장이처럼 마지막까지 자신의 자리를 지켜야 한다고 믿었다. 그러나 그는 이 규칙을 어기고 이턴으로부터 예상되는 공격을 저지하기 위해 거대하고 복잡한 금융이라는 미지의 세계로 뛰어들었다. 인설은 자신이 전력회사들에 대해 관리자로서 가진 통제권을 소유주로서 가진 통제권으로 전환하기 위해 명목상의 수익을 근거로 투자를 확대하기로 결심했다.

1928년에 그는 투자신탁 회사인 인설 공익설비투자(Insull Utility Investments, IUI)를 설립했고, 친구들과 함께 그들이 가진 전력회

---

79) McDonald, *Insull*, p. 279.

사 주식을 팔아 이 회사를 통제할 수 있는 주식을 사들였다. 이후 IUI는 다양한 인설 전력회사들에 대한 통제권을 얻기 위해 자금을 끌어모았다.[80] 1930년에 인설은 이턴의 위협을 제거하기 위한 결정적인 조치를 취했다. IUI와 코퍼레이션 시큐리티 사(Corporation Securities Company) — 새로 만들어진 또 다른 인설 투자신탁 회사로 '코프'(Corp) 라는 이름으로 알려져 있었다 — 로 하여금 인설 제국에 대해 이턴이 보유한 유가증권을 5,600만 달러에 사들이도록 한 것이다. 이 정도의 구매 금액을 시카고의 은행가들로부터 조달하는 것은 불가능했으므로 인설은 IUI와 코프의 주식을 담보로 뉴욕의 금융가들에게 상당한 액수의 돈을 빌려야 했다. 만약 이 주식의 가치가 떨어지면 인설은 그에 비례해 주식의 양을 늘려야 했다.

포레스트 맥도널드에 따르면, "뉴욕의 금융가 클럽은 마침내 인설에게 마땅한 벌을 내릴 수 있다는 생각에 털을 곤추세우고 수백 수천만 달러에 달하는 많은 돈을 보고 … 몸을 떨면서" 한때 독립적이었고 여전히 도전적인 시카고 사람(인설)으로부터 회사를 넘겨받는 일에 착수했다.[81] 때는 1931년으로 미국은 대공황에 빠지고 있었고 그해 9월에 영국이 금본위제를 포기하면서 주가는 곤두박질쳤다. 점점 더 많은 양의 IUI와 코프 유가증권들이 인설의 은행 대출에 대한 담보로 예치되어야 했다. 12월 중순이 되자 두 투자신탁 회사의 유가증권들은 은행 채권자들의 수중에 떨어졌다.

---

80) Ibid., p. 281.
81) Ibid., p. 291.

냉정하면서도 유연하게 모건 그룹은 사망선고를 위해 개입해 들어왔다. 사망선고에는 6개월 정도가 걸렸다. 모건 가문은 지독할 정도로 약탈적일 수 있었지만, 결코 조급해하지 않고 흐트러지지도 않았다.[82]

은행가들은 인설의 회사가 빠진 곤경에 대한 해결책을 찾는 척하면서 인설의 장부들에 대한 감사를 요청했고, 덧붙여 어떤 부적절한 거래가 있었는지에 관한 보고도 요청했다. 회계 감사들은 감가상각 계산방식을 인설이나 대다수의 전력회사들이 쓰는 방식 대신 산업계에서 쓰는 방식으로 바꾼 후, 미들웨스트 지주회사가 파산 상태라고 선언했다. 감사들은 부적절한 부기에 의해 이런 상황이 은폐되어 있었다고 주장했다. 또한 그들은 여러 건의 기업 부정행위를 찾아냈는데, 이로부터 인설 제국이 곤경에 빠졌다는 소문이 돌기 시작했고 심지어 사기와 횡령이 있었다는 암시를 슬쩍 흘리기도 했다.

인설은 미들웨스트를 구하기 위해 맹렬한 활동을 펼쳤다. 이 회사가 통제하는 전력회사들은 경제적으로 건실했기 때문이다. 그러나 1932년 4월의 어느 날 오후 뉴욕에서 열린 회의에서 은행가들은 미들웨스트를 위해 돈을 낼 사람이 아무도 없으며 이 회사는 재산 관리인의 손에 넘어갔다는 말을 인설에게 전했다.

73세의 인설에게 파국은 빠르게 다가왔다. 그해 6월, 인설이 신뢰하던 친구이자 그와 마찬가지로 시카고의 너그러운 자선사업가였던 스탠리 필드가 메시지를 가져왔다. 뉴욕의 은행가들뿐 아니라 시카고의 은행가들과 지도적 기업가들로부터 온 메시지였다. 그들은 인

---

82) Ibid. , p. 296.

설이 모든 회사에서 사임하기를 원했다. 그를 둘러싼 실패와 의심 때문에 그가 사임하지 않는다면 회사에 남아 있는 신용마저 사라져 버릴 거라고 주장했다. 인설은 그답지 않게 저항 한 번 하지 않은 채 이에 동의했고 60여 개의 회사들에 대한 사직서에 서명했다. 그러고 나서 그와 부인인 글래디스 인설은 유럽으로 가 파리에서 비교적 조용한 삶을 살았다.

이즈음에 정치인들은 인설의 몰락에서 정치적 자본을 뽑아낼 수 있겠다고 생각했다. 9월에 쿡 카운티(시카고)의 주 검사인 존 스완슨은 인설의 사위에게 이렇게 말했다.

알다시피 새뮤얼 인설은 내가 아는 사람들 중 가장 위대한 인물입니다. 시카고를 위해 그만큼 많은 일을 해준 사람은 없을 것이고, 그가 부정한 돈은 단 1달러에도 손대지 않았다는 걸 알고 있습니다. 하지만 인설은 정치를 알 테고, 내가 해야만 하는 일을 … 이해해 줄 겁니다. 83)

뒤이어 스완슨은 인설 제국의 몰락과 관련된 추문 조사를 시작하겠다고 발표했다. 84) 스완슨의 주도하에 쿡 카운티 대배심은 인설과 그 동료들을 횡령과 절도 혐의로 기소했다. 신문들은 이 조사를 대대적으로 보도했고 미국 전역의 지역 정치인들은 광범위한 인설 회사에 투자한 주주들의 분노를 이용했다. 인설은 자신이 대중적 인기에 영합한 정치인들이 이끄는 성난 주주들에 의해 정치적 린치를 당할

---

83) Ibid., p. 309.
84) Hughes, *Networks of Power*, pp. 175~200, 227~261.

것이라고 확신하고는 그리스로 이주했다. 폭풍이 지나갈 때까지 그곳에 머무르면서 본국 송환을 피할 수 있을 것이라고 생각한 것이다. 그의 부인에게 전달된 익명의 편지에는 이렇게 쓰여 있었다.

네놈들은 묏자리나 미리 알아봐 두는 게 좋을 것이다. 일당이 네놈들의 비뚤어진 아들들의 모가지를 보내 줄 거다. 우리가 피 같은 돈을 날린 만큼 네놈들 역시 대가를 치르게 될 것이다. 더럽고 노랗고 부정한 인설 유대인 놈이 훔쳐간 우리 돈 말이다. … 85)

루스벨트 행정부는 그를 본국으로 송환하는 데 성공했고, 1934년 10월에 인설과 그 동료들은 "아무런 가치도 없는" 회사의 주식을 판매하며 우편을 횡령에 이용한 혐의로 일리노이 주 재판정에 서게 되었다. 검사 측은 인설 회사의 기록에서 뽑아낸 수많은 증거들을 논거로 삼았다. 탁월한 소송 변호사인 플로이드 톰슨이 이끄는 피고 측은 검사 측의 논고가 회계 방법에 대한 해석 ─ 그것의 불법성 여부가 아니라 ─ 에 결정적으로 의지하였음을 보여 주는 데 성공했다.

가령 검사 측의 핵심 증인 중 한 사람은 인설 회사가 특정 지출을 부적절하게 관리했다고 증언했다. 그러나 그는 반대 심문에서 인설이 사용한 체계가 정부에서도 사용하는 것임을 인정할 수밖에 없었다. 피고 측은 인설이 살아온 과정에 관한 감상적인 설명에 근거해 주장을 전개했다. 이 내용은 인설이 재판을 기다리는 동안 자전적인 회고록으로 만들어 보도록 설득해 나온 것이었다.

---

85) McDonald, *Insull*, p. 314.

증인석에 선 인설은 젊은 이민자가 부와 권력을 가진 지위에까지 오르게 된 얘기를 들려주었다. 그는 전설적 인물인 에디슨과의 오랜 친분과 함께, 자신이 기술적·조직적 변화를 통해 전력 산업을 키워 온 점을 강조했다. 배심원들은 인설의 말에 매혹되었고, 심지어 검사 측 대리인조차 사적으로 인설의 아들에게 "'이봐요, 당신들은 정당하게 일해 온 기업가들이군요'라고 그냥 하는 말인지 심문인지 알 수 없는 얘기를 건넸을 정도였다. 86) 배심원들은 인설의 시스템 건설에 감명 받았고, 부정한 기업이라면 검찰 측의 주장처럼 회계장부에 그 모든 범죄 사실을 드러내지는 않았을 것이라는 주장에 설득되어 신속하게 무죄 판결을 내렸다. 인설은 다른 죄목에 관한 그 외의 재판에서도 무죄를 선고받았다.

1938년에 부인과 함께 파리로 은퇴한 그는 지하철에서 심장마비로 사망했다. 맥도널드는 인설이 관리했던 모든 전력 및 가스회사들이 그가 죽은 후에도 — 대공황 이후까지 — 살아 남았으며, 1932년에 그가 채권자들에게 개인적으로 내놓은 담보는 그가 진 빚보다 1천~1천 5백만 달러 이상의 가치를 지닌 것이었다고 지적했다. 1932년에 일반이 보유하던 인설 유가증권 중 어떤 식으로든 권리가 상실된 것은 5분의 1에 불과했다. 모든 미국 기업의 유가증권을 대상으로 할 경우 그 수치는 40%에 육박한다. 87)

그러나 인설이 남긴 유산은 현재까지도 불분명하다. 법원이 그를 무죄로 풀어 주었음에도 불구하고, 최근 손꼽히는 한 역사가는 그를

---

86) Ibid., p. 331.
87) Ibid., p. 337.

1934년 구치소에서
출소하는 인설

사기꾼으로 묘사했다. 역사의 법정에서 인설의 유산에 대한 판결은 그를 시스템 건설자로 볼 것이냐 금융가로 볼 것이냐에 따라 달라질 것이다. 지주회사의 조직가이자 금융가로 본다면 존 피어폰트 모건 같은 사람과 비교할 때 그는 서투르기 짝이 없는 인물이었다. 그러나 시스템 건설자로 본다면 그는 에디슨의 전통을 계승해 그가 발명하고 조직한 도시 전력 시스템을 다음 발전단계까지 끌어올린 인물이었다. 인설 역시 발명가였지만, 그가 창조한 것은 통합된 전기회로가 아닌 상호 조율된 조직들이었다.

기술시스템의 관리인들

전등 및 전력, 자동차 생산과 사용, 그리고 수많은 다른 생산 시스템들이 널리 퍼짐에 따라 시스템 건설자와 금융가뿐 아니라 훈련받은 기술자와 관리자도 필요해졌다. 그들은 작동과 보수를 담당하는 기층 인력을 제공했다. 지난 수 세기 동안 팽창하는 생산 시스템들은 수없이 많은 노동자들을 흡수했지만, 새로운 시스템 건설의 시대에는 거의 예외 없이 과학적 엔지니어링과 관리 훈련을 받은 수만 명의 사람이 아울러 필요해졌다. 그 결과 대학이나 칼리지에서 훈련받은 엔지니어의 수가 엄청나게 증가했다. 그들은 엔지니어링 과학을 사용하는 방법과 경제적 원리를 매일매일 부딪치는 생산의 문제에 적용하는 방법에 대해 아는 사람들이었다. 이전 시기에 엔지니어들은 대부분 운하, 도로, 철도, 건물, 교량을 건설하는 일을 했다. 이들 대부분은 건설 프로젝트에 참여하거나 제조업 공장과 연관된 기계 공작소를 감독하는 뛰어난 엔지니어들 밑에서 도제 생활을 하며 엔지니어링을 배웠다.

1862년에 미국 의회는 모릴법(Morrill Act)을 통과시켜 각 주에 농업과 기계기술을 가르치는 대학을 지원하도록 재정지출을 승인했다. 1917년에는 미국에 칼리지 또는 대학 수준의 126개 공과대학이 있었다. 1870년부터 제1차 세계대전 발발 직전까지 공과대학 졸업자 수는 매년 100명에서 4,300명으로 껑충 뛰어올랐다. 1900년에 엔지니어 수는 4만 5천 명이었으나 1930년에는 23만 명으로 늘어났다. 1928년에는 전기공학과에 입학하는 학생 수가 좀더 오래된 토목공학과와 기계공학과에 입학하는 학생 수를 50% 이상 초과했고, 가장 새로운 분야인 화학공학과는 이미 기계공학과의 절반 규모에 육박했다. [88] 엔지니어링 교육 붐에 뒤이어 관리자들에 대한 대학에서의 훈련이 뒤따랐다. 펜실베이니아대학, 뉴욕대학, MIT, 컬럼비아대학, 다트머스칼리지, 퍼듀대학 등이 경영학과를 설립했다. 공과대학도 과학적 관리 과정을 제공했다.

공과대학에서 전기공학과와 화학공학과, 그리고 이 분야의 전문 엔지니어링 협회들은 1880년까지만 해도 미국에서 존재하지 않았다. 처음부터 대부분의 전기와 화학 엔지니어들은 그 수가 빠르게 증가하던 전기와 화학 제조회사들에서 봉급을 받는 고용인으로서 일자리를 찾았다. 기계나 토목(건설) 엔지니어들이 19세기 초반에 알고 있던 전문직업적 독립성의 전통이 없었기 때문에, 전기와 화학 엔지니어들이 기업 고용주에 적응하는 데는 오랜 시간이 걸리지 않았다. 1930년에 엔지니어링 전문직에 대한 한 연구는 "독립적이고 개인적인 엔지니어링의 실천은 분명히 감소 추세에 있고 … 엔지니어들은 점점 더 기업 조직, 그중에서도 특히 대기업의 고용인이 되고 있다"고 보고했다. [89]

20세기의 첫 20년에는 단명하고 규모도 작았던 '엔지니어들의 반란'이 있었다. 그들은 전문직의 이름으로 엔지니어의 첫 번째 의무는 사회에 대한 것이라고 주장했다. 테일러의 제자이자 혁신주의 엔

---

88) David F. Noble, *America by Design: Science, Technology, and the Rise of Corporate Capitalism* (New York: Alfred A. Knopf, 1977), pp. 24, 39.
89) Ibid., p. 44.

지니어였던 모리스 쿡은 1919년에 미국기계엔지니어협회(American Society of Mechanical Engineers)에서 충분한 영향력을 갖게 되자, 협회 내에 위원회를 만들어 엔지니어가 전문직으로서 갖는 첫 번째 의무는 고용주가 아니라 전문직의 기준에 충실하는 것임을 명시한 윤리강령을 권고하게 했다. 그러나 기업들은 계속해서 엄청난 압력을 행사했고, 문제, 기준, 과업에 대한 정의도 여전히 기업의 몫이었다. 90) 엔지니어들은 기술시스템의 관리인이 된 것이다.

대기업들은 고용된 엔지니어들에게 기계엔지니어협회(1880년 창립), 전기엔지니어협회(American Institute of Electrical Engineers, 1884), 화학엔지니어협회(American Institute of Chemical Engineers, 1908)와 같은 각자 분야의 전문직 단체에 가입할 것을 장려했고, 공학교육진흥협회(Society for the Promotion of Engineering Education, 1894)에서 적극적인 역할을 할 것을 주문했다. 이러한 단체에 속한 회사의 고용인들을 통해 기업은 공통의 관심사에 해당하는 기술적 문제를 정의하고 공과대학의 커리큘럼을 설계하는 전문직 협회의 위원회 구성에 영향을 미칠 수 있었다.

또한 기업들은 공과대학에도 큰 영향을 미쳤다. 교수들을 비상임 컨설턴트로 고용하고, 대학 실험실에 설비를 제공하며, 교수와 학생들로 하여금 산업체들이 관심을 가진 문제들에 관해 연구와 실험을 하도록 했다. 1900년 이후 대학과 산업체 간의 협동계획은 학생들이 공과대학에서 학업을 계속하면서 대규모 제조회사에서 파트타임으

---

90) Edwin Layton, *The Revolt of the Engineers*(Cleveland: Case Western Reserve University Press, 1971), pp. 154, 156, 170, 185.

로 일하는 것을 가능하게 했다. 1852년에 창립해 오랜 전문직업적 독립성의 전통을 가진 미국토목엔지니어협회(American Society of Civil Engineers) 회장은 1909년에 엔지니어들이 "사람들을 통제하고 그들의 지식으로 이득을 보려는 목적을 지닌 자들의 도구"가 되고 있다고 경고했다.[91] 1928년에 미시간대학 화학공학과의 한 교수는 〈미국 화학엔지니어협회보〉(*Transactions of the American Institute of Chemical Engineers*)에 이렇게 썼다.

대학과 제조 공장 — 부분 가공된 금속을 받아 성형하고 정련해서 추가적인 가공을 담당하는 다른 기구로 넘기는 — 사이에는 다소의 유사점이 있다. 대학은 원재료를 받아들인다. … 대학은 판매할 수 있는 제품을 배출해야 한다. … 커리큘럼의 유형은 결국 대학이 아니라 대학 졸업생들의 고용주들에 의해 정해진다.[92]

판매할 수 있는 제품(공과대학을 졸업한 젊은 엔지니어)은 자연과학, 관리, 엔지니어링 실천에 관한 조직화된 정보를 이용해 일상적인 기술적 문제를 해결할 수 있는 능력을 고용주에게 가져다주었다. 기업들은 재빨리 젊은 엔지니어들이 경제적 고려에 민감하게 반응하도록 만들었다. 테일러에게 큰 영향을 준 미국의 손꼽히는 엔지니어인 헨리 타운은 1886년에 이렇게 썼다.

우리 화폐단위의 기호인 달러는 거의 피트, 분, 파운드, 갤런을 나타내

---

91) Noble, *America by Design*, p. 44.
92) Ibid. , p. 46.

는 기호들만큼이나 자주 엔지니어의 계산 수치 속에 결합된다.

1896년에 스티븐스 공과대학의 동창회장은 학생들에게 "엔지니어링의 금전적 측면은 언제나 가장 중요한 것이다. … (젊은 엔지니어는) 항상 사업에 투자된 금액을 대변하는 사람들에게 순응해야 한다"고 말했다. [93]

기업 세계에 뛰어든 엔지니어들은 일정 기간 엔지니어링 업무를 수행한 후 종종 기업 경영진의 반열에 오르기를 열망했다. 1884~1924년 사이에 공과대학을 나온 졸업생들의 경력 패턴을 보면 "기술적 작업을 거쳐 경영책임으로 넘어가는 건강한 전문직"을 볼 수 있다. [94] 공과대학 졸업자의 3분의 2 정도는 대학을 마친 후 15년 이내에 관리자가 되었다. 1920년대에 제너럴 일렉트릭, 듀폰, 제너럴 모터스, 굿이어의 최고경영자는 MIT를 같이 다닌 동창생들이었다. [95] 그들은 시스템 관리인의 대열에서 머리가 핑핑 도는 시스템 건설자의 환경으로 상승한 것이다.

---

93) Ibid., p. 34~35.
94) Ibid., p. 41.
95) Ibid., p. 51.

베블런의 엔지니어 평의회

질서, 중앙집중화, 시스템화, 통제에 대한 과도한 인식은 시스템 건설자, 과학적 관리자, 엔지니어의 영역에서 미국 사회와 문화 전반으로 퍼져 나갔다. 엔지니어링 협회들, 그중에서도 미국기계엔지니어협회는 효율의 복음을 널리 대중화했다. 심지어 미국기계엔지니어협회는 전형적인 엔지니어라고 보기 힘든 테일러를 1906년에 회장으로 선출하기까지 했다.

제1차 세계대전 이전에 미국에 퍼져 나간 기술 정신은 혁신주의자들로부터 뜨거운 반응을 얻었다. 혁신주의는 자칭 혁신주의자인 시어도어 루스벨트가 대통령으로 선출되면서 동력을 얻은, 다분히 그 정의가 불분명한 정치사회운동을 가리킨다. 루스벨트는 1912년에 제3의 정당인 혁신당 후보로 대통령 선거에 출마했다. 이 정당은 전문가들이 질서, 통제, 시스템, 효율을 오직 자원과 노동에만 적용하는 데 만족하지 않았다. 그들은 사회과학자들 — 역시 "과학적 전문가인 — 이 개혁의 열망을 도시, 주, 연방정부로 돌리기를" 원했다. [96] 기술 정신을 그처럼 다양한 사회 영역에 적용하기를 원했던 사람들은 대중에게 '효율 전문가'라는 이름으로 알려졌다. 테일러의 과학적 관리자들도 이런 그룹에 속해 있었다. [97] 그는 자신의 교의

---

96) Samuel Haber, *Efficiency and Uplift* (Chicago: University of Chicago Press, 1964), pp. 110~116.

97) Samuel P. Hays, *Conservation and the Gospel of Efficiency: The Progressive Movement, 1890~1920* (Cambridge, Mass.: Harvard University Press,

를 산업계 너머로 확산시키는 것을 장려하며 이렇게 썼다.

··· (과학적 관리라는) 동일한 원리는 모든 사회활동에 적용되어 동일한
힘을 발휘할 수 있다. 가정의 관리, 농장의 관리, 상인들의 크고 작은 규
모의 사업 관리, 그리고 교회, 자선기관, 대학, 정부 부서들의 관리에 말
이다. 98)

1919년에 미국에서 가장 독창적이면서 별난 경제학자 중 한 사람
은 기술 정신의 부상, 혁신주의 운동, 테일러주의, 대규모 기술시스
템, 그리고 경제를 조직하고 계획하려는 전시의 노력을 사회가 극적
인 변화의 문턱에 도달했음을 나타내는 신호로 받아들였다. 냉담한
교수 방식, 관료적 권위에 대한 적대감, 당시의 대학 캠퍼스에서 추
문으로 간주된 연애 관계 등으로 인해, 소스타인 베블런은 학계의
위계 내에서는 한 번도 영구적인 지위를 점하지 못했다. 99)

그러나 그가 쓴 이단적인 책들인 《유한계급론》(The Theory of
Leisure Class, 1899) 과 《기업 이론》(The Theory of Business Enterprise,
1904) 은 관심을 끌었다. 1919년에 그는 다가오는 변화에 관한 자신
의 관점을 일련의 글로 정리하여 새로 만들어진 급진적 잡지 〈다이
얼〉(The Dial) 에 처음 발표했고, 이를 1921년 《엔지니어와 가격체
계》(The Engineers and the Price System) 라는 책으로 묶어 냈다. 〈다

1959), pp. 3~4.

98) Taylor, Scientific Management, p. 8.

99) Thorstein Veblen, The Engineers and the Price System (New York: Harcourt,
Brace & World, 1963), pp. 2~35에 실린 대니얼 벨의 서문.

이얼〉에 실린 글들은 널리 읽혔고, 《유한계급론》은 다시 찍혀 나왔
으며, 영향력 있는 작가 헨리 루이스 멘켄이 베블런에 관해 쓴 글이
〈스마트 셋〉(*Smart Set*)에 발표되었다. 세련된 교양인들이 주로 읽
는 잡지인 〈베니티 페어〉(*Vanity Fair*)가 그를 옹호하는 글을 실으면
서 그의 책들은 지식인들 사이에서 필독서가 되었다. 100) "베블런주
의는 찬란하게 빛나고 있었다. 베블런주의자들, 베블런 클럽들, 세
상의 모든 고난에 대한 베블런 치료법들이 활개를 쳤다."101)

베블런은 기술 정신과 시스템 건설의 논리를 합리적 결론으로까
지 밀어붙였다. 국가의 전체 산업 시스템을 "산업 전문가들과 '생산
엔지니어'라고 불릴 만한 숙련된 기술자들"의 체계적 통제하에 두어
야 한다는 것이었다. 그는 한 나라의 산업이 "서로 맞물린 기계적 과
정들의 시스템"이라고 믿었다. 그는 산업 시스템에 관한 글에서 시
스템에 대한 기본 정의를 다음과 같이 내렸다.

그 수가 많고 다양하며 서로 맞물린 기계적 과정들의 포괄적인 조직으로,
이들 과정은 상호 의존하며 균형이 잡혀 있어 이 중 일부가 제대로 작동
하려면 다른 모든 것이 제대로 작동해야만 한다.

베블런은 포드와 인설의 시스템을 무색하게 하는 하나의 국가 산
업 시스템, 하나의 거대한 생산기계를 구상했다. 공정과 물질교환
이 서로 맞물린 베블런의 시스템 또는 '네트워크'에는 "운송과 커뮤

---

100) Ibid. , p. 13.
101) Joseph Dorfman, *Thorstein Veblen and His America* (New York : Viking
　　Press, 1934) , p. 423.

니케이션, 석탄, 석유, 전기, 수력의 생산과 산업적 이용, 철강과 다른 금속의 생산, 목재 펄프, 판재, 시멘트, 그 외 건설 자재의 생산, 섬유와 고무의 생산, 그리고 제분과 곡물 재배의 많은 부분과 함께 도축업, 축산업의 상당 부분"이 포함되었다. 102)

베블런은 1917년 러시아 혁명가들로부터 용어를 빌려와 전문가들의 평의회 또는 통치위원회를 요청했다. 평의회는 이윤에 대한 비생산적 탐욕과 경쟁 본능으로 인해 국가의 자원과 인력을 낭비하는 기생적 금융가와 비전문적 기업가들로부터 국가의 산업 시스템 관리를 넘겨받을 것이었다. 베블런은 서로 맞물린 산업 시스템이 고도의 기술적 성격 때문에 이미 산업 평의회의 일원이 될 일군의 생산 전문가들의 수중으로 넘어갔다고 보았다. 그는 전문가들을 헛되게 상업화하고 이용해 온 '금융계의 거물'들을 대체할 조직과 통제의 평의회에 적합한 구성원으로 발명가, 설계자, 화학자, 광물학자, 토양 전문가, 생산 관리자, 그리고 엔지니어들을 꼽았다. 103)

베블런은 테일러, 간트, 쿡과 같은 엔지니어와 미국기계엔지니어협회에서 쿡을 따르던 급진적 성향의 엔지니어들이 (더 큰 경향의 일부를 보여 주는) 빙산의 일각이라고 잘못 생각하고 있었다. 그는 전시에 추구된 산업경제의 합리적 계획이 비상시를 넘어 평상시까지 확장될 것이라는 잘못된 가정을 했다. 그는 평의회의 구성원을 이루어야 하는 엔지니어들 대다수가 거대한 산업체에서 봉급을 받는 고용인이라는 사실을 보지 못했다는 점에서 큰 실수를 했다. 그들은

---

102) Veblen, *Engineers and Price System*, 인용은 pp. 72, 74.
103) Ibid., pp. 77, 88.

기업의 가치를 주입받고, 종종 '금융계의 거물'들에 의해 통제되는 조직 내에서 엔지니어링과 관리의 사다리를 올라가는 데 만족한 것이다.

찾아보기(용어)

기타

찾아보기(인명)

토머스 휴즈 THOMAS P. HUGHES, 1923~2014

펜실베이니아대학교 역사 및 과학사회학과 명예교수이자, MIT와 스탠 퍼드대학교 방문교수로도 활동하였으며, 과학 관련 역사서적들을 주로 집필한 작가이다. 1953년 버지니아대학교에서 박사학위를, 노스웨스턴 대학교와 스웨덴 왕립기술원에서 명예박사학위를 받은 휴즈는 구겐하임 특별연구원, 미국철학회 회원, 미국 예술 및 과학아카데미 회원으로도 활동하였다. 테크놀로지역사연구회 설립에 참여했으며, 그곳에서 학자 에게 수여하는 최고 영예인 레오나르도 다빈치 메달을 수상했다. 스웨 덴 왕립기술과학아카데미와 미국 기술아카데미 회원으로도 활동했다.

김명진

서울대학교 전자공학과를 졸업한 후 동 대학원 과학사 및 과학철학 협 동과정에서 미국 기술사로 석사학위를 받고 박사과정을 수료했다. 현재 는 서울대학교, 한국예술종합학교, 한양대학교에서 강의하면서 집필과 번역에 몰두한다. 원래 전공인 과학기술사 외에 과학 논쟁, 과학 커뮤 니케이션, 과학자들의 사회운동 등에 관심이 많으며, 최근에는 냉전 시 기의 과학기술 체제에 관심을 가지고 공부한다. 지은 책으로 《야누스의 과학》, 《할리우드 사이언스》, 옮긴 책으로 《디지털 졸업장 공장》, 《미 국 기술의 사회사》, 《과학의 민중사》(공역) 등이 있다.

생명공학의 윤리 ①②③

리처드 셔록(Richard Sherlock) · 존 모레이(John D. Morrey) 편 | 김동광(고려대) 옮김

인체유전학, 유전자 치료, 그리고 줄기세포 연구 등 농업, 식품, 그리고 동물 생명공학의 첨예한 쟁점들을 가장 깊은 철학적 토대 위에서 다룬 생명윤리학 입문서이다. 철학자와 유전학 생물학자가 공동 편집한 이 책에는 생명공학에 관한 다양한 관심과 실제 지식 사이의 괴리를 줄이려 시도한 다양한 저자들의 글이 수록되었다. 저자들은 '인간의 신 놀이'(Playing God)라는 비판적 시각으로 동물 생명, 유전자 변형식품처럼 이미 오래된 논쟁부터 인간복제 등 현재 진행형의 이슈까지 폭넓게 논의한다.

양장본 | 1권 376면 · 23,000원 | 2권 360면 · 23,000원 |
3권 530면 · 28,000원

농업생명공학의 정치경제 시작은 씨앗부터

잭 랄프 클로펜버그 2세(Jack Ralph Kloppenburg, Jr.) 지음 | 허남혁(대구대) 옮김

위스콘신대의 저명한 농업사회학자인 클로펜버그 교수가 정치경제학, 사회학, 인문지리학, 역사학, 과학기술학 등을 넘나들며, 사회적 영역으로 간주되는 자본이 자연(종자)을 어떻게 적극적으로 생산하는지를 보여준 기념비적 연구이다. 이 책은 농업생명공학과 종자산업의 역사적 형성과 발전과정, 그리고 전지구적 구조를 분석한다. 저자는 ① 종자의 점진적 상품화, ② 공공과 민간 식물육종 간의 사회적 노동분업의 정교화, ③ 전지구적 종자무역과 교환패턴에서 '남반구'의 개발도상국들과 '북반구'의 선진 산업국가들 간의 불균등의 테마를 핵심적으로 다룬다.

양장본 | 742면 · 35,000원

생명의 해방

찰스 버치(Charles Birch) · 존 캅(John B. Cobb, Jr.) 지음 |
양재섭(대구대) · 구미정(숭실대) 옮김

종교계의 노벨상이라 불리는 템플턴상을 수상한 생물학
자 찰스 버치와 과정신학과 자연신학에 정진하여 '가교
신학자'로 불리는 신학자 존 캅의 공동 기획의 산물로서
학제 간 연구의 전형으로 평가받는 책이다. 저자들은 생
물학의 지배적인 모델인 기계론이나 물질주의를 거부하
고 "생태학적 생명 모델"을 지지한다. 이 새로운 모델은
과학, 윤리학, 철학, 종교, 사회학, 그리고 정치경제학을 모
두 아우르며 유전공학, 낙태, 안락사, 보존, 경제, 여성해
방, 성장의 한계, 그리고 지구의 미래 지속가능성이라는
현 시대의 이슈들을 해결할 새로운 통찰력을 제공한다.

양장본 | 568면 · 30,000원

과학의 윤리 더욱 윤리적인 과학을 위하여

데이비드 레스닉(David B. Resnik) 지음 | 양재섭(대구대) · 구미정(숭실대) 옮김

저명한 생명윤리학자인 저자는 눈부시게 발전한 과학문
명의 이면에 숨겨진 윤리의 부재를 날카롭게 지적했다.
가치중립적이고 객관적인 과학에는 반드시 윤리적 책임
이 동반되어야 한다는 저자의 주장은 독자에게 무거운
화두를 던진다. 이 책은 과학윤리의 딜레마를 포괄적으
로 다루며 명확한 개념정리와 흥미로운 사례를 제시한다.
'나치의 데이터를 사용할 것인가?', '한 나라에서 비윤리
적인 실험이 다른 나라에서는 윤리적일 수 있을까?' 이 책
과 함께 과학에게 '올바름'을 물을 때다.

양장본 | 380면 · 24,000원

적응과 자연선택 현대의 진화적 사고에 대한 비평

조지 C. 윌리엄스(George C. Williams) 지음 | 전중환(경희대) 옮김

유전자의 눈 관점(gene's eye view), 즉 복잡한 적응은 오직 유전자의 '이득'을 위해 진화했다는 새로운 시각을 제안함으로써, 현대 진화생물학에 우뚝 솟은 고전이다. 집단선택설에 대한 비판으로 유명한 저자는 '적응은 유전자의 이득을 위해 진화했다'라는 논지로 현대 생물학에 혁명을 일으켰다. 다윈의 저작 이래 가장 중요한 진화이론서 중의 하나이자 도킨스의 《이기적 유전자》의 프리퀄이라고 부를 수 있는 이 책을 통해 적응과 자연선택이라는 문제적 개념에 다가가 보자.

양장본 | 336면 · 20,000원

다윈 진화고고학

마이클 오브라이언(Michael J. O'Brien)·리 라이맨(R. Lee Lyman) 지음 | 성춘택(경희대) 옮김

이 책은 다위니즘의 이론과 원칙을 비생물, 곧 토기·석기 등의 유물에까지 확장해 고고학에 적용하는 것을 주된 내용으로 삼고 있다. 역사적 유물을 인간의 표현형이 확장된 것으로 가정하고 이들도 자연에 의해 선택된 진화의 결과물이라는 논지를 전개한다. 풍부한 사례와 사진, 그림 등을 이용하여, 다윈 진화고고학을 개설적으로 소개하였기에 인간이라는 존재에 대해 가장 기초적인 호기심을 가진 이들이라면 큰 어려움 없이 읽을 수 있다.

양장본 | 704면 · 40,000원

지식탐구를 위한 과학 ①② 현대생물학의 기초

존 무어(John A. Moore) 지음 | 전성수(가천대) 옮김

40억 년 가까이 생명이 가능토록 한 자연 사이클을 훼손한 인간 생활방식의 대안을 찾고자 시작된 "지식탐구를 위한 과학" 프로젝트의 8개 에세이를 엮었다. 저자는 일반 독자가 현대생물학의 기초를 쉽게 이해하도록 꼭 필요한 분야만 집중적으로 명료하게 설명했다. 지난 시대 동안 생물학 개념은 어떻게 확립되고 발전을 이루었는가를 한눈에 보기 좋게 담은 생물학사 분야의 고전적 저서이다.

양장본 | 1권 356면·2권 400면 | 각 권 24,000원

유전자 개념의 역사

앙드레 피쇼(André Pichot) 지음 | 이정희(연세대) 옮김

유전자를 둘러싼 인식론적 지형이 역사적으로 변화되어 온 과정을 분석하고, 재구성함으로써 반세기 이상 유전자에 대해 지녀왔던 우리의 신앙과 열광이 언제부터, 어떻게, 왜 왜곡되어 나타났는지를 깨닫게 해주는 책이다. 저자는 유전공학적 응용에 대한 믿음을 무분별하게 전파하는 매체의 과장과 달리 실제 유전학은 이론적 관점에서 볼 때 몰락한 분야라고 결론짓는다. 응용을 앞세우고 유전공학의 경험적 수선을 고도의 테크놀로지인 양 위장하면서 유전학자들이 이론적 문제들을 영구적으로 회피해 나갈 수는 없으리라는 일종의 경고이다.

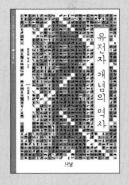

양장본 | 360면·22,000원

로도스섬 해변의 흔적 ①②③④
고대에서 18세기 말까지 서구 사상에 나타난 자연과 문화

클래런스 글래컨(Clarence Glacken) 지음 |
심승희(청주교대) · 진종헌(공주대) · 최병두(대구대) · 추선영(번역가) · 허남혁(지역재단) 옮김

미국의 지리학자인 저자는 '인간이 보는 자연, 자연이 보는
인간은 어떠했는가'라는 질문을 던지고 그 답을 탐구하여
실제 연구로 승화시켰다. 1960년대에 태동한 현대 환경운
동의 이론적 토대를 제공했다고 평가받았으며 〈뉴욕타임
스〉가 제2차 세계대전 이후 영어로 출간된 가장 중요한 책
중 하나로 선정했다. 환경에 대한 인간의 사상이 어떻게
변화했는가를 방대하게 다뤘고 지리학을 넘어 환경사를
비롯한 인문학과 사회과학의 여러 분야에 영향을 미쳤다.

**양장본 | 1권 432면 · 28,000원 | 2권 432면 · 28,000원 |
3권 352면 · 25,000원 | 4권 568면 · 34,000권**

대륙과 해양의 기원

알프레드 베게너(Alfred Wegener) 지음 | 김인수(부산대) 옮김

독일의 기상학자이자 북극탐험가였던 베게너가 대륙이동
설을 논증한 책으로 당시 육교설이 지배하던 학계에 신선
한 충격을 주었다. 1915년에 초판이 간행된 이래 1929년
에 방대한 양의 관련 문헌들을 검토하고 쓴 4판이 나왔는
데, 이 책은 바로 이 4판을 번역한 것이다. 베게너는 측지
학, 지구물리학, 지질학, 고생물학, 고기후학을 망라하는
여러 영역의 증거들을 논의하였다. '왜 각 대륙 해안선이
퍼즐처럼 딱 들어맞을까'라는 간단한 물음에 착안한 베게
너의 이론은 현대 지질과학의 중심 패러다임인 판구조론
으로 발전하였다.

양장본 | 376면 · 22,000원

과학적 설명의 여러 측면 ①②

그리고 과학철학에 관한 다른 논문들

칼 구스타프 헴펠(Carl Gustav Hempel) 지음 |
전영삼(고려대) · 여영서(동덕여대) · 이영의(강원대) · 최원배(한양대) 옮김

칼 포퍼, 토머스 쿤과 함께 20세기 가장 영향력 있는 과학
철학자로 손꼽히는 헴펠의 중심 철학을 한 권에 담았다.
'과학과 상식은 어떻게 구분하는가?', '과학적 설명이란 무
엇인가?', '과학적 설명과 그렇지 않은 설명은 어떻게 다른
가?' 저자는 이와 같은 문제에 포괄적이면서도 표준적인
답을 처음으로 제시해 과학철학에 공헌했다. 입증의 문제,
경험진술의 유의미성 문제, 과학적 실재론의 문제, 그리고
과학적 설명의 문제를 다뤄 고전적 저작으로 평가받는다.

양장본 | 1권 424면 · 2권 440면 | 각 권 25,000원

서양과학의 기원들

데이비드 C. 린드버그(David Charles Lindberg) 지음 | 이종흡(경남대) 옮김

과학사 분야의 노벨상 사튼 메달을 받은 데이비드 린드버
그 교수의 대표작으로, 매년 1만 부 이상 팔리는 스테디셀
러이자, 서양 전통 과학사의 명실상부한 범지구적 교과서
로 자리 잡은 과학사 분야의 이정표적 저작이다. 고대과학
사와 중세과학사를 쉽고 명쾌하게 정리하여 대중성과 전문
성을 고루 갖춤으로써 과학의 대중화에 성공한 작품으로
평가된다. 고대, 중세, 근대 과학의 외적 단절과 내적 연속
을 함께 추적함으로써, 통시성과 공시성의 결합이라는 오
늘날 모든 장르의 역사학에 공통된 과제를 풀어간다.

양장본 | 704면 · 38,000원

발견을 예견하는 과학
우주의 신비, 생명의 기원, 인간의 미래에 대한 예지

존 매독스(John Royden Maddox) 지음 | 최돈찬(용인대) 옮김

가장 영향력 있는 세계 과학저널 중 하나인 〈네이처〉의 편집위원을 23년간 지낸 저자가 "아버지는 다음에 발견될 것이 무엇인지 왜 말해주지 않나요?"라는 아들의 질문에 영감을 받아 쓴 책이다. 전문 독자와 일반 독자를 아우른 잡지를 이끈 저자의 능력과 열정이 돋보이는 책이다. 과학자든 일반 독자든 모두 궁금해 하는 항목을 물질, 생명, 인간의 차원으로 나누어 알기 쉽게 설명했다. 이에 더해 앞으로 발견되리라 예견되는, 혹은 과학자가 성취하고자 하는 주제를 제시하며 새로운 발견에 대한 희망을 품는다.

양장본 | 518면 · 35,000원

공간개념 물리학에 나타난 공간론의 역사

막스 야머(Max Jammer) 지음 | 이경직(백석대) 옮김

물리학의 근본개념들의 역사와 철학을 주로 다룬 과학사상사의 대가, 야머 교수가 공간개념의 역사를 물리학사의 관점에서 다룬 책이다. 야머의 과학사상사 연구가 갖는 중요성에 대해 설명한 아인슈타인의 서문이 실렸다. 이 책은 자연과학분야에서 소홀하기 쉬운 역사적 고찰을 통해 현재 과학자들의 작업이 어떤 흐름 속에서 이루어지며 어떤 의미를 갖는지, 또 어떤 방향으로 나아가야 하는지를 잘 보여준다. 고대의 공간개념, 유대-기독교적 관념과 아리스토텔레스주의, 뉴턴의 절대공간 개념, 현대의 공간개념 등을 다룬다.

양장본 | 472면 · 28,000원